朱镕基讲话实录

第 二 卷

人 民 出 版 社

1997年9月19日，在中共十五届一中全会上当选的中央政治局常委江泽民、李鹏、朱镕基、李瑞环、胡锦涛、尉健行、李岚清合影。（新华社记者齐铁砚摄）

1992年3月25日，朱镕基在七届全国人大五次会议上海市代表团讨论会上发言。右一为中共中央政治局常委、中央纪委书记乔石，右二为上海市委书记吴邦国。

（新华社记者李生南摄）

1995 年 12 月 7 日，朱镕基在中央经济工作会议上作总结讲话。

（新华社记者李生南摄）

1995 年 9 月 9 日，朱镕基在新疆维吾尔自治区和田县布扎克乡与维吾尔族棉农交谈。前排左二为新疆维吾尔自治区政府主席阿不来提·阿不都热西提，左三为国家体改委秘书长邵秉仁，左四为中国农业银行行长史纪良，右二为财政部部长刘仲藜。 （新华社记者叶树柏摄）

编辑说明

《朱镕基讲话实录》选入的是朱镕基同志担任国务院副总理（1991年4月至1998年3月）、国务院总理（1998年3月至2003年3月）期间的重要讲话、谈话、文章、信件、批语等348篇，照片272幅，批语、书信及题词影印件30件。

《朱镕基讲话实录》分为四卷，其中，前两卷为朱镕基同志担任副总理期间的文稿，后两卷为他担任总理期间的文稿。各卷文稿均按时间顺序编排：第一卷为1991年5月至1994年7月，第二卷为1994年8月至1997年12月，第三卷为1998年3月至2000年6月，第四卷为2000年7月至2003年2月。

编入本书的文稿，均根据音像资料、文字记录稿和手迹编辑而成，绝大部分是第一次公开发表。有些曾经公开发表过的文稿，编入本书时为突出重点或避免重复，作了删节。有些过去曾经公开发表过的书面讲话稿，此次未编入本书，编入的是当时即席讲话的录音整理稿，其内容是对书面讲话稿的重点阐释和补充。编者对正文中涉及的部分人物、事件和专有名词等，作了简要注释。对专有名词在每卷首次出现时作注释，再次出现时只注明首次注释的页码。对担任党和国家领导职务的同志不再注释。本书文稿的多数标题为编者所加。

朱镕基同志逐篇审定了编入本书的全部文稿。

中央领导同志对本书提出了宝贵意见。中央有关部门和有关省、自治区、直辖市负责同志对本书的编辑工作提出了指导意见。中央有关部门，有关省、自治区、直辖市及有关单位提供了部分资料和照片。人民出版社对本书出版给予了大力协助。在此，一并表示谢忱。

参加本书编辑工作的有：李炳军、廉勇、张长义、谢明干、林兆木、鲁静、侯春同志。马东升、李立君同志参与了有关资料的收集整理等工作。

本书编辑组

2011 年 5 月 25 日

目　录

房改试点的政策*

（1994年8月4日）

房改非常重要，是党的经济政策的一个重要方面，关系到人民群众的切身利益。现在衣、食、行的问题基本上解决了，可是住房问题远没有解决，而且很难解决。住房制度改革的成功与否关系着社会和经济的稳定。党中央、国务院一贯很重视房改，邓小平同志1980年4月关于房改的讲话〔1〕，把政策讲得很透彻，是房改的基本方针。这个方针从来没有改变过。房改政策是有连续性的，房改政策在某一阶段会有所侧重，而不是改变，从来就只有一套政策。

上海市在1990年至1991年搞房改，也是根据邓小平同志的思想和党中央、国务院的政策，参照兄弟省市经验提出来的。房改各项政

---

* 1994年8月3日至5日，国务院住房制度改革领导小组在北京召开贯彻《国务院关于深化城镇住房制度改革的决定》工作会议。出席会议的有各省、自治区、直辖市房改领导小组负责同志和35个大中城市主管房改工作的副市长、房改办主任，国务院房改领导小组成员单位负责同志，以及铁路、煤炭、石油三大系统主管房改工作负责同志。这是朱镕基同志在会上讲话的一部分。

〔1〕 邓小平同志在1980年4月2日的一次谈话中指出：要考虑城市建筑住宅、分配房屋的一系列政策。城镇居民个人可以购买房屋，也可以自己盖。不但新房子可以出售，老房子也可以出售，可以一次付款，也可以分期付款，10年、15年付清。住宅出售之后，房租恐怕要调整，要联系房价调整房租，使人们感到买房合算。不同地区的房子，租金应该有所不同。将来房租提高了，对低工资的职工要给予补贴。这些政策要联系起来考虑。参见《邓小平年谱（1975—1997）》上册，中央文献出版社2004年版，第615页。

策都是相互联系的。全国房改工作会议已经开了三次，基本精神是一致的。现在需要的是扎扎实实，埋头苦干，不要刮风。我不是因为当过上海市市长，搞了一个房改方案，就在全国推广“上海模式”。各个城市有自己的特点，你们搞房改都可以有自己的办法，但都要符合中央的政策。上海市的房改方案就是在中央帮助下搞的，方案提出以后由全体市民讨论，讨论了半年，最后一致通过。目前已经形成了资金的良性循环，住房公积金已达到32亿元，到今年年底将达到40多亿元。政府有几十亿元在手，能周转，力量越来越大，可以真正为职工住房解决一点问题。上海房改方案有一套管理办法，成立了房屋管理委员会、公积金管理中心，钱存在银行，实践证明是正确的。这笔资金要严格管理，不严格管理不行。抚顺的群众给我写信反映当地有挪用房改资金的问题，经过调查果然这样，9000万元房改资金被挪用5700万元去干别的了，太不像话了！没有一套严格的资金管理制度不行。各地都要结合自己的实际情况，根据中央的方针，搞出一套行之有效的办法，严格管理。只要大家认真去办，就一定能办好。房改不要急于求成，上海市1990年搞房改方案，1991年出台，真正形成良性循环是三年以后了，哪能一下子搞得那么好？

去年年底，一些地方和单位对中央的方针没有正确理解，刮了一阵低价卖公房的风。住房商品化是住房制度改革的终极目标。我听说北京的房子，三环路以外的1平方米要卖到6000元，是不是敲竹杠？房价这么高，怎么得了！怎么实行住房商品化？现在这个工资水平谁买得起？买不起，于是搞低价卖公房，那怎么行？国家的房子有多少？够不够卖？真够卖，国有资产流失了，还可以说让群众得到了好处；若不够卖，卖了一部分低价公房，其他的群众怎么办？会发生矛盾，要闹事的。去年搞了一阵低价卖公房，每平方米卖150元，这不是笑话吗？上海卖公房，是卖部分产权。1991年，当时上海住房造

1990年4月17日，朱镕基陪同中共中央政治局常委、国务院总理李鹏到上海市虹桥路216弄居民家了解居住情况。后排右五为李鹏夫人朱琳，右六为朱镕基夫人劳安。

价每平方米750元，职工每平方米拿250元买三分之一的产权，这里面大有文章可做。住户只买三分之一的产权，将来倒手要经过批准，赚了钱，三分之二归国家，三分之一是住户自己的。另外，房子的地皮没卖，如国家征用，职工就得搬家。不明不白，每平方米150元就把房子卖掉了，怎么行呢？以为讨好了群众，实际上制造了群众之间的矛盾。条件还不具备时，低价卖公房，此路不通！卖公房必须有条件。第一，要提高房租。让群众感到房租这么高，不如买房合算，他才买。但是，提高房租要有一个配套条件，提高工资。不提高工资，老百姓会骂。时机要选择好，一步一步来，一下子把房租提上去怎么能行？第二，还得让老百姓买得起。房价太高，收入有那么多吗？第三，要有一系列配套政策，比如分期付款就可以进行试点。总之，低价卖公房目前不是办法。住房实行商品化要有一个过程，要有一套政策。即使以后，也不可能全部实行住房商品化。现在香港大量的劳动者、中小职员都住公房，还得等分配便宜的公房，因为买不起。有的地方把低价卖公房的钱挪用了，更不应该。所以，对刮起的低价卖房风，去年 12 月中央连续发了两个通知进行制止，不能再搞下去。现在这个风刹住了，今后要正确对待这个问题。旧公房可以卖，一个是价格要定得合理，另一个是职工买不起可以买部分产权。要有明确的规定来约束，不然将来要造成很大麻烦。有一些人买房不是为自己住，而是为倒手转卖的，特别是占了地皮，将来是很麻烦的事。

《国务院关于深化城镇住房制度改革的决定》经过多次酝酿，最后经李鹏同志主持召开会议通过了。现在的提法比过去更加完善了，但也不敢说一点毛病也没有，要在实践中再来研究和修改，使它更加趋于完善。

最后讲一讲“安居工程”。“安居工程”的目的是除了原来通过各种渠道盖的房子以外，国家支持一点贷款，把房子盖得更快一点，更便宜一点，同时促进房改政策的推行。而后来由于宏观调控，贷款口子开不了。第一，高端房地产开发没有压下来，也很难压下来。我估计还要有三年，至少两年，才能消化已经开发的房地产。第二，重点建设投资，地方资金不到位。今年上半年，国家开发银行资金到位，相当于全年的 57%，建设银行贷款相当于全年的 53%，时间过半，资金投入过半，而地方资金到位率只有 24%。为什么不到位？因为摊子铺得太大，想干的事情很多，没钱。老项目差一大截资金，还开工新项目。今年上半年新开工项目有 1100 亿元，怎么得了！这边拖欠，搞三角债，那边新开工。在这种时候，怎么能放松银根？我们也没办法把缺口资金都填上去。在这种情况下，要拿出大量贷款扶持应该搞的房改和“安居工程”建设，确实拿不出钱，只能小打小闹，搞

1989 年 10 月 12 日，朱镕基在上海市考察曲阳居住区。

点示范。大家通过原来的渠道照样干，国家贷款再支持一点，把“安居工程”启动起来，也是推动房改。国家计委明年在贷款规模中打了 50 亿元。另外，今年收购的钢材，明年抛出去支持“安居工程”，算算有几十亿元。明年拿这笔钱作为国家对房改的支持，把房改推进一步。杯水车薪，给谁呢？给房改最积极的地方。这笔钱只能解决 40%的资金，其余 60%还得地方自已拿。一个是配套资金，另一个是土地无偿划拨。本来 1000 元可以盖 1 平方米房子，现在可以盖得更多了。谁能积极解决配套自筹资金，就在那里搞试点，试成了再推广。今后，也许会在国家计划贷款规模中安排多一些。但是，我们已经吃够了苦头，一些地方要钱时拍胸脯说自筹 60%，资金包了，等开工了又说没钱。千万不能这样搞。有钱就干，没钱就别干；今年、明年不干，后年还可以再干；什么时候有钱，什么时候干。没有多余的钱，就按原计划干，不要搞这个试点。总之，我们希望房改能够体现国家的支持，把房改政策、试点工作搞得更好。

跨出金融改革关键性的一步*

（1994 年 8 月 15 日）

一、今年上半年的发展、改革情况和下半年的工作

总的说，今年上半年的宏观调控形势跟去年不可同日而语，比去年好得多了。大家回忆去年的情况，那时是“山雨欲来风满楼”，搞不下去了。在这种情况下，中央 6 号文件〔1〕一下发，全党认识一致，宏观调控进行得比较顺利。在宏观调控中主要是运用金融的手段，抓住了“牛鼻子”。不要看只收了 400 亿元的乱拆借，这表示了决心。我经常讲，收了 400 亿元的乱拆借，杀了一个沈太福，开了一次全国金融工作会议，制定了一个“约法三章”〔2〕，就把乱集资、乱拆借、乱贷款扭转过来了。这个成绩不可低估。但是，去年 11 月粮价带动物价上涨，当时有人归咎于宏观调控；也有人说是我们宏观调控没有坚持到底，到去年 8 月后放松银根，导致 11 月的物价暴涨。这些分

---

* 1994 年 8 月 12 日至 16 日，中国人民银行分行行长座谈会在北戴河召开。出席会议的有人民银行各省、自治区、直辖市和经济特区、计划单列市分行行长，各专业银行、交通银行、国家开发银行、中国进出口银行、中国农业发展银行行长。这是朱镕基同志在座谈会上讲话的一部分。

〔1〕中央 6 号文件，指 1993 年 6 月 24 日《中共中央、国务院关于当前经济情况和加强宏观调控的意见》。

〔2〕“约法三章”，指朱镕基同志在 1993 年 7 月 7 日全国金融工作会议上提出的“约法三章”，见《金融工作“约法三章”》（本书第一卷第 313 页）。

1994 年 8 月 15 日，朱镕基在北戴河召开的中国人民银行分行行长座谈会上讲话。右二为中国人民银行副行长周正庆，右三为中国人民银行副行长陈元。

析都是错误的。去年 11 月的物价上涨是 1992 年以来，特别是 1993 年上半年大量发行货币、基本建设大规模铺开摊子造成的必然后果，也是这两年忽视农业，乱搞开发区、房地产的必然结果，绝对不是因为搞了宏观调控或者没有坚持。去年 7 月份在南京开会解决江苏、浙江、安徽三个省的流动资金问题以后，我带了各家银行总行的行长一个省一个省地去搞调查研究，一方面研究分税制方案，另一方面是放松流动资金贷款，这是完全必要的。固定资产贷款规模一块钱也没有突破，流动资金为什么要放松一点？因为收了 400 亿元的乱拆借，而变成钢筋混凝土的贷款是收不回来的，只有把流动资金收走了。企业确实困难，不放松一点流动资金，国有企业的日子很难过，生产很快就要变成负增长。这样稍微放松一下，国有企业的情况第二个月就好转了。去年整个第四季度，各地区非常满意，认为放松流动资金贷款是“及时雨”，避免了生产的大起大落，为今年的改革创造了一个良好的、宽松的环境。这样投进去的大约300亿元的资金，三个月后就表现为11月份的物价暴涨是不可能的，通货膨胀滞后期一般是九个月到一年。所以，去年11月的物价上涨是1992年、1993年过分地投资、过量地发行货币造成的。

今年上半年推出了许多重大改革措施，如财税改革、金融改革、投资体制改革、汇率并轨等。这些是非常大胆的措施。风险相当大的这几项改革同时出台，反映了以江泽民同志为核心的党中央的无产阶级革命胆略。没有对形势清醒、正确的估计，没有对自己的力量和困难的客观估计，是不可能同时推出这么多改革措施的。实践证明中央政策是正确的，改革取得了成功。各项改革措施运转起来，效果显著。今年发行1000多亿元国库券是前所未有的，原来预计银行存款会减少，准备多发票子，但是没有想到存款大量增加，比去年同期增加1000多亿元。因此，今年票子最多发1500亿元，这就为抑制通货膨胀打下了牢固的基础。这反映了我们党是有力量的，群众对政府是有信心的，相信能把物价降下来。在物价上涨很高的情况下，群众仍把钱存入银行，这是因为整顿金融秩序基本把乱集资刹住了。第二点做得很漂亮的是汇率并轨。由于汇率并轨刺激了出口，提高了结汇率〔1〕，国家外汇储备增加，7月底达353亿美元，比年初增加140亿美元。这增加了外商投资的信心，投资环境进一步改善，支付能力大大增强，外汇市场向规范化发展。

这样，存款增加，外汇储备也增加，宏观调控的回旋余地大多了，人民对政府有信心，人心稳定，金融就稳定。取得这些成绩，是

〔1〕结汇率，指结汇额占外汇收入总额的比率。

与在座同志的辛勤工作分不开的。

当前，要防止企业破产时把银行债权随意冲销掉。企业破产冲掉呆账是要经过各家银行总行批准的，法院没有权力单独判决企业破产，冲销债权。《企业破产法（试行）》明确规定，企业破产后变卖所得要首先偿还银行债务。我们推行《企业破产法(试行)》是很慎重的，是经过试验的。不能随随便便破产，不仅我们的呆账准备金有限，而且工人的承受能力也有限。破产只能是一种威慑力量，银行的钱不是可以随便不还的。要实事求是，不要从概念出发，要正确理解党中央、国务院的精神。

下半年的主要任务是反通货膨胀。当前一切工作的出发点都要考虑到在下半年把通货膨胀率降下去，力争不高于去年13.4%的水平，这就意味着下半年物价指数只能增长7%。看来，要实现这一目标十分困难，但也不能放松，要力争实现。关键是要统一认识。有的经济学家提倡“通货膨胀无害论”，部分地方的领导赞同“通货膨胀有利论”。前者认为失业比通货膨胀更可怕，认为中国现在最大的问题是失业。过分强调失业的威胁和危害，得出的结论就是要以更快的速度发展经济，扩大基建规模。更快的发展速度和更大的基建规模，就意味着通货膨胀比现在还要厉害得多，长期下去，人心就丧失了。现在人们对政府还有信心，还把钱存在银行。如果物价再涨下去，人们将把存款取走，就会像1988年一样出现抢购风潮。美国预计它今年的经济增长率3.7%，通货膨胀率2.7%，失业率5.7%，它就说经济过热了，三次提高利率，每次0.25%。

我们现在是“三高”，高增长、高投入和高通货膨胀。现在是两万多亿元的固定资产、两万多亿元的流动资金、三万亿元的国内生产总值。任何一个国家都没有这样的比率，起码是投入产出比率应该大于一。没有物价稳定，就没有人心的稳定，也就没有政治的稳定。所谓

“通货膨胀无害论”就是要把我们引导到扩大基建规模、扩大投入、扩大货币发行的绝境，这是非常有害的。我们金融队伍里的许多同志都或多或少受到“通货膨胀无害论”的影响。而我们有的地方领导或多或少地赞同“通货膨胀有利论”。反通货膨胀最大的阻力在认识问题。

下半年要继续加强和改善宏观调控，严格地控制信贷规模，严肃地整顿金融秩序。“约法三章”和三条新要求〔1〕仍要继续执行。

预计今年国内生产总值增长率由13%下降为10%，工业发展速度就应从19%降到15%以下，流动资金不应当趋紧。大家一定要正确分析当前资金紧张的原因，国有企业流动资金紧张的主要原因是市场问题，是产品积压问题。生产不降下来，必然是制造积压和相互拖欠，再加上进口过多所造成的困难。这些都不是通过银行增加贷款就能解决的问题。

二、推动金融改革跨出关键性的一步

国务院已通过《中国人民银行法》和《商业银行法》草案，并提交全国人大常委会审议。人民银行总行最近派出六个分行的行长赴美考察，昨天我听取了他们的汇报，考察报告写得很好。通过考察，我们更加明确了中国人民银行是银行的银行，是中央银行，其主要职责是运用独立的货币政策对国民经济进行调控，对所有金融机构进行监管，保证健康的金融秩序，保持货币稳定，促进国民经济发展。

中央银行在金融宏观调控手段方面，主要是运用利率、公开市场

〔1〕三条新要求，指朱镕基同志在1994年1月15日全国金融工作会议上提出的三条新要求，见《继续整顿金融秩序，严格控制信用总量》（本书第一卷第454—456页）。

操作和存款准备金。我们国家对利率没有西方发达国家敏感，人家的利率是一种信息引导，经济界都通过利率的升降来看经济是过热还是过冷。中国对利率不很敏感，但我们要逐步地朝着这个方向发展，一个成熟的、完善的社会主义市场经济必须朝这个方向发展。去年两次提高存款利率，确实是增加了存款，利率杠杆还是起了一定作用。随着企业经营机制的转变，利率杠杆会越来越起作用，但目前要抑制投资膨胀光靠利率是不行的。公开市场操作无非是通过外汇买卖、国债买卖来吞吐外币和人民币，调控经济。存款准备金在美国由于结算手段的现代化，作用越来越小，但对我们还是非常重要。所以，我讲要有一点突破，要迈出关键性的一步，就是我们要在这三个手段的运用方面跨出重要的步伐，特别是在公开市场操作方面积累一点经验，多进行研究，学习这方面的知识，逐步使我们银行的运作更加灵活。

中国人民银行的第二个职能就是对所有金融机构进行监管。不管是什么机构，只要有金融业务，都在中央银行的监管范围之内。美国有一个金融监管指标体系叫 CAMEL（骆驼评级制度），包括：第一是资本充足率（Capital Adequacy），即资本占资产的比率。第二是资产质量（Asset Quality），即贷出的款能否收回，是不是不良资产，这是考核银行业绩的一个重要标准。第三是管理质量（Management）。第四是盈利水平（Earnings）。最后一个是资产的流动性（Liquidity），即兑付现金的能力占资产的比例是多少。这实际上也是中央银行对各个商业银行进行监管的指标体系。我们不一定都要按美国的方法办。下一步，我们准备再组织几个分行行长到日本或者欧洲去考察一次，看看它们与美国有什么区别，从而形成我们自己的考核指标体系。要真正地把商业银行管起来，不要害怕。中国人民银行各分行是总行的代表，也是国务院的代表。委托你们去监管，都要按国家法律法规去监管。为《中国人民银行法》配套，还有各种规章制度和实施条例要制定。一个是调控，另一个是监管，都要跨出重要的步子。

关于中国人民银行的机构设置问题，现在国务院的精神是稳定。大家回忆一下，去年7月召开的全国金融工作会议决定，收了你们7%的贷款权，有些同志耿耿于怀。人民银行四川省绵阳市支行行长写了一个报告，写得很好，有见解。但里面有一个让人非常头疼的观点，就是建议把现在贷款规模的70%下给专业银行，30%下给人民银行分行。这是一个败笔，说明他对中央银行的职能没有搞清楚，需要学习。人民银行各分支行的作用是监控，监控工作可是难做。去年人民银行动荡半年，好容易平静下来，稳定了。今年上半年整个工作做得不错，干部比较稳定。从各分行行长给我送的报告看，各分行稳定人心、稳定思想的工作做得还是很好的。现在又动荡起来了，消息不知从哪里传出去了，说要跨行政区设置人民银行分行。其实，这是一个公开的秘密，党的十四届三中全会通过的《中共中央关于建立社会主义市场经济体制若干问题的决定》里就写了，人民银行今后要走向跨行政区设置分行。现在刮起风来了，好像马上就要设置大区分行了，人民银行各分支行的队伍马上就要散了。还有一种谣言说，要把人民银行各分支行统统改成农业发展银行的分支机构。没有这个事嘛！现在，稳定人心、稳定队伍非常重要。我给大家交一个底，人民银行跨行政区设分行，是一个肯定了的方向。但是怎么设置还没有研究，无论怎样设置都得考虑中国的具体情况。美国有12个联邦储备银行，还有25个联邦储备银行分行，这些都是历史形成的。我们究竟怎么跨行政区设分行还需要比较、论证，需要很长时间。另外，根据中国的特殊情况，既要考虑到跨行政区设分行的好处，能够更好地避免地方一些不合理的行政干预；也要考虑到银行各分行的一切工作都是在地方党委领导之下，要依靠地方党委、政府的正确领导，离开他们的支持，什么监管工作也做不好。因此，即使跨行政区设置分行，也不能削弱人民银行各省分行监管的力量，也还要充分发挥省分行的作用。如果过多削弱省分行，大区分行就可能被架空。此外，还有许多技术性的问题要解决，比如清算的问题、代理金库的问题以及其他一些问题。总之，这个问题的决策还需要一个相当长的时间，今年干不了，明年也干不了。因此，请同志们要稳定自己的队伍，稳定思想，稳定人心，不要听信谣言。你们这些行长都要做长期的打算，下定决心，在两三年以内，把金融秩序整顿好。这是你们的责任，不要以为要交班了，要调走了，可以不管了，没有这事，要安心地把工作搞下去。大家回去要讲，明年金融改革要跨出关键性一步，人民银行不动，大家安心工作，把监管工作做好。现在是关键时刻，整顿金融秩序的任务很重，还没有完成。但是，人民银行的队伍需要精减，水平需要提高，这一点要明确。现在人民银行一是人太多了，要"减肥"，提高效率。二是现有的人员不适应中央银行职能的要求，因此，队伍要调整，要进一部分人、出一部分人，不单是一个减的问题，还有一个调整的问题。要增加学法律、学金融、学宏观经济、学审计、懂企业管理的人。搞一般经营特别是搞具体银行业务的人，可以动一下，这是不应造成思想动荡的。那些作风廉洁、公正，有多年金融工作经验，熟悉宏观、又了解金融工作实际的同志，是我们中央银行的骨干，一定要很好地保存。即使他们的理论基础差一点，也没有关系，这种人才太宝贵了。中国的金融不是靠几个大学生、几个留学生就能够办好的，要靠有多年实践经验的人员才能搞好。当然，也要吸收一些新生力量，那些没有一技之长、没有专业知识的人不要再进了，不要凭关系进七大姑八大姨之类的人，进这种人，行长是不称职的。

我讲的中央银行跨出关键性一步或者决定性一步，不是指在改变机构方面，而是指运用经济手段来调控国民经济、调控金融方面。这方面可以借鉴美国的经验，它成立了各种各样的委员会，发挥各个地区银行的优点。但是必须集中决策，只有中央银行才能决策，其他机构可以分散进行研究，提出方案。我看，它们这些互相制约、分散研究、集中决策的经验值得我们借鉴，明年在这方面要跨出一步。

关于商业银行改革的问题。商业银行要改革，原来我讲要迈出开拓性的一步。现在看起来，我们的国家专业银行在转变成为真正的商业银行过程中有所进步，但是步子不大。这不是怪它们，因为中国的环境就是这样，企业的经营机制还没有转换。国有企业都不能自负盈亏，叫银行怎么自负盈亏啊？国有企业都不能够自主地决策，银行怎么自主决策啊？但从各专业银行本身来讲，要尽可能地向商业银行靠拢。目前我们还不能取消贷款规模，特别是固定资产贷款规模，别的约束力现在还约束不住，所以不能取消这个规模。但是，也应该逐步地在资产负债比例管理方面跨出开拓性的一步。刚才讲的五个监管指标（CAMEL），要朝这个方向走，我希望几个专业银行一定要在这方面不断前进，锐意改革！但是，要是没有别的措施配套，恐怕专业银行的进步不会太大。因为我们的企业改革非常迟缓，国有企业的改革尽管列为明年的改革重点，但是估计不会有很大的进展，破产机制试点困难重重。因此，在《商业银行法》颁布以后，我们要办更多的商业银行。这有什么好处呢？我想至少可以讲三条：第一，有利于引进竞争机制，削弱国家专业银行的垄断地位，可以促进我们在办成真正的商业银行的改革进程中能够走得更快。银行的垄断是相当厉害的，垄断和服务态度的下降是相互联系的，在垄断的状况下无论怎么强调，服务态度也上不去，因为只此一家。现在银行压单、压票现象是非常严重的，收手续费、拿回扣不得了啊！为什么？就这一家，还不敢得罪它，不敢揭发、检举。第二，有利于疏导地方的积极性，引导它们整顿金融秩序，办真正的商业银行。现在，金融秩序混乱，但是各个地方竞相成立金融机构，扰乱金融秩序的事情层出不穷，而且有越来越压不住的趋势。我一再讲，不能光堵不疏。一方面要堵，另一方面要疏，就同“大禹治水”一样，把这些乱七八糟的支流汇入一个我们能够控制的干流，然后用“水库”、“闸门”把它管住。我觉得我们不要怕地方办商业银行。允许地方办商业银行，不等于地方政府可以指挥银行，我绝对不是提倡这个，只是说还是要按照中央银行管理商业银行的办法来执行。但是，地方政府对这些商业银行是有发言权的。比方说，成立监事会，以地方政府为主，因为它比较清楚当地的经济情况。对资金的投向哪些合理、哪些不合理，地方政府是比我们银行还要清楚的。可以让地方在这方面有更多的发言权，但不是直接地指挥，比方说不能通过监事会来选拔、任免干部，制定方针政策等。设商业银行的进度要跟中央银行加强监管能力的进度相结合，请大家务必记住，办多少商业银行要与中央银行的监管能力相适应，你要是管不了，你就不要设。现在乱七八糟的非银行金融机构，中央银行管得了吗？所以，这个事情不要绝对化。相反，把那些乱七八糟的东西撤并以后，成立了真正正规的商业银行、规范的商业银行，中央银行更好管理。第三，有利于银行人员分流。这个银行不单指中央银行，各个专业银行的队伍都需要精减、调整，以提高整个干部队伍的素质。因此，我觉得商业银行改革的方向就是要办更多的、各种性质的商业银行。但是，目前只能试点，先从城市合作银行开始。我讲商业银行改革的一个大动作，就是办城市合作银行。

城市合作银行不要拘泥于“合作”两个字，可以是股份制的商业银行，也可以是合作制的商业银行，都得按《商业银行法》管理，都得有监管指标体系来考核。中央银行要对它进行监管。如果办城市合作银行取得突破，那今后办商业银行就可以在较大的范围推广了，国家银行也就有很多帮手了，这对促进国民经济的发展有好处。城市合作银行怎么组建？是在城市信用社的基础上组建，因为现在城市里只有信用社有网点，利用现成的网点组建成一个城市的商业银行是比较容易的，同时也整顿了城市信用社。组建城市合作银行，原则上建议由该城市负责金融工作的副市长牵头，人民银行的分行或者支行行长参加，当然还要包括城市信用社或其他方面的人，一起来进行组建工作。为了慎重起见，这个事情不能一哄而起。我的想法，就是先试点，第一批试点在35个大中城市开始，第二步是在地级市，第三步才能够扩展到别的城市。这里要有一个先决条件，就是哪一个地方的金融秩序整顿好了，才允许那个地方办城市合作银行。金融秩序整顿好的标准，就是基本上刹住了乱集资、乱拆借。没整顿好就不能起到疏导的作用。疏导也是为了堵啊！堵住乱集资、乱拆借的源头。要整顿财政信用和各部门办的那些经济实体，绝对不允许财政系统自己去放贷款，吸收存款更不应该了。今后，要把财政信托投资公司的方向引导到政策性投资上去，因为它有财政资金，甚至于还有对外借债的指标，筹措的资金要集中用于政策性的基础设施建设。从这方面去筹资，引导它向这个方向发展，但也不能直接贷款，要委托银行来贷款。至于那些以商业性营利为目的，自己搞存、贷款的行为，坚决不允许。哪个地方金融秩序没有整顿好，就不批准那个地方成立城市合作银行。

农村合作银行暂不组建，将来农村合作银行也照此办理，不把农村合作基金会整顿好，就绝不允许设立农村合作银行。

三、银行与自办的经济实体要彻底脱钩，严肃查处银行队伍的不正之风

从现在查出来的情况看，大案要案发生最多的，一个是银行，另一个是财政。这两个部门发生案件造成的经济损失恐怕超过其他部

门。去年金融系统查处的涉案金额100万元以上的大案要案有74件，今年上半年100万元以上的大案要案就有50件了，其中有44件都是去年已经开始作案的，今年新发生的不是太多。1000万元以上的大案要案，在今年上半年有6件。“三防一保”[1]的工作，大家一定要好好去做。一定要用党的纪律严格要求，违反的要处分，要追究领导责任。没有这一条，很难杜绝大案要案发生。发生这种事情，多多少少是与领导有关系的。我前天讲了，农业银行因为吸取衡水支行这个案子的教训，搞了一个办法，是与各分行行长签订一个合同，谁要发生大案要案，就重罚，不发生大案要案的重奖。我说这个办法不行，没有效果。不发生大案要案是这个行长的责任，国家委托你管理，你不发生大案要案是尽了责任，国家怎么给你重奖呢？那不又成了巧立名目大发奖金吗？不发生大案要案是行长的责任，但是也确实是行长的政绩。重罚，发生大案要案的重罚，你怎么罚啊？你罚他几个月工资啊？那不行的。要记过、记大过、降职一直到撤职。要根据责任的大小，严肃纪律，不追究领导的责任是不行的。现在看起来，还是要有一个时间界限，去年7月7日以前发生的大案要案，不追究行长的责任，以后就要追究。今年实行“三防一保”以前发生的大案要案，可以处罚轻一点，实行“三防一保”以后发生的大案要案，一定要追究领导干部的责任，一定要给予严肃处分。

另外一个，就是银行系统的不正之风太厉害。如果不刹住这个不正之风，今年讲的什么改革、什么发展、什么控制信贷规模都会落空。要发现一个撤一个，不下这个决心，我们这个队伍怎么得了啊！请各个行长注意自我警惕，如果还像去年那样搞下去不行。人民银行四川省分行来人了吗？审计署有一个材料，说经他们审计，发现四川

---

〔1〕“三防一保”，指防诈骗、防抢劫、防盗窃，保证资金安全工作到位。

省金融系统的一些问题。第一个是自办的经济实体，实际上都没有脱钩，或者说脱得不彻底。我们讲原来派往经济实体的人都得撤回，至少不得再发工资。但是现在大部分人都没有回来，工资却还在原单位照发。第二个是财务上的脱钩都是简单处理，有关财产界定，债权、债务清理的脱钩手续都没有办。第三个是仍有部分经济实体无偿占用人民银行的房屋、汽车、招待所等资产，有 5 个分行继续向其经济实体注入信贷资金，这个绝对不允许。第四个是部分经济实体仍凭借人民银行办实体的有利条件，超范围地甚至非法经营金融业务。据查，上述单位的 21 个金融公司中有 5 个超范围经营，5 个是没有经过批准非法经营金融业务。四川省证券公司德阳代办点在未经批准的情况下，超范围经营拆借业务，累计达到 5147 万元，发放贷款 990 万元，发放委托贷款 2400 万元，获得非法收入 164 万元。重庆银行租赁股份公司未经中国人民银行批准，非法经营金融业务一年多。这个不到 10 个人的公司一年利润达到 74 万元，自己未予清理。人民银行四川省分行报给我的材料说，已经收回贷款 2.7 亿元。审计署报的数字与四川的不一样，贷款收不回来我也体谅，但是向我报数字要准确。对这种事情，人民银行四川省分行应该认真对待，要去稽核。我已经这么批示了，通知人民银行四川省分行认真整顿金融秩序，该取缔的要取缔，该关门的要关门。自办的经济实体要彻底脱钩，要按中央 6 号文件的要求、国务院的法规及有关脱钩的规定办事。对证券公司、房地产公司、信托公司，绝对不能注入资金。在各省区市领导会议上我都讲了，要他们下定决心，支持人民银行整顿金融秩序，你们就按这个要求办。谁受到打击报复就来找我。你们办不通就向我告状，我给你们撑腰。没有金融秩序，我们这个国家的经济能够搞好吗？重庆市一些非金融机构从事非法金融活动太厉害了。我在那里批了一句，请重庆市委、市政府要下决心，要取缔、要整顿。一个是要严格地要求，严厉地打击；另一个是疏导，办城市合作银行，要向正规化、规范化发展。有些同志提醒我，城市合作银行一办，发展快得不得了。我说，不要怕地方办银行，它也是国家的银行嘛，你怕什么？只占整个城市贷款规模的 20%。但是绝不允许办省级银行，只允许办城市合作银行。

现在假钞犯罪太多。人民银行青海省分行的行长写了一个关于打击假钞犯罪问题的报告，人民银行总行要注意，我们要研究这个问题。一个是刑法规定的内容不完全。好多事情怎么处罚，标准不完全。没有罚则，怎么罚？同志们，你们都要要求严一点。假造增值税的发票太容易了。假造一张钞票，最多损失 100 块钱；而假造一张增值税发票，几千万元都没有了。我相信金融系统拿回扣、拿手续费已经成了一个风，要刹住是很不容易，但非刹不可！不要管别人怎么样，我只要管财政、银行一天，就坚持这一点。大家回去把我这个精神向下面传达，我在位一天，就要对党、对人民负责一天，个人得失我毫不计较。希望我们大家心连心，统一认识，严格要求，严肃处理，把我们这支银行队伍整顿成真正能够战斗的队伍，不辜负党和人民对我们的信任。我希望我们大家共同努力，朝这个方向走出决定性的一步。

去年对银行埋怨的声音多，上半年对银行的不正之风、对银行本身的问题埋怨多，下半年主要埋怨我们抽紧银根，收乱拆借。今年上半年，舆论已经转变，包括中央政治局会议、国务院的会议都是说银行的好话，最近 17 个省区市领导都是说银行的好话，而且现在送上来的报告里也都是对银行工作给予充分的肯定。这一年多的金融工作得到了党和人民的认可，我觉得这应该鼓舞我们继续前进。大家应该有信心，我们的银行一定能够办好，我们严格地要求不是吃亏。我们要成为全国人民的表率。把我们的作风整顿好，把我们的银行办好，国民经济就大有希望。国民经济能不能搞好，关键靠财政、靠银行，大家都肩负着非常重要的历史重任。

市场经济也需要政府管理*

（1994 年 8 月 19 日）

这次全国农业生产资料流通体制改革工作会议，主要是解决化肥流通体制问题。去年以来，党中央、国务院制定了一系列扶持农业发展的政策措施，从各方面加强了农业的基础地位，调动了农民发展农业生产的积极性。当前，夏粮收购任务已基本完成，农民踊跃售粮。农村经济保持了喜人的发展势头。但是，突出的问题是现行农业生产资料流通渠道混乱，经营环节过多，价格上涨过猛，直接损害了国家和农民的利益，影响了农民的生产积极性。改革化肥等农业生产资料流通体制不仅十分必要，而且刻不容缓。

党中央、国务院非常关心农业生产资料流通体制改革问题，特别是化肥价格问题。国务院组织国家计委、国家经贸委、内贸部、财政部、农业部等有关部门做了多次调查，反复听取各地同志的意见，提出了关于改革化肥等农业生产资料流通体制的方案。现在方针已经明确了，政策很具体了，办法也比较完善了。国务院关于改革农业生产资料流通体制的一系列政策措施能不能贯彻落实，关键在于我们能不

---

* 1994 年 8 月 18 日至 19 日，全国农业生产资料流通体制改革工作会议在北京召开。出席会议的有各省、自治区、直辖市和计划单列市人民政府以及新疆生产建设兵团主管农业生产资料工作的副秘书长、计划委员会（计划经济委员会）主任、物价局局长、供销社主任、农资公司经理，中共中央、国务院和军队有关部门负责同志。这是朱镕基同志在会上讲话的一部分。

能统一思想认识。所以，我就着重讲讲认识问题。

我们实行社会主义市场经济，但是对政府要不要干预市场、要不要管理价格，存在着不同的认识。有些人认为市场万能，市场经济就是价格由市场自发形成，政府对市场不能加以管理。这些错误认识反映到流通领域，导致流通领域的混乱，使我们吃了大亏。这次会议上也有同志认为，国务院的办法好是好，但“比计划经济还计划经济”。如果是这样一个认识，认为我们在走回头路，从改革的道路上倒退，那么，政策还能执行好吗？我认为，思想认识不统一，流通体制混乱的问题不解决，就没有社会主义市场经济。生产好管，流通难管，现在我们经济中出现的问题主要在流通领域，不在生产环节。

我首先提出一个问题：什么叫社会主义市场经济？社会主义市场经济这个命题是党的十四大提出的，是邓小平同志的思想。邓小平同志建设有中国特色社会主义理论，在他1978年以来的许多重要指示中，都讲得很明确、很清楚。因此到党的十四大，完成了社会主义市场经济基本理论的确立。党的十四届三中全会通过的《中共中央关于建立社会主义市场经济体制若干问题的决定》，对社会主义市场经济理论的基本框架作了进一步的具体阐述。社会主义市场经济理论的基本精神是，市场要在资源配置方面起基础性的作用。社会主义要以公有制为主体，要实行按劳分配。我们并不是照搬资本主义的市场经济，但市场在资源配置方面起基础性作用的这种基本机制是共同的。自1978年改革开放以来，我们进行了一系列市场经济方面的改革实践。就是在这以前，我们也不是实行单纯的计划经济，也根据自己的特点进行了许多符合中国实际情况的改革和探索。现在有一些人没有读懂西方经济学，又没有市场经济的实践，却要拿着教科书上的东西来指导中国经济的实践，崇拜那只“看不见的手”，鼓吹盲目、自发的市场力量，造成不好的社会影响。从亚当·斯密的古典经济学到

1994 年 8 月 19 日，朱镕基在全国农业生产资料流通体制改革工作会议上讲话。左一为国家计委主任陈锦华，左三为国务院副秘书长何椿霖，左四为国家经贸委主任王忠禹，左五为农业部部长刘江，左六为外经贸部部长吴仪。（新华社记者王新庆摄）

第二次世界大战前的凯恩斯主义，西方经济学经历了很大的发展、变化。1936 年，英国经济学家凯恩斯出版了《就业、利息和货币通论》，他主张在货币、商品、劳务等方面，政府必须干预，特别是在决定恰当的总需求水平时，政府要对经济增长负管理责任。第二次世界大战后的 50 到 60 年代，弗里德曼等人创立的货币主义学派主张放任自由的信用，反对对信用的流动和利率的变动施加限制，但是仍然认为政府对货币的数量应该干预。所以时至今日，不要说社会主义市场经济，就是资本主义市场经济，政府也不可能不干预市场，也不可能不管理价格。如果对市场放任自流，对价格完全不管，那就不能避免贫富悬殊和社会分配的不公正。其后果只能是市场混乱，资源不仅不能得到合理利用，还会遭到破坏。

今年以来，物价猛涨，成为人民群众关注的焦点。究其原因，基本上都不是供求关系方面的问题。何况我们现在有较多的外汇储备，可以充分利用国内、国外两个市场，吞吐商品，调节市场。是价格改革步子太大吗？我们进行了一系列产品价格结构性的调整，适当提高了原油和农产品的价格，调价幅度并不是很大，而许多商品的市场价格却成倍上涨。为什么会出现这种情况呢？我看一个重要原因是受了一些远离实践的经济“理论”的误导。我们大家要根据邓小平同志关于社会主义市场经济的理论，理直气壮地去管市场、管价格，切不可放任不管。

这次农业生产资料流通体制改革，我们认为它既符合市场经济的要求，也适应中国目前的现实情况。我们可以理直气壮地去执行。

建立有中国特色的社会保障体制*

（1994 年 9 月 8 日）

社会保障体制改革这个问题非常重要。党中央、国务院确定明年改革的重点是现代企业制度改革，这是一个根本。但是，国有企业改革必须有社会保障制度的支持，没有这个制度，就谈不上企业改革，所以，我们应该把社会保障问题提到更高的层次来研究。

建立有中国特色的社会主义保障体制，应该考虑中国的三个特点：第一，中国是一个人口大国，又是很贫穷的大国。吃“皇粮”的政府机关和国有企业职工比重特别大，退休的职工非常多，处理这个问题比国外要困难得多，照搬外国的办法在中国可能是行不通的。第二，国有企业目前的效益相当低，财政的钱收不上来，税收本来就不多，现在欠税还有几百亿元，财政收入占国内生产总值的比重恐怕是全世界最低的，但到处又需要钱，政府负担不起。我们也不能学一些西方国家的高福利政策。第三，中国长期以来没有保险制度的底子，又有广大的农民。过去吃“大锅饭”，主要是靠财政、银行拿钱。现在要转到以社会负担为主，财政拿不起这个钱，转嫁到企业、个人身上也受不了。增加很多负担，还要保证生活都很好，那是做不到的。

根据这些特点，我们在建立社会保障体制时要注意以下三点：第一，保障水平不能太高，只能保基本生活。基本生活水平指的就是非

* 这是朱镕基同志在听取社会保障体制改革专题调研组工作汇报时讲话的主要部分。

常低的生活水平。第二，吃“大锅饭”是绝对不行的。我还是赞成个人账户应占主要的比重，建立个人账户有利于个人缴费，有利于企业缴纳保险费用，工人可以督促企业来缴。没有个人账户，很多钱就收不上来。第三，社会统筹的比例不要过高。我倾向于把社会统筹基金的一部分拨入个人账户。要考虑到中国几千年个体经济的影响，长期缺乏法制观念，没有保险观念，对好多事情都还不习惯，突然一下子都变成社会统筹，我们也受不了。

现行的社会统筹的养老保险办法，个人缴费也进入社会统筹，那就没有意思了，外国的办法不能照搬。个人缴费就是属于个人的，所有权属于个人，但又是社会强制的，退休前不能随便拿走。个人必须缴费，以后统筹使用，但钱是个人的，利息也是个人的，只是所有权和使用权不同的问题。

失业保险主要应该用于职工失业救济，保障失业人员的基本生活水平。管理费要减到最少，应该加强监督。再就业培训的经费是另外一种资金渠道，不能从失业保险中拿。现在把失业救济金大部分用于再就业培训，这个方向值得考虑，而且这种培训的有效性也值得怀疑。失业救济金、失业保险连再就业培训都一起管，那恐怕不行。

关于社会保障的管理体制，还是要成立统一的机构，过渡式的办法解决不了问题。我主张成立社会保障部，把劳动部、民政部、卫生部、人事部的社会保障职能统统拿出来，现在就要研究这个问题。机构改革没有两三年改不了，不是说这一届政府就一定要改，但是现在不研究，不制造舆论，下届政府也改不了。政府机关最重要的是政策统一、口号统一，部门多了不行。现在怎么办？本届政府的任期还有两年多，我不是很赞成成立什么委员会或召开工作会议，还是要各司其职，发生了问题，国务院开办公会议讨论。

我非常强调对社会保险基金的监督管理，监督的机制非常重要。

我认为，从上到下应该形成一个监督的机制。建议全国人大成立一个社会保险委员会，这涉及1亿多职工的保命钱。全国人大一监督，地方人大也就出来监督了。我主张社会保险资金的运用和管理与政府机构分开。如果执法、立法、管钱、罚钱，都是一个机构，钱就不知道到哪里去了。如果从上到下的运营机构很庞大，管理费把养老金都吃掉了，那怎么得了！要加强对社会保险基金的稽核检查。机构问题不仅仅是成立一个社会保障部的问题，也是政企分开的问题。立法监督和资金运营要分开。

加强银行稽核监督工作*

（1994 年 9 月 19 日）

一、关于银行稽核监督工作的重要性

中央银行要实现货币政策目标，必须有一个前提，即金融秩序是正常的。如果金融秩序混乱，搞“利率大战”，利率还能起什么作用？因此，没有一个正常的金融秩序，货币政策也执行不了，这个道理要向大家讲清楚。人民银行稽核监督与整顿、规范金融秩序的工作，其重要性并不次于货币政策。各级银行的领导干部都要非常重视金融稽核监督工作，要把好的干部充实到稽核监督队伍中去，加强这方面的力量。

现在国家银行承受的压力太大，经济中出现的问题都归咎于银行，这个局面必须改变。多办商业银行，把责任更多地交给地方，是解决这个问题的一个出路。我们要在整顿金融机构的基础上组建城市合作银行和农村合作银行，但这些机构的组建和发展，要同稽核与监管的能力相适应。如果中央银行对新成立的金融机构没有力量去稽核，又没有严格的法规制度来监管的话，只能越搞越乱。我赞成在整顿现有金融机构的基础上，发展地方性的商业银行，加强地方性商业银行建设。与此同时，必须加强人民银行的监管力量，加强金融稽核

* 这是朱镕基同志在听取中国人民银行稽核监督工作汇报时的讲话。

监督工作。

二、关于加强金融稽核监督工作的几点要求

（一）加强金融稽核，首先要立法。现行的稽核监督的规定和办法要赶快修改，报请国务院重新发布。我同意人民银行提出的关于严肃处理金融机构违规行为的意见，过去只有罚款这一种手段，现在要明确规定行政处罚。一个叫行政处分，一个叫刑事处分，分开讲比较好。行政处分如降职、免职、撤职、取缔法人资格等，刑事处分如判刑等。这次提交全国人大常委会审议的《商业银行法》规定，对乱设金融机构、构成犯罪的，依法追究刑事责任，这是非常正确的，得到了全国人大常委会的赞成。没有这一条，根本治不了乱。因此，要抓紧制定《金融稽核监督条例》，报国务院批准发布。

（二）加强人民银行和各专业银行稽核组织建设。现在要加强稽核部门的领导力量，把懂业务、坚持原则的优秀干部调到稽核部门去。要加强领导力量，而不是一般地增加人。如果进来的人业务素质低，人越多越麻烦。因此，只有调整、加强稽核部门的领导干部力量，才能解决目前存在的问题。

加强银行稽核监督工作，还要通过电子计算机手段进行管理。要将一部分懂金融、又懂电子计算机的大学生充实到稽核队伍中去，对于工作表现好的稽核工作人员要给予奖励。一个金融单位搞得好，是全体职工共同努力的结果，对稽核工作人员要一视同仁。当然，过分强调依靠奖金调动积极性不行，光靠奖金也鼓舞不了斗志，还是要加强党的建设，加强思想政治工作，严肃党纪国法。

（三）当前最重要的是执法必严。我在去年 7 月 7 日全国金融工作会议上讲了“约法三章”，言出法随，镇住了一段时间。但是，现

在又旧病复发，乱拆借、乱提高存款利率等问题又开始抬头。究其原因是对已查出的一些问题我们还没有处理，有些人认为我们是虚张声势，不过如此而已。看来，我们对前一阶段整顿金融秩序的成绩不能估计过高。你们反映的地方信托投资公司违规问题，情节严重的必须进行严肃处理，要撤换领导班子或吊销营业执照，如果不及时处理，债务将会越背越多。对其债权、债务，要交由法院按《企业破产法(试行)》处理。由于此类问题有许多是历史遗留下来的，如果不尽早揭露出来并做处理，将来到了不可收拾的地步，那就是我们的责任。因此，我们对发现的问题，要以对党的事业和对历史负责的态度提出处理意见。如果我们提出的处理意见正确，地方政府不接受，将来就由地方政府承担责任。

许多问题的解决单靠银行的力量是不够的，我们有党中央、国务院的领导和支持，对金融管理方面出现的问题，必须及时向党中央、国务院报告，并提出处理意见，这才能说我们没有失职。你们遇到困难，处理不下去，就给我写信，要是我不敢查下去，那就是我失职。现在就是要严肃处理几件案子。审计署给我一个报告，他们审计了人民银行部分分支机构，查出的问题比人民银行自己查出的问题要严重。比如去年 7 月 7 日以后新发生的乱拆借，人民银行查出 4.3 亿元，审计署查出 10 多亿元，可见问题相当严重。我建议撤掉几个行长，然后登报。说一千道一万都没有用，撤掉几个行长马上就会起作用。人民银行现在把已经查出的问题不是分了很多类吗？把审计署的例子也列进来，人民银行会同审计署，共同来查。在每一类问题中可考虑先挑两个最严重的进行查处，给予撤职、免职或其他处分。撤职行长就要降级，免职可以平调，调出银行系统。要派人到当地把这些案子一个一个查清楚，铁面无私、公平公正地进行调查，然后执行去年 7 月 7 日我讲的“约法三章”。当时就讲过既往不咎，但再搞一定要撤职。这次查处对象起码是支行行长这一级，拍“苍蝇”不解决问题，要打“老虎”，处理结果集中登报。要把你们汇报中提到的几个问题都查清楚，如果情况属实，要撤一把手的职。你们要根据事实进行处理，然后把所有查出的案件都通知当地政府和纪检部门。新中国成立初期要不杀刘青山、张子善怎么得了？现在的情况要比刘青山、张子善那个时候严重得多，再不处理怎么行？当然，人地位越高，处理起来越难，但为了党和国家的利益就是要攻一攻。我们稽核力量有限，没有力量一个一个地查处，当前就集中处理这几类问题。要抓一抓法不责众的问题，现在已经形成一种歪风，胆子够大了，不刹一刹这种风不得了。另外，有些银行与自办的经济实体还没脱钩，少数银行还继续向自办经济实体注入信贷资金；有的分行从自办经济实体分红，用于本行职工福利开支，对这类问题也要处分两个。银行与自办经济实体一定要脱钩，搞行员制〔1〕收入不降低是可以的，再搞回扣、分红，就要严肃处理，否则社会影响太坏了！如果只讲银行福利太高了，我可以帮你们承担责任，但是如果银行福利又高又腐败，这个责任谁也承担不了。拿那么高的奖金还到处去分红，到处乱拆借，注入这个、注入那个，中央银行行长如果听任这么搞法，那就不是共产党的中央银行行长，这样的行长我是不愿意当的！我看大家要下定决心把这股歪风刹一刹，此其时也。我一直没找到时机，上半年正值改革的关键时刻，那时顾不上。现在是下一轮改革即将到来之前，时间有一点空隙，抓紧把这个事情处理一下。这项工作搞好了，我看银行职工的精神会为之一振，今后的金融形势会更好。再在这个基础上来办城市合作银行、农村合作银行，可能要办得更好一点。因此，要抓紧

〔1〕行员制，指银行系统实行的介于公务员制度和企业聘用制之间的一种职员管理制度。

办这件事，不能等，马上就办，一个月时间办完。抽调得力干部，集中力量查这十几个案子。如果属实，要处理，结果马上登报。其他那些案子，就按今天这个会议精神，比照查处上述十几个案子的做法，由你们一个一个地查处。政策界限非常清楚，1993 年 7 月 7 日以前的既往不咎，除非触犯刑律、造成重大损失的，当然要承担责任，但一般问题就不处理了。1993 年 7 月 7 日以后仍然干违纪、违法勾当的，必须严肃处理。

三、建立和完善金融机构自我约束机制与合理的内部激励机制

刚才听汇报，发放存款单项奖[1]，副作用很大，在一定程度上助长了“储蓄大战”、乱放贷款，维持了虚假存款的现象。请各专业银行考虑出一个能够全面评价银行经营活动情况的综合奖励办法，纳入正常的轨道，这样有利于正确地执行国家的信贷政策。我建议每个专业银行，由行长负责，召集一些基层行的干部开座谈会，参加者要有不同类型机构的领导干部，包括分行、支行以及办事处的干部，充分听取他们的意见。特别要选那些存款急剧增长的基层行，看是不是靠奖金搞上来的，里面正的作用有多少、负的作用有多少。在充分听取他们意见的基础上，你们提出一个意见：怎么发奖金既能真正调动积极性，又能正确执行国家的政策。前提是不论哪种办法，都不要降低原有的奖金水平。但如果实行新的办法，导致一段时间内存款下降，也不要害怕，没有什么了不起的，无非是挤掉了一些水分。这个事情

〔1〕 存款单项奖，指某些金融机构违反规定，将存款单独作为考核指标，与职工个人的工资、奖励及其他个人利益直接挂钩。

要抓紧办，请四家专业银行[1]行长在一个月时间内，将意见报到人民银行总行，由人民银行总行听取汇报后，统一发一个规定。在研究制定银行奖励办法时，人民银行总行主管部门要派人参加各专业银行召开的座谈会，听取各方面意见。人民银行总行党组要进行研究，尽快拿出办法来。

〔1〕四家专业银行，指中国工商银行、中国银行、中国建设银行、中国农业银行四家国有商业银行。

警惕金融、财政“双松”导致通货膨胀*

（1994 年 9 月 20 日）

人民银行的 8 月份金融情况分析印报政治局常委、国务院负责同志，抄送各有关部门。

七八月份货币投放大量增加，必须引起警惕。7 月份投资规模增长回升到 74%，是由于金融、财政“双松”的结果，银行贷款规模基本控制了，但外汇储备的占款增加 2000 多亿元，转化为企业存款；财政由于国库券发行好，支出一下激增，消费基金扩张之势惊人（8 月份国家工资性现金支出增长 45.6%，行政开支增长 40%）。1—8 月外资引进大大超过去年，大多投入房地产和土建。如不再加以控制，变“双松”为“双紧”，下半年抑制通货膨胀，恐将难以实现。

朱镕基

9.20

* 1994 年 9 月 17 日，中国人民银行调查统计司《八月份金融运行状况分析》一文反映，1994 年 8 月，国民经济继续保持高速增长。金融运行表现为：货币投放加快，贷款增加较多，储蓄增长势头仍然较旺，专业银行备付率水平略有下降。这是朱镕基同志在该文上的批语。

会见美国联邦储备委员会主席格林斯潘时的谈话*

（1994 年 10 月 24 日）

朱镕基：我很早就想见你，多次盼你来，现在见到你，很高兴。在马德里就想见你，当然，在马德里没有时间谈什么问题，只想请你吃一顿中国饭，但你提前回国了。我们为你这次来访做了长时间的准备。我知道你今天见到了江泽民主席，明天还要见李鹏总理。今晚只想作为你的同行请你吃中国饭。如果有什么问题，请尽管提出来。我们之间没有什么秘密，即使有，你也会知道。

格林斯潘：非常感谢副总理先生。因提前离开马德里，错过了你的宴会，我也感到很遗憾。

今天我们的会谈非常有意义、有建设性，我们就贵国改革进程中广泛的问题进行了讨论。你一定已经得到了关于会谈情况的汇报，我在这里不必再详细讲了。

在我们美国，对中国改革的看法也有一个演变的过程。从一个持续多年的中央计划经济体制转变为市场经济体制，是一个复杂而艰难的进程，中国已通过各种可行的方法取得了巨大的成就。在与江泽民主席、中国人民银行的会谈中，我已指出，中国取得成功对美国乃至整个世界都是十分重要的。我们的经验证明，贸易的发展会使有关各方获益。特

* 这是朱镕基同志在北京钓鱼台国宾馆会见并宴请美国联邦储备委员会主席艾伦·格林斯潘时的谈话。

别是中国这样一个在世界贸易中占重要地位的国家，其发展将使所有人受益。因此，我们愿在我们有多年经验的技术方面，为贵国的中央银行提供尽可能的帮助。

在中央计划经济体制中，金融体系的作用只是用来计算物质资源的名义价值。而一个完善的金融系统，如同我们在过去几十年间发展起来的系统，在计划经济中作用不大，只有在市场经济中才有可能起到关键的作用。改革的目的正是在于建立一个更有效的竞争的市场结构，使中国经济成为充满活力和竞争力的经济。

中国的经济体制改革已取得了巨大的成就，但要形成一个有活力的市场机制，还要集中精力处理一些问题。例如，我们关心的一个问题是中国还没有一个完善的债务市场，国有企业的亏损大多由中央银行的高能货币融资。如果建立一个包括各种市场经济成分的机构，使政府的赤字可以通过市场进行融资，则不必动用中央银行的储备，导致通货膨胀的压力，引起不稳定因素。即使是西方市场经济的国家，其债务市场也有不健全的一面，但关键是要通过改善企业状况或实行企业的破产来消除大量的亏损。要加快改革，使社会保障系统独立于企业之外，当企业减员或破产时，不会出现对雇员不利的影响。

我们还讨论了一些技术性问题，特别是现代化支付系统的建立。它对于提高银行的储备、更有效地实施货币政策具有重要的意义。

派瑞〔1〕：我们了解到对中国人民银行的改革已有一系列建议和方案，它们对中国长期的经济发展有何影响？

杜鲁门〔2〕：与人民银行的会谈中提到银行监管的问题，副总理先生能否谈谈在金融体制改革中对银行监管问题的处理？

〔1〕派瑞，即罗伯特·派瑞，当时任美国旧金山联邦储备银行行长。

〔2〕杜鲁门，即特德·杜鲁门，当时任美国联邦储备银行国际金融局局长。

格林斯潘：改革是多方面的，涉及各方的利益。很多人已适应了旧的体制，改革会令他们不舒服。这里重要的是保持改革势头。如果缓慢或停止，损失会更大。

程杭生[1]：在过去的几场会谈中，听到关于通胀的不同说法。有人认为价格上涨是由于农产品、能源的价格调整引起的。想听听朱副总理的观点。

朱镕基：我很欣赏格林斯潘主席对中国情况分析的准确，也非常感谢你表示在金融合作方面愿为我们提供技术帮助。

我们感到在与美联储和你个人的合作中，会得到很多启发。你比我大 2.5 岁，智力因此比我大 2.5%。你是经济学家，我只是一个电气工程师。你在美联储工作了 12 年，我当中央银行的行长只有一年。我们需要你的智力和经验。

现在中美两国关系处于较好阶段，特别是去年江泽民主席和克林顿总统见面以后，两国关系不断改善，芮大使[2]也为此作出了贡献。

我们两国的中央银行很早就有交往。去年开始的金融体制改革借鉴了许多美联储的经验。当然，我们的改革要根据中国特点进行，但最初的改革设想从美国得到很大启发。你和你的同事来访，我们非常重视。关于中国的改革，可以讲很长时间，但你没有时间。很多情况人民银行的周正庆副行长已经介绍了，有关国有企业的问题江主席也讲了。我主要讲讲通货膨胀的问题，它也引起了很多人的关注。

首先，我认为中国的通货膨胀并不像外国舆论报道的那么严重。中国过去两年的国内生产总值增长率约为 13%，今年预计为 10%到 11%。通货膨胀率在 1992 年低于 6%，1993 年是 13%，今年可能超

〔1〕程杭生，当时任美国联邦储备银行副行长。

〔2〕芮大使，即芮效俭，当时任美国驻华大使。

过15%，甚至达到20%，但这不能说明中国的通货膨胀有多么严重。因为，我认为今年通货膨胀指数高的主要原因是，我们在向市场经济的转轨过程中做了一些价格结构的改革。这是任何一个发展中国家，特别是由计划经济向市场经济转轨的国家所不可避免的阵痛时期。去年和今年的物价指数偏高，主要是去年11月，我们放开了农产品价格，农产品价格到现在几乎涨了一倍。如果不放开，农民就不种地，而大量地涌向城市。现在的价格由市场决定，我们受益匪浅。去年10月以前，中国生产的化肥无人买。现在市场上供不应求，可以说国际市场上有多少，我们就可以买多少。这说明农民的生产积极性大大提高了。同时，我们把过去没有放开的能源、交通的价格也放开了，铁路的状况大大改善了。

这类价格结构性改革今后会越来越少。我预计从今年10月到11月，物价指数会越来越小。目前中国市场并没有供不应求，相反，供应非常丰富。当然，我们要继续实行宏观调控，推进金融改革，将基本建设和消费基金控制在一定水平。

整个金融改革的方向是将中国人民银行办成独立执行货币政策、对各类金融机构进行监管的机构。在适当的时候，我们要将中央银行的分行由按省份设置改为按经济区设置。同时，致力于将国有专业银行办成真正的商业银行，逐步开放金融服务市场。在会见你之前，我见了摩根士丹利总裁约翰·麦克先生，已同意他与建设银行成立中国第一家合资的投资银行，今晚他们就签署合作协议。

最近，我们派出包括几个人民银行省分行行长的代表团访问了美联储，去了华盛顿、纽约、旧金山、洛杉矶等城市，受到美联储的热情接待。我们要将他们带回来的资料发给全国的分行。在此，我要向你和你的同事表示感谢。我们受到了很多启发，但你们的经验我们不能照抄，中国的情况要复杂得多。

我们目前正处于逐步立法和健全法制的过程中，已向全国人大常委会递交了《中国人民银行法》和《商业银行法》的议案，但意见一直统一不起来。我们希望马上能通过。

你们有些办法在美国很有效，但在中国不一定有效，比如你们四次提高利率等等。

格林斯潘：最近第五次提高了利率。

朱镕基：每一次我都认真关注它的反应，你们每次提高 0.25%，起到很大作用，但在中国作用不会很大。在中国也许提高 10%也不会起到很大作用，因为有些企业不准备还钱，不在乎利率，但这种情况正在改变。明年我们改革的重点将放在对国有企业的改革上，随着它的成功，金融调控的杠杆作用会更大。现在我们就在研究提高利率，希望像你们一样成功，但效果不一定会很好。

格林斯潘：效果如何，现在还不得而知。

朱镕基：今天我的主要目的是请你吃中餐，但不知你是否会喜欢。我们可以在饭桌上接着谈。

（晚餐时的谈话）

朱镕基：关于外汇储备，我有一个问题要请教格林斯潘先生。

去年我们的贸易出现逆差，今年上半年是顺差。我们年初的外汇储备有 212 亿美元，现在将近 400 亿美元，国际货币基金组织的总裁康德苏先生说我们的外汇储备太多了。据我们了解，台湾地区的国际储备有 1000 亿美元，日本 800 亿美元，估计美国超过 700 亿美元。虽然我们的外汇储备高达 400 亿美元，但还不具备实行人民币完全可兑换的条件。目前我们实行的是经常项目下的可兑换。美国财政部曾指责中国的外汇制度歧视外资企业。我看这是不了解情况。今年年初实行人民币的经常项目下可兑换前，我曾征求过外资机构的意见，现在这种选择不是歧视，恰恰相反，是对外资企业的照顾。目前，我们正在研究什么时候能够实行人民币的完全可兑换。

格林斯潘：现在，进出口与国际储备的关系不像过去那样是一个相当有用的概念了。评价一个国家的国际储备水平是否适当，主要考虑其国际储备的用途。在美国，国际储备的主要目的是支持汇率，因此要根据美元对不同货币所要给予的支持程度，决定各币种的数量。我相信人民银行的外汇储备，也起到了对汇率施加影响的作用。

史福〔1〕：你认为在完全可兑换下，汇率将怎样变化，适当的汇率是多少？目前中国实行的外汇体制还不是一个完全透明的体制，很多东西如不加详细解释，就很难理解，因而很多外资企业认为市场并没有正常运转。他们一定非常高兴听到你刚才这番话。

我非常高兴地得知中国目前的政策是实行人民币在经常项目下的可兑换，尽管我们认为最终目标应当是完全可兑换，但这毕竟已是向前迈进了一步。我们鼓励中国继续深化改革，以便达到"复关"及加入世界贸易组织的商业条件。

朱镕基：如果你去外资企业征求意见，请转告他们：如果他们愿意把外汇卖给中国的银行，他们就可以到中国的银行去购买外汇，但合同中承诺出口的产品必须出口，这是我讲的。另外，请你回国后向本特森〔2〕先生转达，我在马德里时也曾对他讲过，在"复关"问题上，我们与美国进行了长期的谈判，作出了巨大的让步，基本上满足了关税及贸易总协定的要求。有很多事例可以说明，如今年1到9月份进口增加了30%，关税比去年减少，降低了几种商品的关税。希望美国支持我们尽快"复关"。在马德里时，本特森先生也许出于礼貌，既没表示反对，也没有同意，请你转告他，我希望从他那里得到

〔1〕史福，当时任美国财政部部长助理。

〔2〕本特森，即劳埃德·本特森，当时任美国财政部部长。

一个肯定的答复。

史福：我一定将你的意思转达给本特森部长。本特森先生一直支持美中关系的改善，支持中国“复关”，但要站在商业的基础上，此前的谈判也一直基于商业和经济的条款。

朱镕基：中国在允许外资金融机构在沿海开放城市开办营业性分支机构后，又开放了内地十大城市。今天，摩根士丹利将与我们的建设银行签署在北京成立合资的投资银行的合同，今后还会允许更多的其他金融机构在中国经营，如保险公司，美国国际集团已在上海设立了分公司。在中国通货膨胀率较高的状况下，我们已经作出了最大让步。希望明年的通货膨胀情况有所缓解，我们还可以在“复关”问题上作出更大的努力。

关于外资银行要求做人民币业务问题，国内外对这个问题有不同的看法。中国的商业银行与国际上真正的商业银行相距甚远，因此没有竞争力。随着中国银行立法的健全，中国允许外资银行开办本币业务的步子会迈得大一些。目前，中国打算先进行少数外资银行做人民币业务的试点，现正在进行选择。

格林斯潘：在美国，如果外国银行遵守美国的有关银行立法，并符合美联储的规定，是不反对外国银行开办当地本币业务的。外国银行到美国设立代表处、分行都是不成问题的。当然，这里有一个与当地银行竞争的问题。如果就这个问题征求美国当地银行的意见，它们当中大多数会反对外国银行进入美国市场。但作为联储，我们从整体上考虑，认为这样做有利于竞争，而竞争又会促进效益的提高。我们是欢迎外国银行在美国开办当地货币业务的。

感谢你和你的同事在会谈中表现的坦诚。请允许我代表美联储送给你一件小礼品，这是美联储的象征——一只鹰。你们所从事的是一项伟大的事业，衷心祝愿你们取得成功。我们在联储随时欢迎你来访问，我会请你吃中餐，但我们厨师的技艺可能没有你们的强。

朱镕基：我也为你准备了礼物，是熊猫银币。这并不是说美国的中央银行像一只鹰，而我们的中央银行像一只熊猫，是希望中国人民银行既像鹰一样矫健，又像熊猫一样可爱。我们也随时欢迎你的来访，不论是你本人还是你的代表。

杰出的经济学家——薛暮桥 *

（1994 年 10 月 25 日）

今天是暮桥同志 90 华诞大庆的日子，这是非常值得纪念的一天。我好久没有见到薛老了，看见薛老身体这么健康，薛老的夫人罗琼同志身体也很健康，确实内心感到非常高兴。

参加这个会议的同志们都是薛老的老学生、老部下、老同事，我想我至少可以满足前两项条件。今天本想听大家的发言以后再讲几句祝贺的话，因为在座的有很多同志，可能有 70%到 80%是我的老上级，其他呢，大概还有 15%是我的老同事。这些同志对我都有很多的帮助和教育，所以我本想听大家讲完以后再讲，但因为今天国务院有总理、副总理的碰头会，我不能耽搁得太久了，只好插在中间先讲几句。

暮桥同志是大革命时期入党的我们党的老党员，也是在学术上有很高造诣的非常著名的经济学家，在理论工作方面、在社会主义革命和建设的实践工作中，都有很大的成就。

我读暮桥同志的著作是在新中国成立以前，在清华大学读书的时候。那个时候，我们追求进步，向往革命。我们当时读的书，主要是毛主席的著作，是从解放区带来的，如《新民主主义论》和有

* 这是朱镕基同志在祝贺薛暮桥从事经济理论工作 60 周年座谈会上的讲话，曾发表于《百年沧桑 一代宗师：薛暮桥逝世一周年纪念论文集》。编入本书时，对个别文字作了订正。

关解放区土改等方面的著作。同时，我们也读一些其他的革命的进步的书籍，我现在记得起来的就是艾思奇[1]的《大众哲学》、暮桥同志的经济学方面的著作。我学的是电机制造专业，但是我们那个时

1994 年 10 月 25 日，朱镕基在祝贺薛暮桥从事经济理论工作 60 周年座谈会上讲话。左为薛暮桥。

候也有经济学的课程。我认为，薛老在我入党以前就是我参加革命的经济学方面的启蒙老师，所以我可以说是薛老的一个老学生。

1952 年，我从东北人民政府工业部调到国家计委。不久以后，暮桥同志就担任国家计委副主任、全国物价委员会主任。在那个时候，我就可以说是薛老的部下啦。但是，我这个部下跟暮桥同志差了

〔1〕艾思奇，马克思主义哲学家、教育家和革命家。新中国成立后，任中共中央高级党校哲学教研室主任、副校长，中国哲学学会副会长，中国科学院哲学社会科学部委员。主要著作有《大众哲学》、《哲学与生活》等。

好几级，所以那个时候暮桥同志未必认识我。当时，我们对暮桥同志是非常敬佩的，因为我们知道暮桥同志有很深厚的学术修养和很丰富的实际工作经验，理论基础非常扎实，在革命战争年代和新中国的建立过程中有很多的贡献。

刚才，胡绳同志讲了一个很重要的方面。薛老不但是一位坚定的马克思列宁主义的学者和战士，有很深厚的学术功底，有长期的经济工作的实践；他的治学态度又是非常实事求是的，具有大胆敢言的学术精神。所以，对他的著作我从来都是非常注意的。特别是在改革开放以后，薛老的思想随着时代不断地进步，写了很多的著作。我认为，薛老是坚决地拥护邓小平同志建设有中国特色社会主义理论的，是拥护“一个中心、两个基本点”这一党的基本路线的；而且，他往往有自己独到的见解。薛老发表在《人民日报》的那些文章常常是一大版，我总是非常细心地去读，每一次都从中得到启发。

薛老的为人，我认为也是非常地坚持原则、党性很强。记得1956年，我在国家计委给当时的党组副书记张玺〔1〕同志当秘书。有一次，张玺同志告诉我，暮桥同志要求自己是非常严格的，生活上是非常简朴的，他要求把自己的稿费全部交给党。时间、地点我记得很清楚，张玺同志讲话时的神情我也记得很清楚。后来，张玺同志对暮桥同志说，你不必这样做，你都不拿，那谁也不敢拿稿费了。但是，暮桥同志还是把稿费全部交了党费，交了17000元，在那时可是一个不小的数字。可见，暮桥同志要求自己非常严格。

“文化大革命”时期，我们在1969年年底到湖北省襄樊国家计委干校，薛老不久也来到了干校。当时，在干校流传着一些关于薛老的

〔1〕张玺，新中国成立后，曾任国家计划委员会常务副主任，参与组织编制国家第一个和第二个五年计划。

笑话。一次，薛老和我们一起坐着马扎听报告。突然有个同志发现，薛老是坐在腿朝上的马扎上，大家都笑了。后来再听报告时，很多同志都要看一看薛老。说实在的，同志们是十分善意的，绝对是以一种充满尊敬的神情来关注薛老的。我觉得，这些笑谈都反映了薛老忠诚、老实、简朴、淳厚的一面。

薛老今年 90 岁，为党奋斗了 60 多年。我觉得薛老的一生是一位马克思列宁主义者的一生，是一位非常杰出的经济学家的一生，是为党的学术工作，为社会主义革命、建设和改革工作作出了重要贡献的一生。我在这里向薛老表示衷心的敬意，并且敬祝薛老健康长寿！

注意防范三峡工程建设的风险*

（1994年11月2日）

三峡工程是个伟大的、跨世纪的、全世界第一的工程，很多问题都要一丝不苟，设计、施工、规划各方面要密切配合，要有严格的质量监督。监理制是很好的，我在上海搞南浦大桥，就实行监理制。不实行监理制，你讲一万遍“质量第一”还是不行，到最后已经晚了，再花多少钱也挽回不了损失。你们工作做得很好、很出色，当然也很辛苦，希望你们继续努力。我完全相信，三峡工程的效益会很好，甚至于在同类工程中可能经济效益是全世界第一的。但是，绝对不要认为三峡工程风险不大，否则我们可能要犯错误。这风险不在你那个地方〔1〕，也不在你们湖北、四川那个地方，风险在国家。

我不是说风险很大以至于工程搞不下去，不是这样。我们要注意防范三峡工程建设的风险：第一个风险是资金很大，国民经济能不能承受得起。这个风险不是说我们国家承受不了三峡电站，绝对不是。而是说我们搞了三峡工程不可能代替一切，你上，别人还照样要上。这个总规模是否承受得了？财政能不能承受得了？物价能不能承

* 1994年10月31日至11月2日，朱镕基同志先后在四川、湖北省考察三峡工程。这是朱镕基同志在湖北宜昌三峡坝区听取中国长江三峡工程开发总公司工作汇报时讲话的主要部分。

〔1〕指中国长江三峡工程开发总公司。2009年9月，它更名为中国长江三峡集团公司。

受得了？企业能不能承受得了？这是个大问题。我讲的意思是拜托你们预先把投资打够，把钱算够。如果钱不算够，最后结果大大超了预算，你说我怎么弄呀？我这样讲不是无的放矢，二滩水电站原来报预算48亿元，现在250亿元还下不来呀。如果按这个小数字来做计划，财政不破产才怪，银行也得破产。风险相当大，现在好多因素搞不清楚。我拜托你们在目前可以预见的范围里把资金算够，这样才是真心实意地想让三峡工程上马，而且把它建好。如果不实事求是，算出来的投资听起来很小，就赶快上马，到时候投资大了我们承受不了。算工程总的资金需要量时，有两个因素要打进去，一个因素是考虑通货膨胀，第二是要打足利息，这样才能计算回报期。这个方法国际上是通用的。不把资金算准算足，不好向全国人大和全国人民交代。

第二个风险是移民，这个风险可是大得不得了。因为我们已经有教训了，如新安江水电站的移民，40年过去了，问题还没解决。三峡工程100万人以上的大移民，而且64%是城市人口，这个钱不知道是怎么花法，公用设施、城市建设等等不知道要花多少钱。农民安置，每户三万块钱绝对够了；城市工厂的搬迁，真不知道要花多少钱。所以，对移民问题要有足够的重视，否则三峡工程建成了，也蓄不了水。三峡工程包干400亿元来解决移民安置问题，对包干我是完全赞成的。在中央财经领导小组第一次讨论三峡移民问题时，我就提出一定要包给地方，包给省长，而且要包死。我不赞成一切问题都跑到北京去定。所谓“包干”，也只能像现在这样包，至于钱到底够不够只有天晓得。为什么？因为事先没有规划，也没有迁移一个城市的经验。现在看起来，农民的搬迁要分三个层次。第一个层次是尽可能就地后靠。现在到实地看了以后，我觉得对这一点估计过高，因为无地可退，无后可靠，勉强怎么行呢？把山挖得一塌糊涂，植被也破坏了，这是不行的。因此要考虑第二个层次，在省里面安置，往人稍微少一点的地方、地稍微多一点的地方安排，或者到一个需要劳动力的城镇去安排，这个不靠省长根本不行。第三个层次，如果本省实在安排不了，还得考虑在省外安置。中国还有的是地方可去，还是有很大的潜力。农村的搬迁人数还比较少，城市的搬迁人数就多了，所以要考虑不要随便提搬迁这个说法，我觉得还是提安置比较好。搬迁并没有错，可以照讲，实际上我们应该着重地说安置。搬迁的观念要改变一下，因为从搬迁工程里面又要国家拿 50 亿元的贷款。这个贷款不是说不能贷，要看效益，不能当做安置性质使用，那样银行背不起。如果说这个工厂搬到另外一个地方去，生产原来产品或生产新产品确有效益，还得起贷款的，就借；还不起的，绝对不借。安置的钱要从移民费用里出，这一点一定要讲清楚。不然，这个投资又扩张到贷款里面去了，将来说不清楚要多少钱。

最后一个风险是泥沙。建三峡工程的泥沙问题究竟有多大？现在看，这个长江已经不是长江了，比黄河还要黄，成了“黄江”。一年有多少泥沙往下泄，说法不一，有的人说是 9 亿吨，还有的人说是 6 亿吨。泥沙问题究竟对大坝有什么影响？对河流的生态环境有什么影响？我只是提醒你们，这个问题还是有一定风险的，要很好地研究。说到底，上游植被的状况要是不改变的话，对大坝是没有好处的，任何技术方法恐怕也难解决。根据我们的经验，上游的植被至少 50 年内难以彻底改善。我们已经搞了 40 多年，植被究竟是改好了还是改坏了，长江的泥沙含量就是明证。我们现在就要重视这个工作，最后还要等树都长起来，没有几十年是不行的，如果不抓紧更不行。所以，我觉得泥沙总还是个问题，要继续研究。

现代企业制度改革试点的几个问题*

（1994 年 11 月 4 日）

党中央、国务院对这次会议非常重视，江泽民同志亲自主持中央财经领导小组会议，讨论了现代企业制度改革试点问题，通过了国务院提出的方案。

今年的改革，重点是建立社会主义市场经济宏观调控体系的基本框架，主要是进行财税、金融、外汇、外贸、投资体制等方面的改革，规模非常宏大，内容非常深刻。现在看，尽管还不很完善，但基本框架有了，为深化企业改革奠定了基础、创造了条件。企业改革是经济体制改革的中心环节，所以，今年上半年基本上完成宏观调控体系改革任务后，我们就根据党的十四届三中全会精神，逐步把改革的重点转向企业改革。江泽民同志在党的十四届四中全会上讲，从明年开始，要把深化国有企业改革作为经济体制改革的重点，力争在转换国有企业经营机制、建立现代企业制度、增强国有企业活力方面有所突破。只有切实抓好国有企业改革，才能真正建立起社会主义市场经济体制。

---

* 1994 年 11 月 2 日至 4 日，全国建立现代企业制度试点工作会议在北京召开。出席会议的有各省、自治区、直辖市和计划单列市主管经济工作的副省长（副主席、副市长）、经济贸易委员会（经济委员会、计划经济委员会）主任、经济体制改革委员会主任，中共中央、国务院有关部门和单位负责同志，100 家试点企业主要负责同志。这是朱镕基同志在会上的讲话。

全国的建立现代企业制度试点工作，由国家经贸委牵头。试点办法，由国家体改委、经贸委和有关部门共同制定。试点企业100家，从这里面总结经验。

关于建立现代企业制度的试点工作，我讲几点意见。

一、全面理解

要全面、正确地理解党的十四届三中全会作出的《中共中央关于建立社会主义市场经济体制若干问题的决定》（以下简称《决定》）。关于现代企业制度，党的十四届三中全会《决定》有四句话：“产权清晰、权责明确、政企分开、管理科学”，概括得很全面。现在各地搞了那么多企业试点，但许多人理解得不那么准确，过分地强调了产权清晰，把重点放在探索产权形式上，在这方面大做文章。当然，产权清晰对推动企业经营机制转换有很大作用。但如果只是单打一，做不出更大的文章。现代企业可以有多种组织形式，我们要在公有制为主体的前提下，进行各种形式的探索。不是要把所有的企业都办成股份制公司，更不是把所有的企业都办成上市公司。只讲“产权清晰”这一句话，注意力只集中在这一方面，其他三句话成了陪衬而已，这样理解太不全面。现在有些所谓的“产权交易”，是将公有财产变着花样地转成个人财产，国有资产流失十分严重，这怎么是我们所要的“产权清晰”呢？一些企业搞内部集资入股，把银行贷款抽出来，成立一个股票科，然后去炒股票赚钱。这种以集资为目的、以投机赚钱为目的的股份制有什么用？只能更增加银行资金的紧张。我们不能将注意力只集中在以集资为目的的股份制上。产权清晰很重要，要继续探索，但不要把它抬到压倒一切的地位。

二、突出重点

我们应该很好地贯彻执行江泽民同志在党的十四届四中全会上的讲话。江泽民同志说：深化企业改革关键是实行政企分开、搞好企业内部经营管理、逐步建立社会保障体系。这里讲的关键有三点，大家要好好学习，认真贯彻。

第一，要抓政企分开，切实转变政府职能。政府职能不转变，政企就难以分开，企业不可能适应市场经济要求。现在有些政府部门的人一下去，就让企业干这干那，甚至限期搞好，瞎指挥，吃偏饭。这不是以市场作为资源配置的基础，而是用行政的力量随意去干预企业。用行政手段短期搞好企业很容易，但不能巩固和持久。政企不分开，国有企业是搞不好的。我去年到北欧五个国家，其中挪威国有企业的比重超过50%。它有一个很大的特点，政府不直接管理企业的经营活动，但对企业领导人抓得很紧，大型企业的总经理要经政府和议会批准任命，政府主要行使监督、执法职能。国外管理企业的一些有益经验，我们应当学习和借鉴。

《全民所有制工业企业转换经营机制条例》（以下简称《条例》）公布两年了，见效不大，主要是政企没有分开。我希望这次试点，中央各部门和地方政府少管一点。加强领导不等于什么事都管，管好班子最重要。还是三条：坚持和完善厂长（经理）负责制，发挥企业党组织的政治核心作用，全心全意依靠工人阶级。政府少管不等于撒手不管，要认真搞好试点，要监督、推动，但不要瞎指挥。

第二，要搞好企业内部经营管理。前一段时期，有些地方只抓产权交易，什么制度都不要了，企业内部管理一塌糊涂，假冒伪劣产品横行。一说搞市场经济，就以为可以全面放开，什么都不管了，那是不行的。还是要眼睛向内，苦练内功，从严要求，把企业管理基础制度健全起来。

第三，要逐步建立社会保障体系。现在党中央、国务院都在抓这件事，这是深化国有企业改革的最重要的配套改革。搞好国有企业需要逐步做到企业能破产、职工能辞退，解决好这两个问题，企业效益才可能上去。做到这两点，必须有配套政策。破产企业的人员要妥善安置，工人的基本生活要有保障，否则社会不稳定。党的十四届三中全会以后，国务院有关单位研究建立社会保障体系问题，包括养老、失业、医疗等保险制度。经党中央和国务院多次讨论，现在方案都出来了，准备开全国性的会议，先试点、再立法、后推广。养老保险制度已经进行了比较大范围的试点，今后将进行更大范围的规范化试点。

企业破产是个难题。《企业破产法（试行）》为什么难以执行？主要是职工的安置问题。原来规定企业破产的拍卖所得先用于偿还银行债务，这是正确的。但职工得不到安置，就会影响社会安定。现在为推动这项工作，应有新的思路。财产的拍卖所得先要用于安置职工，然后再用于偿还银行债务。拍卖要包括土地的使用权。亏损企业不少在城市中心，土地使用权很值钱，企业破产后安置职工绰绰有余。当然，这样搞，银行财产要受到很大损失，但不付出这个代价，企业长期亏损下去，银行的债务不但不能偿还，还会不断增加。要想得远一点，想得开一点。破产要有领导、有组织、有步骤地进行，先在国家经贸委组织的18个试点城市〔1〕里试点。企业破产后，厂长应该免职或降职。把厂子搞垮了，厂长却升官，是不公平的。我们要坚持一条：企

---

〔1〕18个试点城市，即1994年10月25日，国务院下发《关于在若干城市试行国有企业破产有关问题的通知》，决定在上海、天津、齐齐哈尔、哈尔滨、长春、沈阳、唐山、太原、青岛、淄博、常州、蚌埠、武汉、株洲、柳州、成都、重庆、宝鸡18个城市，进行企业优化资本结构试点工作。

业破产试点先在 18 个试点城市内进行，银行参加。省市级银行不能决定企业破产，必须报总行批准。我认为破产机制非常重要，今年把破产试点搞好，明年再扩大试点范围，每个城市有两三个企业破产，这对全市的国有企业都会有大的震动，对推动建立现代企业制度会起很好的作用。这件事很复杂，只能经过试点逐步实施，千万不能刮风。

三、相互结合

第一，改革、改组和改造要互相结合。改革是建立现代企业制度，改组是企业组织结构改组，改造是企业技术改造。这几项不结合，企业搞不好，现代企业制度也建立不起来。比如纺织行业，如不改组，棉花都被小棉纺厂吃了，谁能搞得好？所以，我赞成棉花调一点价，提价后大中型企业勉强生存，小厂吃不起，小棉纺厂搞不下去了，企业组织结构改组的作用就发挥了。其次，建立现代企业制度的试点，还要与贯彻落实行之有效的有关行政法规结合起来进行，要继续推进面上的企业改革。1992 年发布了《条例》，这也是符合党的十四届三中全会《决定》精神的，其中好多条文到现在都没有落实，还要继续贯彻落实。今年又通过了根据党的十四届三中全会《决定》制定的《国有企业财产监督管理条例》，国有企业如果没有外部的监管，国有资产很容易流失。目前国有资产流失的现象相当普遍，“大船搁浅，舢板逃生”。一个大厂，背一屁股债，分出十来个小厂，大厂剩下几个老弱病残背着债务，债务实际上都留给国家了，小厂不亏了，大发奖金，这是不行的，还是要监管。先从对国民经济有重大影响的大企业开始，要先派监事会进行监督，不管企业经营，只监督企业的资产负债情况。企业资不抵债，就可以建议撤换厂长。所以，建立现代企业制度试点，应同贯彻《国有企业财产监督管理条例》结合进行，不能单打一。

这次会上提出了几个问题。一是不能吃偏饭，但能不能吃点新饭？大家看到，靠吃偏饭搞现代企业制度试点，即使有了经验也很难推广。偏饭不吃，新饭还是要的，如社会保险制度、企业破产制度、银行冲销呆账准备金、“拨改贷”[1]变为“贷改投”[2]以减轻企业还本付息的负担等等。但不要只在减税让利、优惠政策上打主意，现在已经是无税可减、无利可让了。国家财政很困难，收入增加不少，支出更大。大家还是要认真领会党的十四届三中全会《决定》的精神，加快政企分开，加强企业内部管理，把配套措施搞起来，真正使亏损的企业扭亏为盈，盈利的企业办得更好。

第二，资金问题。当前资金紧张的情况，其中有很大一部分是由于企业相互拖欠引起的。这次企业间大量相互拖欠的原因和 1991 年有相同之处，也有不同之处。1991 年主要是基建资金不到位，拖欠了生产企业的资金，形成连环套。因此，只要银行注入一定的贷款到资金不足的项目，偿还生产企业的设备、材料、施工款项，整个债务链条就解开了。现在不是这样了，只有一部分是基建规模过大、资金不到位引起的，约占全部拖欠款的三分之一，而且主要是地方自筹资金部分不到位引起的，中央没有资金不到位的问题。现在企业相互拖欠的主要原因是，进口失控引起钢铁工业和石油、石化工业产品滞销、积压，资金回不来。首先，1992 年和 1993 年上半年钢材价格上涨得太猛，涨了一倍多，超过国际市场价格水平。1993 年进口了很多，今年上半年还在进，国内企业生产的钢材卖不出去，钢厂又不能停产，造成压库，货款回不来。今年的拖欠款中，约有三分之一是钢

〔1〕“拨改贷”，是国家预算内基本建设投资由财政拨款改为银行贷款的简称。
〔2〕“贷改投”，指把国有企业“拨改贷”债务的本息余额转为国家资本金。

铁工业引起的。其次，是成品油大量进口，造成国内成品油没法生产，大庆、新疆油田曾经部分关井。现在钢铁工业采取几项措施，一是不回钱不发货；二是减产不停产，国家给予一定的流动资金支持；三是严格控制钢材进口；四是增加出口。成品油的销售情况通过降价有缓解。形势会慢慢地好转，拖欠情况也会缓和，但前提是坚决限产压库促销，千万不要追求没有效益的速度。

第三，中央抓的和地方抓的试点工作如何结合？建立现代企业制度试点确实应认真探索，也很难说是一个模式，还要经过实践检验。各地区面上的试点企业应逐步向国务院的方案靠拢，不妨碍各自探索新的经验、新的办法，但不能违背国家法律和政策的原则规定。全国的试点工作由国家经贸委牵头，省里的试点由省政府自己决定。中央各部门不要给省里下通知，要求自己的对口部门如何如何办，否则地方政府就很难办了。

总之，为了共同的目标，大家要团结，要协作，多商量，同心同德，把建立现代企业制度的改革试点工作抓好。

企业改革中要防止国有资产流失*

（1994 年 11 月 6 日）

党中央、国务院很重视国有资产管理工作。江泽民同志多次指出，我们负有历史责任，不能让国有资产流失，流失了不好向历史交代。我看了这次会议的简报，大家对国有资产管理工作中存在的问题提出了许多很好的意见。

加强国有资产管理工作，是包括在整个企业改革中的一项重要内容，同时对现代企业制度能否搞成功是一个保证。这首先因为我们搞的是社会主义市场经济。什么是社会主义市场经济？我的理解是，它的一切运作都是按市场经济的规律、国际惯例来进行，但又必须是以社会主义的公有制为主体。以私有制为基础的市场经济也许效率很高，但社会的公平就无法实现。所以，我们必须维护国有资产，保持公有制经济在国民经济中的主体地位。还有一条，没有以公有制为主体，就没有按劳分配。公有制的主体是国有企业，如果连国有企业都管不住，把国有资产流失了，就是私有化了，就谈不上社会主义了。当前，国有资产可以说是我们全国人民的共同财产、国家的命根子、社会主义的根本保证。国有资产没有了，社会主义也就没有了，所以，我们来担负国有资产管理工作，应当是承担了光荣的历史责任。

---

* 1994 年 11 月 2 日至 6 日，全国国有资产管理暨全国清产核资工作会议在北京召开。出席会议的有各省、自治区、直辖市财政厅（局）、国有资产管理部门的负责同志，国务院有关部门负责同志。这是朱镕基同志在会上讲话的一部分。

我们是在保护全国人民的共同财产，我们是在维护国家的命根子，我们是在保护社会主义的基础。

刚开完的全国建立现代企业制度试点工作会议，再次明确企业改革是从现在开始到明年的经济体制改革的重点。今年上半年主要进行财税、金融等宏观改革，改革的成功，为企业改革打下了良好的基础。今后改革工作的重点要转向企业改革，企业改革如果不成功，国有企业经营机制还是不转变，宏观改革也不能够成功，它们是相互依存的。在整个企业改革试点中，国有资产管理部门应积极参加，这是企业改革成功的保证。下面，我讲两个问题。

一、国有资产管理工作在现代企业改革试点中，应起的主要作用就是防止国有资产流失

我们参加试点的主要任务，就是制止国有资产流失，大家要明确这一条。国有资产管理局给我提供了一个材料，说现在国有资产流失有多种方式，非常严重。去年，国有资产管理局组织了一次调查，调查了 24 个省区的 5800 个单位，国有资产流失了 360 亿元；调查了 10 个直辖市和计划单列市的 280 个单位，国有资产流失了 85 亿元，数字惊人。国有资产流失的方法有 7 种：

第一，中外合资建企业和股份制改组中，不评估或有意低估国有资产，这是最严重的，也是最不应该的。搞合资经营和搞股份制时把国有资产有意低估，或者由于极度无知，又极端地不负责任，把国有资产拱手送人。最典型的是湘潭精细化工公司跟新加坡的企业合营。首先，外方合资的股份都是破破烂烂的二手设备，折股很高；软件技术全是抄了西方国家的几个配方，没有经过试验，这个股份也折得很高，结果投产以后老是拿不出合格产品。然后，中方把自己入股的土

地、厂房折价很低，这叫半卖半送。最后，在经营过程中，外方把外销价格搞得很低，低于国内市场价格。外商最通用的手法是把进口原材料价格抬得很高，在香港结算时就造假，把出口产品价格压得很低，中间的暴利都归他了。搞这种合资企业究竟有什么意思？根本不符合我们对外开放政策的本意。最后更可笑的是中方退出了，把整个工厂交给新加坡的商人，变成他的工厂了。这个事情莫名其妙。这不叫“卖国求荣”吗？把国有资产卖掉了，还不要钱或是低价卖，这是最大的一个问题。

第二，股份制企业对国家股不分红、不配股，都分给职工。现在开始分财产了，把国有资产量化了分给个人，这不就是搞私有化吗？

第三，有的地区以明晰产权为名，把国有资产无偿或低价卖给个人，搞负债持股。

第四，有的企业在经济困难时把企业改组分开，搞“大船搁浅，舢板逃生”，逃避债务。债务由总厂几个老弱残兵顶着，银行逼债总不能逼出人命来吧？企业就不还钱了。大量的职工都被分出来搞经营，没有债务，赚钱之后，大发奖金。这种情况很普遍。因此我就讲，对债权、债务关系一定要搞清楚。一个国家，不管是搞什么经济，企业把债务随便赖掉，这个国家是没有什么经济效益可言的。我想，造成这个债务是过去政企不分开的问题，好多是由于上级的瞎指挥，使企业负了债。再说，把企业的债务冲掉了，说是减轻了它的历史包袱，如果这个企业从此就办好了，我看也值得。问题是它绝对办不好。冲掉这一批债务，还有下一批，没完没了。企业的经营机制不转换，靠冲销债务去改变，历史证明是绝对不行的。我们不是不解决企业的历史包袱问题，不是不冲销它的债务。采取什么办法呢？就是破产的办法，永远给冲掉了。现在好多地方擅自把企业的债务冲掉了，其结果是越欠越多，永远冲不完。过去由国家“拨改贷”搞的重点建设、基础设施建设，还款能力是比较差的，特别是中间又有汇率的变化，这些项目里确实有一部分还不起债务。因此我们考虑，对那部分还不起债务的企业，“拨改贷”改成国家投资的股本，而且不要再还利息了，作为国家投资了。根据中央指示，国家计委正积极地制定方案，组织实施。

第五，一些企事业单位的部分国有资产不入账，形成大量的账外资产，这也是很大的问题。特别是对它们的境外投资情况根本不清楚。各部门、各地区究竟在境外办了多少企业？好多都是不入账的，甚至有的企业未经国务院批准到香港“买壳上市”，炒股票，源源不断地把国内资金流到境外去。我希望国家国有资产管理局好好管管这件事。国家国有资产管理局应当是党中央、国务院在国有资产管理上的一个耳目。国有资产流失你是制止不了的，但你应当及时把国有资产从什么渠道流失、流失了多少、是谁流失了等情况报告国务院，以便研究制定政策。你们想办法，探索吧，把国有资产管起来。

第六，全民企业办集体企业，无偿划转和无偿占有国有资产，把国家所有制变成集体所有制，把集体的资产变成个体的，给分掉了。

第七，在不规范的产权交易中廉价出售国有资产，造成了流失。“产权交易”一出来后，国务院是明令禁止的，但实际上禁而不止，还在那里搞。规范地搞还好些，现在就是不规范，大量的国有资产从国有变成私有了。如果这么折腾下去，就把国家都折腾光了。

国有资产管理工作，包括清产核资、资产评估、产权登记、产权界定这一系列的工作，都是为防止国有资产流失服务的，都是非常重要的工作。我非常希望国有资产管理部门，对国有资产管理能够建立一套基本的制度。首先把情况弄清楚了，才能出政策。千万不要着急出政策，不要急于求成。好像国有资产管理部门一家就可以把国有资产管理搞好了，就可以保值增值了，还想参与经营。国有资产管理局怎么能参与经营呢？只能够建立一套基础的管理制度，总是在监视着国有资产变化的情况和国有资产在转移、经营管理当中的流失情况，随时向国务院报告，我们再来研究对策。

国有资产流失不是国有资产管理部门一家能解决的问题，但是你们的责任非常重大。这是一个光荣的历史责任，要担负起来。你们要把情况讲清楚，要有实实在在的东西，要有一系列的报表、制度、组织机构、监督的方法，还要有扎扎实实的工作、切实的调查，才能把这个工作做好，不然就做不好。

二、建设一支德才兼备、精明强干的国有资产管理队伍

我们这个队伍不要很大，但要有忠诚廉洁的品质，又要熟悉业务，懂经济、懂生产、懂会计。国有资产管理需要有这么一支精明强干的队伍，来保卫国家的利益，提得高一点来说，就是保卫社会主义。党的十四届三中全会明确决定，要加强中央和省两级国有资产管理机构。我想，也不好再要求每个地市县都设立国有资产管理机构，不要去干预地方政府的事情。但我们总是可以提一个要求，不管是哪里管，总得有人管这件事情。新中国成立前，在解放区，一个乡长什么都管，钱粮、纳税、支前、动员，他全管。国有资产总需要有人管，而且需要有统一的制度，把报表发下去要填上来才行，不然国务院怎么掌握情况？当然，我们不要搞得很烦琐，否则实际上也做不到。

另外，很多工业部门国有资产的管理机构也不健全。我们不干预各个部门设什么样的国有资产管理机构，但总是要重视这个工作。按照《国有企业财产监督管理条例》，就是要进行监管试点，成立监事会，这个很明确。中央企业是由中央各个部来牵头派出监事会，国家

国有资产管理局可以参加。如果你这个部门没有一批人来监管国有企业、管国有资产，那你怎么管企业呢？所以，党中央、国务院各个部门也要加强国有资产管理的机构。加强不等于加很多人，而是领导重视，有比较精干的人来管这件事情，而且要认真地管。当然，队伍的素质要提高。国家国有资产管理局对加强培训工作要给予重视。我多次强调搞注册会计师的培训，实际上，国家国有资产管理局也需要注册会计师，国有资产管理人员都要努力取得注册会计师资格。当然，主要是行政管理，如资产评估并不是要国有资产管理部门进行评估，但是要由国有资产管理局来认定。现在这个工作又搞乱了，因为资产评估机构可以收费，可以发高工资，所以认定机构就多得不得了。国务院下发的《国有资产评估管理办法》，明确规定只有国有资产管理行政主管部门才能认定。目前已经发现一些会计师事务所专门帮助企业造假账，这样的会计师事务所有什么用处？因此，要有一个统一领导、一个章法。但另一方面，我们要清正廉明，自己就不要搞资产评估了，否则难以服众。自己认定的机构专门高收费、乱评估、低作价，我们就没有权威了。因此，还是要把我们的工作做好了。

此外，现在有的地方把国有企业用留利搞的技术改造和基本建设资金形成的资产作为企业所有，这个不对，没有这个说法。国有企业获得的利润，都是国家的，资产增值也是国家的，不要搞企业所有制，只有国家所有制。这一点，大家在国有资产管理中要注意。

上海要努力搞好国有企业改革*

（1994年11月14日）

今年的宏观改革为企业改革创造了一个条件，但是没有企业根本性质的改革，宏观调控、宏观改革也不可能真正成功。我觉得上海在这方面具有特殊的责任。上海的重点建设、基础设施建设、城市建设、产业结构调整，按照既定方针和已有的良好基础搞下去，就会一年变一个样，不会再发生波折和问题。现在上海面临的唯一要解决的问题是国有企业的改革，这项改革如果搞好了，就为全国提供了很有借鉴意义的经验。上海是国有企业最集中的地方，全国没有哪个省份有上海这样的特点。上海的主要经济指标里，国有企业都占70%以上，上海的国有企业对上海国民经济具有决定性的作用。上海要增强抗经济波动的能力，就要把国有企业搞好。只有把国有企业搞好，上海才会真正繁荣，才能形成良性循环。

上海的经济基础在国有企业，但国有企业存在很多历史遗留问题，包袱是最沉重的。上海国有企业曾经给国家作出过重大贡献，其实每一个工厂的积累资金可以建十几个或几十个工厂，都上缴给财政，支援了全国。这几十年，上海老企业的技术改造确实落后了，这是受历史条件的限制，包括我在上海工作的时候也没有钱搞技术改

---

* 1994年11月10日至19日，朱镕基同志在上海市考察工作。这是朱镕基同志在11月14日下午听取市委、市政府工作汇报时的讲话。

1994年11月14日上午，朱镕基在上海市主持召开国有企业座谈会。前排右一为中共中央政治局委员、上海市委书记、上海市市长黄菊，右三为国务院副秘书长席德华。

（《解放日报》记者郭天中摄）

造，所以企业设备很落后。现在很多外地的合资企业，甚至内地的乡镇企业都已经超过了上海老企业的技术和设备水平。过去上海是出口的主力、上缴财政的主力，产品质量是最好的，现在逐步地处于劣势了。但在另一方面，上海的各种费用提高得很快，特别是成本的提高。而外地企业使用大量的廉价劳动力，上海国有企业的工资成本根本不能与它们竞争。除新兴产业外，上海国有企业应该说处在比较困难的状态，尤其是纺织工业。因此，如果上海的国有企业搞好了，外地的国有企业没有理由搞不好。上海有着特殊的优势，上海工人阶级是了不起的。我当了三年市长，对此深有体会，只要给他们任务，上海的工人阶级都会干得好。几个大的建设项目，如大桥、地铁呀，都可以证明这一点。上海工人阶级同企业的感情是很深厚的，我相信这个优势可以弥补劣势，一定能够把国有企业搞好。我来上海那一天，看了对上海灯芯绒总厂下岗工人的电视采访报道，一直看到夜里 12 点多。这个电视片敢于揭露矛盾，敢于把工人下岗以后遇到困难的心态都讲清楚，把问题都提出来了，并且不避讳这个问题。特别使我感动的是，那些每月拿 120 元钱的下岗工人并没有抱怨党，只是讲自己如何如何困难。这是一个新的问题，国有企业就是困难。另一个转岗以后一个月挣 2000 元到 3000 元的工人还是想回工厂，他说，如果工厂要我，我还是要回去。这样的话非常平凡，但听了以后要掉泪。而且讲这些话的人都不是拿着稿子，而是真情实感，侃侃而谈。上海的电视报道揭露了好多矛盾，引导观众去思考问题，探索解决问题的办法。

现在一般国有企业的富余工人有二分之一，甚至三分之二，如果把这部分工人的就业安置好，国有企业的困难就解决了。就业的门路还是很多的，文化人也会做生意，产业工人就不会做生意？做生意也包括服务性行业。我在今天上午就讲了，“桑塔纳”轿车出厂价不过 10 万多元，销售价 15 万元，外面有的卖到 20 万元，就是中间环节把钱赚走了。为什么“桑塔纳”不能在全国搞自己的销售网呢？谁也竞争不过我，“桑塔纳”就立于不败之地。所以，上海的产业还是要多样化发展，而且也有很大的潜力，不要单打一，不要把工业企业的富余人员都转去搞工业，思路应更宽广一点。工人的就业安置问题解决了，上海的国有企业问题就解决了，我相信一定能搞好。当然，这里有经营机制的转换问题，还有很多其他问题。破产与裁员本身是一种机制，要强迫企业转变经营机制，要它们自负盈亏。我希望上海在国有企业改革方面提供一些比较好的、成熟的经验。上海的国有企业搞好了，这是最有说服力的样板。上海这样一个远离原料产地的大城市，又是一个生活水平很高、老龄化的城市，国有企业改革都能搞好，外地为什么不能搞好？我就是提这么一点希望。

在一九九四年
中央经济工作会议上的总结讲话*

（1994 年 12 月 1 日）

江泽民同志、李鹏同志对当前国内国际政治经济形势作了深刻的分析，提出了明年经济工作的指导思想、主要任务，对需要统一认识的几个重大问题，也都讲得很清楚了，我现在根据会议讨论中提出的问题，做一点补充。

一

当前经济形势总的是好的，特别是在改革方面，我们向建立社会主义市场经济体制跨出了重大的步伐。现在看起来，这是很不容易的事情。尽管出现了这样或者那样不完善的问题，但是总的说来，预定的改革目标已经达到了，而碰到的风险没有原来想象的那么大。生产没有大起大落，保持了经济发展的好势头。社会发展方面的进步很快，人民生活水平也有很大提高。正如同志们所讲的，我们在今年干了多年想干而没有干的事情。各方面的成绩大家都看得见，国际也公认，是谁也不能抹杀的，必须充分肯定。

---

* 1994 年 11 月 28 日至 12 月 1 日，中央经济工作会议在北京召开。出席会议的有各省、自治区、直辖市党政主要负责同志，中共中央、国务院各部门主要负责同志。这是朱镕基同志在会上总结讲话的主要部分。

1994年12月1日，朱镕基在中央经济工作会议上作总结讲话。右为中共中央政治局常委、全国人大常委会委员长乔石。（新华社记者李学仁摄）

但是在充分肯定成绩的同时，我觉得也应该清醒地看到前进过程中存在的问题。最突出的问题就是通货膨胀。通货膨胀经过了几个过程：去年11月份粮食价格全面放开，带来粮食价格猛涨，棉花价格也猛涨，今年1、2月份物价在去年11、12月份猛涨的基础上，环比连续两个月上涨3%。在国务院采取平抑粮价的措施以后，3、4、5、6、7五个月，物价涨势明显趋缓，这五个月环比的增长指数在0.5%到1%之间，没有再猛涨了。但是8、9两个月涨势又猛了，8月份增长3%，9月份比8月份又增长3%。我想，这与我们各个地方过早地放开一些价格、减少补贴，特别是提高城市的服务业价格有关系。10月份好一点，比9月份增长1.7%，但还是很高。现在，11月份的物价指数还没出来，我估计还是相当高。我们过去算过账，如果物价维持在9月份的水平，不再往上涨，那今年全年的物价指数就是

20.7%。现在10月份又涨了1.7%，11、12月份如果稍微再往上涨一点，那今年零售物价指数就超过20.7%了，居民消费价格指数就达到25%以上。所以说，今年物价的增长水平是改革开放16年来最高的一年，这一定会对明年的物价和经济发展产生很不利的影响。

还有一个值得注意的问题，就是农村物价涨幅高于城市，内陆地区物价涨幅高于沿海地区。当然，这与原来沿海地区的基数比较高有一定的关系。但是，这种形势也是过去从来没有过的。在这种情况下，各个地区的感受不一样，各阶层人民群众的感受也不一样，但是确实有相当大一部分人民群众反应很强烈。物价大幅上涨，使整个的宏观经济环境绷得很紧，对改革和发展都不利，对吸引外资、扩大开放也不利。从国内外的经验来看，通货膨胀对经济发展只有害没有利。江泽民同志形象地说，靠通货膨胀来刺激经济发展是“饮鸩止渴”，我认为是非常确切的。骑上了虎背以后，就很难下来了。所以这次中央经济工作会议，把控制物价上涨、抑制通货膨胀作为当前和明年宏观调控的首要任务，作为正确处理改革、发展和稳定三者关系的关键，我认为是完全正确的。在这个问题上，我们首先要统一认识。

二

今年物价这么大幅度上涨，原因是复杂的，是多种因素交错形成的，要实事求是地全面地加以分析。价格的调整和改革是引起这一次价格总水平上升这么快的一个重要因素，而这种价格的结构性改革，是我们在向市场经济过渡进程中所不能避免的。也可以说，这是一个阵痛的过程，你不经过这个阵痛，就不可能建立起市场经济的秩序。这几年，我们对能源、交通、原材料的价格连续地作了调整，往上提，提价的金额总体上相当于两千几百亿元。特别是去年农产品价格的放开，对物价的上涨起了很大的推动作用。但是这种价格的调整和改革，对于理顺价格关系、加快基础产业的发展、调整产业结构，特别是对于调动农民种地的积极性，都起到了非常积极的作用。不这样调整，我们会更困难。现在农民的生产积极性普遍有了提高，从去年化肥的滞销到今年的供不应求就可以说明这个问题。所以，价格调整和改革所引起的物价上涨是难以避免的，是必经的过程。

但是我们也应看到，这次物价大幅上涨，有比这个更复杂、更深刻的原因。这次农产品价格的涨幅，已经超过价格补偿性、结构性调整的范畴，不是都按我们原来的设想有计划、有秩序地进行，这个问题要引起注意。有一个数字讲今年的粮食价格比去年上涨47.4%，我觉得这个数字不可靠，低估了当前的通货膨胀。现在主要粮食品种——大米、玉米、小麦的价格都上涨一倍以上，绝对不会是47.4%。那为什么出现这个数字呢？我找国家统计局的同志查了一下，发现现在形势变了，但统计方法还没有变。其中最大的一个问题是，统计局对价格取样点的选择，有85%从国有粮店里取样，只有15%从集市贸易取样。这是过去的做法，国有粮店是粮食销售的主渠道嘛。现在可不是这样了，我在北京市调查过，北京市国有粮店的销量只占30%，70%的销量是在集贸市场和私有粮店。蔬菜销售只有10%在国有菜市场，90%是在自由市场。国有粮店经常是有价无货的，它的价格不能代表市民的真正感受。另外，大米只统计标二籼米，这也是过去的做法。现在大家不吃标二米，都吃粳米了，现在是1元5角、1元6角钱1斤；但现在不统计粳米，只统计标二米，而标二米是从仓库里拉出来的、国家补贴的米。今年决定标二米不涨价，你拿不涨价的米来作为抽样，它就不能代表大米的真实价格，米价其实是涨了一倍。面粉统计取样

1994 年 5 月 16 日，朱镕基在湖北省汉川市刘隔镇粮管所考察粮食购销情况。右三为内贸部副部长白美清。

65%是标准粉，富强粉只取35%，现在多数人都吃富强粉了，富强粉的价格涨得多，标准粉有国家补贴，涨得少。所以，粮食价格的上涨实际上不是47.4%，而是100%。也就是说，这一次物价上涨里面，粮食涨价是主要原因，但是粮食涨价没有按我们原来的设想调价，而是超过了预定调价的一倍，这个价格已经超过了上半年国际市场的粮食价格，已经不是结构性、补偿性的调整了。

现在粮食的涨价，不光是我们去进行结构调整的问题，这里面已经出现了一个供求矛盾扩大的问题。这几年，粮食没有怎么增产，今年是减产，内贸部说减产350亿斤，国家统计局说大概减产200亿斤，总之是减产。粮食消费又在增加，一年全国净增人口1500万，跨区流动的人口有2500万，这些人都到城市里来买粮食，也都增加了粮食需求，推动了城市的粮价上涨。现在的粮食库存下降了，去年10

月底粮食库存是2250亿斤，现在只有1950亿斤，少了300亿斤，调控能力大大地减弱了，特别是中央的调控能力下降了，国家825亿斤的专储粮，现在只剩下600多亿斤了。到哪儿去了呢？一个是救灾，一个是平抑粮价，又扩大以工代赈，今年前后拿出了200多亿斤。所以现在不能够很有效地吞吐粮食来平抑粮价，缺乏这种能力。与此同时，我们又扩大了粮食出口，减少了粮食进口。我们历史上是一个粮食净进口的国家，但是从1992年开始变成了一个粮食净出口的国家，特别是今年，到10月份为止，已经出口了1070万吨粮食，而进口的粮食只有720万吨，净出口了350万吨粮食。所以最近国务院采取措施，一律停止粮食出口。这是指新签合同，原来签的合同还得履约，实际上也出口不了，因为国内的粮食收购价格已经高于国际市场价格，你卖到国外去不是赔本吗？所以我再一次地呼吁各地区的同志，你那个大米、玉米都不要出口了，再出口你自己得赔本啊。国内的调控能力已经减弱，不仅粮食不能再出口，棉花也不能出口了。

市场管理放松、流通秩序混乱，也是推动当前物价上涨的重要原因。由于社会主义市场经济体制还没有建立，国有商业和合作社怎么样去适应新的形势，发挥它们主渠道的作用，出现了脱节。新的渠道还没有建立，原有的运行了几十年的那一套做法，又在相当大的地区过早地放弃了。粮店都变为国有民营，供销社都变成个体承包，没有国有商业了，结果就变成哪个地方价格往上抬，东西就往它那儿流。企业定价的行为也不规范，想怎么涨就怎么涨。某些地区、部门为了局部的利益，趁外汇管理体制改革、税制改革之机，提高商品价格和公用事业收费，也推动了价格的上涨。因此，分析物价大幅上涨的原因，不能光看粮食调价的结构性、补偿性这一面，也要看到供求平衡失调，以及市场管理混乱等因素。这些因素都是不能忽视的，现在问题还远远没有解决。

固定资产投资增长过猛、基建规模过大，是当前通货膨胀的根本原因。全社会固定资产投资去年增长58%，今年现在说是增长百分之四十几，实际上不止。我为什么说它不止呢？利用外资这一部分按照统计的口径是不计入投资规模的，而这一部分今年增加得相当猛。1992年、1993年，我们签了大量的利用外资的合同，现在钱都进来了，今年1到9月份进来了230亿美元，全年估计要超过330亿美元，折合人民币2800亿元。这2800亿元大多是往基本建设里投，虽然不计入投资规模，但是用它买材料、开工资、发奖金，最后都是推动购买力的扩大，拉动物价的上涨。今年总的贷款规模是5200亿元，再加上这2800亿元，大家可以想象，社会货币流通量的增加是多么厉害。物价上涨就是通货膨胀，通货膨胀就是票子多了、货币供应量多了嘛。当然，我们要充分看到利用外资的积极、正面的意义。特别是外资进来以后，我们的外汇储备从年初的212亿美元，到11月中旬增加到460亿美元，增强了我们的支付能力，提高了我们国家的信用等级，有利于扩大开放。但另一方面，大量的人民币出来以后，投向也不合理，相当大的一部分投向高级房地产，动不动就是几十亿美元，而基础设施建设配套的资金跟不上，供电、供气等基础设施紧张得不得了。同时，一部分投资又变成了个人购买力，推动了消费品价格的上涨。所以，对外资投向还是要引导，不能去搞重复建设。重复建设搞到谁都不能发挥规模效益的时候，投资就都收不回来了。我认为，现在的投资规模大了，各方面都承受不了，市场承受不了，生产资料供给也承受不了。

消费基金的过快增长，也是通货膨胀的一个重要原因。据统计，去年的现金支出以45%的速度增长，今年又是百分之四十几的增长，9月份的增幅高达60.3%。这个还不包括所谓“灰色收入”，数字惊人啊！我们一向坚持的是“两个低于”，即工资性收入的增长速度低于经济效益（实现利税）和劳动生产率增长的速度，这是符合经济发展的客观规律的。而现在根本就不是什么“两个低于”，而是“两个高于”，就是消费基金的增长远远超过劳动生产率的增长，超过实现利税的增长。更大的问题还在于分配不均。主要是两个不均：一个不均是盈利企业大发奖金，大大地高于平均数，亏损企业连职工的基本生活费还保不了。大多数的盈利企业从来不想以后的困难，能发奖金的时候就大发，甚至亏损企业也发。另外一个不均就是各阶层的人分配不均，相差悬殊。典型调查表明，很少数的储户占有多数的存款。这个情况要是搞久了的话，也会成为社会不稳定的一个因素。

现在看起来，物价涨势未止。10 月份是在 9 月份三令五申的情况下，物价环比增长 1.7%，11 月份、12 月份都不能确定，所以明年要把物价涨幅控制在 13%左右，难度相当大。但难度再大，也要想办法控制住啊！历史经验证明，如果连续三年物价增长达到两位数，就很难保证社会稳定。所以，对当前的通货膨胀，既不要大惊小怪，也不能等闲视之；既不要惊慌失措，也不可掉以轻心。

三

为了保持国民经济发展的好势头，确保社会稳定，明年无论如何要使物价涨幅比今年有明显回落，目标是控制在 13%左右。做得到也好，做不到也好，要奔这个目标努力，超过 13%许多事情就很难办了。各地区、各部门应该全面地贯彻江泽民同志、李鹏同志在这次会议上所讲的关于抑制通货膨胀的指导思想和工作安排。我再强调几条。

第一条，要下大力气抓好农业。在小组会上，各个省的负责同志都说亲身体会到要抓好农业。回顾几十年经济工作走过的路子，我们所遭受的挫折可以说没有一次不是从农业引发的。这一次农产品的大幅度涨价，再一次向我们敲响了警钟。现在我们对农业的重视程度确实还是不够啊，虽然讲得很多，但做得还是不够。对农业的投入，没有摆在一个重要的地位，好像基础设施建设，就是高速公路、高速铁路、航空港、深水港，就没有农业。沿海地区的粮食过去都是自给的，甚至是调出的，现在都要吃"进口粮"(指从别的省调进的粮食)。东南沿海六省市在 1991 年，粮食调进量只有 91 亿斤，1993 年就增加到 208 亿斤，今年 300 亿斤还不够，许多耕地不种粮食了，耕地都变成开发区、搞城市建设了。复种指数没有了，早籼稻不种了。前两年，卖粮难，"打白条"，乱摊派，农业生产资料价格不断地上涨，使农民的生产积极性受到挫伤。农业再这样搞下去的话，供求矛盾会越来越大，很难控制价格上涨。对于这个问题，全党、全国上下必须统一认识，重视农业，加大对农业投资的力度。中央财力有限，但是也要下最大的力量，来增加对农业的投入。现在财政赤字年年大幅度增加，如果不调整一下投资结构，农业投资怎么能上去呢？我觉得是要下这个决心，大家都要统一认识，调整投资结构。有些项目要停下来，先把解决吃饭问题的农业搞上去。中央投资主要是用于大江大河大湖的治理和一些全国性的基础设施建设。关键还在于各个地区，少搞一点景点、度假村、购物中心，真正挤出一些钱搞点农田水利、"菜篮子工程"。不然的话，农业是搞不上去的。耕地一年一年减少，人口一年一年增加，不增加投入，怎么样解决这个供求矛盾？粮价怎么下得来？当前要应急，几个大城市还得大力地推广机械化养鸡、机械化养猪，几百万人口的城市靠老太太养鸡来供应鸡蛋，那根本不行了。京、津、沪的鸡蛋从来没有涨价，它们的吃蛋问题不就是搞了机械化养鸡就解决了吗。这不需要什么太复杂的技术，只要加强管理。

养猪也是一样的。现在要靠从四川调猪，尽管肖秧[1]同志拍了胸脯，我也非常高兴，但到时候猪肉是不是出得来，我还得看一看。下面没有渠道帮他收猪啊。现在都是养猪户自己养、自己杀、自己卖，肉联厂都停工。哪儿价格高，猪肉就往哪儿流，没有主渠道来给你组织货源啊。

总之，对农业问题不能够盲目乐观，但也不必悲观。改革开放16年的经验证明，只要领导重视、摆正位置、政策对头、措施得力，农业是能够搞上去的，农业的发展潜力还是很大的。

第二条，抑制通货膨胀要继续控制基建规模和消费基金的过快增长。现在，在建规模很大，不能再乱批新开工项目了。现有的都干不完，搞那么多重复建设、过多的超前的建设，资金也没有，工期拖得很长，超概算非常严重。现在超概算一倍、两倍是常事了。效益很差，钱又还不了。投资结构要进行调整。拿房地产来讲，根据建设部提供的统计材料，1992年房地产开发完成的投资比1991年增长117%，翻一番；1993年比1992年增长124.9%，又翻一番。现在看起来，今年还是翻番。这跟整个经济建设的步伐是不适应的，并不是真正给老百姓解决住房的问题。为了控制这种高档房地产投资的猛烈增长，引导外商的投资，现在提出三条措施，先跟大家打个招呼，制定具体的办法后再出台。

第一，严格控制出让土地使用权，严禁低价批租，严格控制用耕地特别是菜地搞房地产。从现在起到明年年底，一律不再批新的高档房地产项目。

第二，各级政府出让土地使用权的收入，要拿出30%到50%来购买国家基础设施建设债券。你盖一栋大楼得要多少煤、电、水、气

〔1〕肖秧，当时任四川省省长。

啊。我没有钱搞这些配套的基础设施。我也不平调你的钱，只是要你买债券，把出让土地使用权的一部分收入拿出来搞基础设施建设，不然的话，这些房子建起来以后，会搞得全部基础设施都紧张。

第三，外商投资因开发房地产项目而进口的设备和材料照章征税，没有优惠。这个并没有修改有关外商投资企业的法律。如果你是为老百姓盖房子，根本就不需要进口设备和材料。你进口设备和材料，是为了搞那个高档的房地产，那就该交点税。这样也许国内的建材工业、其他配套工业还能够发展一下，还不至于像现在这么困难。

关于控制消费基金过快增长的问题，刚开了全国电视电话会议，现在就是要坚决地贯彻执行会议精神。我只想强调一点，马上就到年关了，我极不希望出现去年元旦钞票发光了赶印都来不及的那种情况。希望各地区、各部门的同志，在元旦、春节以前一定不能够乱发奖金、津贴，不能够提前发工资，不能够提前兑现承包款，让元旦跟春节能够平平安安地过去。元旦、春节以后，消费基金仍应按规定控制。

第三条，狠抓流通领域的改革和管理。近一年多来，我们深刻地体会到流通领域对于建立社会主义市场经济体制的重要性，也有了比较感性的认识。这半年多来，我们开了一系列的会议，搞了几个文件，都是关于流通领域的体制改革，我们希望这些决定能够落实。现在看，它们并没有落实或者说基本没有落实。我觉得我们在思想上受到某些不正确理论的影响，认为市场是不能管的，价格是只有放开、没有管理的。这是完全不正确的，没有哪个市场经济国家是这样搞的。美国经济学家萨缪尔森说过，市场既没有心脏也没有大脑，既没有理智也没有良心。他比我们讲得深刻。没有政府的经济干预，只有市场所带来的缺陷是不能得到纠正的。对市场不管还行吗？我想我们已经有教训了。我们一直讲，不放开棉花市场，不放开棉花价格，但有的人一定要放开。放开的结果大家都看到了，搞得一塌糊涂！要不是拿出1000万担库存，又进口了1000万担棉花，纺织工业一大半企业就都停产了。今年的纺织品价格比去年涨了一倍啊。棉花质量也搞得一塌糊涂，虚开等级，掺杂使假。这是棉花市场和价格放开的后果。现在反过头来，只好还是回到我们原来的主张上面去。粮食、棉花这些重要的商品，没有统一经营、统一管理是不行的。加强市场管理，并不是说就要限价，我从来都不赞成限价。限价是因为你没有东西，但你限价，那个东西不就跑了嘛。加强市场管理，是要反暴利、反垄断、反欺诈、反对乱涨价，要审计成本、合理定价，要组织货源进来，这样价格就能够下来了。

四

明年经济体制改革的重点是企业改革。现在确实有不少国有企业由于历史债务和社会负担沉重，面临着相当多的困难。特别是当前企业间相互拖欠债务是造成企业困难的一个重要原因。企业间相互拖欠债务是怎么引起的？其原因与1991年有相同之处，也有不同之处。1991年企业相互拖欠的主要原因是基本建设资金不到位，建设单位拖欠了生产企业的资金，形成拖欠连环套，这也是当前企业间相互拖欠的一个原因，但这是排第三位的原因，不是最主要的原因。最主要的原因，是发展速度太高，许多产品销不出去。10月份的工业发展速度是27%，这么高的发展速度，我们哪有这么大的需求呢？社会商品零售额增长率扣除物价增长指数以后，只增加了百分之几，就是说人家买东西只增加了百分之几，你的工业发展速度是百分之二十多，那谁去买你的东西？现在不单是大量进口设备和原材料，还大量进口消费品。今天《参考消息》就报道，现在外烟泛滥于中国市场，大量洋烟、洋酒、化妆品走私进来，连宴会上吃的东西许多也是从香港用飞机运来的。这么高的发展速度，成本又比人家高，产品销不出去，产销率是历史上最低的。把产品放在百货公司仓库里面，大量地占用了生产企业的流动资金。流动资金从银行借不到，那只好就互相拖欠。第二个原因，各种渠道进口的钢材和石油，在这一次企业间相互拖欠里面占了主要的地位。几千万吨进口钢材、1000 多万吨进口成品油，这两项就引起企业间相互拖欠 2000 亿元，占了 3000 亿元三角债的三分之二。第三个原因，就是上面说的基本建设资金不到位。国家重点建设项目，安排的中央资金到位率达到 100%，但是地方自筹的那一部分不到位，特别是地方自己建设的项目，资金更不到位。国家计委对 560 个地方的项目进行统计，一共拖欠 500 亿元。国有企业的机制没有转换，企业没有信用，而且认为欠债有理、欠债有利，银行结算制度也不健全。国家计委、国家经贸委、各家银行为帮助企业解决相互拖欠做了大量的工作，仅为了钢铁工业清欠，在东北地区试点就投入34亿元，现在又投入50亿元，但是现在问题仍然很突出。

要解决当前的企业相互拖欠问题，还是 1991 年就讲的一条方针，叫做限产压库促销。你的产品销不掉，你又不减产，净追求发展速度有什么用啊！如果产品发出去，钱回不来，你就不再发货、不再生产，不就没事了吗？冶金部部长刘淇同志给我一个报告，钢铁工业基本上都有三角债，但是有两家企业没有，一个是宝钢，一个是杭钢（杭州钢铁厂），为什么？产品紧俏、质量好，你不给我钱，我就不给你发货。现在冶金工业采取这样的办法：第一，叫做减产。现在不是要求减产 300 万吨钢吗？不要再动摇了，就得减产 300 万吨，不减产是没办法维持了。第二，多出口 200 万吨钢。第三，限制进口。国家计委要采取一些办法，限制进口钢材。那些紧俏钢材，比如有特殊要求的石油钢管要进口一点，其他都不要进口了。石油工业、钢铁工业现在都实行限产压库促销方针，坚持这个方针，我认为少则三个月，多则半年，钢铁工业跟石油工业的债务就可以清掉，问题就可以解决。

我认为，抓建立现代企业制度、搞好国有大中型企业，应该全面贯彻党的十四届三中全会《决定》的精神。当务之急是明年国有企业改革要突出三个重点：政企分开、加强内部管理、建立社会保障体系。

第一，要政企分开。政企不分，国有企业没有责任制，什么事情都是党委、政府去指挥，那怎么搞得好啊？最后出了问题还不是找你？企业得有一个好的领导班子、一个好的机制、一个好的产品，才搞得好。所以我觉得，这个观念要非常的明确。当然，政企分开、企业自主经营，还要有监督。国务院关于国有企业的监管条例，是经中央政治局常委会通过的、国务院颁发的正式文件，大家要认真贯彻执行。

第二，加强内部管理。现在企业内部管理确实是不严，大有文章可做。这方面下点工夫，国有企业的困难就可以克服。

第三，逐步建立社会保障体系。中央政治局常委对这个问题都非常重视。没有社会保障体系，工人不能辞退，企业不能破产，国有企业永远没有活力。现在这个方案已经有了，我们重点研究四项：养老保险、失业保险、医疗保险、住房制度改革，实际上也是住房保险。这四个方案都出来了，像住房制度改革，国务院已经发过文件了，也开过会了，如上海等很多城市都有成功的经验。养老、失业和医疗保险方案最近也出来了，这些保险制度的一个特点就是根据党的十四届三中全会《决定》精神，具有中国的特色，社会统筹和个人账户相结合。这些方案先在一定的范围里面试点，逐步地用国务院的法规规范一下，取得一定的经验以后再正式形成法律议案报全国人大审议通过，那个时候再全面推广。

当然，现在的情况下，靠社会保障体系解决不了国有企业机制转变的问题，国有企业负担太重。因此，为了转换这个机制，我们搞了一个破产的办法来试点，就是如果这个企业搞不下去了，拍卖它的资产，拍卖所得首先用于安置职工，然后再清理债务，不然的话，没有哪个企业能够破产，永远是个包袱。这由国家经贸委组织在18个城市进行试点，但是试点一定要经过批准，冲销企业债务绝不能一哄而起，形成一股赖债的风，那不得了！企业兼并，也准备给一点政策。据说四川德阳的经验就是好的企业去兼并差的企业，盈利的去兼并亏损的。为了鼓励盈利的企业去兼并亏损的企业，对亏损企业遗留的债务可以考虑停息，但是要严防为了赖债的假兼并。明年要集中力量重点抓好一百户现代企业制度试点、三户国家控股公司试点、一批国家确定的企业集团和若干城市优化资本结构试点。试点的目的、试点的效果，是扭亏为盈，效益提高。最终要体现在效益提高上，那才真是试点成功啊。

明年的经济工作有不少有利条件，也有一些困难，只要大家统一认识，这些问题是可以解决的。

我特别要讲一下，现在抑制通货膨胀有一个很大的思想障碍，就是谁的物价低谁吃亏。确实是这样的，如果只有一个省或者一个城市的物价低，它一定吃亏。为什么呢？首先，公共汽车票价以及煤、电、水、气的价格不能涨，不能涨价就要政府来补贴，所以财政补贴要增加。另外，物价一低，外地的人都来抢购，物资外流，农民吃亏。但是我想，如果大家都来抓，就像拔河一样，统一号令大家一起使劲抑制物价上涨，就不存在这个问题了，物价问题、通货膨胀问题就一定能够解决。

深化改革，完善税制，强化征管*

（1994 年 12 月 17 日）

根据中央经济工作会议所确定的工作重点，具体到财税部门如何落实，我想讲几点意见。

第一，深化改革，完善税制，强化征管。这是财税部门贯彻中央经济工作会议精神的重要问题。现在看起来，我们的税制、分税制还有很多不完善的地方，需要进一步改革，但改革要慎重，要逐步完善。比如大家比较关心的完善分税制问题，那些按老体制上缴比较多的省份提出，现在的分税制是“双轨制”，最好改成“单轨制”。我看最好不要叫这个名词，因为我们并没有说过要实行“双轨制”。老体制的上缴，这是历史上遗留的问题，我们不可能一下子把它取消，并不是我们要搞“双轨制”。由于分税制改革采取了渐进的、平稳的实施策略，中央能够多收的钱，能够用于调剂贫富、缩小地区差别的钱还是很少的，每年只能在增量里面多收一点，而这个增量本身就不是很多，没有五年、八年的时间，中央财力不会有显著的增加。在这种情况下，如果中央很快就把按老体制上缴的部分都免掉，那中央就揭不开锅啦，开不了饭啦。所以，这个问题还得需要有一段时间逐步地

* 1994 年 12 月 13 日至 17 日，全国财政工作会议和税务局长会议分别在北京召开，并于 12 月 17 日上午召开联合会议。出席会议的有各省、自治区、直辖市和计划单列市财政厅（局）长、国家税务局局长及地方税务局局长，财政部和国家税务总局各司局负责同志等。这是朱镕基同志在会上讲话的主要部分。

解决。原来我们打算，今年把递增包干的递增上缴部分给减掉。比如，江苏去年上缴 80 亿元，递增 5%，那今年就要缴 84 亿元，增长的部分今年就把它减掉，不要递增了。今年财政开支这么紧，又欠 400 多亿元的税，还拿什么钱来减少老体制的上缴？因此，今年是做不到了。但是，我们至少能在明年的预算里面把递增上缴的部分去掉。那就是说，江苏今年上缴多少，明年还上缴多少，递增部分就免了。做到这一点也是很困难的，因为贫困地区、中西部地区要求补助的钱大大增加，我们这边要免，那边要加，收入又没有增加多少，这是很难的。但总是想这样去做，这已经很不容易了。所以，不可能在今年就取消递增上缴部分。

完善税制的一个重要问题是加强稽核工作。现在我们实行了统一的增值税，好处很多，但如果不加强稽核工作，假造和假开增值税发票造成的危害，将是相当严重的。这个问题不是不能解决，关键就是要加强法制，加强稽核工作，特别是加强技术手段的运用。对这个问题，中央非常重视，政法部门、最高人民检察院、最高人民法院、审计署也都非常重视和支持。大家共同配合，这个问题就不难解决。打击骗税，一是要打击造假发票的，二是要打击真票假开的。这两种手段，一骗就是几百万元、几千万元，甚至上亿元呀！上次召开全国经济审判工作会议，任建新同志请我去讲话，我就讲“请你们帮助我们集中力量打击骗税”。抓住了就要处罚，该判刑的判刑，该枪毙的要枪毙，不这样的话，对国家造成的危害很大。要刹住这股风，绝对不能手软。另一方面，我们还要建设电子计算机联网稽核体系，把四联发票送入电子计算机网，几个城市大家一交叉、一稽核，就能查出是假造还是假开。我们不可能对所有的发票都通过这个稽核网来查，但是我们可以抽查，100 张或 10 张发票里面抽查 1 张，查出问题就严厉惩处，以警世人。

还有一个问题，就是我们税务机关自己的队伍要干净。骗税的案子与税务机关内部人员关系很大，不敢说所有，但有相当大一部分是我们队伍里面的人和不法分子内外勾结进行偷税骗税。对我们内部人员的问题一经查实，就要严肃惩处，移送司法机关，绝对不能姑息。另外，我与项怀诚[1]同志讲了，请他拟一个办法，就是如果发生这种重大的案件，不仅要惩办主犯，惩处税务局内部参与作案的工作人员，而且要追究你税务局长的责任。因为问题出在你那里，你负有重大的领导责任。你对下属是怎么教育的？你就没有制度，没有检查，没有两个文明一起抓。所以，出了问题，主要领导也得处分，不然就没办法解决这个问题。

我想，从这几方面来加强工作，是完善税制的重要问题。此外还要特别注意人的因素，要抓人的教育、培养和各项管理制度建设。这个问题请各级财政、税务机关的同志注意，其他当然也有很多问题要完善。比如抵扣库存问题，库存的数量很大，怎么个抵扣？分多少年抵扣？据说现在报上来的库存水分都在50%以上，那怎么得了！这么扣下去，我们的税就收不上来了。这里面有很多问题要研究、要完善，同志们要加强调查研究，既要让企业不增加负担，也不能让国家的资产、国家的税收流失。

有一个非常重要的问题，大家要很好研究一下。现在，中央财政已经到了非常困难的境地了。分税制改革想马上见效非常难，中央财政收入的比重要达到60%以上，实行转移支付制度，也要相当长的时间。但是，现在财政的开支一年比一年膨胀，压都压不下去，收入增长却相对越来越少。想多收税，多开一个税种，大家都哇哇叫。这次税制改革，原来的指导思想是不加重企业负担。实际执行的结果，

---

〔1〕项怀诚，当时任国家税务总局副局长。

根据国家经贸委最近的一次调查，企业负担降低了 0.5 个百分点，但是不同企业、不同行业之间总是有轻有重，不可能平均的。税负增加的哇哇叫得厉害；得到好处、税负减轻的，说我们好话的人却不是太多。所以，现在要再增加新的税种有一定难度。但我认为还是要增加，不然税收占国内生产总值的比重会越来越小。一个很软弱的、濒临危机的财政是不能支持国民经济快速、健康发展的，也不可能保持社会稳定。没有国家的财力支持，社会保障制度不可能搞起来，其他的改革也无法进行。但是增加税种有实际困难，要有一个渐进过程，不可能搞得太快。

研究怎样扭转现在财政危机的状况，很重要的一个问题是要研究重新划分事权。现在两方面的情况都有，中央为地方支付了许多不应该由中央支付的钱，地方也支付了一些不应该由地方负担的钱。但我觉得前者是主要的，而且有些事情中央可以少管。比如，现在各省收入上缴中央的是 500 多亿元，而通过中央各部返还回去的就有 300 多亿元，实际上中央只收了 200 多亿元。我看这种事情可以研究，中央干脆就收 200 亿元。沿海地区比较富裕，有些事情就不应该再要中央补贴了。补贴了并没有好处。当然，划分事权不是针对沿海地区的，主要是要加强财政收支方面的责任制，中央收的钱，保中央的必要开支，以及调剂一点贫富差别，维护社会稳定。只收这些必需的钱，其他由地方量入为出，自求平衡。这是改善当前财政状况的一个重要途径。这方面我希望财政部、税务总局和有关部门的同志好好研究一下。

第二，切实加大对农业的投入，真正加强农业这个基础。财政部门要做到加大对农业的投入，就要抑制固定资产投资的过度膨胀，特别是严格控制高档房地产的规模。加强农业是抑制通货膨胀的一个最重要的问题。现在物价上涨里面 65%是由于食品涨价，主要是农副

1994年5月22日，朱镕基在河南省尉氏县考察麦棉套种情况。左二为河南省委书记李长春，左四为河南省副省长李成玉，左六为农业部副部长吴亦侠。

（《河南日报》记者王根乾摄）

产品涨价。如果加上棉花问题导致的纺织品涨价，这个因素还要大。此外，由于统计主要是以国有商业来采样，不能完全反映实际情况，因为集市贸易现在占有很大的销售量，它的物价涨势超过国有商业。如果现在不加强对农业的投入，提高农产品产量，供求关系会越来越紧张，物价涨幅就下不来。农产品供应想靠国际市场是不行的，我们稍微到国际市场上采购一下，国际市场上的价格就提高了。所以，尽管我们的外汇多得很，已经超过了3个月进口和偿还外债的支付需求，但国际市场上农产品价格太高，我们买不起。农产品买回来又要财政补贴才能销出去，财政也受不了。无论化肥还是粮食，靠国际市场都是不行的，只有立足国内。要加大对农业的投入，增强农业和农业生产资料的生产能力，特别是化肥生产。全国的化肥工业，包括化工部、石化总公司和地方的小化肥厂都要开足马力生产，而且要大力进行技术改造。化工部、石化总公司都要把增产化肥作为头等重要的任务，尽管某些石化产品也是供不应求，但要先搞化肥。

我们说农业是基础，加强农业喊了这么多年，特别是最近两年开了这么多次农村工作领导小组会议，但效果并不很大。大家的兴趣还是在对外招商，搞开发区、度假村上。高级别墅越搞越多，卖也卖不掉，现在还在搞，而农业实际上并没有下工夫去抓。财政部给我的一个材料很说明问题，1993 年农业投入较大的 10 个省里面，东部沿海地区占 6 个，西部地区占两个。但根据 1994 年 1 到 11 月份的统计，东部沿海地区一个也没有了，西部地区倒是占了 8 个。这种情况必须改变，特别是沿海地区，原来粮食能够自给的、调出的省，现在大量调入粮食。我觉得这不应该，因为它们的土地都是肥沃的高产土地。现在把它们撂荒不种，搞开发区、搞房地产、搞城市建设，良田没有了，复种指数下降了。大量地调入粮食，粮价哪能不涨？

我希望大家很好地考虑这个问题，一定要把支持农业放在财政的重要位置上。当然，不是你们做主，你们是业务部门，是参谋部门，要提出意见。在制定财政预算的时候，首先要保农业。任何一个国家没有不对农业实行补贴的。任何一个政府从纳税人那里把钱收来，都要保证贫苦居民最起码的生活。政府不抽肥补瘦，不从阔人那里收更多的钱，保证低收入者能活得下去，而把负担加给那些贫苦老百姓，这是不应该的，是不利于社会稳定的。

第三，深化国有企业改革。江泽民同志特别强调要推进国有企业改革。财政危机的缓解要靠搞好国有企业。国有企业改革要走一条正确的道路，党的十四届三中全会《决定》对此讲得很清楚，就是16个字："产权清晰、权责明确、政企分开、管理科学"。但是有一段时期，不少地方把重点都放到了"产权清晰"方面，新名堂搞得很多，花花哨哨，什么内部股份制、什么集资等，然后变相地大发股息、大发奖金，这有什么好处？引进外资也是这样，有的地方为了争取优惠、扬名一方，不惜低效引进、盲目引进。搞起来以后又缺乏监督，出现了虚列成本、转移利润等多种损害国家利益的情况。江泽民同志端正了这个方向。他在今年党的十四届四中全会上的讲话里明确提出，搞好国有企业关键是三条，要全面贯彻党的十四届三中全会《决定》精神，不能只抓产权清晰。重点在什么地方呢？一是政企分开。政府老是干预企业、扶持企业，企业老是依靠政府吃"大锅饭"，政府永远甩不掉包袱。二是加强企业内部管理。没有内部管理，企业怎么能办好？三是完善社会保障制度。这方面，中央正在出台措施。没有社会保障制度，企业就不能裁人、不能破产。那样，国有企业就办不好。

第四，切实加强工资管理，控制消费基金过快增长。考虑到当前通货膨胀的压力和国家财政的状况，对下一步增加工资的措施，国务院总理办公会定了这么几条：一是国家公务员的年终奖，本来1994年的要开始发了，现在已经明确了，推迟一年。二是提高国家公务员基础工资的措施，明年不再出台了。三是国家公务员的政绩考核、晋升职务工资，按照《国家公务员暂行条例》规定是应该执行的，但也要严格按照规定的时间，那就是满两年，即在该条例颁布后两年，在明年第四季度才能够实行公务员的晋升、晋级考核规定。总之，节约支出是我们财政工作的一项重要任务。

第五，强化纳税意识，严格依法治税，坚决杜绝欠税行为。目前，欠税已经达到了很严重的程度。今年到现在已经欠了465亿元，而且从我们摸底的情况看，到年终至少还有300多亿元。这个问题不解决，我们就要开不出工资了，机关就要关门了。在国外，欠税就是偷税、抗税，这是要坐牢的。我们搞社会主义市场经济，如果企业连税也不交，我们的国家机关怎么运转？我们的军队谁去养？国家谁来保卫？那不是要乱套吗？尽管欠税有一些客观原因，责任不完全在一个单位和一个单位的领导人身上，但是单位领导人负有主要责任。

现在，300多亿元的欠税收不回来，怎么办呢？从财税系统来讲，你们希望银行拿点钱给企业交税，这倒确实是一个方便的办法。但是这个先例一开，不仅会淡化企业的纳税意识，而且还要扩大开支、扩大消费，因为地方政府正等着这笔钱来开支，这些开支里面很难说都是正当的。同时，放贷款交税，银行就会大大突破贷款规模，直接推动物价上涨。我还是要求大家考虑当前这个形势，从大局出发，尽最大可能把欠税收上来。即使不能全部收上来，也要把大部分收上来，欠税300多亿元是不行的。

在今年的欠税当中，中央企业欠税是比较多的，而且欠税最多的都是国家重要的支柱产业，是效益比较好、发奖金比较多的企业，这就更没有道理了。我看了欠税单子，好多都是政绩好得不得了的、顶呱呱的企业。看来要给这些企业施加点压力，不施加压力，税收不上来。请你们到企业去催办一下，如果不交税，他的政绩都得打折扣。

对三角债引起的欠税，财政部提了这么几条建议：第一，没有销路的产品停止生产。凡是收不到货款的不要发货。第二，挪用税款铺摊子、上项目的企业，工程一律停下来。这是违纪行为，要检查、处分。第三，对一方面拖欠税款不交，另一方面又挥霍、浪费国家资财的企业负责人，要追究责任，严重的要追究刑事责任。不能因为有三角债，就把欠税的责任推掉。如果连必不可少的开支也保证不了，财政部可以向银行临时借款来解决；如果地方财政有困难，周转不开，可以向财政部借款，财政部再向银行借款。当然，借款是要还的。总之，在年前银行不会给企业贷款交税。现在有些企业说，即使给它们贷款也不交税，因为欠国家的税款不用付利息，而借银行的钱是要付利息的。所以，欠税要按照法律法规严格执行滞纳金制度。中国如果不实行这一条，偷税、漏税、欠税的又不坐牢，我看财政制度永远健全不了。

另一方面，各个部门都不得阻挠企业交税。我已经听到反映，某些银行由于存款和奖金挂钩，为了保持存款比例，多发奖金，不允许企业去提钱交税，这绝对不能允许。我历来不主张银行工作人员的奖金跟存款挂钩，也不能跟贷款挂钩，因为一挂钩，银行就会采用很多不正当手段来吸收存款，甚至高利吸储，搞高利贷，不能用这个奖励办法。至于某些银行不让企业提钱交税，一经发现，就要处分这个银行的行长。税务局也有这个问题，今年完成任务就不想多收税了，能够保证去年的返还基数就可以了，因为多收的地方，中央拿大头，地方“吃亏”，这也不允许。总之，要想尽一切办法把欠税收上来。尽管今年只有十几天了，但这十几天很关键，企业大发奖金就在这十几天，压一下有好处。当然，也会带来一些困难，希望我们统一认识，同心协力地去克服当前的困难。至于中央企业，希望有关部门的同志能够抓一抓。十个欠税较多部门的负责同志已经表示要按中央要求做，努力推动清欠工作。希望你们把工作做细，去督促、教育厂长、经理把税交上来，这样今年难关就能渡过去。

加强国家外汇储备和外债的管理*

（1994年12月19日）

一、对今年外汇储备增加的判断

今年外汇储备增加很多，目前已达到500亿美元，这是经济形势好的主要表现之一，也是今年改革的重要成果。多年来，我们想要增加国家的外汇储备，一直做不到。今年通过外汇管理体制改革，达到了这个目的，这是我们执行中央正确决策的结果，是改革的重大成果，成绩要充分肯定。另一方面，外汇储备增加较多也带来了一些新问题，主要是中央银行外汇占款增加近3000亿元，在一定程度上刺激了物价的上涨和出口商品收购价格的上升。中国人民银行采取了收回再贷款等措施后，今年中央银行的基础货币增加并不多，货币投放大体上也可以控制在1500亿元左右，所以对通货膨胀的影响是有限的。不能把外汇储备增加很多这件好事说成是坏事，不能把这项改革重大成果说成是消极因素。但现在的趋势是外汇储备有增无减，应当在这方面加强管理，尤其是对外资在资本项下结汇的管理，这方面引起外汇储备增加没多大意义，只会增加人民币投放。

引起外汇储备增加的原因有多种，如贸易顺差增加、非贸易收入

* 这是朱镕基同志在听取中国人民银行关于外汇储备工作汇报时讲话的要点。

增加、外资投入增加等。“热钱”进来有多少，还查不清楚，现在看这不是主要因素。但是，贸易顺差引起的外汇储备增加到底有多少，各部门都要注意研究，这个数字要碰一碰，目前的统计方法，对有些问题说不清楚。另外，通过贸易账户结汇的钱有些实际上是外资资本项下的，有多少，现在也说不清楚。

二、对国家外汇储备合理水平的看法

国家外汇储备的合理水平，按三个月的进口支付能力计算，要报两个数据。一个数据是在海关统计的进口 1000 亿美元中，扣除“三资”企业的进口 300 亿美元，还有 700 亿美元，每个月按 70 亿美元计算，三个月大体要 210 亿美元，再加上归还外债的 10%要准备 100 亿美元，合理储备水平为 300 多亿美元；另一个数据是把“三资”企业的出口也算进去，合计约为 400 亿美元。现在外汇储备水平比合理储备水平大体多 100 亿美元。

判断国家外汇储备状况，还要考虑明年的外贸出口创汇能力如何？利用外资还能不能保持今年的势头？目前西方经济复苏，明年的外资流入量可能减少。另外，今年的粮食、化肥进口计划没有完成，少用了一块外汇，明年还得进口。所以不能简单地说国家外汇储备多了，多不多还要看明年的情况。

三、加强外汇储备管理的几条措施

目前外汇储备上升的势头还很强，要加强外汇储备管理，适当限制一下。几条具体措施是：

第一，加强对结售汇制度[1]的监督管理。对国内的外汇贷款和借用外债一律不准结汇，还要防止一些外商投资企业将资本项下的外汇通过贸易账户结汇的现象。

我们执行《国际货币基金协定》[2]第八条款，是实行经常项目下的人民币可兑换，不是保证外资兑换。所以，对贸易项下进口的用汇需求要保证。另外，可适当放松机电设备进口限制。目前人民币汇率上升，机电设备进口比较困难，国家经贸委审批不要太严，可以取消一些非关税的限制，对需要限制进口的产品，通过关税手段来管理。

在非贸易方面，对出国人员是不是可以放宽带出外汇的限额，根据出国批件售汇？这样做，也就是多售汇几亿美元，影响会很好，有利于巩固大家对外汇管理体制改革的信心。

第二，对“三资”企业可以考虑实行国民待遇，与国内企业一样实行结售汇办法，但售汇要按合同管理，不是完全的自由兑换。可以不再提外汇自求平衡的要求。“三资”企业还可以保留现汇账户，但是如果外汇账户上有钱，就不售汇给它。取消现有的外汇调剂市

〔1〕结售汇制度，是结汇制和售汇制的统称。结汇制指我国境内机构获得的全部外汇收入必须到银行结算，由银行兑给人民币的制度。售汇制指我国境内机构根据用汇需要，到银行办理手续，由银行售予外汇的制度。结汇制与售汇制同步实行。

〔2〕《国际货币基金协定》，1944 年 7 月 22 日由联合国货币金融会议通过，1945 年 12 月 27 日生效。该协定共 31 条。根据该协定成立了国际货币基金组织。中国是该协定缔约国之一。1996 年 12 月，我国宣布接受该协定第八条款，实现人民币经常项目下可兑换。

场[1]，具体办法要报国务院批准，还要做好宣传工作，以免引起不必要的误解。

取消外贸企业台账问题要与外经贸部协商，现在看起来问题不大，关键是要让有关部门放心，有个保证，起码操作办法可以简化。

第三，利用外资产业政策的问题，要尽快研究。对批租土地外汇收入的三项措施，由国家计委牵头，尽快提出落实办法，在办法没有出台前，批租土地的外汇收入可以暂缓结汇。

要严格控制外商投资搞高档房地产。中国银行不能再参与房地产投资。现在，中国农业银行也有参与房地产开发的，其他银行也有，如光大银行也在搞，这样不行，这与国家政策不符。银行不能只看效益，不能只关心是否赚钱，要有政策观念。

第四，要加强对外债的管理。明年不要再借国际商业贷款了，不能审批和新签国际商业贷款。需要外汇贷款的项目，可以按照国家计委定的借用国际商业贷款的盘子，用中国银行的外汇贷款解决。对外国政府贷款也要控制，需要外国政府贷款的项目，也可以用中国银行的外汇贷款，利率也可以低一些。现在中国银行把钱存在国外，存款利息也是很低的。使用外国政府贷款购买设备，价格比较高，选择余地小。用我们银行的外汇贷款代替一些外国政府贷款，总起来算账，

---

〔1〕外汇调剂市场，指从1980年10月以后，陆续在我国各主要城市设立的外汇调剂中心或外汇交易所。企事业单位可在这一市场利用留成外汇进行调剂。后期，个人和外商投资企业也可进入。1988年3月放开汇率后，调剂市场汇率由买卖双方根据外汇供求状况议定，与官方（挂牌）汇率形成了两种汇率并存的局面。1993年12月25日，国务院发出《关于进一步改革外汇管理体制的通知》，从1994年1月1日起，实现汇率并轨，建立以市场汇率为基础的、单一的、有管理的人民币浮动汇率制度；建立全国统一的外汇交易市场，外汇指定银行为市场的交易主体。但继续保留外汇调剂中心，办理外商投资企业的外汇买卖业务。1998年12月，外汇调剂业务正式停办。

我们并不吃亏。当然，世界银行等国际金融组织的贷款和长期、优惠的外国政府贷款还要保留、维持，不要去动它们。

要加强对逃避外债管理行为的监督，地方政府不能搞信用评级，乱借外债。

近两年日元升值很厉害，对日元借款问题，国家计委要研究办法解决，能提前还款的，可以提前还款。有些国有企业对外还款确有困难，汇率风险中也有政策问题，可以研究由中央、地方、企业共同承担的办法。

第五，可以提高外汇指定银行外汇头寸限额，这样也可避免中国人民银行干预外汇市场过多的问题，目前人民银行天天直接入市的办法不太好。

第六，加强对短期资金的管理，明确要求停止外汇抵押人民币贷款业务，要打击地下拆借活动。

第七，加强对有价证券的管理，国务院证券委员会要研究办法，解决“三资”企业炒 A 股和境外发行股票筹集资金的使用问题。中国证监会要加强对国债市场的监管。财政部不要管债券市场，股票、债券、期货由一个部门管比较好，出了问题，就找一家。

此外，人民银行明年还要继续收回一部分再贷款，货币发行明年计划按 1500 亿元安排，但内部控制按 1000 亿元掌握。

在胡乔木著作出版座谈会上的讲话*

（1994年12月23日）

同志们：

在毛主席诞辰101周年前夕，《胡乔木回忆毛泽东》和《胡乔木文集》第三卷出版了。我们在这里召开座谈会是很有意义的。乔木同志是我们党久经考验的革命家、杰出的马克思主义理论家和思想理论战线的卓越领导人。他的治学做人确实是我们学习的楷模。拿我自己的体会来说，从读《中国共产党的三十年》开始，以后每次读乔木同志的文章，包括刚才马洪〔1〕同志提到的《按照经济规律办事，加快实现四个现代化》一文，都使我们产生一种革命的激情和想一口气读下去的热切愿望。一个人的文章能够引起人们的激情，能够引起这样的反响，能够起到这样大的作用，并不是很多的。乔木同志革命家的品质和马克思主义的理论修养、文化修养，对我们来说确实是一个学

---

* 《胡乔木回忆毛泽东》和《胡乔木文集》第三卷由人民出版社出版后，中共中央文献研究室、中共中央党史研究室、中国社会科学院和当代中国研究所共同在北京人民大会堂召开两书的出版座谈会。这是朱镕基同志在会上的讲话，曾发表于《当代中国史研究》1995年第2期，原标题为《在〈胡乔木回忆毛泽东〉等书出版座谈会上的讲话》。编入本书时，对个别文字作了订正。

〔1〕马洪，经济学家。新中国成立后，曾任中共中央东北局副秘书长、国家计划委员会秘书长、中国社会科学院工业经济研究所所长、中国社会科学院院长、国务院副秘书长、国务院发展研究中心主任等职。

习的楷模。

乔木同志是革命老前辈。我同乔木同志的交往不多，了解不深，但在1978年到1979年这一段时期，我在中国社会科学院工业经济研究所，在马洪同志手下工作，当时也接触到乔木同志，跟他出过差，整理过材料，多次听过他的报告。我当时的感觉就是乔木同志是我们的长者，他在你的面前总有使你如沐春风的感觉，没有拘束，想讲什么话就能讲出来，同时也确实体会到乔木同志的理论、文化、历史、艺术的修养非常深厚。你跟他说话，就使你感到，你所知道的东西他都知道，而他知道的东西，你看不到边。这就是我的感觉。他往往不是去批驳和纠正你的想法，而是鼓励你把想法全讲出来，但是他从正面讲出他的想法，使你感到他想得比你更深。在他面前，你会油然产生对他的信任感、亲切感和尊敬感。

另外，我感觉到他的思想作风的一个特点，就是不断地吸收新的事物，研究新的问题，提出新的观点。这一点是特别难能可贵的。我在上海工作的那一段时期，他经常到上海来，每次我都去看他。从他的谈话里面，我受到很多教育、启发和鼓励。当我和他谈到改革开放中出现的一些新事物的时候，我发现乔木同志都很清楚。他在不断地思考这些问题，他很能够接受新事物，比我们的思想还要开放。我想，这个特点就使乔木同志的文章能够经常抓住时代的脉搏，提出大家所共同关心的问题，发表一些使人能够深思、很有启发的观点。同时他又不断地吸收新的知识，他看了很多的书、很多的材料，因此他的文章具有十分雄辩的论据和令人折服的论证。读这种文章是一种高级的享受。我认为乔木同志的道德文章是永远值得我们学习的。这次座谈会上，同志们讲了很多很好的意见，也加深了我对乔木同志的理解。这次座谈会是谷羽[1]同志生前就要求我来参加的，我不能不来，因此也讲了这么几句话来寄托我对乔木同志的怀念和对谷羽同志的哀思。

谢谢大家。

---

〔1〕谷羽，原名李桂英，胡乔木夫人。新中国成立后，曾任中国科学院新技术局局长、北京正负电子对撞机工程领导小组负责人等职。

就全国人大检查《农业法》执行情况的报告给中央领导同志的信*

（1994 年 12 月 29 日）

泽民、李鹏、乔石、瑞环、华清、锦涛同志并国务院领导同志：

这个报告中所反映的粮食购销政策执行中的问题，值得引起我们重视解决，但是有些是不符合事实的。如说政策“半年三变”。迄今在减产的情况下粮食仍已收购近 1500 亿斤，比去年收得多，相当于全年订购、议购计划 1800 亿斤的 80%；棉花已收购 5400 万担，比上一棉花年度收得还要多。事实说明，中央粮棉收购体制改革的成绩是不能否认的，比去年那种放开不管导致粮棉价格飞涨、市场混乱的情况要好得多。目前，农村形势是好的，农民种粮的积极性已大大提高，至于农民仍有惜售心理（这是农民从去年收购后期粮价猛涨得来的“经验”），不必太着急，只要不放松市场管理，粮、棉仍在农民手中，等于分散储备，并无大碍。由于我们已进口相当数量的粮棉，即使一段时期收不上来，市场供应也不会出什么大问题。但如这时放松市场管理，放开订购价（议购价已放开），那岂不是“一年四变”，市

---

* 1994 年 12 月 23 日，全国人大常委会执法检查组《关于检查〈中华人民共和国农业法〉执行情况的报告》在讲到农业存在的主要问题时认为：“粮食购销政策‘半年三变’，先是‘保量放价’，两个月后改为‘保量限价’，后来又变成‘保量定价’，有些地方干脆关闭粮食市场。棉花收购价格出台较晚，也是多变。”这是朱镕基同志就此问题写给江泽民、李鹏、乔石、李瑞环、刘华清、胡锦涛同志并国务院领导同志的信。

场价格必然猛涨，先卖的农民吃亏，明年怎么办？

以上报告供参酌。

（抄报邦国[1]、春云[2]、家宝[3]同志）

朱镕基

12 月 29 日

---

〔1〕邦国，即吴邦国。

〔2〕春云，即姜春云。

〔3〕家宝，即温家宝。

会见日本大藏大臣武村正义时的谈话*

（1995年1月9日）

武村正义：我们一行刚到北京就受到你的接见，对此感到非常荣幸。

朱镕基：我去年曾访问日本，很遗憾没能见到你这位有名的政治家。今天非常高兴在北京见到你，作为主管财政、金融工作的同行，我非常愿意结识你，这将增进彼此之间的友谊和理解，对两国的友好合作关系都有好处。我对你访华表示由衷的欢迎。

武村正义：非常感谢副总理阁下在百忙之中接见我们。来华之前，我看了你的简历，知道你是湖南人。我本人在日本滋贺县当过知事。12年前滋贺与湖南结为友好省县关系，对此我感到很亲切。你在这样一个大国主管经济工作，可以说是经济方面的最高负责人了，工作一定很辛苦，我对此很钦佩。中国的经济发展令世人瞩目，日本人民也关注到中国所取得的显著成绩。然而日本几年来处于战后最长的一次经济不景气，去年有了复苏的迹象，今年经济增长速度可望在2.8%左右。

朱镕基：我也介绍一下中国过去一年的经济情况。总的来看，国民经济的发展及改革情况都不错。去年，我们在财政、税务、外资、金融、外汇等领域实行了前所未有的宏观改革措施。这些改革风险大，但各项举措均获得了成功。

* 这是朱镕基同志在北京中南海紫光阁会见日本大藏大臣武村正义时的谈话。

首先，我们实行了财政分税制，建立了统一的税制，这一措施涉及地方的利益，弄不好容易出乱子。不过，我们总算过关了，去年的财税情况还相当好，税收收入增长了20%，财政收入增长18%。国民经济的增长速度也超过11%，当然我们也不希望这么高。财政收入的增长超过国民经济的增长速度，实际增长了800多亿元人民币。

我们在金融方面也加强了宏观调控，控制了银根，减少了货币发行量，前年共发行1500亿元，去年发行了1450亿元。我们对外汇体制也进行了改革，建立了按市场确定的统一汇率，汇率保持了相对稳定，人民币币值还稳中有升。去年的外汇储备也有大幅度增加，年初仅为212亿美元，年底增至516亿美元。去年也是外国直接投资增加最多的一年，全年达到330亿美元。尤其是在利用外资方面，外国大公司的高技术投资项目增加很多，使得投资的结构有很大改善。在北京、上海和大连，我们都与日本方面进行了有力的合作，引进了一些高技术合资项目。

回顾1994年的经济情况，总的来说是正常的，但也存在着问题。如通货膨胀指数仍然很高，去年超过21%，但我认为它并不那么可怕，因为通胀率的60%以上是由于农产品、食品的涨价造成的。过去我们的农业发展落后，如不提高价格，农产品的供应将不能满足市场的需要。因此，涨价的正面影响是调动了农民的生产积极性，相信今年的农业发展会更好些。对于农产品涨价，城市居民也是承受得了的，因为工资水平的提高超过了物价的增长。实际上，从去年12月份开始，物价指数逐步在下降，今年肯定会低些。可以说，我们对通胀问题没有等闲视之，但它也并不是那么严重。我本人对物价的估计有点失误，去年在东京时，我曾预测上半年物价水平会高些，下半年会逐渐降低，全年可控制在10%，今年将不超过10%。目前看来，这一时间表得拖一年了，农产品的涨价大大超出了我的预料。当然，

1995 年 1 月 9 日，朱镕基在北京中南海紫光阁会见日本大藏大臣武村正义。

（新华社记者刘建国摄）

我对经济总的形势的估计基本上还是正确的。鉴于这一教训，我不能对物价水平再多说了，只能说今年比去年会低些。对于搞市场经济，贵国可以说经验丰富，值得我们借鉴。还是请你多谈点高见。

武村正义：非常感谢阁下对中国经济现状所作的介绍。可以说中国的改革开放正以扎实的步骤逐步在取得成绩。日本的经济在战后 50 年中积累了很多经验，也出现过问题，经济发展情况时好时坏。我们也经历了两次通货膨胀，第一次是在二战后，第二次是在石油危机的年代。近些年来物价水平比较稳定，去年物价指数仅增 1%，在发达国家中属最低的，有些物价还有所下降，我们称之为“物价破坏”。总之，日本最大的问题是总需求量不足。近两三年来，我们经济政策的重点是振兴需求、促进消费。因此，我们实行了减免税收、发行国债、促进公共投资，在对外贸易上则扩大国外进口。目前的官方利率仅为 1.75%，降到了历史最低水平。因此，日本的情况与中国正好相反，贵国可以把它作为反面教材来研究。顺便提一下，随着经济的发展，地区之间出现差异。日本国土虽小，但大小城市、城乡之间也都存在差异，如何缩小差距，最终是一个政治问题。据我所知，中国的沿海与内地、城乡之间存在的差距也是一个相当严重的问题。

朱镕基：是的，沿海与内地、城乡之间的差距有逐步扩大的趋势。特别是近两年来，政策重点是发展国民经济，注重搞工业、城市建设和开发区，对农村及农业发展不够重视。因此，农民种地的比较效益太差，大批农民涌进城市，引起农产品缺乏。这次农产品的涨价可提高农业效益，这一政策有利于将农民稳定在农村。去年农产品的价格比前年涨了一倍，幅度是很大的，也必定对物价总水平带来冲击，但对改善城乡差距也会起一定的作用。

中日两国之间的经济、贸易及技术方面的合作关系在继续向前发展，这种合作关系是良好的。我相信大臣阁下的访华将进一步推动这种关系的发展。我作为主管经济的负责人，还想提以下几个问题，请阁下关照：

第一，关于中国恢复在关贸总协定的地位，也就是加入新的世界贸易组织问题，由于政治方面的原因，去年没有谈成。中国不会放松按照世界贸易组织的要求进一步改革经济体制，特别是外贸体制，但是我们将坚持原则，不会无条件地屈服于压力。希望日方支持中方的这一立场。实际上，中国加入世界贸易组织给中方带来的利益不及带给世界贸易组织其他成员的好处。也就是说，中国的加入不仅对中国有利，它对大家都有利。

第二，日本在世界银行是相当有发言权的，希望日方支持中国在世行的地位。无论如何，中国都是一个低收入的发展中国家，世行对中国的经济地位应予以充分的考虑，对华贷款地位不应改变。

第三，日元贷款对中国的经济发展作出了重要贡献。目前第四批贷款前三年的项目及金额已经确定，这种重要作用也将继续下去。但日元的升值给我们的借款企业带来了沉重的负担，一些国有企业，特别是搞日元租赁的企业还款都出现了困难。中国政府正想办法解决还款问题，也希望日本方面给予一些支持和帮助。

我们是初次见面，本不应提这些问题，但因今后还需要合作，交换一下意见也是有必要的，因此我坦率地提出这些问题。

武村正义：副总理先生提到的三个问题中的第一个问题是关贸总协定，它已于年初改为世界贸易组织。去年年底，很遗憾没有达成中国所期待的结果。我们了解贵国，在发展阶段方面，有些国家提出了这样那样的条件。据我所知，今年2月份还将召开一次有关中国问题的小组会议。我相信通过成员国之间的认真讨论，将找出符合中国情况的途径。我们期待着中国加入世贸组织，日方为此愿作出进一步的努力。

关于国际开发协会的软贷款问题，我非常了解中国的立场和要求。在第十次增资时，日本为确保亚洲获取足够的贷款份额作出了很大的努力，今后也将继续这样做。但坦率地说，有些出资国看到中国的经济显著发展，因此对向中国提供软贷款持消极态度，希望中方了解这一点。

关于日元贷款问题，去年已就第四批贷款前三年项目及金额达成一致，今年的贷款额度也将确定。日本输出入银行在中国的能源开发上也提供了大量资金，目前中方提出了将贷款用于其他领域，大藏省也将积极给予考虑，将来输出入银行也可与有关部门具体商量。

最后，我要说一点，村山内阁将尊重日中两国所达成的联合声明，继续发展两国的友好合作关系。我们坚守中华人民共和国是中国唯一合法政府，不搞“两个中国”。日中两国在政治、经济、文化等领域均存在着良好的关系，我们真诚地希望中国的改革开放获得成功，也希望日中经济关系，特别是在贸易及投资方面，得到进一步的发展。贵国也应努力改进投资的环境。

朱镕基：感谢阁下对中方立场的理解和支持。至于有些人对向中国提供软贷款持消极态度，他们往往是在不同场合说不同的话。这些人谈到中国软贷款或中国“复关”时，就说中国经济发展快了，算不上发展中国家了；但为了在政治上贬低中国，他们又往往说中国经济虽发展快，但过热，通货膨胀率也高，没有效率，一点成绩也没有。在这方面，他们是缺乏原则的。我们历来是客观、正确地估价自己，中国经济发展虽快，但底子却很薄，因此仍属于发展中国家。我们没有他们说的那么好，也没有那么坏。在这方面，日本是最了解中国的。我很高兴听到你刚才说的话。希望在我们彼此的任职期间，我们将对两国的合作关系起到一些推动作用。

谢谢。

加快金融改革的步伐*

（1995 年 1 月 14 日）

这次全国金融工作会议，是在中央经济工作会议后召开的一次重要会议。会议的主要任务是贯彻落实中央经济工作会议精神，总结去年金融工作的成绩，部署今年的金融工作。我今天来与同志们见面，感谢大家一年来的辛苦，同时也给大家鼓一鼓劲、打一打气，使我们在新年伊始，用更饱满的热情、更高昂的斗志把今年的任务完成得比去年更好。下面，我就做好今年金融工作讲几点意见：

一、去年经济工作取得的成绩和存在的问题

现在有一种倾向，由于去年物价涨幅比较高，因此对去年的成绩估计不足，对困难看得过大，对前景看得不清，劲头不是很大，这是需要注意的问题。尽管去年物价指数高一些，超过原来的预料，但是无论如何去年经济工作的成绩是主要的，是很不容易的。去年一年我们干了好多过去想干而没有干的事情，原来预料的风险是很大的，但实际结果比预料的要好得多，成果比原来想象的大，问题比预料的小。旁观者清，外国和港澳地区舆论对去年中国改革总的是肯定的，

---

* 1995 年 1 月 12 日至 15 日，中国人民银行在北京召开全国金融工作会议。出席会议的有人民银行各省、自治区、直辖市和计划单列市分行负责同志，总行各司局负责同志。这是朱镕基同志在会上讲话的主要部分。

认为中国进行的改革确实不容易，搞到这个程度令人佩服。

（一）财税体制改革获得成功。

去年财税体制改革的步伐迈得很大，原来我们担心税收不上来，也担心分税制会影响地方积极性，事实证明这一关我们闯过去了。去年，工商税收增收915亿元，增幅是25.5%，这是在1993年增长1000亿元基础上增收的，是很不容易的，税制改革确实是取得了很大的成功。去年12月，企业欠税还有468亿元，当时财政部很担心，怕完不成预定的税收任务，因此建议银行在12月份拿出260亿元贷款，贷给企业交税。但是银行考虑：第一，银行不能贷款给企业交税；第二，去年贷款规模原来计划4700亿元，因流动资金非常紧张，又扩大到5200亿元，贷款规模无论如何不能再扩大，因此银行下定

1995年1月14日，朱镕基在全国金融工作会议上讲话。

决心不垫这个钱。后来财政部召开10个部门的部长会议，督促企业交税，收到了显著效果，12月份交税达680亿元，超过前年12月交税的水平。李鹏同志讲，在这件事情上银行的宏观调控是相当漂亮的。这一经验要很好吸取，对客观情况要有正确的分析、了解，不可随风倒。去年财政赤字没有扩大，控制在计划以内。现在这一关闯过去了，获得了成功，今年税收和中央财政收入有希望比去年更好。

（二）外汇管理体制改革取得重大成绩。

去年外汇管理体制改革迈的步子很大。这项改革确实有风险，但是我们闯过去了，成果大大超过预料，汇价稳定，人民币略有升值。从1994年7月开始，汇价稳定在1美元兑8.5元人民币左右，现在是8.4元左右。外汇储备从去年年初的212亿美元上升到年底的516亿美元，增加了300多亿美元，这是历史上从来没有过的。1994年以前，在全世界外汇储备最多的国家排位中，我国排在第八、第九位之后，去年一年改变了局面，提前到第五位。我国外汇储备水平是不是太高了？考虑到我国的实际情况，我认为保持一个500亿美元的水平还是应该的，不能算很高。

当然，外汇储备增多也有不利的一面，主要是去年收购外汇使用了近3000亿元人民币，特别是部分外资兑换人民币扩大了基本建设规模，拉动了社会需求，在一定程度上推动了物价上涨。去年我们没有这方面经验，对外资进来兑换人民币未加控制，如果稍加控制，去年可能不会发那么多票子。1993年的乱拆借、绕过贷款规模问题，通过中央加强宏观调控、整顿金融秩序，下半年基本上扭转过来了。去年各方面都控制得比较好，乱拆借、乱集资、乱提利率基本上被刹住了。但没有想到外资去年进来了300多亿美元，我们历史上没有这个经验，对如何管理外资缺少办法。今年我们正反两方面的经验都有了，金融工作可以比较老练一点、成熟一点，一定会比过去做得更好。

外汇储备增加肯定是件大好事，有了500多亿美元的外汇储备，我国的地位就不一样了，国家的信誉提高了，讲话就神气了。过去我们对外汇市场的操作没有经验，现在知道了点门道。世界银行和国际货币基金组织都说中国的外汇管理体制改革非常漂亮。本特森当美国财政部部长时，指责我们干预外汇市场，对外资企业实行歧视。最近，美国财政部改了口，美国国务院也发表谈话说中国的外汇管理体制改革是成功的。当然他们也还有不满意的地方，说我们对外资企业有点限制，对此我们下一步准备对外资实行国民待遇。应该说，外汇管理体制改革取得了很大成功，对稳定国民经济起了重大作用，这点应该首先肯定。至于说多换出去一些人民币，有一点副作用，但问题不是很大，现在已经挺过来了，该出去的人民币已经出去了。外汇储备增加了，我们就要管理好，别随便把它花掉。

金融体制改革，去年也很成功，而且积累了很好的经验。三个政策性银行都已经组建起来了，运转正常，其中国家开发银行、中国进出口银行正在逐步完善，中国农业发展银行正在组建省级机构。中央银行在转换职能加强监管、各专业银行在向商业银行转化方面，都取得了很多成绩。

（三）对去年物价上涨的分析。

现在的问题是物价涨幅高了一点，但也不是十分高。这不能看成是去年的问题，而是前年或更早一年遗留下来的问题。从1992年到1993年，基本建设的摊子确实铺得太大，几万亿元的在建项目铺下去。有些地方把农田推掉了，大搞开发区、房地产、城市建设，耕地撂荒了，这个“后遗症”正好落在1994年。再加上去年外资涌入的原因，基本建设规模还是不小。光从统计数字上看，比1993年是有所下降，但是外资进入那一块并没有统计在里面，那一块相当大，实际上去年的基本建设规模并没有减下来，这不能不导致物价的过快上涨。所以说去年物价增幅高（21.7%），是1992年、1993年“后遗症”在1994年的体现。基本建设规模增长过快、消费基金膨胀，这是根本原因。农产品减少、农业受到损失，是另外一个重要原因。去年农业减产，既有天灾，也有耕地撂荒的因素。到去年11月底，粮食库存少了300亿斤，调控能力减弱；再加上居民生活水平提高，肉、蛋消费增加，消费需求的拉动，导致农产品供求关系紧张，因此粮食涨价，而且涨得很猛，集贸市场的粮食价格大概比去年涨了一倍，粮价上涨带动了很多物价的上涨。纺织品价格涨得也很多，主要原因是棉花涨价。

应该看到，涨价也有正负两面的影响，负面影响是城市老百姓承受不了，正面影响是粮价提高，农民收入增加，种粮积极性提高了。农民本应该从粮食提价中得到好处，提高种田积极性，但现在有些地方化肥涨价打击了农民的积极性。今年支持农业主要是要控制化肥价格，即使用补贴的办法也要把它的价格降下来，不然农民的这一点积极性又给打掉了。现在集贸市场的粮食价格已经高于国际市场粮食的到岸价，再提高粮价的余地已经没有了，要支援农业就要降低化肥价格。通过这个方式，把农民种田的积极性调动起来，使农民盲目流入城市的势头有所减缓。现在各地党委、政府开始重视抓农业，鼓励农民发展多种经营，适当发展乡镇企业，可以把农民稳在农村，这是一件大好的事情。

粮食紧张状况也与各地盲目出口粮食、不进口粮食有很大关系。1992年以前，我国每年粮食进口大于出口，其中，历史上一年进口粮食最多的是1600万吨（1989年），当年出口只有400多万吨。去年粮食出口1050万吨，进口700万吨，出大于进。这个趋势要扭转。现在中央采取措施暂时停止粮食出口，适当进口，粮食紧张状况会逐步得到缓解。

从客观上看，物价上涨过高是因为农业供求关系发生了问题，也是 1992 年到 1993 年的“后遗症”。现在，党中央、国务院采取措施，情况已逐步好转。农业已经出现往上的势头，我完全相信今年的农业形势肯定会比去年好，今年物价涨幅肯定会显著下降，但是要降到 10%还是有困难的，因为“后遗症”还没有完全消除。中央定的物价涨幅 13%的目标要力争达到，明年会进一步好转，把通货膨胀率控制在 10%以下。

（四）认真对待流通领域和期货、证券市场中存在的问题。

去年流通领域相当混乱，收购、运输、储存各个环节都有很大问题。我们还没有掌握市场经济的规律，有些人认为市场经济就是放手不管，因此出现棉花里面掺砖瓦沙石、猪肉灌水，不少地方出现假冒伪劣产品，价格随便往牌子上写，什么人都可以跑到农村抢购粮食、棉花等怪现象。另外，去年期货也搞得相当厉害，什么期货都出现了，按这个趋势搞下去，大白菜也要搞期货了。去年做国际期货主要是有色金属，但搞外汇期货的也有好几家公司，其实它们根本没弄懂什么叫期货，被外国人、经纪商误导，一赔就是几个亿。现在打官司，外国人说中国的公司不讲信用，赔了不给钱。在证券市场方面，1993 年是炒股票，1994 年已经变成炒国库券，去年上海证券市场国库券最高一天的成交量达 625 亿元，而同一天股票的交易量只有 100 多亿元。今年伊始，上海国库券最高一天的成交量达 1100 多亿元，现在全国流通中的国库券总共不过 400 亿元，这中间不知道倒手多少次。不是不能搞期货市场，而是没有到时候。期货市场是风险性最大的市场，现在拿国家的财产去冒险，在我们整个企业经营机制没有转变前，这是在挖中央财政，赔了是国家的钱，不是个人的钱。

总之，总结去年的工作，我们既要充分肯定成绩，也要认真对待存在的问题。通货膨胀没有什么了不起，无非是基本建设规模大，消

1995 年 12 月 19 日，朱镕基考察上海证券交易所。左五为中共中央政治局委员、上海市委书记黄菊，右一为上海市市长徐匡迪，右二为上海市委副秘书长宋仪侨，右三为上海市政府副秘书长韩正。（俞志平摄）

费基金扩张快，只要切实采取措施，就能把通货膨胀率降下来。基建规模过大的问题一定要解决，项目未经批准不能上马，利用外资要讲究投向，不然基础设施建设越搞越紧张，物价越涨越高，这一条要控制住；第二条，粮食涨价好处也很大，增加供给，情况会逐步好转；第三条，流通领域要整顿，投机倒把要打击。这样会有新的气象，通货膨胀会有所缓解。对银行的工作，大家要有正确的认识，别看我批评大家多，这叫“恨铁不成钢”，因为我兼任中国人民银行行长，对自己的部下不严格要求不行。现在看，财政对国民经济的杠杆作用越来越小，财政还要继续改革，使它更好发挥应有的作用。金融的杠杆作用越来越大，搞得好对国民经济影响很好，搞得不好影响很坏。我们处于这种地位，不严格要求是不行的，严格要求不等于否定成绩。去年银行的成绩是很大的，工作干得比较漂亮。我们的缺点不比其他行业大，但我们不能姑息，当然我们接触钱多，特别是财政、税务、海关等部门接触钱多，发案率就高一点，这也是客观情况。今年是巩固、完善很重要的一年，我们的工作热情要更高一点，斗志要更昂扬一点，把工作做得更好一点。

二、认真做好今年的金融工作

（一）加快金融体制改革步伐。

香港报纸讲，去年中国在金融改革方面没有什么动作，成绩不大；财税改革动作大，成绩大。这种说法不确切，去年整个金融体制改革还是有很大的推进，特别是外汇管理体制改革。香港报纸还说，现在中国的宏观经济环境比较困难，因此金融体制改革会放慢步子。这种说法也不对。环境越困难越要改革，要统一这种认识，树立改革的观念。今年要加快金融体制改革，不改革就不能克服困难。企业经营机制现在还没有完全转变，专业银行按商业银行操作确实有困难，但这两种改革是相辅相成的，专业银行向商业银行转换也可以促进企业改革，不能等企业经营机制转变后金融体制才改革。今年，金融战线要高举改革的大旗，加快改革步伐。

去年，中国人民银行发挥监管的作用，在把人民银行办成真正的中央银行方面，有了很大的进步，职能的转变就是很大的改革。人民银行的同志铁面无私，认真监管，面对很大阻力，敢于坚持原则，不怕得罪人，很不容易，应该表扬。请舆论界帮点忙，把这样的经验、事迹好好宣传一下，弘扬正气。人民银行各省分行行长写的报告，我批了30多件，其他的我也都看了。这些报告反映出银行行长的水平在不断提高，许多报告很有见解，有自己的观点。同时，希望写给我的报告简短一些，开门见山，说明观点，发现问题，解决问题。人民银行总行要加强监管力量，加大交叉稽核的力度，把工作做好。机构暂时不要变动，过去曾考虑按地区设分行，这样动作太大，要研究得成熟一点。现在要把人民银行省分行的力量充分调动起来，加强监管职能，把金融杠杆控制在国家手里。

办商业银行，搞资产负债比例管理，确实有客观困难，因为企业经营机制没有完全转变。但应该说，去年一年四个国家银行的工作还是有很大改进的，做了大量工作。人民银行收回四个国家银行的再贷款后，基本上没有增加新的再贷款。去年发了1424亿元票子，低于前年1500多亿元的水平。在外汇占款大量增加的情况下，应该讲控制得不错。货币投放1424亿元，主要是农副产品收购贷款和外汇占款增加较多造成的。四个国家银行有的还有亏损，但也是有原因的，在改善经营管理、提高贷款质量、向商业银行转变方面正在逐步向前走。希望今年改革的步伐更大些。四个国家银行要办成商业银行，必须把账分开，在贷款规模还要有控制的情况下，也要实行资产负债比例管理，逐步向商业银行过渡。现在企业不怕负债，要取消银行的贷款规模控制还有一定困难。如果没有贷款规模控制，地方政府干预银行工作的力量就大得很，银行要抵制很难。流动资金与固定资金很难分开，只控制固定资产贷款也不行。要在贷款规模控制下实行资产负债比例管理，贯彻多存多贷原则。各国家银行总行要加强资金调度。交通银行可以按商业银行的规矩来办，可以考虑实行资产负债比例管理，对全局影响不大。中央银行不给交通银行再贷款，由交通银行自己组织存款、发放贷款，这对四大国家银行的工作也是促进。另外是照章交税，交存款准备金。实行资产负债比例管理，交通银行可以试点，出了问题再完善。

加快城市合作银行的组建工作。现在地方的金融秩序太乱，城市信用社乱得不得了，整顿起来非常困难。请各地党政领导支持整顿工作，要在整顿的基础上把城市信用社办成一个规范的商业银行，做到第一交存款准备金，第二交税，第三实行统一的利率政策，不能高利放贷。要有一定的制度和报表，这样人民银行监管起来也方便一些。在整顿城市信用社和其他非银行金融机构的基础上，组建城市合作银行，对这项改革要坚定不移。要按商业银行的规矩办事，搞股份制，还可以把人民银行的干部分流一部分，从其他金融机构挑选一些好的干部过来参加组建工作。今年的目标是，35 个大中城市在整顿完毕的基础上成立城市合作银行，明年再铺开，要搞扎实，不能一哄而起。今年的最高目标是 35 个大中城市，最低目标是京、津、沪先搞起来。要先立法规。国务院马上要批准城市合作银行组建办法，这还不是正式法律。根据这个办法去组建，督促检查，然后报批。等法规完善起来，经验总结之后，不会再出大的毛病了，再推广到其他城市。

农村合作银行暂时晚一点搞，因为农村金融秩序已经够乱的了，农村合作基金会搞得乱七八糟，弄不好会发生信用危机。要在整顿农村金融秩序的基础上，等条件成熟后，再组建农村合作银行。

办城市合作银行、把交通银行变成商业银行，对四大国家银行转变为商业银行会起推动作用，同时也为中央银行加强监管提出新的任务，要求监管工作前进一步。

（二）彻底实行金融分业经营和管理。

1993 年开始讲银行与自办经济实体要脱钩，也制定了办法，要求人、财、物分开，已经取得一些成绩，但是没有根本解决问题。要脱钩就要彻底脱钩，这关系到党风和社会风气问题，也关系到廉政和反腐败问题。党内出现腐败现象、社会上贫富差距悬殊，一个很大的根源就是官商结合，如果所有官员都变成商人，还有什么廉政可言？这一点在外国也不允许，政府官员一定不能参与经商，否则就要下台。银行办了一些经济实体，属于银行管，银行的资金通过各种渠道源源不断地向自办的经济实体“输血”，把金融市场搞乱了。“官商”问题不解决，腐败问题是解决不了的。首先要从银行做起，绝对不能拿国家资金去做买卖。官商分离关系到廉政建设，关系到我们党的生死存亡，关系到政权巩固。银行把这件事情做好了，在政治上意义很大。如果银行做得好，下一步就是财政部门，也要真正做到官商脱钩。要把非银行金融机构交给地方，办成自负盈亏的经济实体，干部的管理、任免权交给地方党委组织部，业务还是由人民银行监管。资本金要逐步收回，能收则收，不能收就作为贷款由经济实体分期偿还，还本付息。这项工作要搞试点，先从建设银行开始。这个任务交给王岐山[1]同志，搞出一套办法来，今年上半年要把35个大中城市建设银行的所有经济实体全部脱钩，交给地方。下半年，工商银行要把35个大中城市的所有非银行金融机构全部交出去。明年总结经验后，在全国银行系统实行。大家在讨论中建议，这些自办的经济实体可以交出去一批，也可以撤销一批，能撤的都撤掉，没有多大用处的、投机性很大的，干脆撤销。这个意见可以考虑。人员由各级银行收回来，彻底清理，反正银行不能做生意，不能拿国家的资金去支持非银行金融机构。为了中华民族的前途，为了社会主义的命运，大家还是要从全局出发，下定决心进行这个改革。

另外，银行工作人员的工资还是要提高一点，不要降低生活水平；要走正道，给一点岗位津贴，实行行员制的要高一点，使大家的生活水平不要受影响。各个银行党组回去后要开会专门讨论这个问题，拿出一套办法。中央银行也要带头，所办的公司也要脱钩。还有，各银行的房地产部、国际业务部、信用卡部一个个都变成商

---

〔1〕王岐山，当时任中国人民建设银行行长。

人了，这不行，不能变成经济实体。房地产搞得这么厉害，银行是有责任的。首先要点中国银行的名，现在有许多国内的房地产项目到香港登报做广告，说中国银行提供按揭。房地产搞得太多，逃脱了基本建设规模的控制，名为利用外资，实际上增加我们基础设施的紧张，搞基础设施配套要花很多钱。北京到处建别墅、购物中心，增加基础设施的紧张，推动高消费，根本卖不掉，把钱压死了。因此，银行不能再参与高级房地产项目开发了。中央经济工作会议确定了三条政策性措施：第一，不批新的项目了，今年一年不再批任何高级房地产项目；第二，卖地的钱要拿出30%到50%搞基础设施建设；第三，所有房地产项目进口设备、原材料，一律照章纳税。

（三）缓解企业资金紧张问题。

银行从1993年下半年实行宏观调控以来，应该说银根并没有很大的紧缩。去年储蓄存款增加了6000多亿元，企业存款大量增加，资金从宏观讲并不紧张，但结构不平衡，一部分紧，另一部分还很松。炒国库券一天的交易量就达1100多亿元，股票、期货、房地产搞得这么厉害，说明企业的游资多得不得了，游资充斥市场兴风作浪。确实有部分企业资金很紧，形成3000多亿元的三角债，这里面有种种原因：有产销不对路的问题，工业增长速度高，但产品销不出去。特别是乡镇企业的好多产品假冒伪劣，不适应市场的需要。也有盲目进口的问题，大量进口钢材、石油，造成生产资料积压，压死了资金。要坚持限产压库促销的方针，没有市场不生产，不见钱不发货。前两年项目开得太多了，今年的流动资金贷款规模安排得太少，肯定差几百亿元。如果坚持限产压库促销，流动资金紧张的状况会有所好转，关键是执行不执行这个方针。专业银行要很好地研究资金的调度、贷款的质量、贷款是否贷到点子上，要分轻重缓急，心不要太软。

最近，由于企业相互拖欠，最困难的是煤炭企业，工资发不出去，国有煤矿不能全负荷生产。钢铁行业拖欠煤炭行业，煤炭行业实行不见钱不发货的方针是正确的。银行还是要看准当前薄弱环节，把钱投到恰当位置。一方面，叫钢铁工业、石油工业限产压库，增加出口，限制进口；另一方面，还是要给钢铁工业、发电厂发一点贷款，让它们把钱还给煤矿，缓解困难。请国家经贸委牵头，和银行一起研究向钢铁、电力以及原材料工业投一点流动资金贷款，把债务链解开。总之，要很好地研究，把有限的贷款规模很好地进行调度，解开债务链条，促进经济发展。提高贷款质量要建立制度，贷款不能一人说了算，要有贷款审查委员会，实行集体负责。地方政府无权直接干预银行贷款，贷不贷款，银行有最终决定权。

（四）认真研究中国农业发展银行的机构设置。

中国农业发展银行在今年把省一级机构成立起来就可以了，下一步要不要往地、市设机构还看不准，要调查研究，先不要动；要稳定队伍，首先是中国农业银行的队伍要稳定。农业发展银行最基层的工作还是要委托农业银行做，农业发展银行不可能成为一个完全独立的、全面的、统一的系统。农业发展银行今年的首要任务是把该收回的钱收回来，解决农副产品收购资金中的35%被挪用资金问题。农业发展银行从各方面要提出政策性意见，由国务院来决策，这个任务也是很重的，希望今年不要再出现多拿200多亿元贷款的问题。这件事应该通报一下，让各方面了解情况，引起重视。

（五）抓好“三防一保”[1]工作。

还要强调“三防一保”工作。案子去年发生得越来越多，当然，

---

[1] 见本卷第17页注[1]。

从另一方面看，是加强管理的结果，表明制度更严密、警惕性更高了，特别是领导干部的警惕性和责任心提高了，这是好事。去年出的案子都被及时发现，及时采取了补救措施。现在个人作案多，年轻人作案也很多，这样搞下去不得了。整顿金融队伍，提高职工素质，要加强思想政治教育、前途教育、爱国主义教育，严密各项规章制度。堵住漏洞，我们可以挽救一批青年。行长本身应是清正廉明、大公无私，“己不正焉能正人”？对大案要案要毫不留情，一定要查出来法办。银行的队伍不整顿、制度不严明，作案会越来越多，队伍就带坏了。银行行长负有带好这支队伍、提高职工素质的责任。希望把这件事好好抓一抓，绝不可以放松。

（六）管理好国家外汇储备。

现在国家外汇储备达 517 亿美元，怎样运用是一个大问题。要妥善运用，加强管理，组织专人专题研究这 517 亿美元怎么管理、怎么运营、怎么保值增值，搞出个方案报国务院批准。

（七）妥善处理好企业对银行的债务。

现在企业赖债的问题比较严重，对这个问题，中央的政策非常明确，企业对银行的债务是不能随便冲销的。企业的困难大多是历史原因造成的，赖债问题要逐步解决，绝对不能形成一股风。为减轻企业的历史负担而冲掉对银行的债务，这是不允许的。银行要坚持原则，没有经过总行批准，随便冲销债务的一概不认账。按照有关规定，去年 70 亿元呆账准备金基本没有用的，银行今年结转使用，今年能够冲掉呆账 100 亿元以上。具体办法由国家经贸委与银行共同商量，根据试点进度、审批程序来解决问题。这个钱主要是用于支持企业破产机制的实行，冲销债务可以，但企业必须破产，今后不再把包袱交给银行，还要控制在一定的规模之内。请国家经贸委牵头，会同几个专业银行来解决这个问题。各地银行要按照党中央、国务院文件办事，盈利好的企业可以去兼并亏损企业，不能把债务冲掉了。为了鼓励兼并，可以对原来亏损的债务采取停息或部分停息的办法，但是也要按中央政策办，要经过批准。企业破产可以全冲掉债务，用拍卖资产的钱安置职工，但要经过银行总行批准，不是地方政府和各地银行能作决定的。

（八）对违反“约法三章”〔1〕责任人员的处分问题。

去年为了贯彻“约法三章”，查了一年，查出违规比较严重的有12个行长。这里面有支行行长、分行行长，也有信托投资公司总经理。按道理讲，应该把这些人都撤职，否则何以号令天下？但也考虑到他们绝大部分是在地方政府要求下做的，要顶住有一定困难。可是如果不处分也不行，不处分他们，我们银行这个队伍就不能整顿好。由于有客观原因，所以分别采取免职、记过、调开的办法。对这件事的处理，我们很慎重，反复考虑，最后才定下来，被处分的同志要正确对待这件事。我们是“挥泪斩马谡”，人事部门要考虑不要因这件事影响对人的使用，还是要量才使用，请大家正确理解。我们还可能在报上发表此事，不如此不足以教育银行队伍。我们的队伍有上万个行长，才处分了12个人，说明银行队伍还是一支过得硬的队伍。

---

〔1〕“约法三章”，指朱镕基同志在1993年7月7日全国金融工作会议上提出的“约法三章”，见《金融工作“约法三章”》（本书第一卷第313页）。

关于当前的货币政策*

（1995 年 2 月 12 日）

正庆、相龙同志并人行党组同志：

提高贷款质量是一项重要工作，相龙同志抓这项工作的计划，我也是赞成的。但是，面对当前基础货币过量投放、货币供应量过快增长的严峻形势，必须认真考虑以下四个问题：

第一，要加强外汇结算的管理。现在是“双放松”，外汇换人民币很松，什么外资、外债、热钱倒腾都可以随便换；而人民币换外汇更松，广东中山一些个体公司就可一次以 97 亿元人民币换取外汇骗取出口退税。今年一个月外汇占款又出去 340 亿元的基础货币，今年怎么办？

第二，要抓紧更多收回再贷款。现在金融机构融资手段层出不穷，游资充斥，冲击金融市场，企业贷款十分困难，高利难求。必须考虑在上半年内坚决收回 500 亿元以上的再贷款。同时抓紧银行办的公司“真脱钩”。

第三，要认真研究提高贷款利率，包括相当大幅度提高流动资金利率，以抑制经济过热和通货膨胀。可从银行利差中提出一部分补贴特别困难而不能破产的行业和企业。

---

* 这是朱镕基同志写给中国人民银行副行长周正庆、戴相龙并中国人民银行党组同志的信。

第四，要研究运用公开市场操作（包括国库券转换）收回基础货币，抵消外汇占款的影响。

以上四项措施难度都很大，而且需要高度统一思想认识和足够的舆论准备。请你们认真思考、调查、研究，先到我处一谈，然后我还要找一些负责同志商谈，并充分听取经济学家的意见。

（复印抄各专业银行行长）

朱镕基

2.12

中华人民共和国国务院

（交印）（抄各专业银行行长）

正庆、相龙同志并人行党组同志：

提高贷款质量是一项重要工作，相龙同志抓这项工作的计划，我也是赞成的。但是，面对当前基础货币过量投放、货币供应量过快增长的严峻形势，必须认真考虑以下四个问题：

第一，要加强外汇占款的管理。现在是"双放松"，外汇换人民币很松，什么外资、外债、热钱倒腾都可以随便换；而人民币换外汇更松，广东中山一些个体公司就可以一次以97亿元人民币换取外汇骗取出口退税。今年一月外汇占款又出去了340亿元的基础货币，今年怎么办？

第二，要抓紧更多收回再贷款。现在金融机构融资手段层出不穷，游资充斥，冲击金融市场，收回信托贷款十分困难，高利难抑。必须考虑在上半年内坚决收回500亿元以上的再贷款。同时抓紧银行办的公司"真脱钩"。

第三，要认真研究提高贷款利率，包括相当大幅度提高流动资金利率，以抑制通货膨胀。可从银行利差中拿出一部分补贴特别困难而不能经清查注销和破产的行业和企业。

第四，要研究运用公开市场操作（包括国库券转换）收回基础货币，抵消外汇占款的影响。

以上四项措施难度都很大，而且需要高度统一思想认识和足够的舆论准备。请你们认真思考、调查研究，先到我处一谈，过后我还要找一些同志商谈，并应听取经济学家的意见。

朱镕基 2.12

坚持和完善农村购销政策*

（1995 年 2 月 27 日）

一、关于粮食问题

要充分肯定去年粮棉购销体制改革的成绩。到今年 1 月底，粮食收购了 1622 亿斤，议购任务完成了 93%，定购任务也接近 90%，进度超过了前年。大灾之年能取得这样的成绩，很不错了，大家下了很大工夫。棉花收购了 5804 万担，比去年同期多收 1200 万担，比上个棉花年度多收 700 多万担。考虑到去年棉花的播种面积有虚报成分，能够收购到这么多棉花是很不容易的。特别是棉花的质量比 1993 年好多了，掺杂使假问题基本上解决了，但是虚高等级的问题还是存在的。收了这么多粮食、这么多棉花，把市场稳住了，把大局稳定了，这是明摆着的事实。去年粮食遭灾减产，粮食消费水平又提得那么高，粮食出口超过了进口，在这种情况下，我们还能够把粮食市场稳定到这个程度，是很不容易的。因此，对去年粮棉购销体制改革的成绩要充分肯定。

我们的市场和价格改革一直是在一步一步地深化，没有走回头

* 1995 年 2 月 24 日至 28 日，中共中央和国务院在北京召开全国农村工作会议。出席会议的有各省、自治区、直辖市和计划单列市党委、政府主管农业和农村工作的副书记、副省长、副主席、副市长，中共中央、国务院有关部委负责同志。这是朱镕基同志在会上讲话的主要部分。

路。现在放开的程度，远远超过了改革开放以来的任何时期。1993年11月，全国粮食价格放开，粮价暴涨。棉花价格一直讲不能放开，然而也是统统放开，搞得砖瓦沙石都进了棉花包。那个“放开”不是党中央、国务院的政策。当时在没有准备的情况下，突然一下子全国“放开”粮食价格，其后果就是粮价猛涨，一天一个价，什么私商、公商都进入农村收购粮食，国有粮食系统也跟着一起到农村抬价抢购，搞得乱七八糟。那时的情况是人心惶惶，所以中央才连续召开几次会议稳定粮价，国家紧急调运专储粮，国有粮店挂牌降价，制止粮价猛涨。我们从来没有反对放开粮食价格，但是，放是放活，放而

1995年3月22日，朱镕基在天津市武清县南蔡村乡向农民了解生产、生活情况。前排左二为天津市委书记高德占，右二为天津市市长张立昌。（《天津日报》记者陈国兴摄）

有序，放而有管，不是撒手不管。那种自发地放开粮食价格，只放不管，不是中央的政策，也不是地方政府所赞成的。对这个问题，应该进一步统一认识，要理直气壮地肯定今天的成绩，我们的现行政策没有错。

有的同志提出定购粮的价格低了。我们要回顾一下历史，粮食购销体制改革有一个很重要的精神，也可以说是它的灵魂，就是粮食的定价要符合价值规律。这也是社会主义市场经济的精髓，就是发挥市场机制在资源配置中的基础性作用。我们在定购粮的定价问题上是煞费苦心的。定购粮的定价原则有三条：一是要有利于调动农民的生产积极性，二是要有利于缩小工农业产品的价格剪刀差，三是要让城市人民能够承受得了。我们就是按照这三条原则来定价的，当时完全可以调动农民的生产积极性。在定价以前，我亲自下去做了调查，在河南、湖北问了当地农民，他们都对当时的定购粮价格表示很满意了。同时，我在去年 5 月 27 日的全国粮食价格改革工作会议上说，化肥价格无论如何要控制住。但是，后来没有完全控制住。化肥价格在稳住一段时间后，又继续上涨。说句公道话，去年召开全国化肥工作会议还是起了作用的，各个地方还是做了大量工作的，不然的话，化肥价格会涨得更厉害。去年化肥价格上涨，其中有一个很大的原因，是由于部门之间扯皮，把化肥的进口耽误了三四个月，所以化肥供应缺口很大。这一点我们确实是没有做好，不像粮棉购销体制改革那么成功。但是，农民从另外一方面得到补偿了，就是对议购粮食价格我们没有限制，随行就市，农民从这里得到了补偿。

另外，据说有个别地区关闭了粮食市场，有的搞地区封锁，把粮食的正常流通搞死了。发生这种情况，也是由于担心粮食销区跑到主产区把粮食抢走，自己没粮食吃。他们是出于这种心理状态，但这也不是中央的政策。去年的国务院32号文件[1]里专门有一段文字讲加强粮油市场体系的建设："总的原则是积极发展粮油初级市场，巩固发展批发市场，逐步建立健全统一、开放、竞争、有序的粮油市场体系。要以农村乡镇集散地为中心，以粮站、粮库为依托，发展农村粮油初级市场，允许农民之间、农民与城镇居民之间在市场上进行粮食零星交易。"这就是说，我们允许农民到集贸市场出售他们的余粮，直接卖给城市老百姓都是可以的，没有卡死。这个文件还规定："在粮食主产区建立和完善省、市(地区)、县的区域性粮食批发市场。在铁路中转站、水运码头等粮食集散地，发展一批现货批发市场，以方便粮食由主产区向销区流动。"我们曾经对这段文字推敲了好久，总结了很多经验。国务院32号文件只有一条限制措施，就是粮食销区出省采购粮食，必须进入粮食主产区县以上粮食批发市场，不允许到主产区农村家家户户去抬价抢购。这种限制是正确的，收到了很好的效果。怎么能让沿海地区跑到粮食主产区农村去抬价抢购，甚至去买青苗呢？要买粮就到主产区县以上的粮食批发市场去，那里有公正的价格，有工商部门进行管理，还有铁路部门配合运输。这一点是不能动摇的，不能允许那些炒股票、炒房地产的人到农村去抢购粮食，只能允许那些经过核准的粮食批发企业进入主产区县以上粮食批发市场。我认为，中央对于农村粮食市场怎么搞活、怎么管理，是有非常符合实际情况的正确政策的。个别地区关闭粮食市场，搞地区封锁，以为保护了自己的利益，其实是很不明智的做法，要坚决予以纠正。

今后要以省为单位，粮食实行地区平衡。这并不是一个新的提法，国务院文件对这个问题已有明确的阐述。要求地区平衡，会不会发生

[1] 国务院32号文件，指1994年5月9日《国务院关于深化粮食购销体制改革的通知》。

产区粮食产量萎缩，销区买不到粮呢？不会的。现在省际粮食调剂，不只是靠中央的调拨，市场活动也很多。因此，不会发生产区不种粮、销区买不到粮的问题。政府用行政命令调这个、调那个，解决不了问题，要依靠市场的力量。看来，粮食价格有所波动，也不要大惊小怪，这是市场调节过程中难以避免的现象。现在要强调落实地区粮食平衡，落实中央的粮食购销政策，不封锁，不抢购，就不会发生产区的粮食销不出去、销区买不进来粮食的问题。

大家希望定购粮的价格能够再提高一些，以减少收购的困难，因为定购粮和议价粮的差价大大超过去年上半年了。对这个问题，党中央、国务院经过反复讨论，觉得大家的意见有道理，但是对定购粮不宜提价。抑制通货膨胀是今年的首要任务。今年的定购粮如果提价，连锁反应的影响太大了。所以，今年无论如何定购粮价格要坚持不动，无非是让农民从议购粮方面得到适当补偿。同时，要严格控制农业生产资料的价格。如果要真心诚意地保护农民的利益，就得把化肥的价格稳住和降低，这要作为我们工作的一个重点。

有些同志讲，要允许各个地区对定购粮实行价外加价。这个提法不对。粮食定购一定要全国统一定价，不然会引起粮食的投机、跨地区的大规模抢购。但是，去年我们有一个政策：允许地方搞价外补贴，不进入粮食销价。这就不会引起混乱。就是说，广东省、江苏省等地方种粮的成本大大提高了，按全国统一的定购价格，粮食收购不上来。于是，地方政府从财政中给农民搞点价外补贴，例如粮食收购价每斤 5 角 4 分之外，再给农民补贴 1 角 6 分，这不就是以工支农吗？是完全允许的。江苏省在这方面做得比较好，广东省的价外补贴只落实了三分之一。我们还是要坚持粮食定购价全国统一，允许地方搞价外补贴。

有些同志提出要中央补贴粮价。我老实给同志们讲，中央的财政状况不允许这样做。为什么要实行地区平衡？原因之一就是中央在财政上没有那个补贴能力。无论是粮食也好，棉花也好，化肥也好，中央无力补贴。现在的情况是财政赤字都背在中央，地方没有赤字。不是中央不愿补，而是没有钱补。这就是今天要讲的，粮食、棉花、化肥都搞地区平衡，地方自己负责。几年来，我们好不容易把国家专储粮增加到 800 亿斤，去年吃掉了 300 亿斤，现在只有 500 多亿斤。怎么用出去的呢？一是救灾，二是平抑粮价。这些都是从国家专储粮中拿出来调剂的，这种搞法持续不了多久的。因此，只能各地区自求平衡。当然，还必须有全国的宏观调控。例如，各省区市的粮食播种面积不能减少，产量要增加，必须建立地方粮食储备，产区要提高粮食商品率，销区要提高粮食自给率等。各地区根据全国的宏观要求，看自己究竟需要多少粮食，应该种多少粮食，能够收购多少粮食、销多少，这些都是省长的责任和任务。总的就是这个精神。目前，也只能采取这个办法，才能解决我国的粮食问题，否则，粮食问题会越来越严重。

当然，这不是说中央没有责任了。我们管全国的总量平衡，你们管地区的总量平衡。中央要掌握粮食的进出口，组织、协调省际的粮食调运。中央在各地平衡的基础上，还必须制订全国粮食的生产、收购（包括议购）、交换、调运、进出口计划，否则，地区平衡也实现不了。当然，也要明确这些计划主要是通过市场手段来实现。中央要统一协调，工作很多，不是不负责任，而是有很大的责任。国家专储粮用于全国性的重大灾害或是全国性粮价波动。一般性的灾害、一般的地区粮食余缺，只能靠地方自己的粮食储备、省区市之间的调节。国家专储粮的所有权属于中央，由中央来调动。要逐渐把这部分粮食的仓库转移到销区，以便于在紧急的情况下调运。国家专储粮每年还有个推陈储新问题，这也要请各地区协助调换。

1995 年 9 月，朱镕基在新疆维吾尔自治区考察棉花收购工作。右一为新疆维吾尔自治区政府主席阿不来提·阿不都热西提。

关于粮食销价，我们认为不宜作统一的规定，各个地方可以根据自己不同的情况来定价。但我也相信，因为中国不是一个封闭的国家，粮食市场会有一个平均的价格，各地不会有太大的悬殊。粮食销售部门收购进来的粮食的价格是不统一的，有定购粮的价格，有议价粮的价格，还有进口粮的价格。这些粮食是按综合平均价销出去。是将定购粮凭粮证专门销给那些低收入阶层，还是采取普遍定量的销售办法，均由各省区市自定，中央不作统一规定。总之，要保障粮食供应，并力求粮食价格基本平稳，以稳定大局，稳定市场，稳定人心。

要做到控制粮食的销价，必须坚持粮食系统“两条线”操作。这是去年粮食购销体制改革的重要内容，一个叫政策性业务，另一个叫商业性经营，两套机构分开，搞“两条线”操作。去年为什么这项改革没有实行呢？因为各个地方的粮食系统阻力太大，思想不通。今年无论如何要坚决贯彻这一条。不这样做，粮食系统财务亏损，继续到银行挂账，亏损问题永远不能解决。因此，粮食系统必须从组织机构上分开，零售系统搞商业性经营，自负盈亏，政策性机构吃“皇粮”。

去年粮食价格调整（涨价）时有一条规定，标二米、标准粉按原价供应，中央有补贴，补三个月，主要是照顾低收入市民有个过渡期，以适应粮食涨价。实际上三个月后，因为考虑到稳定的问题，中央一直补贴到现在。这个粮食年度要完了，我们的意见是中央不能再补贴下去了，到此为止。那怎么办呢？同志们，不是有个粮食风险基金吗？中央已经拿了钱了，地方按 1∶1.5 匹配，是一个省一个省核定的嘛。这个钱已经分别打入中央预算和地方预算，拿这个钱去补嘛。粮食风险基金已经建立了，就要运转起来。对此，请同志们早做准备，做好工作，不要引起波动。

二、关于棉花问题

大家提出的问题就是下一年度收购棉花要加价。我们认为加价是有道理的，因为去年的棉花价格是根据定购粮食的比价确定的，现在议购粮食的价格涨得很多，如果棉花价格不动，就会影响农民种棉的积极性了。今年实际上保留的棉田面积比去年减少了，这是很危险的。另一方面，现在纺织厂用的棉花每担价格已经超过现在的收购价格好几百块钱了。农民没有得到什么好处，纺织厂增加了很大的负担，中间环节得利太多，也包括地方政府的收费。根据这个情况，对今年的棉花购销体制要做一点改进和完善，就是 9 月 1 日新棉上市的收购价格要提高。要提早宣布，不然农民种棉花来不及。但要做好准备工作，否则要发生几种后果：第一，农民会惜售手里的棉花，等到9月1日以后再卖，这也是免不了的，不过，估计农民手中的棉花也没有太多了。第二，最怕的是现在供销社手里的这5800万担棉花，一下子加价，水涨船高，这个受不了。现在的棉花是去年9月1日以后低价收购进来的，是不能涨价的，这要靠你们地方来控制。第三，一宣布棉花提价，如果全国各地统统跑到农村去抢购棉花，那就乱了。所以在宣布这件事情的时候，必须事先有充分的准备，要有相应的配套政策和具体措施，层层下达，不要登报。

棉花实行地区平衡，和粮食一样，搞省长负责制。从这两三年的情况来看，已经没有多少省调出棉花了。冀、鲁、豫本来是调出棉花的省，现在变成调进棉花的省了。南方地区可以扩种棉花，但我们不希望南方扩种，因为它们那里种粮食产量高，还是多种粮食为好。现在是湖南省、湖北省可以调棉花出来，江苏省也调出了一点，但量都不多。看起来，棉花基本上只能实行地区平衡。京、津、沪怎么办呢？依靠新疆产的棉花来解决。新疆有重大贡献，今年已经调出1200万担棉花了。京、津、沪及若干大城市不产棉花，但纺织工业很集中，只能由中央掌握新疆产的棉花组织调运。其他地区自己平衡。军队用棉由中央直接供应。这几个城市也不能全部靠中央调运新疆的棉花，还有个配棉的问题，也得通过市场活动到别的省购进棉花。因此，现在明确棉花也是省长负责制。种多少棉花由省长决定，纺织厂是属于地方的，供销社也是省长管的，这几方面由省长统一管起来，利益合理分配，棉花的价格问题、供求问题就解决了。

棉花“三个不放开”〔1〕绝对不能松动，一放就乱套了。下一年度的棉花收购价格统一加价，不能各自为政。

〔1〕“三个不放开”，指棉花不放开经营、不放开市场、不放开价格。

三、关于化肥问题

化肥价格涨这么多，刚才讲我们有点失误，没有按照计划进口那么多化肥，结果耽误了时机，现在进不来了。于是我们采取一切措施，开足马力增产化肥，春节也没有停工，一直在生产。但形势还是严峻，尿素库存比去年减少了500万吨，春耕生产所需要的化肥缺口比较大。现在除了开足马力生产，加强技术改造，从长远考虑要安排建设几个大化肥厂外，当务之急是“开仓济贫”，不要惜售，把仓库里的化肥，不管是中央的还是地方的，统统拿出来卖掉。我们有办法增产，还可以进口一些，不要害怕仓库里没有东西。春耕的季节不等人，一定要把化肥抛出去，让农民种上地。但是千万不要在这个时候坑农，来个化肥大涨价，奇货可居，对这样的事要严加管理。

对化肥政策，考虑到去年开了一系列的会议没有完全解决问题，今年要稍微完善一下这个体制。第一，中央的18个大化肥厂生产的化肥要制订公平的分配调拨计划，当然也要照顾历史情况。要严格地执行浮动上限1150元一吨的出厂价，绝对不涨价，谁涨价，撤谁的职。这个价是赔本的，赔本也认了，用别的产品来补偿。化肥厂自销10%，这个也不好再变了，但化肥厂不能直接卖给农民，只能卖给化肥经营单位，价格每吨不能超过1400元。去年定的每吨化肥1400元的销售价格是过得去的。第二，中小化肥厂都是地方的，这个化肥只能由地方定价，中央不定价，也不限价。第三，进口化肥，免关税，增值税即征即退，所需外汇由中央拿。但是这个价格，中央的进口单位就按代理作价，不赚钱，保本。至于地方用什么价格卖出去，由地方自定。也就是说，这三种化肥，最后是以一种综合价格卖出去，还是分别以不同的价格卖出去，由地方自定，省内平衡。我们相信，只要把流通领域管好了，化肥的价格不会比现在更高。但是，如果运化肥的汽车经过公路，当地到处设卡收费，然后拿这个钱去搞开发区，搞工业项目，这不是坑农吗？本来1400元一吨的化肥价格一下子加两三百块钱，这个价格农民怎么承受得了呢？现在，供销社和粮店都搞什么个人承包、什么国有民营，我认为这是错误的，弄得化肥销售根本没有主渠道了，化肥经营单位根本不听招呼，唯利是图。流通领域这种状况，不管怎么行呢？

四、关于资金问题

同志们都反映农业投入的资金不落实。我认为，对这个话要有分析，要有鉴别。农副产品收购资金应该说落实得相当好，这几年没有“打白条”。前年的农副产品收购资金只有450亿元，去年我们拿出750亿元来收购农副产品，哪里要增加这么多？这个钱到哪里去了呢？最近，我们对全国100个县进行了调查，审计署也去核实了。结果是收购资金中的35%被挪用了。其中，13%是地方财政补贴不到位；17%是收购单位把收购资金挪用于盖宿舍、发奖金、弥补亏损；还有5%是农业银行自己的问题，搞了别的工业项目，或者是给自己发奖金、盖宿舍。因此，不是收购资金不落实。我们大家要一起整顿。我跟农业银行的领导说，你挪用的这个5%无论如何要刹住。地方挪用、顶替的30%，要请地方同志自己来解决。你们这样干下去，几百亿元的农副产品收购资金将收不回来。

至于说扶贫贷款、粮棉大县贷款等专项贷款，确实是没有完成计划。但是，这些是贷款，不是财政拨款，是银行的钱，是要还的。银行的钱就得看你的项目，你得有效益。你没效益，叫银行怎么贷款给你？那银行不变成财政了？所以，还得给银行自主权，银行要审查项目是不是有效益。农业银行经过调查，现在给乡镇企业的贷款有40%收不回来。信贷资金是不能够这么敞开口子用的。因此，我有两方面的要求：一方面，国家银行要坚决地按照中央的扶贫政策、扶持粮棉大县政策、支持中西部乡镇企业政策，落实专项贷款；另一方面，地方要保证这些项目有效益。没有效益，那是不能向银行贷款的，更不能强迫银行贷款。

国有企业改革不能只在产权上做文章*

（1995年3月9日）

去年，我们把重点放在宏观经济体制改革方面，现在看起来取得了很大成功，应该说为搞好国有企业创造了一定的条件。比方说税收负担问题，根据几个部门广泛的调查，去年实行新税制后，国有企业的负担平均降低了0.15%到0.6%，企业税赋负担不是增加了，而是降低了。当然，不可能所有行业都是降低这个平均数。比如说矿山，特别是独立矿山，税赋是增加了，而且增加得不少。这方面，我们也采取了一些措施来解决，如对煤矿增加了补贴，降低了增值税税率。去年仅国有企业的“两金”[1]，全国就减免了150亿元。今年把非国有企业的“两金”也都减掉了，又是30亿元，加起来共减掉180亿元。但是，我们去年还没有把工作重点转到国有企业改革方面，因为没这个本事啊，两面开花不行，所以在国有企业的改革方面，应该说我们的指导还是不够的，有些地方还有误导。比方说党的十四届三中全会关于国有企业改革的方针、关于建立现代企业制度，很明确地概括为16个字：“产权清晰、权责明确、政企分开、管理科学”。但是在执行过程中，用产权清晰代替了一切。只在产权改革方面做文章，能搞好一个企业吗？我不是讲这是企业的责任，而是我们在这两年讲

---

* 这是朱镕基同志在参加八届全国人大三次会议辽宁省代表团全体会议时的讲话。

〔1〕“两金”，指能源、交通重点建设基金和预算调节基金。

得不够，指导得不够。党的十四届三中全会明确讲了，搞股份制、公司化那是有益的探索。但现在全面铺开，到处都搞股份制，究竟有多大效果呢？全面地铺开，不规范嘛。集了那么多资，我看现在好多搞股份制集资的企业最后还不了这个钱，要失信于职工。另一方面呢，把企业管理放松了，质量管理放松了，技术改造也放松了，假冒伪劣产品横行，企业的效益也不讲了，唱高调、搞花架子的多了。我总觉得搞国有企业改革重要的是转变经营机制，要使产品能够适应市场的需要，产品要不断地更新换代。离开这些东西，搞一些花架子，开个股东大会，产权就明确了？大家集资，观念就转变了？工人就为自己干活了？企业改革这样搞，我总觉得玄乎得很，实际上我没看到哪个

1995 年 3 月 9 日，朱镕基在八届全国人大三次会议辽宁省代表团全体会议上讲话。右一为辽宁省委书记顾金池，左一为辽宁省人大常委会主任全树仁。　（新华社记者袁满摄）

企业这样能真正办好的。

我们必须全面、准确贯彻党的十四届三中全会精神，不要偏于一个方面，把其他都丢掉了。去年江泽民同志的几次讲话，都把思路往党的十四届三中全会的正确思路方面引导，可是我们有些同志总觉得都是老生常谈，没什么新东西。怎么会没有新东西呢？江泽民同志在去年召开的党的十四届四中全会上，就办好国有企业问题讲了三条，一个叫政企分开，一个叫搞好内部管理，还有一个叫完善社会保险制度，这不就是新东西吗？我们在去年花很大力量抓社会保险制度的改革和完善。有了社会保险制度，才能建立起裁人和破产的机制，这就是新东西嘛！企业要是不能够裁人，不能破产，那不就是永远吃“大锅饭”吗？总是依赖国家，就不能适应市场要求，最后把厂子赔得精光，“资不抵债”，这样企业怎么能搞得好呢？尤其是一些企业搞短期行为，这个我看得太多了，至多也就好了两年，第三年就垮了。

今年就是要正确地贯彻党的十四届三中全会的《决定》，把国有企业的改革搞好。要把企业搞好，需要下扎扎实实的工夫，办好一个企业那么容易呀？说我们没有新东西，说政企分开、加强内部管理在党的十二届三中全会上就已经讲过了。是讲过了，但是没落实嘛，企业自主权没落实，管理没抓好，管理松松垮垮。真正敢于得罪人，不去迁就工人的眼前利益，着眼于他们的长远利益，这样的厂长不多。有些厂长有钱不去补充企业的自有资金，而是大发奖金，得到工人的“拥护”，可最后把这个厂子搞垮了。所以，这些老话还是得讲，因为没有落实。是不是没有新东西呢？我说有，建立社会保险制度、破产机制、兼并机制、裁人机制，这些都是办好一个企业的根本机制嘛，这些是新的，我们还没搞嘛。不要把“产权清晰”强调得过分，强调过分就变成私有化了。

如果我们的国有企业搞得一塌糊涂、资不抵债，这个企业还不能够破产，这个厂长还不能够撤职，那就是要把“大锅饭”永远吃下去。今年在这方面要有所突破，新东西就是让企业能够裁人。我们不是学资本主义，但是我们搞市场经济，要有竞争。否则企业是不能提高竞争力的。没有一个破产的阴影，企业怎么会向前走呢？谁不愿意吃“大锅饭”呢？所以，就是要建立这个竞争的机制，这才叫市场经济。但是，由于我们的社会保险制度现在还不健全，标准很低，因此，去年以来我们的思路有一个很大的改变。原来的《企业破产法（试行）》规定，企业破产以后，拍卖后的各种资金，首先要用于还债，然后再安置职工。当然，首先要把欠职工的工资还给职工。现在，我们把这个问题倒过来考虑了，企业拍卖所得首先用于安置职工，银行的债务从呆账准备金里冲销，国家来负担这个损失。因为不这样做，谁也不敢破产，职工不安置，社会就不稳定。但是应该看到，企业不能破产很多，企业破产多了，社会还是承受不起，因为被安置职工的生活水平要大大低于在岗位上的职工。破产搞多了，职工心理不平衡，就会引起社会不稳定。搞得太多，国家也负担不起。所以，必须有控制地搞。去年我们计划冲掉 70 亿元银行债务，可实际上一个钱也没有冲掉，谁也不敢破产。今年我们准备再拿 70 亿元，共 140 亿元。我看也没有几个城市真正敢让企业破产，还是担心会影响社会稳定。起步不是那么太容易，但没什么可怕的，一个城市破产两三个企业，那个作用就大得很，机制就建立起来了。我们的一些企业家就不会成天到晚到处乱跑了，他们就得小心了。现在不搞破产、兼并、裁人机制，产业结构是无法调整的。刚才谈到东北的煤矿，为什么这么困难？全国的煤矿为什么只有东北的困难？当然，陕西也有几个困难的，但最多的是东北。因为大都是日本侵占东北时候搞的，资源枯竭了，人员的包袱重得不得了，成本很高，煤的质量很差。辽宁本身又已发展了地方煤矿，再加上山西煤矿的煤非常便宜，谁买东北生产的煤呢？煤卖不出去，人又那么多，它们不困难才怪呢。现在没有别的办法了，再投钱去进行技术改造，投进去就永远收不回来了。因此只有转产，转到第三产业或者其他行业，来安置这些职工，没有别的办法。这要有一个过程，在这个过程中，只好用社会保险制度维持下岗职工的基本生活水平。

今年，企业改革没搞好的要继续搞，政企分开、加强管理、技术改造、质量管理过去都没有很好抓，今年要下工夫，扎扎实实地把这些工作抓好。另外，新的机制，裁人、破产、兼并必须搞，这方面要做开拓性的工作，不要害怕，这么搞，国有企业才会改变面貌。至于产权改革、股份制公司和股票上市也完全可以搞，是试点嘛。但只靠这个办法把国有企业搞好是等不及的，现在国有企业这么困难，再等筹办公司、股份制把企业救活，我说等不及呀！

现在国有企业破产的问题是：真破的没有，假破的很多。搞什么“大船搁浅，舢板逃生”，实际上是假破产。企业宣布破产了，把债务冲掉，其实还在那里生产，还继续向银行借钱，就是为了冲债、赖债，这叫什么破产呢？企业既然已经是资不抵债了，既然已经是没有任何拳头产品、没有前途了，就要彻底破产，工人拉出去重新培训，或者加以安置。这样，银行就把包袱卸掉了，尽管冲掉了原来的债务，但以后不再继续挂账了。现在企业说破产了，也不经过银行批准，法院一宣布，债务就一笔勾销了，而企业照样破破烂烂地在那里搞着，怎么能这样破产呢？所以，国家经贸委对这个事情要抓紧。你破几个嘛，银行给你冲掉债务。设备卖不了几个钱，你这块地还是很值钱的，卖掉地，安置职工完全够了，再加上一点社会保险资金、待业资金，就可以了。如果真这样搞了，就会影响好多企业，它们就能兢兢业业地办厂，不吹牛皮、说大话，真正扎扎实实地把企业搞好。总之，我还是相信，只要认真贯彻党中央和国务院的正确方针，全面地、准确地贯彻党的十四届三中全会决定，国有企业是可以搞好的。

农村“四荒”拍卖必须规范*

（1995 年 4 月 23 日）

原则同意，但考虑到当前的农村基层组织和党风的状况，如此重大的政策变更必须加强各级党的领导，尤其是省委要认真重视，慎重行事，先要有规划然后才能试点，取得经验后再逐步扩大。如不加控制，可能二个月内全国全部卖光。拍卖必须有规范的办法规定，否则一定乱套，拍卖所得资金必须另行制定严格管理办法。不要认为土地是集体的（实际是国家的），资金就不能监管，结果是中饱私囊，或者冲击房地产、投机行业，为害甚大。本通知所谓“专户储存、滚动使用”是一句空话。

此外，中央是哪个部门负责监管，必须明确规定，是农业部？土地局？水利部？如无一个部门牵头主管，无人负责，将来出了大事，无从追究责任。

总之，要有配套规定、办法同时下达，否则难免发生全国性偏差。请李鹏总理指示。

（征求部门的意见要包括财政部、人民银行、税务总局）

朱镕基
4.23

---

* 这是朱镕基同志在国务院办公厅呈送的报请审批《关于做好农村“四荒”使用权拍卖工作的通知》签报上的批语。农村“四荒”，指农村的荒山、荒沟、荒丘、荒滩。

证监会决不能搞权钱交易*

（1995年5月10日）

此案要彻底查清，从严惩处。此件复印直送周道炯[1]同志，要对证监会全体职工进行教育，今后再发生此类案件，一律法办，开除出证监会，并要追究证监会主席的责任。

另印送李铁映、张皓若[2]并盛华仁[3]同志。证监会决不能搞权钱交易，否则应该撤销。

朱镕基

5.10

---

* 这是朱镕基同志在最高人民检察院关于原中国证券监督管理委员会上市公司部副主任及原国家经济体制改革委员会两工作人员接受“鲁石化”股票的初查情况上的批语。涉案三人在泰山石化公司的股票“鲁石化”上市过程中，或帮助设计、审查方案，或帮助找国务院证券委员会有关人员“说了话”，接受了该公司的股票。

〔1〕周道炯，当时任中国证券监督管理委员会主席。

〔2〕张皓若，当时任国家经济体制改革委员会副主任。

〔3〕盛华仁，当时任中国石油化工总公司总经理。

在全国科学技术大会上的讲话*

（1995年5月27日）

这次大会开始时，江泽民同志、李鹏同志对加速科技进步的问题，作了非常重要的讲话。今天，我主要结合学习邓小平同志关于科技进步的思想，讲三点体会。

一、经济建设必须依靠科学技术

邓小平同志历来十分重视科学技术对经济建设的重大作用。早在1978年3月18日全国科学大会上，邓小平同志就指出："四个现代化，关键是科学技术的现代化"，并强调必须"承认科学技术是生产力"〔1〕。1982年10月14日，邓小平同志在与国家计委负责同志谈长远规划时讲："科学技术的发展和作用是无穷无尽的。"〔2〕1986年10月18日，邓小平同志指出："中国要发展，离

---

* 1995年5月26日至30日，中共中央、国务院在北京召开全国科学技术大会。出席会议的有各省、自治区、直辖市的党委书记或省长（主席、市长），分管科技工作的省领导、科学技术委员会主任。这是朱镕基同志在会上讲话的主要部分，曾发表于《十四大以来重要文献选编》中册。编入本书时，对个别文字作了订正。

〔1〕见邓小平《在全国科学大会开幕式上的讲话》（《邓小平文选》第二卷，人民出版社1994年版，第86、88页）。

〔2〕见邓小平《前十年为后十年做好准备》（《邓小平文选》第三卷，人民出版社1993年版，第17页）。

开科学不行。”[1]1988 年 9 月 5 日，邓小平同志强调：“依我看，科学技术是第一生产力。”[2] 1992 年年初，邓小平同志在视察南方时进一步指出：“经济发展得快一点，必须依靠科技和教育。”“要提倡科学，靠科学才有希望。”[3] 我们要做好经济工作，就必须深刻理解邓小平同志关于依靠科学技术进步加快经济建设的论述。最近正在编制“九五”计划，在这项工作中必须切实贯彻邓小平同志的科技思想；否则，编制出来的“九五”计划没有多大作用，甚至还可能给子孙后代带来后患。对此，我想讲三点意见。

第一，集中力量完成在建项目，不盲目铺新摊子。“九五”时期，是我们实现现代化建设第二步战略目标的最后一个五年。要实现第二步战略目标，达到一定的发展速度，不能主要依靠增加投入，不能依靠铺新摊子，而是要靠提高经济增长的质量和效益，依靠发挥现有企业生产潜力，依靠在建项目尽快投产。当然，为了经济发展有后劲，“九五”期间仍然需要增加一定的投入，但这个投入是为“九五”以后的五年、十年准备后劲。现在开工的项目规模已有几万亿元，需要搞很多年才能完成。如果继续铺新摊子，资金又不够，工期拖得很长，包袱很重，不能形成投资的良性循环。因此，“九五”期间应该集中力量搞完在建项目，没有余力就暂时不开或少开新项目。这不会影响第二步战略目标的实现，而且能为我国经济在下个世纪健康发展创造宽松的环境。

---

〔1〕 见邓小平《中国要发展，离不开科学》（《邓小平文选》第三卷，人民出版社 1993 年版，第 183 页）。

〔2〕 见邓小平《科学技术是第一生产力》（《邓小平文选》第三卷，人民出版社 1993 年版，第 274 页）。

〔3〕 见邓小平《在武昌、深圳、珠海、上海等地的谈话要点》(《邓小平文选》第三卷，人民出版社 1993 年版，第 377—378 页）。

第二，国民经济要快速持续健康地发展，必须依靠科学技术。建立在落后技术基础上的快速发展，不可能是持续健康的发展。编制“九五”计划，不能依据现有的技术水平去算账，这个账算出来是“面多了加水，水多了加面”，规模很大，投入很多，产出很少，效益很低，最后就会导致财政金融崩溃。既要有一个比较高的经济增长速度，又能保持财政的基本平衡，通货膨胀保持在老百姓可以承受的程度以内，这才是真正的本事。做到这一点，才叫“快速持续健康”的发展。怎么能做到这一点呢？关键是依靠科学技术。2000 年需要 1.2 亿吨钢、12 亿吨煤等等，这是按现在的定额计算出来的。我们国内生产总值的综合能源消耗相当于日本的 5 倍、美国的 2.6 倍，能这样干下去吗？现在，技术设备落后，产品傻大笨粗，原材料消耗那么大，能源大量浪费，依据这样的技术水平和物质消耗，算出来需要多少能源和原材料，然后算出来需要多少基本建设投资。按这种算法，2000 年当年要 1 万亿元的财政收入、要发 6000 亿元国库券才能弥补赤字，这怎么行？我看，必须从根本上改变观念，真正按照邓小平同志的思想，要把国民经济和社会发展中长期规划建立在科学技术进步的基础上，国民经济要轻量化、信息化，要提高产品的技术含量、提高附加值。各行各业都要进行技术改造，主要产品的技术性能和能源、原材料消耗定额都要逐步赶上世界先进水平。不从这个方面想办法，“九五”计划就是一堆项目表，最后我们要吃大亏。

第三，确定“九五”计划的发展速度，要建立在调整产业结构的基础上。工业发展速度不能那么高，因为投入太大，特别是国有企业改革任务没有完成以前，其发展主要靠投入，国力承受不了。要高度重视第一产业，继续加强农业的基础地位。要大力发展第三产业，第三产业有很大的发展余地，投入少，产出高，效益好。我国第三产业占国内生产总值的比重只有30%多一点，发达国家已达到50%至60%，差距是很明显的。对于第二产业结构的调整，要认真分析研究，要着力发展那些技术先进的产业，淘汰那些落后的产业，使国民经济轻装前进。

二、科学技术必须面向经济建设

邓小平同志的这个重要论断，现在还是没有完全落实。当然，这里有个体制的原因。我们现在这种体制的一个弊端，是不利于科研与生产的结合，不利于研究院所与企业的结合。比如说，科研院所与企业共同研究开发一个产品，开发出来以后，研究所就告状，说企业把研究所给甩了；而企业也告研究所的状，说研究所自己又去办个企业，把企业给打垮了。看来，必须使企业成为技术开发的主体，科学技术力量不进入企业，只靠吃“皇粮”的研究所，很难实现科技与经济的结合。有些研究院所必须由国家扶持，这是没有问题的。但绝大部分的技术开发力量都应该在企业，必须朝这个方向走下去，不然就不能真正解决科技与经济脱节问题，也就难以实现依靠科技提高经济增长的质量和效益。

当然，现在有很多困难，有些科研所进入企业集团也有顾虑，安全感不够，今天企业搞得挺红火，明天可能工资都发不出来。所以，不办好一批稳定发展的大型企业集团，就难以形成一批真正能够赶上世界水平的技术开发机构。

国家科委的同志要求我讲一讲，科学技术面向经济建设究竟重点面向什么。现在我最关心的就是农业，因为农业是国民经济当前最重要、最紧迫的问题。耕地少，人口增长太快，经济发展速度这么高，人民生活水平提高很快。去年一有灾情就少了300亿斤粮食。今年要靠少出口和多进口粮食来补上去年用掉的300亿斤专储粮。所以我说，农业这个国民经济的基础最重要。在《中共中央、国务院关于加速科学技术进步的决定》（以下简称《决定》）中，第一条是讲科技是第一生产力，第二条就讲大力推进农业和农村科技进步。这是完全正确的。农业就得靠科技，还要靠高科技。邓小平同志在1988年9月12日的谈话中指出："将来农业问题的出路，最终要由生物工程来解决，要靠尖端技术。"〔1〕这个话大家不要忘记了。粮食品种的改良对近十年来农业的单产提高起到很大作用，但这方面的潜力还没有发挥。现在，低产田比重较大，按播种面积算单位面积产量，中国才500多斤，还有很大的潜力。现在肥乱撒、水漫灌，在这种落后的技术基础上，只抓大型水利工程建设，只抓化肥工业建设，结果是投入多、产出少。所以，还是要抓合理施肥、合理用水，节约施肥、节约用水，这方面有许多技术问题要解决。

我刚才讲了，编制"九五"计划，各行各业都要考虑依靠科学技术进步，尤其要加速国民经济信息化、电子化进程。我还特别关心，当前要狠狠打击骗税。现在由航天工业总公司、电子部攻关，加紧建设交叉稽核电子网络和防伪识别系统。不采用高技术，金融、财税系统的改革就没有保障。江泽民同志一再讲，现在拿着麻袋装钞票的时代早已一去不复返了。大家都应该通过票据结算，使用信用卡，如果没有全国的信息网络，就做不到这一点。还有企业三角债问题，有些企业是有钱不还欠款，它在银行多头开户，你扣也没法扣。最近李鹏同志决定，全国找1000个国有企业，大约拥有全国60%的利润税收，实行全国联网。1000个企业联网，如果你多头开户，我都能查出来。

---

〔1〕见邓小平《科学技术是第一生产力》（《邓小平文选》第三卷，人民出版社1993年版，第275页）。

在这1000个企业里，三角债就比较好解决了。这是个很大的工程。现在我觉得要攻关的事情实在太多了，一攻关马上就是很大的效益。依我看，如果把这些关攻下来，所节省的钱，可能比你们现在的科研经费要多10倍。当然，基础性研究、高技术还是要去搞，不搞不行。邓小平同志讲过："过去也好，今天也好，将来也好，中国必须发展自己的高科技，在世界高科技领域占有一席之地。"他还指出，高科技领域"不要失掉时机"〔1〕。现在该花钱就得花，要提早安排，如果慢一步，将来就会落后更多，就得花更多的钱。

三、重视培养和使用人才

邓小平同志非常强调培养和选拔人才，这一思想几乎贯穿在他的全部著作之中。在1978年召开的全国科学大会上，他就提出要建立一支宏大的、又红又专的科技队伍，后来又不断地讲这个问题。1982年，邓小平同志讲："人才不断涌出，我们的事业才有希望。""二十年规划能否实现，关键就在这里。"〔2〕他总是用有没有希望来讲人才问题。1985年，他说："改革经济体制，最重要的、我最关心的，是人才。改革科技体制，我最关心的，还是人才。"〔3〕我们要认真贯彻邓小平同志关于尊重知识、尊重人才、善于发现和使用人才的指示。

---

〔1〕见邓小平《中国必须在世界高科技领域占有一席之地》（《邓小平文选》第三卷，人民出版社1993年版，第279、280页）。

〔2〕见邓小平《前十年为后十年做好准备》（《邓小平文选》第三卷，人民出版社1993年版，第18页）。

〔3〕见邓小平《改革科技体制是为了解放生产力》（《邓小平文选》第三卷，人民出版社1993年版，第108页）。

在《决定》中，对增加科技进步的投入，也有一些新规定。比如，研究开发经费占国内生产总值比例在2000年达到1.5%，这是个奋斗目标，但是要努力去实现。财政预算要保证科技经费增长幅度高于财政收入的平均增长幅度。科技的投入主要靠地方，现在财政预算还是70%的收入在地方。中央也要按要求保证科技投入的增长。我认为，现在有三个方面的支出应该摆在最重要的位置，科技当然是最重要的，还有教育、农业。教育是百年大计，现在再不注意，那就是一个失误啊！

邓小平同志在1978年全国科学大会上讲："我愿意当大家的后勤部长"〔1〕。我也要向邓小平同志学习，愿意当大家的后勤部长，尽我最大的努力！我希望今天在座的各部门、各地区的领导同志也当后勤部长。咱们大家一起当后勤部长，中国的科学技术事业就搞上去了。

〔1〕见邓小平《在全国科学大会开幕式上的讲话》（《邓小平文选》第二卷，人民出版社1994年版，第98页）。

关于党的建设与经济建设的关系*

（1995年6月5日）

我把今天要讲的内容概括为两句话，就是党的建设必须围绕经济建设，经济建设必须依靠党的建设。

一、党的建设必须围绕经济建设

党的十一届三中全会决定，全党工作的着重点转到社会主义现代化建设上来，这是一个重要的转折。从那时起，就已经确定了我们党的工作要围绕经济建设这个中心。我们现在应该总结这16年来，转到经济建设方面是如何转过来的，是不是抓住了重点，效果如何。我认为，主要应该在三个方面总结经验：

一是一心一意搞建设，发展是硬道理。我们总结出这样一条经验：发展必须既是快速的，又是持续健康的。这个经验很重要。16年以来，或者说新中国成立后几十年以来，我们都在探索这样一条道路。就是说，我们既要有高速发展，也要持续健康发展。高速发展是个硬道理，但总得持续地发展下去，总不能搞了几年又走回头路；总得是健康的发

---

* 1995年6月5日，朱镕基同志在北京中南海怀仁堂给中央直属机关和中央国家机关部级领导干部上党课。参加党课的有中央直属机关、中央国家机关副部级以上的党员领导干部，解放军三总部、武警总部和北京市的有关负责同志共1100人。这是朱镕基同志讲话的主要部分。

展，不能搞得物价飞涨，民不聊生。所以，我觉得十几年以来或者说几十年以来，我们都在探索一个平衡点，就是既能获得一个快速的发展，又能获得一个持续健康的发展。根据以往的经验，我深刻地体会到：快速发展是比较容易的，持续和健康发展则很难；上去容易，下来难；铺摊子容易，维持这个摊子比较难，"欲速则不达"。

记得1992年邓小平同志发表南方谈话以后，我学习邓小平同志的这个谈话，从内心感到邓小平同志思想的伟大，也非常欢欣鼓舞地拥护。但是，从几十年参加经济建设工作的实践看，我担心的一点就是有些人往往容易片面地而不是全面地去理解邓小平同志的这个谈话，我有这个方面的切身体会。1992年3月，我在七届全国人大五次会议上海代表团的会议上讲了一篇话。我讲话的整个精神是：快要快在什么地方？胆子大要大在什么地方？思想解放要解放在什么地方？因此，整个讲话实际上是批评盲目追求速度，大铺基本建设摊子，不讲效益。快要快在什么地方？当时我提了四个方面：改革开放要加快，调整产业结构要加快，提高企业的经济效益要加快，科学技术发展的速度要加快。我是把邓小平同志南方谈话中提到的约束条件再三地强调，认为没有约束条件，经济发展是快不了的，快了就会出毛病。后来，我这个讲话传到邓小平同志那里去了，邓小平同志看了以后，给予肯定并要求印发全党。再后来，我的讲话发下去了，我问过很多同志，大家当时并没有太注意这个讲话。因为当时正是大干快上的时候，大家不太喜欢我这个讲话。今天不讲这个背景，大家也不知道，实际上，我那个讲话得到了邓小平同志的支持和江泽民同志的亲自过问。

现在回头看，1992年，我们进入一个高速发展的新阶段，成绩是巨大的，但是毛病也很多。这些毛病完全是我们在执行邓小平同志南方谈话的过程中，只看前半句、不看后半句所引起的。不是在改革开放、调整结构、经济效益、科学技术进步方面去做文章，而是在铺摊子方面做文章。开发区热、房地产热、城市建设热，把农业丢掉了，把农田也吞掉了，生产出来的东西卖不出去，仓库积压越来越多，不能说问题不严重。邓小平同志的南方谈话不是只有一句，不只是说“发展是硬道理”，后面还有好多约束的条件，提出了很多的要求，而我们都没有做到，只记住了一句“发展是硬道理”，认为发展越快越好，最后走到了一个很被动的地步。同志们，在这个问题上，思想是非常难统一的。我在1992年10月20日中央召开的经济情况通报会上，讲了我的看法。1993年4月1日，八届全国人大一次会议开完以后，中央又开了一个经济情况通报会，我在会上又讲了这个看法，讲得很尖锐，但很多同志并没有引起重视。一直到1993年6月份，经济热得已经搞不下去了，票子都印不出来了，中央出台了十六条宏观调控措施之后，全党的认识才在党中央的一声号令下统一，也就把局面扭转过来了。局面扭转后，本来希望很快地“软着陆”，但现在看来，这个“软着陆”非常地难，到现在还是没有完全“着陆”。各地对形势的估计、认识很难统一，富裕地区对形势是一种估计，不发达的地区又是一种估计，估计来估计去，总还是速度第一，片面地认为不搞基建项目经济就上不去。十几年走过来了，这个问题解决了没有？我认为并没有完全解决。这个问题不解决，会不断地重复上面的教训。

二是转到以经济建设为中心，那么经济建设的重点是什么呢？农业是基础，科技和教育是关键。邓小平同志在1982年讲要把工作重点转到经济建设方面来时说：“战略重点，一是农业，二是能源和交通，三是教育和科学。搞好教育和科学工作，我看这是关键。没有人才不行，没有知识不行”〔1〕。这几年的经验证明，没有农业这个基础，

〔1〕见邓小平《一心一意搞建设》(《邓小平文选》第三卷，人民出版社1993年版，第9页)。

1995 年 6 月 5 日，朱镕基在北京中南海怀仁堂为副部级以上党员领导干部讲党课。

（新华社记者刘建生摄）

国民经济是搞不上去的，而且要出很大的问题。第一是吃饭，第二才是建设。建设不能吃光榨净，吃饭也不能吃得太好，吃得太好还受不了。总之，我觉得农业、科技、教育，从最近几年的经验教训看是非常重要的。

三是如何使国有企业能够转到一个提高质量和效益的轨道上来，从根本上转变经营机制。这是一个困扰我们几十年的课题，而且是至今还没有解决的课题。我们看到了，国有企业确实是国家的支柱，60%到 70%的国家财力来自于国有企业。但是我们也要看到，我们为国有企业付出了极大的代价，把钱都花到这上面去了，然而回报率不高，效益不高，这正是影响我们进一步发展的一个主要障碍。我们财政收入占国内生产总值的比重，去年才 11.9%，今年还会下降。在发达国家，财政收入相当于其国内生产总值的 40%到 50%。我们过去是财政收入占国内生产总值的 20%多一点，现在下降到这个程度，就是因为我们的国有企业没有什么利润，交不上来几个钱，好多企业是靠银行贷款给它们交的税。所以，我们的财政收入实际上主要是我们自己发的票子。票子发出后，一部分让企业交给国家，一部分给企业发了奖金和工资，另一部分是银行收回来一点利息。都是我们自己的钱！在这样的情况下，如何谈积累？最后，只能导致通货膨胀。所以，如果国有企业再不改革，没有一个真正的内在的机制，国民经济绝对搞不上去。我们现在讲财政收入的增长速度在百分之二十几不算低，但一考虑通货膨胀呢？通货膨胀率也是百分之二十几，等于一个钱也没有增加呀！财政支出倒是实打实地增长上去了。国民经济又如何搞得下去呢？

党的建设必须围绕经济建设这个中心，应该注意几个什么问题呢？

第一，围绕经济建设这个中心，把工作重点转到经济建设上来，应该用经济的方法去抓出实效，而不能够以党代政、以政代企、党政不分、政企不分。

搞宏观调控，要用经济方法抓经济，不用或者少用行政的方法，否则会越帮越忙，越抓越乱。现在是搞市场经济，总得要面向市场，尊重价值规律。完全以党和政府的意志来办事是不行的。比如，国有企业搞不好，政府光想办法去救活企业，开资金调度会，开现场抢救会，大家共同出钱把企业救活，这样是绝对搞不好的。这种办法只能造成国家极大的损失，投入的钱是收不回来的，国有企业也是救不活的。党和政府管企业、抓经济还是要落实在出主意、用干部上，关键在选拔好企业的领导班子。最近，广西有个市要引进外资，市委书记要银行担保，强迫银行行长去签字。这是不允许的。搞了几十年经济工作了，怎么还这么无知呢？强迫贷款是不能贷的，银行的同志不要怕打击报复，钱收不回来是国家的损失。银行如果不给国家把关，就是一个敞开大门的金库，国家蒙受重大损失怎么得了呢？希望各部门、各地区的领导同志千万要明确这一点，抓经济要抓到点子上，不能用行政命令的办法瞎干预。

第二，还是要两手抓、抓两手，不能一手抓、只抓一手。现在，我非常担心，好像一个地区的党政领导都在抓招商，都想抓经济，而且都出去招商了。都把注意力放在这一边，结果很多事情没人抓，党的工作没人抓，思想政治工作没人抓，社会风气没人抓，治安情况也相当让人担忧。因此，党政、政企一定要分清楚，各司其职，集体领导，分工负责。

第三，集体抓，不是书记一个人抓。我看这个问题，正如邓小平同志过去讲的："权力过分集中的现象，就是在加强党的一元化领导的口号下，不适当地、不加分析地把一切权力集中于党委，党委的权力又往往集中于几个书记，特别是集中于第一书记，什么事都要第一书记挂帅、拍板。党的一元化领导，往往因此而变成了个人领导。"〔1〕我看，现在这种情况还是蛮多的。政府负责抓经济工作，党的工作、党的建设要以经济建设为中心，但不是直接地要党委领导干预，也不是都要党委领导拍板，还是要集体领导。最近，我问一位省长，你们省的政府工作、经济工作是不是省委也开会讨论？他说，我们省委大约一个月开一次会。那怎么够呢？这是不行的。我在上海市当市长、江泽民同志当市委书记时，我们碰到重大问题、经济问题，都要向市委常委报告，市委至少一周开一次常委会，讨论经济工作。市政府准备采取的重大政策措施、准备进行的重大项目，都要拿到市委常委会上去讨论，常委集体讨论拍板，市政府去执行。这才是集体领导，市委常委都要了解上海要干什么、怎么干法。大家都有一份责任，才能够互相配合，齐心协力去干。现在一些省的集体领导不健

〔1〕见邓小平《党和国家领导制度的改革》(《邓小平文选》第二卷，人民出版社1994年版，第328—329页)。

全，党政职责不清，成员各干各的，经常发表不同精神的讲话，使底下非常为难。我认为，一个省的经济工作、思想政治工作、文化工作及治安工作都要经过省委的集体讨论，不能个人说了算，决定了以后分头去执行嘛，这样才能避免省长与省委书记不团结的现象。

二、经济建设必须依靠党的建设

第一，我们现在是搞社会主义市场经济，不是搞资本主义市场经济，就要坚持党的基本路线，既要坚持改革开放，又要坚持四项基本原则。因此，必须依靠党的建设才能保证社会主义市场经济体制的建成。我体会，很多的经济问题，不是一个单纯的政策问题，而是一个政治问题，是党的原则问题。回顾自己参加国务院工作以来，我认为党中央、国务院所制定的经济政策都是正确的，都是经得起考验的。我主管的工作，差不多每一个文件都经过几次修改。但是，实际工作往往又出了很多毛病。很多不是政策本身的问题，而是政策能不能贯彻执行的问题。所以，经济建设必须依靠党的建设。没有党的建设，没有全党的认识一致，没有党风的建设，政策总是贯彻不下去，甚至出很大的偏差，最后还有人来怪政策不好。

搞市场经济，不能没有宏观调控。要用经济手段、用财政政策和货币政策的手段调节总需求来保持宏观经济的稳定。最近香港报纸说我是凯恩斯主义者，它不是恭维我，它是批判我。凯恩斯主义的核心就是要有政府干预。香港报纸是用的贬义，意思是不要瞎干预。实际上，凯恩斯主义从 30 年代到 1958 年以前，在资本主义经济调整过程中，起过很大作用。因为在 30 年代资本主义经济危机以前，古典经济学的观点都是认为就业和通货膨胀可以自动调节，有一只“看不见的手”来调节供求，不需要政府的任何干预。但是到了 30 年代发生经济大危机以后，这个理论被推翻了。出来了一个凯恩斯，他在《就业、利息和货币通论》这本书上讲：资本主义的经济是不可能达到自动平衡的，政府的财政和金融政策能起很大的作用，能够调节国民经济。比如，当供给超过需求时，政府可以拿财力来举办一些公共的工程来增加需求，减少失业。资本主义国家在30年代以后运用凯恩斯这一学说，实行政府干预，确实起了好的作用。但从60年代以后，资本主义国家的情况又变化了，多年采用凯恩斯主义的结果，是失业和通货膨胀同时发生的情况出现了。当时高失业率和高通胀率并存的“滞胀”从一个方面否定了凯恩斯的学说。第二次世界大战后资本主义国家工人的生活越来越好，特别是由于工会的存在，给工人规定了很高的工资，成本推动了物价上涨；另一方面，福利、保险制度使得工作的人还不如不工作的人，一些拿退休金和失业救济金的人比工作的人生活还过得好，谁还愿意干活呢？所以，用财政货币政策扩大需求，并不能解决失业和通货膨胀同时并存的问题。总而言之，现在看起来，从凯恩斯以来，没有市场经济国家的政府不搞宏观调控的。我们当然也应当吸取资本主义国家的这些经验。可见，搞市场经济需要宏观调控，搞社会主义市场经济尤其需要宏观调控。要进行宏观调控，特别是进行社会主义市场经济的宏观调控，需要一定程度的集中统一。没有一定程度的集中统一，政令不通，宏观调控就达不到它的效果，中央的经济政策也得不到贯彻执行。

现在的问题是比较严重的，表现在四个方面：一是政令不通，各行其是。我们三令五申国家控制的产品不能随便涨价，但是有些地方每年都有擅自加价的事，加价的钱用来搞自己的基本建设，这是不行的。这就脱开了宏观调控，增加了企业的负担，扩大了基建规模，国家就无法控制局势。类似的情况太多了。二是政出多门，相互掣肘。部门太多，一个部门一个规定，一个部门一个调，在很多具体执行方面就撞车了。国务院从中协调的工作量非常大，往往一件事情很难作出决定。举个简单的例子，碱厂生产需要盐做原料，碱厂是由化工部管的，盐厂是归轻工总会管的，从去年以来，碱厂希望盐价放开，盐厂希望它自己垄断，各有各的道理，而且一次发动几十个厂长联名写信给我，从去年写到今年，两边信都来了，很不好协调，协调好了回去后又变了。我说部门太多了也是一个问题，部门多了可以反映它的情况，但如果都站在自己立场上的话，事情就不好办了。总还得根据社会主义市场经济的原则，大家来统一认识、统一政策。三是上有政策，下有对策。现在看，搞社会主义市场经济，审批的效果是越来越小，项目限额不起作用，下面可以化整为零，不需要上面批准。但审批的办法还不能完全取消，事后还能起点作用，将来追查责任的时候，上面有个规定，可以用来处分人。四是本位主义，讲得重一些是地方主义相当严重。要解决这些问题，应该提出，社会主义市场经济需要全党统一认识，树立全局观点，服从政治纪律，在政治上和党中央保持一致。现在，很多政治纪律实行不了，一说要通报处分谁，很多讲情的人就来了，好多政策贯彻不了。

第二，社会主义市场经济需要全党认真地贯彻民主集中制，加强党的决策的民主化和科学化，加强党的基层组织建设，保证党的决策能够贯彻落实。民主集中制，首先是作决定的时候要民主化、科学化，让大家发表意见，但定下来后要保证决定的贯彻落实。现在的问题是很多真实情况反映不上来，很多同志批评我们老是坐在上面，也不下去听听现实的情况。说老实话，我们下去也不少，一个月至少出去两次，但问题在于下去的时候前呼后拥，好像听不到多少真实情况，这也是没有办法的事情。有时只好搞一点“突然袭击”，不到地方安排的农户家里去看。也不是不相信地方，地方也未必是认真地去布置的，但是好多情况都是下面的基层干部事先安排好了，使我们很难听到真实情况。我们还是应该提倡说真话，如果真实情况反映不上来，确实使决策难以正确制定。我认为，我们应改革一下地方的接待工作，不需要这么多人陪嘛，需要开什么座谈会就找什么人来。只有能听到真实情况，才能作出正确的决策。全党都应该提倡这种作风，才能真正贯彻民主集中制。

第三，当前在建立社会主义市场经济体制的过程中，特别需要全党反腐倡廉。现在的问题非常严重，在台面上往往听不到真实情况，但在下面听到一些情况，确实令人感到担忧。腐败的问题相当严重，我把它概括了一下：一是贪污、行贿，触目惊心。特别是我管的这几个部门，问题相当厉害，每天都看到很多简报，反映银行、财政、税务系统的问题，一个人动不动就是贪污几十万元、几百万元，几千万元的也不少。现在好像不拿钱就不能办事。如果不把腐败问题看成是我们当前经济工作中的一个巨大毒瘤来清除的话，经济工作就搞不好，也搞不下去了。所以，必须把这个问题看成是非常严重的犯罪来予以打击。中央讲了，这个问题就得从严、从重地判处，有的就得依法枪毙。二是道德败坏，廉耻沦丧。个别高级干部道德堕落已极，嫖妓女、搞姘头、挥霍国家的财产。有个省的安全厅厅长在他儿子开的妓院里嫖妓女，这怎么得了呀！这个问题相当的严重。三是帮派拉拢，结党营私。提拔亲信，拉帮结伙，出了问题查不下去。有的书记直接抓组织部门工作，别人都不能过问，只有他一个人说了算。用人不经过组织部门正常的考核、选拔，任人唯亲的情况越来越严重。

一些庸俗的风气，使得上述现象越来越严重。第一是睁一只眼闭一只眼，漠然处之，和稀泥。有些人认为这种事太多了，治也没法治，心里实际上还是很痛恨，但感到也无能为力。当然，人民群众是痛恨这种现象的。我也收到了许多人民来信，都是告发贪污腐化、结党营私的。第二是支持或默许一些坏人为本部门谋利益，随便就可以给他们封个官。这些人原来都是一些个体户，或者是坏人，现在摇身一变成为大企业家了，国内外到处跑。我的讲话都是有所指的。第三是对要揭发的事情弄虚作假，顶着不办，以各种理由不让查办。这种风气如不及时纠正的话，我们查处贪污现象就搞不下去了，我们这个党就很危险了。据说，现在有的人不知在外国银行里存了多少钱，炒期货，炒股票，赔了算公家的，赚了塞入自己腰包，然后存到外国银行。他们都有护照，随时可以逃跑到境外。对这些不狠狠打击、不在全党动员开展反腐败斗争是不行的。

当然，上述现象是我们国家在这样一个历史发展阶段所难以避免的。改革开放以来，我们的观念有很大转变，逐步地实行市场经济后，很多的观念跟过去不一样了。我们允许一部分人、一部分地区先富起来，但我们又讲共同富裕，不能用非法手段来致富。人们的思想在过渡时期难免要混乱，很多"向钱看"的情况甚至比资本主义国家还厉害。而在这个过程中间，国家的很多管理机制也不健全。对如何避免地区之间、城乡之间、工农之间收入差距的扩大，我们都缺乏一些法律制度来调节这些矛盾。市场放开了，但市场管理的机制不健全、不规范。所以，我认为，现在出现这些混乱现象在一个时期内也不要大惊小怪。应该说，我们党是完全有能力来解决这个问题的。我们历史上碰到的困难比现在大得多，我们都解决了，难道这个困难不能解决吗？完全可以解决。有人说，我们这个贪污腐败现象比资本主义国家的还厉害。这样说是不对的，只能说某些现象很厉害。我们知道，香港行政当局在70年代前是腐败透顶的，警察总监本身就是公开受贿的，无法无天，后来不也是逐步通过法制把问题解决得比较好了吗？我想，我们也是完全能够解决这个问题的。我们除了狠狠打击腐败现象外，不能因为"法不责众"而包庇，要克服种种阻力，认真地办案，严厉地打击。

我们应该提倡转变社会风气。我想应该有三个层次：一是共产党员应该有无产阶级的世界观、人生观、价值观和高尚的党性修养。这是我们党的优良传统，应该进行这方面的教育。现在有些人已经丧失廉耻了，他们还挂着共产党员的招牌，跟他们谈什么共产主义呢？只有开除党籍！上次我们中央政治局常委谈到中纪委办的一个案子，东北地区某市委副书记兼政法委书记家里被小偷偷了几万元，他不在乎，也不报案。后来一查，他是在那里倒股票。据我所知，现在党的高级干部里面，副部长、副省长以上干部倒股票的不乏其人，别人送的股票自己不拿，让儿子、女儿拿，一拿就是一万、几万股。大家知道，原始股票最后是很值钱的，等股票上市后，一出手就可以得到几倍或更高的收益。这位市委副书记夫妇俩每天晚上戴上面罩，变成“蒙面大侠”，到市区阴暗角落里去倒卖股票认购证。这个事情讲起来，我们觉得非常奇怪，他怎么会堕落到这种程度？这种人真有，还真不少。这些人不开除出党怎么得了呀？还能够姑息他们吗？改革开放必然会带来一些糟粕，但只要我们党的肌体是健康的，我们就可以抵制这些东西。如果从内部腐烂了，那就不行了。所以，在我们党内确实还应该提倡每一个共产党员树立无产阶级的世界观、人生观、价值观，不能讲“一切向钱看”。二是在广大人民群众中间，应该提倡为人民服务的优良品德。为人民服务现在好像讲得太少了。最近，我们提倡学习孔繁森〔1〕，无论如何要转变社会风气，恢复到为人民服务的轨道上来。现在似乎没有钱就不能办事，拿了回扣去改善机关的生活，这种办法是不行的。以薪养廉，我主张机关干部要提高工资，机关干部再不提高工资，将来愿意留在机关的会越来越少了。所以，机

〔1〕孔繁森，先后于1979年、1988年两次赴西藏自治区工作，1994年因公殉职时任中共阿里地委书记。他被中共中央组织部追授“模范共产党员”、“优秀领导干部”称号。

关干部应该提高工资。但是，不精减政府机关的人员，不提高政府机关干部的素质，工资也增加不了。现在机关干部如果要提工资，我认为两三年内至少要提高一倍，但得减一半人才行，不然没有钱发。所以，给机关干部提工资是应该的，也是以薪养廉。但是，还是应该提倡为人民服务。三是在职工中提倡热爱工作、遵守纪律。现在劳动纪律松弛，就靠发奖金做“好人”。外国都在提倡敬业乐群，我们至少应该热爱自己的工作，要遵守劳动纪律。要转变社会风气，不能一切都“向钱看”。在这方面，我们还是要多做一点工作，包括讲党课。我们要转变社会风气，必须从党内带头开始。如果我们不能以身作则，我们的高级干部带头挥霍，是不得了的。

总之，我认为，只要我们重视这个问题，也认识到上述现象是过渡时期的必然现象，最终我们是可以解决这个问题的。但我们要进行艰苦的工作，要转变社会风气，提高大家的思想认识。党中央在反腐倡廉问题上的立场是非常坚定、坚决的，是毫不动摇的，是什么也不怕的，大家应该放心。现在就是需要我们全党统一认识，统一步调，去做工作。

银行业要加强经营管理*

（1995年6月19日）

现在，我国银行业发展正处在一个重要的转变时期。这个转变就是在过去两年金融体制改革和金融秩序整顿取得很大成绩的基础上，提出一个新的战略目标，即把银行工作重点转到加强经营管理和提高资金使用效益上来，尽快把国家专业银行办成具有国际先进经营管理水平的商业银行。

商业银行是经营货币的金融企业，要建立“自主经营、自负盈亏、自担风险、自我约束”的经营机制。现在，我国银行的不良贷款，占全部贷款的比例大体上是20%左右。其中，收不回的坏账占全部贷款的比例是3%左右，随着企业破产的增加，坏账所占比例还会加大。这就告诉我们，银行再不改善经营管理，将来无法向党和人民交代。因此，各家银行要认真执行国家的方针政策，在提高资金使用流动性、安全性的基础上，努力提高盈利水平。银行要考核盈亏指标，要限期扭亏为盈，一年亏损“黄牌警告”，两年亏损通报批评，连续三年亏损，行长“退位让贤”。同时，我们也要看到，

---

* 1995年6月15日至19日，全国银行业经营管理工作会议在北京召开。出席会议的有人民银行各省、自治区、直辖市分行负责同志，各经济特区分行负责同志，各副省级城市分行负责同志，各政策性银行负责同志，四大专业银行、股份制银行负责同志，中央国家机关有关部委负责同志。这是朱镕基同志在会上讲话的一部分。

扭亏不是银行一家的责任，需要一定的外部条件：一是企业改革要配套，二是行政干预要减少。各级政府、任何单位、任何人都要关心和支持我国金融业的健康发展，不得强迫银行贷款。银行也一定要坚持原则。党中央、国务院坚决支持银行依法自主经营，认真提高贷款质量。

商业银行及其他各种金融机构，要不断改进服务质量，增强为客户服务的意识。最近，国务院决定选择1000户国有大型企业，建立以资金运行为主要内容的信息网络。这是一项加强对国有大型企业宏观管理的重要措施，各级银行要重视和坚决做好这项工作。

为了帮助银行改善经营管理，对有些问题要加以研究、改进：一是使专业银行的存、贷款利差保持在一个合理水平，二是备付金结构可以做一些改变，三是降低存款准备金率和明确财政性存款的划分。以上问题，请人民银行总行统一研究，逐步加以解决。

这几年金融业发生的一些诈骗、贪污案件中，损失的国有资产相当惊人。这些案件有以下几个特点：一是个人贪污数额大，几十万元、几百万元、几千万元的都有；二是年轻人作案比例高；三是金钱铺路，集体作案；四是诈骗案数目上升。现在市面上，假钞票、假增值税票都出来了。犯罪案件增加，有社会原因，但和银行内部管理松弛、员工素质较低关系很大。只要加强领导，严格制度，强化管理，加强对职工的教育，很多案件就可以避免。我一再强调，凡是发生大案要案的银行，都与银行领导的官僚主义、不负责任有关，一定要追究银行主要领导的责任。

以江泽民同志为核心的党中央对反腐败是非常坚决的。如果银行干部在威逼利诱之下，敞开银行金库大门，那怎么向党、向国家交代？刚才，我会见了全国金融系统英模代表。他们确实是英雄和模范，在歹徒抢劫银行时能够挺身而出。像刘玲英[1]等同志，他们宁愿牺牲自己，也要保护国家资产；他们能够坚持原则，按政策办事，不讲私情；他们爱行如家，一心为公，具有共产主义的高尚思想品质。我们要向他们学习，向他们致敬！银行系统应该弘扬这种精神，学习这种精神。对这些同志和他们的家属要十分地关心，要安排好他们的生活。我们一定要提倡这种风气，绝不能在金钱面前吃败仗，在歪风邪气面前低头。

银行改善经营管理，很重要的一个问题就是人才队伍和领导班子建设。没有一个坚强的领导班子，没有一批人才，什么事情都搞不好。要积极培养和选拔各种金融机构的经营管理人才。要认真培训、大胆使用年轻干部，没有一批有知识、有朝气、锐意改革的干部，银行改革和整顿难以完成。各家银行在培训人才方面要下大力气。

我希望各级银行负责同志，在去年宏观调控、金融改革取得重大成绩的基础上，再接再厉，继续深化改革，全面提高银行经营管理水平，向国际先进管理水平看齐。

---

〔1〕刘玲英，浙江省云和县云和镇信用社局村分社会计。1993 年 12 月 22 日中午，一名歹徒手持尖刀，闯入信用社柜台内逼她交出金库保险箱钥匙。她宁死不屈，身中 31 刀，昏迷 6 天 6 夜后脱险，被评为全国劳模，当选为中共十五大代表。

关于北京市的经济工作 *

（1995 年 7 月 1 日）

泽民〔1〕、李鹏同志：

北京市要找我谈经济工作，我于 6 月 27 日开了一个很小范围会议，听取了尉健行〔2〕、李其炎〔3〕、张百发〔4〕同志的汇报。总的看，北京市经济比较稳定，没有什么大的问题，市里开了一个要钱的单子，由于情况说不清楚，我请他们和综合部门对清口径后，两个月后再来谈一次。我对北京市的经济工作，根据你们多次讲过的精神，讲了几点意见：一是要端正首都建设的方向（是政治中心，不是工业、商业中心）；二是要端正北京市的服务对象（首先是党中央、国务院和职工、市民群众，不能只盯着外国人和高消费者），调整产业结构；三是要顾全大局，带头和中央保持一致（不要在中央加强宏观调控时，鼓吹“大手笔、大文章”、“解放思想没有限度”、“防止经济过冷”等）；四是发展是硬道理，但首都需要稳定，规模不能太大，职工要保障生活，预定今年要出台的公用事业涨价措施应推

* 这是朱镕基同志关于北京市经济工作的批语。

〔1〕泽民，即江泽民。

〔2〕尉健行，当时任中共中央政治局委员、北京市委书记。

〔3〕李其炎，当时任北京市市长。

〔4〕张百发，当时任北京市副市长。

迟到明年。

健行同志表示赞同这些意见。特报请审示。

朱镕基

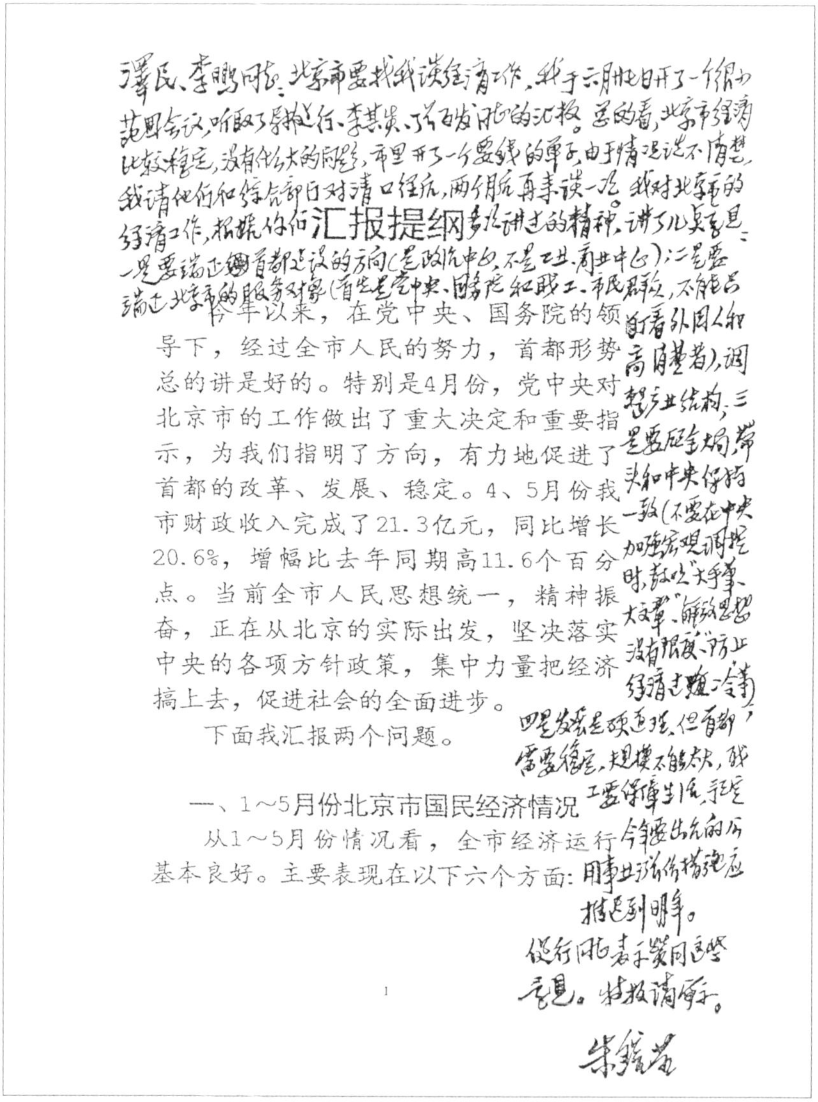
泽民、李鹏同志：北京市要找我谈经济工作，我于六月廿七日开了一个很小范围会议，听取了尉健行、李其炎、张百发同志的汇报。总的看，北京市经济比较稳定，没有什么大的问题。市里开了一个要钱的单子，由于情况说不清楚，我请他们和综合部门对清口径后，两个月后再来谈一次。我对北京市的经济工作，根据你们多次讲过的精神，讲了几点意见：一是要端正首都建设的方向（是政治中心，不是工业、商业中心）；二是要端正北京市的服务对象（首先是党中央、国务院和职工、市民群众，不能只看外国人和高消费者），调整产业结构；三是要注意与中央保持一致（不要在中央加强宏观调控时，鼓吹"大手笔、大文章"，前段思想没有跟上，防止经济过热）；四是发展是硬道理，但首都需要稳定，规模不能太大，职工要保障生活，今年要出台的公用事业价格措施应推迟到明年。

健行同志表示赞同这些意见。特报请审示。

朱镕基

汇报提纲

今年以来，在党中央、国务院的领导下，经过全市人民的努力，首都形势总的讲是好的。特别是4月份，党中央对北京市的工作做出了重大决定和重要指示，为我们指明了方向，有力地促进了首都的改革、发展、稳定。4、5月份我市财政收入完成了21.3亿元，同比增长20.6%，增幅比去年同期高11.6个百分点。当前全市人民思想统一，精神振奋，正在从北京的实际出发，坚决落实中央的各项方针政策，集中力量把经济搞上去，促进社会的全面进步。

下面我汇报两个问题。

一、1～5月份北京市国民经济情况

从1～5月份情况看，全市经济运行基本良好。主要表现在以下六个方面：

1

值得纪念的两年央行行长经历*

（1995 年 8 月 28 日）

这次中国人民银行举办的金融法律高级研修班办得很好、很及时。大家讲了许多很好的意见，这对统一银行系统的认识大有好处。我当中国人民银行行长两年，在座的各位行长都是这两年来与我一起共事的同志。大家每个月给我写报告，我也很认真地拜读，跟大家一起学习金融业务知识。这段日子不管是对我，还是对同志们，都是值得纪念的。

这两年中，在党中央、国务院领导下，在中央 6 号文件〔1〕指引下，同志们在整顿金融秩序、深化金融改革、严肃金融纪律、严格金融监管等方面，做了大量的工作，金融系统有了很大的变化。两年来取得的成绩在中国人民银行的历史上，或者说在金融系统的历史上，是值得纪念的。在这段时间里，我们把中央银行的职能明确了下来。过去，我们人民银行各分行在很大程度上是帮助各地党政领导筹款的机构，帮助他们上项目，一度错误地认为自己的任务就是怎样能使地方经济高速发展。但是对如何才能使国民经济持续快速健康地发展，对如何才能保持货币稳定、不要导致通货膨胀这一点认识得不清楚，热衷于批条子，搞具体的事务。两年来，我们

---

* 这是朱镕基同志在与中国人民银行金融法律高级研修班学员座谈时的讲话。1993 年 7 月 2 日至 1995 年 6 月 30 日，朱镕基同志兼任中国人民银行行长。

〔1〕见本卷第 6 页注〔1〕。

深刻地体会到金融对宏观调控的重要作用，体会到必须把对金融机构的监管当做我们的首要任务。应该说，两年来，在以江泽民同志为核心的党中央领导下，根据中央 6 号文件的精神，我们做了大量的工作，在中国人民银行的历史上翻开了新的一页。同志们都是有功的，尽管有的做得好一些，有的差一些，甚至有缺点、有错误，但功绩是不可磨灭的。我们一辈子能做这么几件工作，也算对得起国家、对得起人民了。

应该说，这两年金融秩序确实是大有好转。如果还是照两年以前那个趋势发展下去，一年票子发行量翻一番的话，一发就是一千几百亿元，国民经济很快就将难以收拾，更谈不上持续健康发展，快速发展也没有了。现在情况大不一样，应该说，到目前为止，金融形势相当好，当然也不能过分乐观。原计划今年上半年最好能回笼货币 200 亿元，实际上我们净回笼货币 285 亿元。我原来提出的目标，即把货币发行量控制在 1000 亿元以内还是有希望实现的，也是有可能实现的。如果能这样，今年保证把物价增长指数控制在 15%，明年保证控制在 10%就大有希望。

我们在外汇管理体制改革方面取得的成绩举世瞩目。1993 年 7 月宣布我兼任中国人民银行行长时，外汇储备只有 180 亿美元，现在是 700 多亿美元。虽然今年下半年出口也可能掉下去一点，但是外汇储备肯定会超过 700 亿美元。700 亿美元比 180 亿美元，增加了 500 多亿美元，这相当于 4000 多亿元人民币。目前尽管出现了通货膨胀，但是外汇储备达到这种状况，我们心中不慌。最近，香港报纸刊登美国财政部发表的报告，对中国出现的国际收支大量盈余表示关注，实际上是对中国国际收支状况的改善、外汇储备的大量增加表示肯定。这份报告同时指出，虽然中国政府没有操纵市场汇率，但是美国政府仍期待中国政府进一步放宽外汇交易限制。这表明美国已经公开承认中国没有干预市场汇率。当然，完全没有干预也不行，当外汇盈余多时，不收购就要出现外汇黑市。特别是外国的投资这两年很多，进来那么多外汇，不让换成人民币，就会到黑市上去，汇价就不稳定了。看问题要作历史的分析，现在有一部分同志不了解情况，生吞活剥地理解外国的东西，说外汇太多是失策，推动了物价的上涨。他们把成功的事情说成是一个缺点，叫人哭笑不得。外汇储备增加500多亿美元是天大的一件好事，几辈子都没想到有这么好的事情，怎么把它说成是缺点？当然，我也不是说外汇储备增加一点没有推动物价上涨，但那不是主要原因。通货膨胀的主要因素是基本建设和消费基金过度膨胀、粮食供销失衡，推动整个物价上涨。搞那么大的基本建设规模、发那么多奖金，就是靠发票子，又没有效益，通货怎么能不膨胀?！不是外汇储备占款起了多么大的作用，推动了物价上涨。我们不能完全不干预市场汇率，不能不收购外汇，否则，情况一发不可收拾。现在人民币币值稳中有升，非常坚挺，巩固了大家的信心。同志们，特别是我们各家银行的行长，你们一定要立场坚定地坚持这种观点。我们的外汇储备并不多，不能认为能够维持三四个月的进口需要就算够了。如果那么算，我国台湾地区、日本就不需要那么大的外汇储备。这里还有政治因素在里面，这是“政治储备”，是国家经济实力的标志，这个不是用几个月外贸周转算出来的。我国台湾地区外汇储备1000亿美元，日本外汇储备950亿美元。世界银行的报告说中国的外汇储备是充足的，但不是过多的，因为中国的外汇储备增加有暂时的因素，大量的投资进入中国，1993年是270亿美元，1994年是330亿美元。相当多的外资进入是在1992年签的合同，其中大量的是搞房地产、搞泡沫经济。另外，外贸增长主要靠的是汇率并轨的刺激，出口靠刺激上去了，以后不一定会增长那么快。

回顾这一段历史，我们在改革中跨出了很大的步子，现在我们还在跨新的步子。比如办城市合作银行，接着办农村合作银行。我们一方面整顿金融秩序，另一方面鼓励金融机构走向市场。金融监管已逐步加强。我们要把注意力从筹集资金转向开始加强监管，有些地方做得好一些，有些地方做得差一点，这些问题都会逐步得到解决。随着国有企业改革经营管理机制，真正实现自主经营、自负盈亏，银行的商业化、银行的改革也将跟着深入。我们已经立了法，《商业银行法》规定任何单位和个人不得强令银行发放贷款。为了争取写上这一条，我们费了很大的劲，得到了立法机关、各级领导同志的理解。《商业银行法》还规定，擅自设立商业银行的，依法追究刑事责任。《商业银行法》把我们这两年进行的改革法律化、规范化，这就好办了。

最近，外国反贪污廉政组织把中国评为世界上贪污最严重的国家之一。按廉政顺序排国家名次，第一个是新西兰，第二个是新加坡，第三个是荷兰，中国列倒数第二。我绝对不同意这个评价，它带有极大的偏见，但我们的问题确实不少。金融必须有法制，必须立法，对金融监管要铁面无私。如果金融不能走上法治的轨道，整个国民经济不会有什么秩序的。如果有钱就能办事，钱随便就出去，国民经济不一塌糊涂才怪了。我们这两年整顿金融秩序很有成效，但有的同志说，金融系统出现的大案要案、贪污腐化越来越厉害，我不承认这个说法。大家不要只看现象，大案要案确实越来越多，但是仔细看，这些案子全是以前发生的。案子越来越多说明我们查得严格，抓得很紧，把过去那些查不下去的案子查下去了，动真格的了。你们都有功，你们在党中央领导下，在中央银行领导下，认真查处各类案件，很有成绩，做了大量工作，要继续坚持下去。要看到自己的成绩，金融秩序正在好转。当然，我不否认在宣布银行工作人员“约法三章"[1]以后还有人顶风作案，有个别省的银行还相当严重，胆大包天，目无法纪，一个案子涉及几十亿元资金，但从全国范围讲并不多。应该看到，我们严肃金融纪律、整顿金融队伍，成绩很大。我们的队伍很有希望，是一支很好的队伍。

我现在不当中国人民银行行长了，但是还主管金融工作。现有副行长中有几位到了退休年龄，或是快到退休年龄，大部分人还要继续奋斗。但不管当不当行长、在不在这个岗位上，我想我们大家要继续为中国的金融事业奋斗到底，当然包括我本人。我还在继续学习，当年我学的是工程，没有学金融，还要从 ABC 开始学。我希望同志们即使离开行长的岗位，也还要关心中国的金融事业，继续进行调查研究，根据你们几十年的工作经验提出改进金融工作的意见，帮助我们把金融改革进行到底，使中国金融事业能够真正达到世界先进水平，大家来共同努力。我把今天和大家见面作为一个纪念。继续工作下去的同志，即使我不当中国人民银行行长，我们今后见面的机会还是多的。退下去的同志，今后见面的机会也许少一点，但是我们的心还会在一起。我们曾经共同工作，这两年总是不能忘记的。希望大家共同努力，把工作做好。

另外，银行系统反腐败很有必要，目前腐败现象非常严重。特别是违反金融法律法规的问题，是在某些地方党政领导支持或是强迫下干的。我相信这种干预随着《商业银行法》的实施，会逐步减少。我讲这个话的意思并不是说我们银行要脱离地方党政领导，我们欢迎地方党政领导指导银行的工作，但是银行有银行的业务，银行有银行的规章制度，不能违反规定，按长官的意志去做。主观意志往往是错误

---

〔1〕"约法三章"，指朱镕基同志在 1993 年 7 月 7 日全国金融工作会议上提出的"约法三章"，见《金融工作"约法三章"》（本书第一卷第 313 页）。

的，不符合市场规律，最后造成大量的不良贷款，还是把损失转移到老百姓身上，促成通货膨胀。这一点要跟地方党政领导讲清楚，不要干预银行业务，他们的意见银行要认真考虑，按照国家规定去做。银行要改善自己的服务，加强调查研究，把服务搞好，不要变成“老爷”。现在贷点款难得不得了，或者把资金转移到别的渠道，高利贷放出去，这就不好办。这样下去，我们银行将会真正脱离地方党政领导、脱离群众。如果又腐败、又搞特殊化，我们将有负于党和人民的重托。对反腐败、廉政问题，我们银行的领导同志还要给予更多的重视。

最近国务院多次开会，李鹏同志主持，研究银行要推行一个制度，行长实行三年任期轮换制，在一个地方待久了不行，好多问题自己难以控制。行长三年交流轮换是日本银行的制度。海关总署已发了通知，税务部门也要实行。中央银行准备向国务院汇报，要普遍建立这个制度。今天跟各个专业银行行长打个招呼，也要实行轮换制。我希望这件事不要造成人心惶惶，这样做有好处，一些具体问题要想办法合情合理地解决。有些同志提出，可以跨省市调动，也可以在本地区跨行业调动，这也可以研究一下。我希望不要引起大家思想上的波动，这不是针对哪个人的，而是为国家长治久安考虑。先把轮换制度建立起来，从现在算起，三年为一个任期，任期满后，行长就应交流轮换。在中国银行海外行，这个制度也建立了。同志们要考虑一下大局，具体问题具体研究解决，使这个制度能够推行，尽量减少副作用。

认真做好棉花收购工作*

（1995年9月6日）

全国棉花工作会议就要结束了。我把与棉花工作有关的一些问题再讲一讲，以进一步统一认识。

一、对今年棉花形势的估计

首先，要肯定去年的棉花工作和棉花购销体制改革的成绩。大家都知道，1991年抓了一下棉花质量问题，1992年的棉花质量有明显好转，但是1993年又出现了大的反复，掺杂使假达到惊人的程度，结果这一年的棉花仅收购了5000多万担。怎么过日子呢？靠动用1000万担国家储备棉和进口1000万担棉花才渡过难关。在这种形势下，党中央、国务院才决定对棉花实行“三不”政策，即不放开市场、不放开经营、不放开价格。在执行过程中，有些同志想不通，说我们又搞统购统销，但是我们没有动摇。现在看，执行的结果还是好的。预计1994年度收购棉花6300万担，比1993年度多收1200多万担；棉花质量状况也比过去好了，但还有虚高等级的问题。总的看，

---

* 1995年9月4日至6日，国务院在北京召开全国棉花工作会议。出席会议的有各产棉省、自治区、直辖市和计划单列市人民政府主管棉花工作的负责同志，以及计划委员会、经济贸易委员会、供销社及棉麻公司、农业厅、纺织局、工商局、农业发展银行的负责同志。这是朱镕基同志在会上讲话的主要部分。

棉花质量大大改进了。这就说明，党中央、国务院的决策是正确的。不是说我们对“三不”那么有感情，特别喜欢“三不”，就是反对放开，不是这个意思。放开要有一定的条件。我去年反复讲过，我也翻了书，学习邓小平同志的著作，学习经济学，进行了大量调查研究，开了很多座谈会。我当时讲过，必须具备五个条件才能放开市场。那就是一要有立法规范的市场体系，二要有完善的质量监督体系，三要有健全的市场信息体系，四要有必备素质的管理人才和相应的全民教育水平，五要有适当的宏观调控手段。另外，实行市场经济的国家，对重要的农产品，也不是全面放开的，而是有严格管理的。目前的情况是棉花少，供求总量不平衡，越放开，价格就涨得越高。如果现在宣布提价，增产也要一年后才能见效。在长达一年的时间内，棉花价格就会暴涨，纺织厂就无法维持生产，再加上投机倒把、囤积居奇，情况会更坏。现在棉花资源比较紧缺，农民种田的积极性有限，各方面都把精力放在搞房地产开发、城市建设上去了，根本问题在这里。没有必要的生产和流通条件，农民没有种田的积极性，光提个价，棉花生产马上就能上去了？老实说，如果像 1984 年国家有 8800 万担棉花库存的话，还可以考虑放开。现在只有 800 万担国家储备棉库存，一点调剂余地也没有，放什么？放不得，放了就要“天下大乱”。实践证明，目前只能采取“三不”政策。不采取这个政策，我们就过不了供求总量平衡这一关。过不了这一关，经济上就要遭受重大损失。现在，棉花到手了，收购量比上一年多，基本保证了纺织生产的需要。“三不”政策是成功的，出的毛病并不大。

有的同志说，去年抓棉花工作取得了很大成绩，但也付出了很大代价。我知道山东省就下了很大工夫，抓得很紧，不准私商私贩收购棉花，宣传工作也做得非常充分。有的同志说付出了很大代价，主要是指行政命令，搞得急了一点，有这个问题。所以说，前期收不到棉花也不要过于着急，因为农民要看一看形势，看到后来市场还是不放开，结果他还得把棉花卖给供销社。另外一个最大的代价，是抬级抬价太厉害，有些地区甚至抬高两个等级，极大地增加了纺织工业的负担。

今年9月1日开始按新的收购价收购棉花，总的政策还是“三个不放开”〔1〕。现在各地要求放开的呼声不小，有的地方建议“半放开”，总而言之还是要求放开。我再一次明确，现在不能放开，不具备条件。对棉花形势的估计不要过于乐观，棉花生产后期还要过三关：低温、早霜、虫害。前两年，预计棉花产量很高，到最后并没有收那么多。所以产量不要估计太高，工作还是要兢兢业业，还是要向农民讲清楚，在目前条件下，只有“三个不放开”这个政策才能保证农民的利益。我们要总结经验教训，不要搞得过急，实在不行还可以进口，纺织厂不至于关门。另外，新疆增产棉花的潜力很大，产量远远地超过了现在定的指标，作出了很大贡献。今年要特别注意不要再抬级抬价了，但也不要压级压价，要严格执行质量监督制度，国务院要派巡视组下去检查，真正按国家的政策把棉花收上来。

二、要正确理解和认真贯彻棉花工作省长负责制

省长负责制不是我们今年才定的，去年改革粮棉购销体制时，国务院文件里就有省长负责制的精神。粮食和棉花省长负责制是要求各地自求平衡，而不是自给自足。我们讲的是自求平衡，省长要过问这件事，要使它取得平衡，不是讲生产出来的棉花自己全部用掉，那不是小农经济吗？那还搞什么专业协作？还有什么经济区域分工？规模

〔1〕见本卷第131页注〔1〕。

效益、批量生产，都没有了。把粮食、棉花省长负责制理解为搞自给自足，指标层层分解到下面去，商品不准出省，这样做太缺乏经济常识了。有些地方的小棉纺厂效益很低，甚至赔钱，耗棉量很大，产品又卖不出去，占压资金，亏损在银行挂账，何必再搞下去？你调出棉花，每担还加 30 元钱，比你开小棉纺厂效益好。不管是粮食、棉花还是化肥，我们责成省里的负责同志过问这几种产品的地区平衡，自己生产多少、需要多少，应该到外地去采购多少，出省多少，进口多少等等，这就叫自求平衡，这才是粮食和棉花省长负责制的本来意义。还是按市场经济规律办事，该流通的让它去流通。如果把原来的流通渠道都打断，工厂配棉就没法配，那怎么生产？社会主义市场经济，应该说大家都懂一点吧，不要再搞地区封锁了。

这次会议确定了省际棉花调销 1770 万担，其中新疆调出 1200 万担，实际上别的省加起来调出也只有 570 万担。但我很担心这 570 万担落空，我希望不要落空。棉花产区不要搞封锁，国家制定了经济挂钩办法，销区每购入 1 担皮棉，在国家定价之外另付给产区 30 元。我再一次呼吁新疆以外的产区还是要调出棉花，数量并没有多少嘛。

我要特别讲一下，纺织锭子多的省区市，要继续贯彻限产压库促销的精神，不要超产棉纱。这两年，一方面棉花非常紧张，另一方面棉纱超产很多，今年上半年棉纱超产 180 万件。现在纺织厂资金紧张，为什么？就是超产的棉纱卖不出去。所以，棉产区要大力提高棉花产量，尽量把棉花调出去，不要发展设备落后的小纱厂，一定要限产压库。棉产区自己把棉花都用掉，棉纱又销不出去，效益并不好。销区呢，也要下很大力量限产压锭，不能再超产，超用的棉花要扣回来，也不能占压流动资金再增加贷款，更不能鼓励超产。新疆棉花多，办纺织工业的积极性很高，要引起注意。新疆搞纺织工业可以，但要搞最新式的现代化设备，产品要达到能够出口的标准。不然的话，现在增加纱锭，最后产品销不掉，包袱又背上了。

三、在棉花收购问题上要总结去年的经验教训

关于价格政策。我们一定要坚持棉花由国家定价。各地要和中央保持一致，不要各行其是。各行其是的弊病很大。有三个省在国家规定每担标准级皮棉收购价格 700 元的基础上，又分别另加 100 元、100 元和 160 元。这样做是自己为难自己。你的棉花怎么卖得出去？比国际市场的价格还高，你那里的纺纱厂用得起吗？国家定的每担 700 元的收购价格不是随便定的，除了新疆是个特殊情况，生产成本低，700 元对新疆是高了点，其他地方 700 元不低也不高，国际市场也就是这个价。在目前情况下，国内收购价不能再高了。因此，那三个省的做法一定要纠正，不管有多大困难也要纠正，不纠正对你们没有好处，对农民也没有好处，纺织厂更承受不了。棉花生产关键要抓单产的提高。如果单产每亩只有 50 斤，即使是每担 1000 元的收购价，种棉花也赔本，所以要抓单产，各方面的条件要配合上去。亩产在 100 斤以上，每担 700 元的收购价，棉农肯定有积极性。只靠提价不行。大家应引以为鉴，还是按中央政策办比较主动，不会吃亏。有困难，还可以提出来研究解决。

关于收购资金。刚才听汇报，各地的同志都比较担心。去年银行拿出了 1000 亿元农产品收购资金，现在查明用在收购农产品方面的只有 650 亿元，另外 350 亿元被挪用了，干了别的事情，这是基建规模扩大的一个重要因素。这对推动通货膨胀是多大的力量！对这种情况不整顿怎么行呢？今年 5 月召开的全国农产品收购资金管理工作会议确定，解决农产品收购资金问题，不能只讲一句“保证不‘打白

条’”，还要讲一句“绝对不允许挤占挪用收购资金”。这两条都得讲清楚。农产品收购资金来源于几个方面，财政补贴、价外加价款一定要及时到位，调销粮食、棉花的货款一定要及时回笼，不能延误。附营业务要到农业银行去贷款，不要挤占收购资金。粮食不能搞新的停息挂账，老的要逐步消化，在消化的前提下可以停息，最重要的是不要挪用农产品收购资金去干别的事情。去年挤占挪用收购资金 350 亿元，今年要求一下子一点也不挤占挪用做不到，但起码要少打 100 亿到 200 亿元。总的要求还是绝对不允许挤占挪用，但在实际安排资金时，银行也难以一刀切下来。今年 5 月份以后，谁再有新的挤占挪用，一定要严肃查处。现在已经有查出来的，把钱弄去炒房地产、炒股票、办酒店、买汽车，这不行！粮食、棉花是国家重要的商品，怎么能挤占挪用收购款呢？在严格制止新的挤占挪用前提下，农产品收购资金是能够保证供应的。只重视向银行要钱，不重视解决挤占挪用问题，方向不对头。各级党委和政府，一定要注意严格制止挤占挪用农产品收购资金的问题。

市场管理不能放松。无论如何要严格禁止个体户及其他非棉花经营单位插手收购和经营棉花，这一点不能有丝毫含糊。现在已经了解到，有很多个体户认为有机可乘，蠢蠢欲动，筹集资金，准备要打开缺口。所以大家回去后，要宣传中央的“三不放开”政策，要严格管理。刚才我讲了，要总结经验教训，行政干预要注意方式方法，要对群众讲清道理。只要不让个体户和非棉花经营单位插手收棉，就不会有大问题。

今年的棉花质量要好好抓一抓。刚才讲 1994 年度掺杂使假行为大大减少了，但抬级抬价还是严重的。国务院有关部门的质量监督检查力度要加强，不然的话，棉花收购价提高了，再虚高等级，纺织企业承受不了。

进口工作还要抓紧。今年农产品市场稳定，进口起了很大作用。在这次会议上，我再次表扬外贸、内贸两个部门，包括中华全国供销合作总社。去年工作有缺点，耽误了进口化肥，因此去年化肥市场价格抬得很高，影响市场，粮价也上去了。今年为什么还能把粮价稳住？就是因为粮食进口到货1000多万吨，少出口1000万吨粮食，靠这部分粮食把销区的粮价稳住了。今年化肥进口到货1300万吨，主要是尿素，这对稳定市场的化肥价格也起了很大作用。可见，抓进口促进了市场供求平衡，所以今后还是要抓紧粮食、化肥的进口，不能放松。但还要看准时机，在国际市场价格低一点的时候买，高的时候不要买。去年进口棉花1000万担，今年已经订货1200万担，到货600万担，还要继续抓紧，这样国内的棉花价格就上不去。内贸部门、外贸部门和供销社对粮食、棉花、化肥的进口要高度重视，密切注视国际市场行情。

总之，棉花还是供不应求的形势，棉花收购工作要抓紧。棉花收购工作，主要还是靠供销社去做，希望各地党委和政府要加强对供销社的领导、监督，但是不要干预。我在供销总社成立大会上讲过，棉花和化肥这两项购销工作是供销社的主要任务。去年的棉花工作和化肥工作有些问题处理得不理想，今年供销总社成立了，应该有新的气象，把工作做得更好。

新疆发展经济的思路 *

（1995 年 9 月 8 日—13 日）

一

新疆我来得比较少，1987 年曾到过吐鲁番和喀什。我到国务院工作以后，1993 年来过新疆一次，主要是到了北疆；这次来主要是看一看南疆。南疆的发展水平比北疆要差一点，特别是由于南疆特定的情况，稳定问题尤为重要。因此，党中央和国务院的主要领导同志对于南疆非常关心。我来的头天晚上，江泽民同志亲自给我打电话，要我关心南疆的扶贫工作，特别是改水工程，要求我们加以落实。江泽民同志特别关心南疆的稳定，指出南疆还存在一些复杂的情况，国内外一些别有用心的分子利用宗教问题企图闹事。我们在政治上要注意，在经济上要加快发展，改善群众的生产、生活条件，这样才能使我们的边疆从根本上巩固起来。他特别提到不要忽视新疆生产建设兵团的作用，要帮助兵团解决一些实际问题，因为兵团在巩固边疆中起着不可替代的重要作用。我来的头天中午，李鹏同志也给我交代，对南疆的工作要抓落实。所以，我这次来是带着党中央和国务院主要领导同志对南疆的关怀和指示，是来落实这

* 1995 年 9 月 8 日至 13 日，朱镕基同志在新疆维吾尔自治区考察工作，先后考察了喀什、和田、阿克苏、吐鲁番地区和新疆生产建设兵团农一师及吐哈油田等地。这是朱镕基同志在考察期间讲话的要点。

些关怀和指示的。

二

这次来新疆给我的印象，南疆比北疆发展的程度是要差一些，其中最贫困的地方，我看是和田。我在和田讲，应该用这样的定语："富饶而贫困"的和田。从宏观看，和田的环境非常严酷；但是从微观上看，很有希望。它的自然条件超过了内地的某些地区甚至是富裕地区。这么长的无霜期，这么高的积温，这么长的日照时间，加上又有水利灌溉的便利条件，这个地方会是一个非常繁荣、富饶的地区，完全有这个条件。因此，我们对和田或者是南疆的发展，都应该非常乐观、非常有信心。从和田人民精耕细作、战天斗地的精神来看，是创造了生态的奇观，创造了沙漠中的绿洲这样一个奇迹。怎么利用这个富饶的条件，如何去开发，如何去扶贫，即利用资源开发和自然生态环境，改变贫困的面貌。新疆维吾尔自治区与和田地区都有计划，我们都赞成。这是你们多年实践的结晶，要继续朝着这个方向去做。

关于南疆的改水工程，我看了几个地方，在和田看到这件事情正在逐步地落实，而且已经改好了一部分。看了以后，我们非常满意。工程花钱不是很多，农民得到了实惠。修一个水塔，建一个供水房，铺一条管道，接到农民家里。公家出100块钱，农民自己拿150块钱，就把农民很大的一个问题解决了。这件事情等我们回去以后，还要向江泽民同志、李鹏同志汇报。要继续把这个工程抓到底。经过我们检查，中央今年有1.4亿元专项资金用于南疆改水，一定要用这笔钱扎扎实实地把这批工程完成，一定要到位，一定不许挤占挪用。谁挤占挪用，谁就是犯罪，是对人民的犯罪。这一批工程完成以后，要赶快进行下一步的部署，中央再拨出专款来给予支持。这件事一定要拿钱，一定要解决南疆人民群众最迫切需要解决的问题。现在看起来，只要我们党和政府抓这件事，不用花很多钱，也不是很难。老百姓喝那个涝坝水，实在不能再喝下去了。要关心人民群众生活，这也是稳定边疆，这是“心防”，心里面的国防，能够把边疆人民群众的心抓住了。江泽民同志、李鹏同志，还有上次李瑞环同志也来了，大家都非常关心这项工作，他们特别嘱咐我看看改水工程实施的情况。我们去看了，涝坝看了，自来水也看了，心里感慨万千，这样的事情应该办，应该早干、快干！改善人民的体质对发展整个生产力有好处，你们应该把这个事情抓紧办好。为什么我们把改水工程看得这么重要，一定要解决饮水问题呢？这是巩固人心的工作呀！人心向背是最重要的。老百姓的心都向着我们，感到共产党时刻关心他们。不要说其他的，连喝水问题都牵动着中央主要领导同志的心，老百姓会为之激动的，这就自然把边疆巩固了。

三

我感到新疆的形势确实是很好的，比 1993 年有很大的进步，经济实力有很大的增强，就是南疆这样比较贫困的地区也有可能发展得很快，甚至可能会超过北疆。新疆有自己独特的自然条件，发展潜力很大，发展速度也是非常快的。1993 年，我来新疆就讲过一句话：“兰新铁路复线〔1〕只要一修通，新疆的经济就要起飞。”今年新疆经济发展速度已经达到 11.6%，还不是起飞啊？以后还会更

〔1〕兰新铁路复线，是国家“八五”重点建设项目。它东起甘肃武威南站，西抵新疆乌鲁木齐，全长 1622 公里，于 1994 年 9 月全线铺通。

快，新疆发展大有希望。我对新疆工作的评价是：比较稳健扎实，没有什么花花哨哨的新点子，工作不断前进，一步一个脚印。这样的发展是比较稳当的，不是哄起来的。我看，要继续保持这种势头，把新疆的工作做好，把我们的西部边疆巩固，把各族人民团结起来，使各族人民的生活水平有显著的提高。下面，我想讲三点意见。

第一，新疆应该总结这几年经济发展的经验，确定新疆经济发展的正确思路。

我觉得，总结这几年的经验，新疆经济发展的思路应该是牢牢抓住“农业是基础，水利是命脉，交通是关键”。抓住这三句话，新疆的经济发展就有了根本保证。如果对这个方针有所动摇，偏离了这个方针，新疆的经济就会遭受挫折。

农业是基础。一个棉花、一个粮食，是新疆经济发展的最大支柱。新疆发展棉花生产，不论从哪一个方面来讲，都是内地不能够比拟的。内地像山东这样的种棉大省，亩产皮棉 100 斤就不得了了。新疆去年平均亩产是 156 斤，阿克苏农一师的棉花亩产可以达到 270 斤。在新疆发展棉花生产，有特殊、有利的自然地理条件。当然，发展生产还要稳住粮食，只种棉花、不种粮食也是不行的。一个粮食、一个棉花，新疆要是把它们种好了，新疆的经济发展就有了坚实的基础。特别是发展棉花生产潜力大，看了南疆，我感到以后我国的棉花供应不成问题了。新疆这几年棉花生产发展得很快，为国民经济作出了十分重要的贡献。如果没有新疆的棉花，国家的棉纺织工业就会遇到很大的困难，这给我们很深刻的印象，新疆的棉花能解决很大问题。

新疆既能发展粮食，也能发展棉花。比较起来，发展棉花对国家最有利。这样可以把关内的棉田腾出来种粮食，粮食可以高产。因为关内棉花不能保证高产，光热条件、气候条件，这些方面新疆都比较优越，虫害也比较少。所以，中央发展新疆棉花这个方针是不会变的，价格政策也会稳定的。在提高棉花质量、提高单产这个前提之下，棉农的收入还会增加。现在就要靠规模效益来保证农民有稳定的收入，来保证农民愿意种棉花。如果全新疆都能像阿克苏地区一样棉花产量到2000年翻一番的话，就相当于全国总产量的一半了，那就很厉害了，新疆那就富了。你们发展棉花的条件非常好，你们也有开发的规划。为了加快这个规划的实施，我建议创造一种模式，就是农工贸相结合，产销直接见面，把它们联系起来。具体地讲，可以把阿瓦提作为这个模式的试点。阿瓦提准备发展60万亩棉花，我建议把这60万亩中的30万亩承包给上海，或者是天津或者是石家庄。由他们组织纺织厂投资、集资，由他们去招工来承包。到哪里去招工呢？四川省。三峡工程开工后有100万人要搬迁，结合这个工程有计划地去那里招工。你们除了收税，1亩地根据你们的标准收200元、300元、500元承包费，你稳收。按30万亩算，如果1亩收300元，你们就稳收9000万元，财政收入一下子增加9000万元，出差费就有了，你们不是说出差没有钱吗？现在纺织厂的原料是很贵的，我相信他们有积极性到这里来建立自己的原料基地。这对国家、对个人、对县、对自治区、对工厂都有好处。我一直想探索这样一种建立原料基地、稳定原料供应的开发方式，我始终认为这种开发方式应该推广，它可以省掉中间盘剥。外国也是这么做的，很多都是一个集团结合起来搞。过去因为交通不方便，现在中央决定要修南疆铁路。我相信你们开发棉田，第一年开荒，第二年种麦子，第三年收棉花，三年过后，南疆铁路就已经通到你们阿克苏了。那个时候就可以直达，不需要短途运输了，这又可以节省一大截运力。所以，整个规划要连续起来、结合

1995 年 9 月 9 日，朱镕基在新疆维吾尔自治区和田县布扎克乡察看棉花生长情况。

起来，我看是十分有利的。这样阿克苏就可以成为新疆最大的产棉区了。

新疆经济要靠棉花起飞，要在棉花这个方面做文章，把沿海地区的棉纺工业转移到新疆来。沿海地区那些棉纺厂都关门了，设备也不要了，让他们来这里开棉纺厂，发展深加工。另外，生产棉花还可以派生出许多副产品。这样南疆地区就可以很快富裕起来。我相信南疆的前途是非常美好的，希望我们共同努力来实现这个目标。

水利是命脉。要种粮食、种棉花，就要发展水利。新疆人民搞水利是有办法的，劳动人民积累了很多经验，要继续发挥这样的优势。新疆的几个地区都有自己的水利发展规划。我看，不能铺那么大的摊子，不可能都落实。我提出一点意见，供你们参考。

第一条，新疆水的问题的解决，不能寄托在有很大的投资上，因为三峡工程一开工，财政拿不出更多的钱来。新疆要解决水的问题，第一个是要节水，这里面大有潜力。要提倡全新疆、全国都学习和田的渠道防渗经验。首先是渠道防渗，然后推广先进的灌溉技术，把漫灌改成微灌等。第二条，对新修的农田水利工程要有个统一规划，排出先后的顺序，绝不能一哄而起、全面铺开。不要搞太大的规模，项目要统筹规划，一个一个来。第三条，水利工程的项目安排应该向南疆倾斜。额尔齐斯河工程也好，伊犁河工程也好，都是好得不得了的项目，但是，要按照轻重缓急来安排。南疆的水利一上去马上就出棉花，效益大得很啊！南疆潜力很大，只要把水利工程搞好，农业发展不可估量。水利工程要有远景规划，先上哪个水库、后上哪个水库要由自治区平衡，统筹安排，中央给予支持。

交通是关键。我刚才讲的棉花承包，如果没有兰新铁路复线的修通，没有南疆铁路的修通，就不可能实现。1988 年我在上海市当市长的时候，到处求情要棉花。当时想派人带一点上海的物资、商品到新疆，与各个县直接挂钩，把棉花弄到手。后来发现行不通，棉花到了乌鲁木齐都压在火车站里根本出不去。现在，中央决定修建南疆铁路了，总长 900 多公里，投资 49 亿元。这个钱我们是要花的，南疆铁路一定要修，现在必须赶快立项，做开工前的准备。这条铁路修通后，南疆的建设步伐就会加快了。

第二，要使新疆产业的发展多元化，特别是第三产业，要抓流通、抓贸易、抓旅游。

现在是市场经济，要把第三产业搞活。搞工业要非常慎重。无论怎么说，新疆的管理、技术、干部业务素质都比沿海地区差一些。新疆如果不用最先进的设备来武装自己，是没有办法跟沿海地区竞争的。要调查一下，为什么新疆工业发展速度这么高，还亏损得那么厉害？工业是不能随便搞的，随便搞是要亏损的。我特别强调发展第三产业。我认为新疆在世界上是个神秘的地方，一定可以吸引很多的旅游客人到这里来。现在，吐鲁番的条件这么差，旅馆不行，道路也一塌糊涂。我想让刘仲藜[1]来帮助你们实现个计划，就是搞一个“新疆五日游”。你们可以跟香港中国旅行社合作，在香港报纸上登广告。简单地说，就是游客乘飞机直达乌鲁木齐，一下飞机，坐上大型豪华旅游车，送到吐鲁番。吐鲁番当地要搞一个国际水平的宾馆，当然也不必太豪华。在吐鲁番可以看交河故城、高昌古城、葡萄沟、火焰山，然后再让游客坐上旅游车，横穿塔克拉玛干大沙漠。横穿沙漠以后再到和田，那里真好看啊！有1500公里的葡萄长廊，还有500年的无花果、500年的核桃树，这些都是奇迹。这样，游客也就是花那么几千元钱，就觉得看到了世界上的奇观。还可以让他们看一看新疆的歌舞表演。我看，发展旅游业，投资最小，效益最高，还可以提高你们的知名度。紧跟着，一些客商看到有利可图，就都进来了。发展第三产业，新疆是很有前途的，比搞工业要合算得多。我反复地、苦口婆心地讲，把我的舌头都说破了，就是让你们别乱搞工业。搞工业就要有批量，要搞规模经济，要高水平、高起点，有竞争能力。不能再走江浙大规模发展乡镇企业那条低水平重复的路了，现在很多乡镇企业都要淘汰了。

第三，关于财政问题。

新疆的财政是困难，但不是很困难。你们还是要立足自力更生、发展生产，新疆是有希望的。我可以肯定，三年以后，你们财政的

---

〔1〕刘仲藜，当时任财政部部长兼国家税务总局局长。

困难就可以基本上缓解了，不会有什么困难，发不出工资的情况就不会发生。同时，我也请同志们注意，新疆的财政问题，有很多方面是历史遗留下来的，不是要谁来负这个责任。实际上就是一句话："食之者众，生之者寡"，即吃"皇粮"的人太多了，搞生产的人太少了。干部太多了，以后不能再那么扩大机构了，还是要贯彻精兵简政的方针。历史的问题不可能一下子解决，但随着生产的发展，要逐步解决。

四

中央领导同志都很关心新疆生产建设兵团。

我认为，现在新疆能够稳定，是与当初解放军进军新疆后建立了生产建设兵团有很大关系的。屯兵垦殖的政策在中国历史上就曾经有过，比如说左宗棠就采用过这个政策。但是我们的政策与历代的政策有本质的不同。过去的屯兵垦殖政策对内是镇压少数民族，维护封建统治者的政权；对外也曾经抵御外侮，维护祖国统一。今天，新疆生产建设兵团对外起到了巩固边防、维护祖国统一的作用，对内起到了促进内地与新疆交流的作用。历史上早在唐朝的时候，西部与中原就有各方面的广泛交流，现在汉族文化中许多方面受到少数民族文化的影响，中原的文化也传到了各少数民族地区。很显然，没有中原与新疆经济和文化等各个方面的交流，新疆就不可能达到今天这样的发展水平。我认为生产建设兵团广大干部职工应该了解自己的历史，对外巩固边疆、维护祖国统一，对内维护民族团结，促进西部地区的经济发展，这是一项长期的工作。生产建设兵团有解放军的光荣传统，是一支有严格纪律的队伍，对推动新疆经济发展的作用是不可估量的。特别是生产建设兵团驻扎地区，也是新疆重要的棉花生产基地。生产建设兵团要继续保持人民军队的光荣传统，努力为新疆的经济建设服务。中央对生产建设兵团的政策要保持长期不变，特别是边境地区要靠兵团职工来保卫。在那里，兵团的职工既是当地的居民，又是保卫国防的重要力量。在新疆保卫边疆，光靠正规军队的力量是不够的，生产建设兵团必须发挥应有的重要作用。

云南要把旅游业作为支柱产业*

（1995年10月6日—11日）

云南具有资源丰富、高山景观、亚热带气候等独特的自然优势，在稳定粮食供应的基础上，综合开发有自己特点的热带植物、花卉、水果等创汇农业、食品工业、旅游业以及相应的支农产业，将会形成云南经济的主要支柱，效益会比单纯办工业，特别是污染环境的重化工业要好得多，既能富省，又能富民。把旅游业作为一个支柱产业来发展，大有希望。实践证明，只要抓住人无我有的优势，就能占领市场。云南有丰富的旅游资源，又有那么多少数民族，发展旅游业是大有希望的。云南有许多宝贵的东西，发展旅游业就可以致富。据说，有的人不赞成把旅游作为一个产业来发展。我看，这是落后的思想。如西班牙，国家不大，靠旅游业每年收入上百亿美元。

丽江要高度重视发展旅游业。我们下飞机以后，对丽江印象很好，丽江完全可以发展成为一个重要的国际旅游景点。丽江要致富，除了以农业为基础外，还要发展旅游业，以及与旅游相关的其他产业。这件事要由国家和省里的旅游部门统筹考虑。因为云南的景点很多，昆明、丽江、大理、西双版纳，甚至德宏，应该做一个五日游或

---

* 1995年10月6日至11日，朱镕基同志在云南省考察工作，先后考察了昭通、德宏、丽江、昆明等地。这是朱镕基同志在考察期间讲话的一部分，曾发表于《党和国家领导人论旅游（1978—2004年）》，原标题为《旅游业作为支柱产业发展大有希望》。编入本书时，对个别文字作了订正。

七日游的旅游规划，专门吸引国外游客。到什么地方去，要规划一条路线，哪个地方该修旅馆，哪个地方该修餐馆，哪个地方该修厕所，等等。云南是个很美丽的地方，丽江的发展前途也很大，但是要一步一步来。国家也好，省里也好，拿不出这么多钱，要集资，要吸引国内的投资者。那些只想炒股票、期货、房地产的公司，请它们去办旅游好不好？将来适当的时候，云南省可以制订一个旅游业发展规划，通过发行股票吸引外国的投资。我看只要是有眼光的投资者，应该看到在云南投资搞旅游，回报率会很高，要在这方面多做一点宣传工作。国家旅游局要重视云南旅游业的总体规划，不要忽视丽江这个地方。丽江既有自然景观，又有历史文物，还有少数民族文化，这很难得。丽江作为重点旅游区要有高水平的文艺演出队伍，可以把演员送到东方歌舞团、省歌舞团去培训。丽江地区有困难，省里要帮助它们。总之，把云南省的旅游业发展起来，把它作为一项重要的产业来抓，这是云南各民族群众脱贫致富的一条好路子。

关于京西煤矿问题*

（1995年10月15日）

泽民、李鹏、锦涛、关根同志，并健行同志：

今年9月20日，袁宝华[1]同志转来邓力群同志批送的《生产力之声》杂志登载的《别把我们的心改凉了》一文。此前，宋平同志也批来此文。

此文反映了京西煤矿工人的一些困难，多是事实。但是，文章的基调是以偏概全，全面否定改革，许多“情况”与客观事实不符。所谓“现在社会正把工人推向贫困”是错误的。

去年税制改革，煤矿实行统一的增值税率（17%），确比以前的产品税增加了税负。一经发现，已立即改为13%，同时增加了对亏损企业的补贴（每年17.1亿元），对盈利企业全额返还所得税。1993—1995年共安排煤矿转产专项贷款70亿元，由中央财政贴息9亿元。因此把煤炭工业的困难归咎于改革是没有根据的。

目前全国每年生产13亿吨煤，其中8亿吨是地方煤矿生产的，是市场调节，没有亏损；5亿吨是中央统配矿生产的。由于历史包袱沉重，机械化成本高而工人又减不下去，开采越来越深，一部分煤矿

---

* 1995年9月，宋平同志、袁宝华同志分别转来反映京西煤矿工人生活困难的材料。这是朱镕基同志关于京西煤矿问题写给江泽民、李鹏、胡锦涛、丁关根、尉健行等同志的信。

〔1〕袁宝华，曾任国家经济委员会主任。

比较困难，要靠中央财政补贴，东北的北票、鸡西、阜新，西北的铜川等矿还有闹事情况。但总的看，统配矿的形势还是好的，这两年的成绩是实实在在的，坚持转产、减人、提效，形势会更加好转。

对于煤炭工业的特殊困难和我们工作中的问题，今后将予以更大的、特别的注意。至于京西煤矿因属北京市，煤炭价格由北京市定，还需请北京市予以关注，帮助他们解决一些困难。

特此报告，妥否，请指示。

朱镕基

10.15

加强同发展中国家的经贸合作*

（1995 年 10 月 18 日）

党中央、国务院历来十分重视援外工作，把援外工作作为我国对外工作的重要组成部分。这次会议研究落实改革援外工作的各项措施，将有利于进一步提高对援外工作重要意义的认识，把援外工作做得更好，不断促进我国同发展中国家的友好关系和经贸合作。

今年7月17日至8月5日，我对南部非洲的坦桑尼亚、津巴布韦、莫桑比克、博茨瓦纳、纳米比亚、安哥拉和赞比亚七国进行了一次访问。我是第一次访问这么多非洲国家，获得了许多新的感性认识。我认为，党中央、国务院总结了40多年来援外工作的经验，决定对援外工作进行调整和改革是正确的。今天，我主要讲一讲如何同包括非洲国家在内的发展中国家开展经贸合作的问题。

一、巩固和加强我国同发展中国家的经贸合作，把我国同这些国家的关系推进到一个新阶段。

过去，我们把发展中国家也称为第三世界国家，也就是广大的亚洲（日本除外）、非洲、拉丁美洲国家。它们大都处于不发达状态。我国自身也在发展中国家之列，向其他发展中国家提供援助，可以说是“穷帮穷”；同这些发展中国家开展经贸合作，可以说是穷朋友之

---

* 1995 年 10 月 17 日至 19 日，全国援外改革工作会议在北京召开。出席会议的有各省、自治区、直辖市外经贸委（厅、局）负责同志，国务院有关部门、金融机构、有关外经贸企业负责同志。这是朱镕基同志在会上讲话的主要部分。

间的合作。那么，在国内外形势发生重大变化的今天，这种合作还有没有必要呢？我认为很有必要。

第一，不少发展中国家处于战略要地。亚洲的许多发展中国家是我们的周边国家。把邻居的工作做好了，就能创造一个和平的周边环境，有利于我国的社会主义现代化建设。非洲也是个非常重要的战略地区。在政治上，非洲国家具有重要地位，长期以来是我国外交工作的重要对象。在重大国际斗争中，非洲国家无论过去、现在还是将来，都是我们依靠的一支重要力量。在经济上，非洲地域辽阔，自然资源丰富，是一个潜力很大的有待开发的地区。

发展中国家有 120 多个，其领土面积占世界陆地总面积的 58%，人口占世界总人口的 80%。从长远来讲，这是人类潜力和未来希望之所在。

第二，从非洲目前的状况来看发展中国家面临的困难。非洲是发展中国家的主要组成部分，占发展中国家总数的 40%左右，领土面积占发展中国家总面积的三分之一，人口占发展中国家总人口的六分之一。发展中国家在政治、经济、民族、宗教、文化、领土方面的矛盾和争端，在非洲国家都有明显的表现。非洲国家大多是在 20 世纪 50 年代至 60 年代逐步独立的，它们虽然在政治上获得了独立，但在经济上并没有完全掌握领导权。它们面临着贸易条件恶化、债务负担沉重、资金严重短缺、科学技术落后等困难。莫桑比克每年二分之一的财政预算支出要靠发达国家捐赠。实际上，许多发展中国家的经济命脉还操纵在白人或发达国家手里，这是发展中国家面临的最大困难。经济情况不好，必然影响到政治上的稳定，影响到政权的巩固。这是一个十分严峻的问题。

我国对非洲援助始于 1956 年，在截至 1994 年年底的 38 年间，先后向 52 个非洲国家提供了 173 亿元人民币援助，援建了农牧渔业、轻纺、能源、交通运输、广播通信、水利电力、机械、公共民用建筑等项目。其目的是帮助受援国维护民族独立，发展民族经济。项目投产初期的确发挥了作用，但是，目前这些项目都遇到比较大的困难。有些项目处于停工状态，成了受援国的负担，看了很让人担忧。我国作为发展中国家，在政治上需要同其他发展中国家相互支持，在经济上需要与它们加强合作。我们有责任、有义务帮助它们摆脱困境。

第三，发展中国家目前是西方国家争夺的重点。在政治上，西方国家企图左右发展中国家各个党派的政治走向，将西方民主模式强加给发展中国家。在经济上，西方国家把发展中国家拉入各自的经济势力范围，争夺市场、争夺资源、争夺初级产品，企图控制这些国家的经济命脉。这在非洲表现得尤为突出。非洲国家资源非常丰富，有石油、铜、铀矿等。除非洲外，西方国家在中东地区的争夺也很激烈，因为那里有丰富的石油资源。东南亚地区位于太平洋西端，扼守太平洋和印度洋之要冲，战略地位非常重要。第二次世界大战后，这里一直是美、苏在亚太地区争夺的重要地区。以美国为首的西方国家在“苏联集团”这个对手不复存在的情况下，公然把“民主化”、“人权”作为援助的先决条件，对发展中国家施加压力，甚至直接进行干预。因此，如何顶住西方的压力，选择适宜的政治制度和经济发展政策，是当前发展中国家的一项重要任务。

第四，老一辈无产阶级革命家培育了我国与发展中国家的友谊。我国老一辈无产阶级革命家历来重视发展中国家的力量，对它们的作用给予高度评价，并在力所能及的条件下给予它们大量援助。接受我国援助的发展中国家，包括接受一次性或少量物资援助的国家，达到121个，接受经常性援助的发展中国家也有80多个。我国在崇山峻岭之中援建的坦赞铁路，全长1800多公里。为修建这条铁路，我们还牺牲了好多人，是很不容易的。这是老一辈无产阶级革命家以他们的伟大气魄在非洲创下的光辉业绩，从而奠定了中国人民和非洲人民的战斗友谊。但是，我国当年援建的这些企业目前普遍处于亏损、停工状态，有的项目濒于倒闭。如果我们不挽救这些企业的话，那就会使我们老一辈无产阶级革命家辛辛苦苦培植的友谊结晶付之东流。所以我认为，我们现在对非洲和其他发展中国家的经济外交、经济援助与经济合作工作的一个很重要方面，就是把这些企业救活，使之发挥最大效益。我们有几百亿元投在发展中国家，基础非常好。我们有责任、有义务帮助发展中国家把已建成项目搞好，发挥它们应有的经济效益，使我国与发展中国家共同浇灌的友谊之花结出丰硕之果。

二、鼓励和支持我国优秀企业到发展中国家开展各种形式的经济合作，改革对外援助方式，着力培养当地新一代的管理人才和技术专家。

第一，为充分发挥过去由我国援建的大量老项目的作用，克服这些企业目前在经营管理方面的困难，经征得受援国同意，可由双方企业进行合资经营。过去我们向发展中国家援建了一大批项目，这些项目在投产的时候还都是不错的，但是由于种种原因，后来都遇到了困难，而且困难还比较大。我参观了坦桑尼亚友谊纺织厂，工厂因没钱买原料、交电费，基本上处于停工状态。我确实感到问题需要解决，如果不解决，那么我们原来的目的就没有达到。我们分析，关键是企业的经营管理问题。大多数发展中国家，尤其是非洲国家，还没有培养出它们自己真正合格的企业家，还没有培养出一个合格的管理阶层。当然，我们现在也不能说，我们已经培养出来自己真正的企业家管理层。我们现在是有一些杰出的企业家，但也不是很多。把设备买进来容易，把技术引进来也可以，只要有钱，但培养真正的企业高层管理人员没那么容易。大多数发展中国家的管理人员、职员和工人的素质都较差，不可能把这些现代化的项目运转好、管理好。因此，我们的人一撤，工厂就垮了。同时也应该承认，这些十几年、二十几年前援建的项目，设备确实陈旧了、落后了，到需要更新改造的时候了。所以，要把这些工厂搞好是非常艰巨的任务。这些工厂好多是我们的企业承包建设的。要鼓励我国的企业到发展中国家去，跟他们合资经营。用我们的贷款建起来的项目，到目前为止还钱的受援国还不多。因此，我向他们建议，把贷款的一部分划给我们的企业，由我们的企业还钱，另一部分钱当然还得由受援国还。那么，划多少股份呢？我们提出，51%的股份归中方企业。我同坦桑尼亚的总统、总理都谈了，他们都同意。按国际惯例，那就是由中方控股了。控股后，管理权才能属于中方。董事会任命的管理班子要以中方为主，从厂长一直到班组长都要由中

1995 年 7 月 24 日，朱镕基在津巴布韦考察烟草拍卖行。

国人担任，然后再抓紧培养当地的管理人才。同时，我们要实行严格的管理；不然，工厂是管不好的。当然，严格管理还需要受援国支持。但是，我们要讲清楚，我们绝对不会抢他们的饭碗，将来这些领导岗位还是他们的。我们的目的是为发展中国家培养新一代的管理人才，把这一代人才培养出来以后，发展中国家才有希望。我认为，这条路是行得通的，要坚定不移地走下去，最终实现管理人员的本地化。对已经选定的重点项目，要抓紧试点，积累经验，逐步推广。

第二，采取鼓励政策，推动我国的优秀企业到发展中国家开展各种形式的经贸合作，选择有资源、有市场、有效益的项目，主要是对初级产品进行深加工的中小型项目，在当地建立合资经营企业。发展中国家的经济缺陷在于只有初级产品，而初级产品附加值少，钱都被外国人赚去了。推动我国的优秀企业到发展中国家开展各种形式的经贸合作，是有良好条件的。我们拥有中小型企业的技术，我们还有过硬的设备，管理也是能掌握的。我们的这个思路正符合这些国家的经济结构调整，我看是会受到欢迎的。事实证明，发展中国家光搞初级产品不成，还要发展自己的加工工业。我国企业一定会愿意到其他发展中国家去的，因为有利可图。在坦桑尼亚，南京汽车厂组装“跃进”牌汽车，长春第一汽车厂组装“解放”牌汽车，销路都很好。我们的汽车价格比日本的便宜70%，当然销路好。开拓发展中国家市场是一个重大的课题，要有一些人好好去研究，要有长远眼光，要提出战略设想和实施步骤，但不能急于求成。

我们的企业也要到其他发展中国家开展工程承包。我国有一批海外企业在这些国家开展承包业务，非常成功，信誉良好，前途远大，国家应给予充分支持。这些都有利于我国开拓海外市场，促进我国外贸、外经、外资工作的多元化、全方位发展。这里需要说明的是，所有企业派出的人员都必须是合格的、有管理和技术业务技能的、守纪律的人才，否则政治上影响很坏。同时，要注意少派遣普通劳动力到海外企业工作，以免与当地劳工发生就业纠纷。

现在我们与非洲的进出口贸易额只是我们进出口贸易总额的1%多一点，只相当于非洲对外贸易额的1.34%，太不相称。我们不去开拓非洲这么一个广阔的、潜在的市场，那将来外贸怎么搞得上去？外贸出口市场一定要多元化，不然出口可能就要下来。我们自己的劳动力成本飞速上升，再加上西方国家政治上的歧视、出口配额的限制，我们的产品将来出口到发达国家将会越来越困难。把宝都押在美国、欧洲、日本身上不行，不开拓新的市场不行。非洲这个市场一定要开拓，其他发展中国家的市场也要开拓。从搞加工贸易开始，它们的税费不高，产品出口到欧洲也没有配额限制。外经、外贸、援外一起上，援外搞企业合资经营，外贸把出口搞上去，大有可为，但必须注意不要一哄而起。

第三，为了支持我国企业与发展中国家的企业举办合资企业，我国将提供由政府贴息的优惠贷款，以部分解决这些合资企业所需的启动资金，并考虑在非洲设立中国银行的分行。当然，有个亏损问题。但是，同志们要有经济发展战略眼光，开始的时候赔钱，发展起来就会赚钱。何况我们是社会主义国家，要挽救那些我们曾经援助过的项目，让它们“起死回生”，这也是政治任务。同志们，如果我们不进入非洲，不但原来的影响都会丧失掉，将来再想进可能站脚的地方都不一定有。我们的资金十分有限，无息贷款一般不再对外提供了。无论是由我国企业同受援国企业合资经营我国援建的老项目，还是我国企业同受援国企业合资经营中小企业，所缺乏的启动资金大部分可以由我国提供政府贴息优惠贷款或通过无偿援助解决。将来，政府贴息优惠贷款主要用来支持我国的企业与受援国企业合资经营的企业。

第四，我们的无息贷款一般不再对外提供后，要适当增加无偿援助的比重。在推动我国企业同受援国企业合资经营企业的同时，继续适当援助建设一些受援国人民能够广泛受益的社会福利项目和公共工程项目。过去我国在发展中国家以无息贷款援建的一些公共设施，发挥了极大的政治影响。我们帮助发展中国家搞的这类纪念碑式的项目还是很起作用的。盖个议会大厦、盖个大礼堂、盖个体育馆，普遍受到当地人民欢迎。如果全部由我们捐助建这些宏伟的建筑，我们还没那么多钱。但我看可以适当搞一些，主要搞一些能提高受援国人民生活水平的项目。我在访问纳米比亚时看到，由中国政府提供无息贷款、中方公司承建的低造价住房工程，为当地贫苦人民提供廉价住房，深受纳米比亚政府和人民赞誉。

总之，同发展中国家开展经贸合作非常重要，大家在思想上要重视加强同发展中国家的合作。这种合作是发展中国家之间的相互帮助，既造福于发展中国家的人民，又加强了彼此间的友谊。

祝贺陈岱孙先生九五华诞

（1995 年 10 月 19 日）

陈岱孙[1]先生：

欣逢先生九五大寿，本已定于明日登门拜谒，敬贺寿辰，适因公须即日离京，未克践约，怅何如之。

先生年高德劭，学贯中西，授业育人，六十八年如一日，一代宗师，堪称桃李满天下。我于一九四七年入清华，虽非入门弟子，而先生之风范文章，素所景仰。清华经济管理学院成立后，始得求教于先生之机缘，得益良多。

今逢大寿，唯愿先生健康长寿，松柏常青，学生有幸，幸何如之。特此

恭祝华诞

朱镕基

一九九五年十月十九日

〔1〕陈岱孙，经济学家、教育家，曾任清华大学经济系主任、法学院院长，北京大学经济系主任。

中华人民共和国国务院

陈岱孙先生：

欣逢 先生九五大寿，本已定于明日登门拜谒，敬贺寿辰，适因公须即日离京，未克践约，怅何如之。

先生年高德劭，学贯中西，授业育人，六十八年如一日，一代宗师，堪称桃李满天下。我于一九四七年入清华，虽非入门弟子，而先生之风范文章，素所景仰。清华经济管理学院成立后，始得求教于先生之机缘，得益良多。

今逢大寿，唯愿 先生健康长寿，松柏常青，学生有幸，幸何如之。 特此

恭祝华诞

朱镕基

一九九五年十月十九日

1990年10月20日，朱镕基出席清华大学经济管理学院“陈岱孙经济学奖学金”设立仪式，适逢陈岱孙（右一）九十寿辰，当场赠送寿匾以示祝贺。右二为清华经管学院副院长赵家和。

信访工作是体察民情的重要渠道*

（1995年10月30日）

重视和关心信访工作，是我们党的优良传统和作风。老一辈无产阶级革命家在重视信访工作方面，为我们树立了典范。以江泽民同志为核心的党的第三代中央领导集体，对信访工作非常重视，作了一系列的重要指示。我自己也深深体会到信访工作的重要性。

首先，信访工作是我们体察民情的重要渠道。我们现在也下去考察工作，去调查研究。同志们，你们说我们下去看到的都是真实情况吗？应该说能看到一些，但不是那么多。并不是说谁要隐瞒什么东西，或者欺骗我们。好多事情一级到一级，就像过筛子一样，一个筛子比一个筛子细，过滤到你这里也就不多了。很多时候看到的不是那么真实的情况，特别是我们下去考察的时间又很短，所以有很多情况不了解，或者不能完全了解。而信访工作就能够起到重要作用，是真正体察民情的重要渠道。人家写信的时候，往往是匿名信，讲的就是他心里想要讲的话。当然，这些话也许不一定都那么符合事实；但只

---

* 1995年10月30日至11月2日，中共中央办公厅、国务院办公厅在北京召开第四次全国信访工作会议。部分省、自治区、直辖市党委或政府分管信访工作的负责同志出席开幕式。参加会议的有各省、自治区、直辖市分管信访工作的秘书长或办公厅主任和信访部门的负责同志，中央党政军机关部分单位分管信访工作的办公厅（室）主任和信访部门的负责同志，受表彰的先进集体代表和先进工作者代表。这是朱镕基同志在接见与会代表时讲话的主要部分。

1995年10月30日，朱镕基在北京人民大会堂接见第四次全国信访工作会议代表。
（新华社记者白连锁摄）

要有5%符合事实，对我们来说也是很好的一个了解情况的渠道啊！其次，我认为信访工作是对政策执行情况的及时反馈。政策出台以后引起什么反响？你往往只听到一级一级的干部表示拥护中央的英明决策，而他们是不是都深入到群众中去了解这些政策的执行情况了？不一定。这些政策，特别是经济政策，直接关系到人民群众的切身利益，他们感受最深，一觉得不对头，马上就会通过信访来反映了。因此，从信访工作里面就可以看出我们的政策究竟是正确还是不正确、全面还是不全面，这是及时的反馈。第三，信访工作是我们党，特别是我们党的高级干部联系群众的一个天然的渠道、天然的桥梁或者说天然的纽带。要紧密联系群众，我们应该多交朋友，多听一些真实情况，但是我们处在这个地位，往往又不那么容易交到基层的真心朋友。通过人民来信，你就可以真正地交到朋友了，这样也就能够比较实事求是地把我们的工作做得更好。

我在上海市工作期间，有一次带了一些区委书记、区长到黄浦区的八仙桥菜市场去参观，那个菜市场办得非常好。群众一听我们去了，一会儿就把菜市场包围了。很多人都拿着一封信，要求解决他们的切身问题。有一个老太太，瞧见我过来了，就往我这里跑。警卫人员把她拦住了，她说今天非找朱市长不行，不找朱市长解决不了她的问题。我就朝她走过去说，你不要着急，慢慢讲。她说家里厨房旁边的下水道堵塞已经一个礼拜没清理了，粪水快要冒出盖板了，怎么做饭啊！我说，你放心回去，下午就会有人去清理。如果没人去，你再打电话找我。这件事，我至今忘不了。我们的基层干部确实应该多关心老百姓的疾苦。那位老太太一定是找过干部多少次，没有人管这些事，最后认为只有找市长才能解决问题。从这样一件小事本身，就能反映出我们与人民群众的关系。

去年我接到一万多封人民来信，这是指直接写给我个人的，不是给党中央、国务院的，也不是给其他领导同志的，是由中办、国办信访局报送我处理的。今年也差不多，每个月大概会收到 800 封到 1000 封人民来信。我非常感谢中办、国办信访局的同志们，他们的工作做得非常细致认真。重要的信，他们都是把原信全文送给我看；比较重要的信，他们摘要报送给我；他们还把每月收到的全部来信的处理情况向我作一次汇报。在每个月写给我的人民来信总结报告上，我都批示哪些信要送谁，哪些信要转哪个部门，该怎么处理。今后，我还是希望中办、国办信访局的同志们，你们不要怕我的工作太忙，要尽量地多送一些人民来信给我看。我知道你们转给有关部门以后，许多信往往可能石沉大海。这也不是怪有关部门的同志，他们对有些问题也没有解决的办法。说老实话，我也没有很多办法。但是，我要尽我的责任，我批下去，有关部门总是比较重视一点。所以，我觉得这件事情不但是关系到我们党和群众的关系，关系到我们的廉政、法制，也确实关系到我们执政党的生死存亡。就是说，我们听不听群众的意见、帮不帮他们办事、为不为他们服务，这是一个根本的问题。

要把信访工作做好，第一，需要领导同志特别是主要领导同志重视。一把手要重视信访工作。第二，也要依靠全体信访工作战线上的同志们，依靠你们高度的责任感。你们的工作做得很好，你们默默无闻地辛苦工作，为密切党和政府与群众的关系作出了贡献。信访工作是很麻烦的工作，要依靠你们的责任感，才能把事情做好。一般地讲，人民来信里面，只是提出个人要求的并不是特别多，多数还是对我们党和政府工作中的缺点、错误提出批评，特别是对一些坏人坏事的举报。我认为，这些都是非常重要的。所以，我衷心地希望，在领导重视和同志们的高度责任感与辛勤劳动下，我们互相结合，共同努力，就会把信访工作推向一个新的阶段，开创一个新的局面。

采取有效措施，促进贫困地区脱贫*

（1995年11月14日—19日）

我到国务院工作以后来广西是第三次了。1993年来调查研究，去年来救灾，今年来访贫，我确实感到广西在遭受严重的自然灾害情况下，发展还是很快的，各方面的面貌都有很大的改变。当然，目前广西还存在严重的困难，特别是扶贫工作。全区4500万人口，贫困人口有700多万，尤其是大石山区有相当一部分人缺乏生存条件，扶贫的任务很重。

在经济发展过程中，地区差别较大、贫富差距悬殊，始终是一个很大的社会问题。这个问题如果长期不解决，就会激化社会矛盾，会影响整个经济的发展，这一点现在看来越来越明显了。邓小平同志讲过两句话：一句是允许一部分人、一部分地区先富起来，另一句是共同富裕。先富起来究竟要富到什么程度，再来谈共同富裕呢？我不赞成某些人的讲法，说只要一部分人、一部分地区先富起来，贫富悬殊问题就会很快解决。我认为，他们没有体会到贫困地区人民生活的困难。我们都学习了邓小平同志的思想，谁都没有说要以牺牲富裕地区的经济来达到共同富裕。但是我们都是生活在中华人民共和国这个大家庭里面，现在这个大家庭有7000万贫困人口，他们生活非常贫困，

* 1995年11月14日至19日，朱镕基同志在广西壮族自治区考察了南昆铁路工程建设、百色革命老区与河池大石山区等贫困地区。这是朱镕基同志在考察期间讲话的要点。

分布面很广，而且多是分布在少数民族地区、边疆地区。如果搞不好，就会出现不稳定的事情，会影响整个经济发展的进程。所以，我们要全面地、正确地理解邓小平同志的思想。

贫困是一种历史现象，很多是历史原因造成的，然而新中国成立几十年了，本来应该改变得更快一点，但要很快也难，脱了贫又返贫的现象还很多。我听说，有的农民搬到山下以后不习惯，自己又跑回去了。这里面有民族习惯或生活习惯问题，不是那么容易解决的。我感到有个根本的问题要解决，就是教育问题、人的素质问题。群众的素质不提高，从外部使多大的劲也不容易产生很好的效果。发展教育还是个根本问题，但企图很快解决这个问题也不容易，需要一定的时间。

关于扶贫，党中央、国务院都有一系列政策。从中央到地方政府，对贫困地区应该尽什么义务、做什么工作呢？我体会，最重要的是：

第一，随着国民经济的发展，国家的重点建设项目应该逐步地向贫困地区、向中西部地区、向内地倾斜。因为沿海地区有它的优势，人员素质比较高，教育、科技等各方面的水平都不是内地可以比拟的，它肯定是先富起来，先发展起来。不这样做，就会犯历史性的错误。搞平均主义，谁也发展不起来。所以，一开始基础设施建设必定是向沿海地区倾斜，向那些文化教育水平、科学技术素质比较高的地方倾斜。在沿海地区发展到相当程度以后，就应该及时地把重点建设、基础设施建设逐步向内地、向贫困地区、向中西部地区倾斜，这并不影响沿海地区的继续发展。重点建设特别是交通运输建设，是内地最需要的，效益也最大。而这些建设对一个地方来讲无论如何是负担不起的。修南昆铁路需要投资 150 亿元，广西段要 50 亿元吧，如果叫你广西拿这 50 亿元不是要你的命吗？只有国家才能拿得出这笔钱。我认为，这是对贫困地区最大的支援。不久前我到云南的昭通地区看了以后，反复地琢磨，只有恢复修建内昆线[1]，才是帮助昭通地区脱贫的最重要措施。因为它没办法搞别的，没有工业，只有一个烟厂。只要路一通，开放了，商品进去了，技术进去了，管理人才也进去了。天生桥水电站[2]这样大的项目，没有国家投资也是很难建设的。百色水库要赶快抓紧立项，抓紧做可行性研究，如果这个项目能建成的话，对百色地区脱贫是个根本性的措施。基础设施建设不单是提供税收的问题，而且带动其他产业的发展。从国家来讲，这方面要逐步地向中西部地区倾斜，现在已经有这个条件；从地方来讲，是要帮助搞好项目建设，不要制造麻烦，应该拿出你们的一份力量。国家是这样的一个方针，省里面也是这样一个方针，各级政府都应该这样办。要看到，这是脱贫的一个根本手段。

第二，国家制定一些有利于发挥中西部地区或贫困地区资源优势的政策。资源包括自然资源、人力资源等等。这些政策要有利于发挥上述地区的优势。例如，中西部地区的矿产资源比较丰富，因此原材料价格要提高，不能把利润都放到加工部分去，这样才能使中西部地区、贫困地区多得益。发电也是这样，水电资源基本上集中在西南贫困地区、少数民族地区，税收制度应该向这方面倾斜，要有利于这些地区的发展，要制定一些政策来促进贫困地区脱贫。

第三，实行转移支付，使富裕地区的财力有一部分向贫困地区转

〔1〕内昆线，由四川内江至云南昆明，全长872公里，是国家“九五”重点建设项目。其中，北段四川内江至安边、南段贵州梅花山至云南昆明于20世纪60年代建成。1998年6月，开始修建云南水富至梅花山、全长358公里的中段，2001年9月全线铺通。

〔2〕天生桥水电站，位于广西隆林与贵州安龙接壤处的南盘江干流上，总装机容量120万千瓦。首台22万千瓦机组于1993年1月建成发电，到2000年年底，一、二级电站10台机组全部建成投产。

移，我们实行分税制就是这个道理。实行分税制，无非就是使中央能够集中更多的财力来用于转移支付。1994 年以前，中央的财政收入只占全国财政总收入的 30%，三分之二都在地方。去年进行的财税体制改革，其目的是把全国财政总收入的 60%集中于中央。以 1993 年的地方财政收入为基数返还给地方，地方财政收入基数的利益没有受损失，只是把每个省新增财政收入的 70%收归中央，也就是从增加的那部分收入里中央多拿一点。从贫困地区拿上来的有限，因为它增加的收入少，而从富裕地区拿来的比较多，拿它增加部分的 70%就相当厉害。贫困地区收入增加的 70%是交给中央了，但是中央返还给它的远远超过它上缴的部分。中央多拿的这一块，就是为了实行转移支付；另一方面，也搞一点为全国服务的重点建设项目。尽管今年中央收不到多少钱来用于转移支付，但从明年开始往后，一年会比一年多，这样中央支援贫困地区的能力就会加强，对富裕地区的影响也不大。这就是中央均贫富的政策，绝不是有人说的分税制使贫困地区更穷了。整个广西的扶贫工作，还是由自治区来统筹。中央能够尽力的就是：首先，支持重点建设项目。南昆铁路能搞多快就搞多快，要多少钱中央就给多少钱；第二，中央的政策逐步向中西部地区、向贫困地区倾斜。转移支付目前增加的财力有限，但是将来的前途是光明的，会有更多的钱转移支付。

广西始终要以农业为基础，如果不发展农业，那么整个广西的经济就不能发展。我到中央来工作这几年，特别是近两年，深刻体会到，什么问题都好解决，就是吃饭问题不好解决。什么商品都不会冲击我们的市场，因为我们手里有 700 多亿美元的外汇储备，什么东西都可以买进来，但就是对粮食没有办法。稍微进口多一点，国际市场价格马上涨得一塌糊涂。从去年开始，我们就抓粮食进口，要不是动手早，今年这个关就过不去了，今年的物价不知道会涨到什么程度。我们抓住农业，抓住粮食，明年的物价涨幅，应该说有把握把它降低到10%。我们一定要改变这个观念，认为要发展经济就是搞工业、搞房地产，搞工业就赚钱，搞房地产更赚大钱，搞农业就衰。不是这样的。赚大钱就要冒大风险，它们是连带在一起的，高风险就可能把钱赔光。现在发展农副业是很赚钱的，而且越来越赚钱。我们现在国民经济发展的根本问题、关键问题，就是农业，我现在一天到晚头痛的也就是农业。所以，还是要大大地强调发展农业，要大讲农业是经济工作的首位、是关键。稳住物价就靠这个，粮价稳不住，什么都稳不住。只有农业发展起来，基础巩固了，经济才能发展起来。美国就是例子，它的粮食吃不完，大量出口，所以美国才有今

1995年11月16日，朱镕基向广西壮族自治区田阳县委领导了解冬菜种植使当地农民受益情况。前排右三为广西壮族自治区党委书记赵富林。

天这样的经济发达。没有农业这个基础，经济是搞不好的。今年 3 月份开八届全国人大三次会议的时候，我到广西代表团时，就讲了这个问题。希望你们重视抓农业，你们的钱要往农业、往科技方面投。

我还要强调工作作风问题。工作一定要扎实，特别是搞农业、扶贫，不是像卖一块地或者搞一个项目，一下子就富起来，就脱贫致富，没那样的大好事。因此，要扎扎实实跟农民在一起，兴修水利，改良种子，搞科技，研究化肥、种子供应问题，把精力摆到这方面来。工作要从怎么有利于脱贫，怎么使老百姓得到好处上一点一滴地做。对外开放，应该有一定的基础设施，没有这个条件，你喊破嗓子外资也不来，你开多少招商会也不顶用。现在我们搞的招商会、庆典，花钱太多，实际没有多大效果。

铁路建设要雪中送炭*

（1995年11月15日）

南昆铁路是国家重点建设项目，建设工作目前已取得很大成绩。在南昆铁路建设工地的同志们都很辛苦，作出了重大贡献。我代表党中央、国务院，代表江泽民、李鹏同志，向南昆铁路建设指挥部及参建的全体干部、职工，向广西的领导和热情支持南昆铁路建设的各族人民，表示亲切慰问和衷心感谢。

南昆线一通车，百色的扶贫问题就好解决多了，农产品可以运出去，工业品可以运进来，经济就发展了。农业加科技，发展起来一本万利。“发展工业就赚钱”的观点不一定对，好多工业企业都赔本，我们国家工业企业有40%亏损。前两年房地产搞那么多，房子至今卖不出去，压死好多钱，进不得，退不得。调整资金投向，就是修铁路、修公路。当前我不太主张大规模修高速公路，太贵了，修1公里高速公路1500万元还不够。1993年基建投资当年增长70%，1994年增长40%，今年增长20%，增长幅度可以压缩一点，把钱投到农业中去。在资金总量中，加大向基础设施建设倾斜，胡来是不行的，好大喜功、不讲经济效益也不行。

中央决定，继续坚持宏观调控，但不是抽紧银根，票子还是发得

---

* 这是朱镕基同志在广西壮族自治区百色市召开的南昆铁路建设汇报会上讲话的主要部分。

1995 年 11 月 15 日，朱镕基在广西壮族自治区百色市听取南昆铁路建设者的汇报。前排右二为广西壮族自治区党委书记赵富林。

不少。主要使总体国民经济效益提高，改变经济增长的方式，将粗放型变成集约型，从靠大量资金投入，转变为靠效益提高，继续把抑制通货膨胀当做经济工作的首要任务。物价一定要降下来，物价上涨指数近几年都在两位数，老百姓怎么活？我想，明年会比今年好，明年会有更大效果，人民群众会更加拥护党中央、国务院的政策。对这一点我们是有信心的。因此，我们还要坚持继续支持基础设施建设，包括继续支持铁路建设的方针。我这句话仍然有效：南昆铁路能干多快就干多快，要多少钱就给多少钱。但这个话是有条件的，不是说想花多少钱就花多少钱，重点建设“重点浪费”不好，在实施过程中还要精打细算，尽量节约人民给我们的每一分钱。我相信，铁道部是会这样做的。

质量第一，百年大计。不能光图快，如果把这个工程搞得到处塌方，质量不怎么样，那是不行的。但是我相信，铁道部一定会对工程质量精益求精，一丝不苟。监理单位要把住质量这个关。在保证质量和效益的基础上，要花多少钱、能搞多快，我都支持。按照原概算，花 120 亿元明年就完成了，我估计要超一点，但希望不要超得太多。南昆线没有广西和云南地方党委、政府的支持是搞不了的，因为条件太艰难了。他们做了很多的工作，我心里是有数的。工程进度早一天也好，早一个月也好，我再加一句，最好早三个月。我没有下命令，也没有作指示。我只是提一个希望，没有经过科学的预测，提出工程提前三个月建成，仅仅是希望。1997 年是我们关键的一年，面临香港的回归。香港的回归和保持它的繁荣稳定，就靠内地的经济发展。如果那个时候我们的情况非常好，接收香港就没有什么问题；如果我们的情况不太好，香港的人心就要浮动。我们三分之二的出口都要通过香港，那里发生一点问题都会不得了。所以，南昆线早一点建成，对于稳定我们的国民经济，保证香港平稳回归，都有重要意义。尽管目前建设还有许多困难，还有四座大桥要建，但要发动同志们攻关，给这些同志奖励、政治荣誉，表彰他们的功勋。我相信南昆铁路会在中国的铁路建设史上创造新的一页。

铁路建设今后要考虑雪中送炭，不能光是锦上添花。最近，我到云南去看了一下，云南的 94%是山地。我不知道广西有多少山，但是我知道百色 90%是山，当地生活很贫困，百色地区人均收入 500 元。云南昭通地区人均收入只有 260 多元，真是苦，看了我们都掉眼泪，最穷的地方人均收入只有 100 多元。在那里，当时我跟有关同志商量，决定恢复内昆铁路的建设，390 公里长预算要花 75 亿元。我说不管多少亿元都得修，已修了一半，中间停了九年。这条路一通，云南就有两条出省的铁路通道，昭通地区的贫困问题才能够解决，这叫雪中送炭。尽管这条铁路在运营初期可能会亏损，运量不会那么大，但是我们应当搞雪中送炭。百色地区是广西最穷的地方，不修铁路，它就脱不了贫，花多少钱也得修，这是战略性的决定。看样子，中原地带的铁路已经修得差不多了，因为还要考虑到处都在修高速公路。现在，我们要逐步地到中西部地区修铁路。巩固我们的边疆、发展我们的边疆、支持少数民族地区，就得靠铁路。任务还是很重的，将来你们修铁路会越修越艰苦。我们不能总搞锦上添花，对京沪高速铁路我是泼冷水的，先雪中送炭嘛。我是上海来的，难道不希望看到上海通高速铁路？当然希望早日修高速铁路。得有钱呀，京沪高速铁路得花多少钱？说是600亿元，我看1000亿元也下不来！论证要实事求是。我不是反对修高速铁路，更不是反对修京沪高速铁路，时间未到，先做工作。“九五”期间能不能开工？我看很困难，既没有钱，也没有研究透。我们要修几条战略性铁路，来解决边疆和少数民族地区以及落后地区的经济问题，意义重大。这也是一个投资方向、战略方向的问题，在中西部地区修铁路有利于巩固我国的民族团结、国家统一，有利于缩小东西部地区的差距。同志们，你们现在做的这个工作是非常重要的，是子孙后代都会记住的。希望同志们在南昆铁路建设中创造辉煌的、历史性的业绩。

在一九九五年 中央经济工作会议上的总结讲话*

（1995 年 12 月 7 日）

中央经济工作会议开了两天半，今天就要结束了。大家反映跟去年的中央经济工作会议比起来，气氛宽松得多了。我参加了华东组的讨论，我甚至想向他们借点钱了，他们的日子比我好过得多。去年开中央经济工作会议的时候，气氛很紧张。那个时候物价在飞涨，也不知道能不能压得住。把 1995 年物价涨幅控制在 15%的目标，大家都认为不可能实现，起码是 18%。去年 12 月初开会的时候，企业欠国家的税收是 465 亿元，我们担心 12 月份的工资都可能发不出去。现在情况好得多了、宽松得多了。正因为如此，我就得讲点使大家紧张点的事情了，给大家增加一点压力。这就是江泽民同志在他的讲话中引的两句话：忧劳可以兴国，逸豫可以亡身。请同志们有点思想准备，我这个讲话不完全是添油加醋，恐怕是要放点生姜和辣椒，但是也不必紧张，不会向大家借钱，这一点你们可以放心。到今天为止，我干了 45 年的经济工作，大部分时间在国家计委。我得出一个教训，

---

* 1995 年 12 月 5 日至 7 日，中共中央、国务院在北京召开中央经济工作会议。出席会议的有各省、自治区、直辖市和计划单列市、新疆生产建设兵团的党政主要负责同志，中共中央有关部门、国务院各部委和有关单位的主要负责同志，解放军三总部和武警总部负责同志。在会上正式印发的朱镕基同志讲话，曾发表于《十四大以来重要文献选编》中册，标题为《再接再厉，做好一九九六年的经济工作》。编入本书的是朱镕基同志在会上即席讲话的录音整理稿。

日子稍微好过一点、顺利一点的时候，切忌折腾，我就是想讲这么一句话。在这个题目下，我讲几个问题：

一、关于农业和物价问题

当前经济形势总的看是好的。去年出台的几项重大改革措施运行正常，取得了好的效果：企业改革继续深化，国民经济进一步向好的方向发展；农业战胜了比较严重的自然灾害，比去年增产；国有工业的增长质量有所提高；物价上涨幅度明显回落，市场供应充足，人民生活继续改善；对外贸易持续发展，国家外汇储备有较大幅度的增加，人民币的汇率基本稳定。在去年物价大幅度上涨、农业歉收的情况下，今年能取得这样好的成绩，很不容易。这是认真执行中央关于经济工作的各项方针政策，继续加强和改善宏观调控，全国上下各方面共同努力的结果。今年改革和发展的成就以及“八五”计划的完成，为明年开始实施“九五”计划奠定了基础。这是成绩。

问题集中在当前的物价水平仍然过高，今年能够把物价涨幅控制在15%，这是一个很了不起的成绩。1到10月份是16%，1到11月份预计是15.5%，10月份当月是10.3%，11月份估计低于10%，12月份估计是9%，这样全年预计控制在15%以下还是有把握的。尽管是这样，我们要考虑到连续三年物价涨幅在两位数高位运行的后果。根据我们的历史经验，连续几年物价高位运行就要出事。特别是去年以来物价上涨的特点，是农村高于城市、内地高于沿海，这样对于那些欠发达地区和低收入居民，影响就比较大，就有不安定的因素。明年，党中央和国务院提出的目标是把物价涨幅控制在10%左右。在讨论的过程中，大家都拥护这个10%，但是谈到各省情况的时候，都说我这个省最好还是定在11%或者是12%、13%比较稳妥。如果大家都是11%、12%、13%，那中央这个10%如何来实现呢？所以看样子，这个指标还得分解一下，每个省都得有个奋斗目标。沿海地区的物价已经涨得差不多了，必须控制在10%以下，这样全国10%的目标才能实现。如果沿海地区都在10%以上，那内地想做到10%以下是不可能的，全国10%的目标就难以实现。

控制物价涨幅的关键在于加强农业，但物价高涨的根本原因是基本建设规模过大和消费过度膨胀。这两年物价上涨都是在粮食这个环节上突破。看样子，明年物价涨幅如果突破10%，还在于粮价，还是粮食问题。只要粮食和“菜篮子”的价格控制住了，物价涨幅不突破10%就有把握。别的东西没有什么好涨的，基本上供过于求。明年我最担心的问题就是粮食问题。这不是制造紧张空气，更不是悲观失望，但是我要把这个问题提出来。今年粮食价格之所以能够稳住，除粮食增了一点产，主要是靠进口粮食和停止出口粮食，把粮价稳住了。

现在世界粮食库存降到历史最低点了，根据国际行情，今年美国、加拿大、澳大利亚等小麦的主要出口国可能有点增产，但是很多国家粮食歉收，以致国际市场粮价还会继续上升。特别是俄罗斯，灾难性的歉收，如果它明年大量地在国际市场上采购粮食，粮价就不得了。所以，解决中国人吃饭问题只能靠我们自己。进口千八百万吨粮食，调剂调剂是可以的，多了是不行的。现在粮食需求每年增加几百亿斤，需求增长这么快，产量又没有大的增长，这真是不得了。

讲这个形势绝对不是要引起恐慌，而是说如果再不抓粮食生产，不把农业作为基础从口头上讲变为实际行动，那明年就还是一个比较严重的问题。如何加强农业，过去再三地强调了，我不多讲了。现在就是讲一个措施：明年定购粮价格要有所提高。不然的话，农民的积极性会受到很大的影响。现在四种粮食的平均市价是9角2分钱一斤，但是定购粮的收购价是5角2分钱一斤，差了4角钱，因此，就说是“皇粮国税”，你也很难收上来。在讨论过程中，大家都认识到这一点，都认为明年定购粮的价格一定要提高，这样才能鼓励农民种粮的

1995年5月7日，朱镕基在浙江省永康市沈道村向农民了解生产、生活情况。右三为浙江省委书记李泽民。

积极性。

提高定购粮价格会不会引起市场粮价的上涨？我们预计可能会影响一点，但是不会太多，关键还是看粮食能否增产，供求关系怎么样。整个流通领域的商品粮是2700亿斤，定购粮只有800亿斤，不到三分之一。而且，收购的定购粮有相当大一部分，已按市场价在卖了。真正用平价买的只是一部分城镇的低收入居民，有的采用票证，供应一点早籼米、标准粉，那是平价的，是用定购粮供应的。大家的收入已经提高了，大部分人还是在市场上买粮食吃。所以我们认为，明年把定购粮价格提高一点，不至于造成销售价格有很大的提高。特别是把定购粮价提高以后，对农民来讲，他们的得益就多了。明年一些农业生产资料的涨价因素，可以从定购粮的提价里获得补偿。当然，最终会影响多少，还得看我们有没有粮食。今年的粮价能够稳住，就是因为我们手里几百亿斤的粮食抛到市场上面去了。明年如果粮食又减产，那粮价还得涨。所以，我还是诚恳地希望各地的负责同志，要把主要精力放在加强农业上面。粮食如果在明年没有较大幅度增产，物价就稳不住了，整个经济形势也难以稳定。当然，定购粮提价以后，原来那部分享受平价粮待遇的低收入居民，会受到影响。我想，各个地方还是可以采取一些措施。比方说，现在收购定购粮的时候，各地都有不同程度的价外补贴，比较富裕的地区像江苏、浙江，都是一斤粮食补贴1角6分钱。也就是说，实际上它们就是用将近7角钱一斤的价格向农民收购的。所以，明年的定购价涨到7角4分一斤也没有太大的影响。问题就是这一斤1角6分的粮食补贴也别撤回去，把这1角6分拿出来，定向补贴给城镇的低收入居民、大专院校学生、离退休干部职工和农村贫困缺粮人口。这样，粮食的价钱虽然涨了，但你给他补贴了，他的生活不受影响。这是完全可以做得到的。另外一条就是，即使定购粮价稍稍地提高一点，如果化肥、农资大涨价，农民还是得不到什么补偿。各个地方都要想点办法来控制农资涨价，包括化肥、柴油等等，这样才能够稳定明年的农业形势。

我再讲一个问题，就是节约用粮。粮食消费这样涨是没有办法的。我希望各个报刊要写文章宣传节约粮食，但又不能造成恐慌。现在光造酒一年就用掉400亿斤粮食，你看电视台的广告，一会儿“孔府家酒”，一会儿“杜康”，一会儿“酒鬼”，好像中国人都是酒鬼似的。我请有关部门的同志就节约粮食问题写了一篇报告，这里面的潜力是大得不得了，1000亿斤、2000亿斤粮食都可以节约下来。要真正做到，恐怕也蛮难的，但至少要做到粮食的消费量不要再涨了。要宣传少大吃大喝。我看好多不见得是吃掉了，而是倒掉了，特别是高级饭馆里面，吃不完都倒掉了。

影响物价涨幅的还有一个很重要的原因，江泽民同志在讲话里也强调了，居民个人收入增长得过快，而且差别悬殊，这是一个非常值得重视的问题。分配太不合理了，太向个人倾斜了。我特别要讲一下沿海地区，你的工资水平提得太高了，这是害你自己。最近《亚洲华尔街日报》发表了一篇文章，标题是《亚洲，你的成本太高了》。那就是讲，像中国沿海地区这样工资涨得很高，你就没有优势了，外国人就不来投资了，因为你的工资水平跟他的差不多。虽然你的工资稍微便宜一点，但是由于你用的人多，他觉得不合算，就不转移来了。现在看起来，内地还是有点优势，工资成本低。我看外资企业下一个趋势是向内地转移，内地要利用这个优势，但是你要保持这个优势，如果你的工资也都跟着沿海地区那样涨的话，恐怕你的优势也没有了。

二、关于改革问题

明年的改革主要还是国有企业改革。这是明年以至于今后更长一个时期内经济体制改革的重点，这一点绝对不能模糊和动摇。各地区、各部门要按照中央的部署，精心组织，勇于探索，切实抓好建立现代企业制度的试点，把企业的改革、改组、改造和加强管理结合起来，并且搞好各项配套改革，力争有所突破，取得实质性进展。

第一，要进一步坚定搞好国有企业的信心和决心。大家要把重点转到这个方面来，要认真抓，要有决心，还要有信心，因为这不只是一个企业的问题，而是关系到社会主义制度命运的重大政治问题。

第二，要全面、准确地理解现代企业制度的基本特征。这一点是带有指导性的。过去我们对党的十四届三中全会提出的四句话十六个字，贯彻得不够全面、不够准确。产权清晰、权责明确、政企分开、管理科学，缺一不可，不能够只强调哪一个方面，那样是搞不好的。

第三，在深化企业改革中，要发展和壮大公有制经济。在改革过程中，要使公有制经济主要是国有经济掌握国家的经济命脉，这个地位不能放松。公有制经济要加强，不能削弱。企业可以卖，但不能随便卖。

第四，把深化企业改革同加强企业管理结合起来，同促进发展、提高经济增长质量结合起来。现在看起来很明显，你不把企业改革、行业改组、技术改造和加强管理，也就是“三改一加强”结合起来的话，企业绝对办不好。

第五，认真抓好各项配套改革。这是个系统工程，各项改革必须都要配套，首先就是政企分开。如果政企不分开，还吃“大锅饭”，政府还是直接指挥企业，一出了问题还找政府，那企业怎么能搞好呢？另外，企业的人员要流动，企业能破产，这是在市场经济条件下优胜劣汰的一条规律、一个机制。我们也讲了，企业破产一定要考虑到社会的稳定，尽可能采取兼并的办法，但是企业搞不下去不破产不行。要有破产的机制，“大锅饭”不能永远吃下去，对此国家采取了一系列的政策。我们规定，企业破产以后，它的所有资产变卖所得，除了首先交税以外，主要用于安置职工，而不是主要用于还银行的债。因为现在的好多企业都是资不抵债，负债率平均在87%，它一破产，你要它还债，那职工就要流离失所了。所以要先安置职工，剩下多少钱再还多少债，其他的债务从银行的呆账准备金里冲掉。但是，破产一定要有限制，不能随便破产，逃废银行债务。必须经过批准，纳入国家计划，才能够冲掉这个债务，才能够实行破产。现在由国家经贸委牵头，在18个城市开始试点。我希望各个地方的负责同志好好看看国务院关于实施企业破产的法规，不能强迫法院随便地宣布企业破产。但是一定要有企业破产，要破几个样子，我们准备了100多亿元用于企业破产。实际上，要使一个企业破产很难，主要是要安置破产企业的职工非常难，所以最好还是让优势企业去兼并那些亏损企业。国家给了政策，只要优势企业把被兼并企业的债务承担过来，这个债务停息五年，你再逐步地把这个本钱还清，这也是一种优惠。对这个优势企业来讲，虽然增加了债务，但是不用付利息，等于缓一口气啊；等这个被兼并企业搞好了以后，你再还本。

第六，深化企业改革要全心全意依靠工人阶级，要加强企业领导班子建设。

第七，进一步加强对企业改革的领导。搞企业改革不是中央一家的责任，大家都要负起责任来。如果企业改革的问题不解决，财政困难、金融紧张等难题是解决不了的。现在企业亏损额、亏损面不断地增加，但更大的亏损在地方办的企业，亏损面最大的都在这一部分。大家要抓一下这个事情，把责任分清楚，中央有中央的责任，地方有地方的责任，大家一起来抓。

明年在进出口税收政策上有三项调整和改革，这也是明年深化改革的重要内容：一是大幅度降低关税税率，二是降低出口退税率，三

1995 年 3 月 21 日，朱镕基考察天津汽车发动机厂。

是加强对加工贸易即来料加工的监管。

第一，大幅度地降低关税，这是国际准则、世界贸易发展的趋势。江泽民同志在亚太经合组织大阪会议上宣布，中国明年的关税税率降低幅度不低于 30%。我们现在的关税税率算术平均水平是 35.9%，过去是百分之四十几，这两年已经降了相当多了。如果再降低 30%，就是 25%。各个国家对此的反应都非常的好，没有想到中国会这么大幅度地降低关税，有的人甚至不相信。不降低关税不行了，这是世界潮流，但是降低关税以后，财政困难一大堆啊，这次降低关税以后，财政少收入一两百亿元。当然相应的还有一条关于国民待遇的准则，就是外商投资企业投资总额内在进口设备和原材料等方面，停止减免税。但这在两年以内见不到效，企业已经签的进口合同还得继续免，老合同老办法，这些老合同两年也执行不完。新合同比较少，而且签了也不是马上就进口设备。所以一方面大量地减收，另一方面增收的也收不进来，明年将是一个很大的财政难关啊，我们要准备付出这个代价。

第二，进一步调低出口退税率。这个在今年广交会上已经宣布了，大家现在已经接受了，觉得应该这样做。原来平均退税率是17%，今年7月1日降到14%，明年要降到8.29%。因为没有经验，一开始把退税率定得太高了。定高了也有好处，它鼓励了出口，要不然现在怎么有700多亿美元的外汇储备？但另一方面，出口退税退得太多了，财政承担不了。现在欠500多亿元没退，准备在明年和后年分两年把它消化了。

第三，对加工贸易实行进口料件保证金台账监管制度。来料加工贸易，应该是原材料免税进来，生产加工的产品免税出去，但现在实际上是原材料免税进来，加工完的产品全部或部分销到国内市场，这就是偷税了。正因为这种偷税的现象很严重，所以加工贸易发展得非常快。我们一千几百亿美元的出口额里，加工贸易差不多有500亿美元，全世界没有哪个国家的加工贸易占这么大的比重。进口400多亿美元、出口500多亿美元，差不多都占了进出口总额的百分之三四十了。现在我们的办法就是加强监管。你进口原材料的时候，还是不跟你收税，但是你要在中国银行里开一个台账，记录你进口原材料应该交多少关税。你把东西加工完以后，出口了，拿到海关的出口报关单以后，再到银行里销掉这个台账。你要是拿不到报关单，不能销掉这个台账，几家执法机关就要来检查你。这个工作要是做好了，可以堵住漏洞，同时有利于国有企业。

对外开放是我们坚定不移的方针。这些改革都是一些具体政策的调整和完善，并不影响改革开放的进程，相反会有利于我们进一步改革开放。这次出台的三项措施是面向全国的。这样做，将使我们在对外经济体制方面，能按照党的十四届五中全会的要求进一步走向统一规范，有利于进一步扩大对外开放程度，提高对外开放水平。过两年以后，这三项改革的成果就会大大体现出来。但在最近一两年，有可能发生负面的影响。比方说降低出口退税率，出口产品的成本会有所上升，明年降低关税税率会减少财政收入，这都会给中央财政带来一些不可低估的困难，但这也是改革所必须付出的代价。现在正是改革的最好时机，因为我们有七百几十亿美元的外汇储备，国际收支稍微出现一点不平衡，我们能够扛得住。在这个过程中间还可以采取一些政策措施，来调整改革的进程。大家放心，我们心中有数，基本上不会出现什么大的问题，也不会影响外资进入中国。

三、大力整顿和加强财经纪律

根据这两年的检查，我们感到目前经济秩序混乱的问题相当严重，违法违纪行为已经达到了惊人的程度。

一是偷税、漏税、骗税、逃税相当严重。一个地级市，用 100 亿元人民币套取外汇，而且假冒出口，骗取 17 亿元的出口退税；在另一个地方，海关的报关单 82.8%是假的。不少地方，走私现象是公开的，有些地方甚至武装走私，令人触目惊心。

二是搞“两本账”。什么东西都“两本账”。财政“两本账”，把预算内的资金转到预算外，逃避预算的监督。银行“两本账”，有一个地方的银行表面上存款只有两个亿，贷款只有 8000 万元，但它实际的存款、贷款都另外有一本账，贷款多达 35 亿元，都是市长在那儿指挥，搞房地产等项目，投向都是非常错误的，钱都是收不回来的。有的企业造假账也很严重，不该摊入成本的摊了，该摊的不摊，乱发奖金、逃避税收等等。这些问题如果再不严肃地对待，不但影响国家的财政收入，恐怕相当多的干部会被毁了。我希望各地的负责同志要关心一下经济秩序的问题。还有好多是新问题，什么外汇期货、国债期货，证券回购也就是国库券的回购，也是买空卖空。

所以，明年要整顿和加强财经纪律，打击经济犯罪活动。一是要健全规章制度，强化监督管理，特别是我们已经在海关、税务、银行，开始实行一把手三年轮换制。现在看起来一把手不走，他的问题是谁也发现不了。外国也是这样的，这几个部门的一把手几年一轮换。二是要建立起计算机的监控手段。通过“金桥工程”〔1〕、“金税工程”〔2〕、“金关工程”〔3〕等，建立全国的计算机交叉稽核监督调控网络，利用技术手段来打击经济犯罪。三是要严惩各类经济犯罪活动。在这方面，公安机关、检察机关、法院做了大量工作，抓住假造增值税发票数额巨大的要依法严惩，最近判了很多案子，很有成效。除了打击经济犯罪以外，对这些机关的主要负责人也要给一点纪律的要求，税务、银行、海关系统如果发生了内外串通的大案要案，不但要判处那些犯罪分子徒刑，单位的主要负责人也要负渎职的责任啊！现在正在制定办法，对一把手也要有纪律的约束。在这个基础上，明年再进行全国大检查，查处大案要案。我相信，只要我们加强领导，认真把这个事情搞到底，是可以收到效果的。

---

〔1〕“金桥工程”，指国家公用经济信息网工程。

〔2〕“金税工程”，是将一般纳税人认定、发票领购、纳税申报、税款缴纳的全过程实现网络运行，加强增值税征收管理的信息化系统工程。

〔3〕“金关工程”，是一项推动海关报关业务电子化的国家信息化重点工程，核心是海关内部通关电子化系统、外部口岸电子执法系统。

加强对住房公积金的使用和管理*

（1995年12月15日）

住房问题关系到城市的繁荣和稳定，关系到人民群众的切身利益，是一个非常重要的问题。人是生产力发展中最活跃的因素，关心人、体贴人，解决好群众的切身利益问题，必然会调动人民群众的积极性和创造性。因此，房改工作确实需要抓得更快一点、更好一点。过去两三年，在国务院住房制度改革领导小组的领导下，有关部门同心协力，各地政府大力组织实施，房改工作很有成绩。刚才江苏省的同志讲住房公积金制度普及这么广，我是大吃一惊的，这不过就是两三年时间。这么大的国家、这么多的企业，一项制度能够推行这么快，说明这项改革是深得人心的。尽管房改工作曾出过一点偏差，比如前年年底一些地方刮“低价卖公房风”，实际上是从少数地方刮起来的，有些省市就仿效，房价便宜得让人都不敢相信，但一经发现很快就纠正了。总的来看，房改的政策导向是正确的，改革取得了很大成绩，我们应该树立信心，把这项工作继续抓下去。

在这次会议之前，根据国务院房改领导小组提出的问题，我在北京开会协调了一下，许多问题包括财政监督、委托银行承办等都取得了一致意见。但关于公积金的利率问题，还没有摸透，会上未作决

---

* 1995年12月13日至15日，全国住房制度改革经验交流会在上海召开。出席会议的有各省、自治区、直辖市房改领导小组负责同志和35个大中城市分管市长。这是朱镕基同志同与会代表座谈时讲话的主要部分。

定。会后，我请人民银行总行拿了个意见。今天上午，我和上海负责公积金管理的同志进行了具体讨论，才有了发言权。

我认为，公积金的使用和管理是房改工作的中心环节，关系到整个房改工作的成败。如果公积金使用、管理得不好，被到处挪用，甚至把公积金都赔了，那么职工就不会缴公积金。如果公积金的管理没有一套非常完善的制度、非常严密的监督、非常成功的运营，房改工作就搞不好。这次会议之后要大力推进房改，首先就要抓公积金的使用和管理。各个部门不要扯皮，要按照这次会议确定的基本原则，同心协力，把这项工作搞好。

在公积金使用和管理方面，大家可以参考上海的经验。这不是因为我当过上海市市长，参与过这项工作，而是因为上海的经验是成功的。两年以前还不敢这样讲，我在上海时只是建立了公积金制度，对公积金的使用和管理能否取得成功，当时心里还没底，因为没有经过实践的检验。现在实践证明是成功的。不是说各地都要照搬上海模式，但上海的基本经验可以借鉴。我在上海时，每年盖的房子只有 400 多万平方米，现在一年盖 900 万平方米。当时上海群众的住房非常困难，现在搞活了，形成了良性循环，而市政府并没有拿很多钱，基本上是靠企事业单位和个人，市政府主要在土地和大市政配套等方面给予优惠。那时上海人均居住面积是 6.6 平方米，现在已达到 7.8 平方米，这很不简单啊！我今天去看了两个住宅小区，人民群众非常高兴，也很满意。三林苑小区外观很美，突破了原来火柴盒式的设计框框，但不豪华，整个小区的布局非常合理，各种配套设施考虑得很周到，室内格局也有很大的改变，很实用。另外要推广各种新型建筑材料，上、下水道要用聚氯乙烯管材，这样建设速度快，房屋价格还便宜。随着房改工作的推进和公积金制度的建立，整个建筑业将发生一场革命。建筑业及装修业将成为中国一个很大的产业，可以带动地区经济的发展。大家不要小看这件事情，衣、食、住、行是人的基本需求，“吃”的水平不可能提高得太快，但“住”是能想办法改善的。

上海市公积金使用和管理经验的本质是什么？刚才江苏省同志讲的四句话就能概括，即：“房委会决策，公积金中心运作，银行专户，财政监督”。公积金个人交5%，单位拿5%，都进入职工个人账户，所有权归个人，离退休或工作调动时可以取走这笔钱，也可申请用它分期付款买房。对这些问题，大家的认识都一致，关键是收缴上来的公积金怎么管理？第一，要由住房委员会统一领导、统一管理、统一使用。第二，要在住房委员会下设立公积金管理中心来进行具体运作。住房委员会是决策机构，确定公积金的使用对象和政策等，执行机构是管理中心。但公积金绝对不能直接交给住房委员会和管理中心，否则就很容易产生腐败。第三，要在银行设立专户存储。绝对不允许挪用公积金，公积金只能用于建房、买房和大修住房。第四，财政部门要进行监督，当然也包括审计。住房委员会在没有财政部门人员参加的情况下，是不能就公积金使用问题作出决定的，这就保证了财政部门的监督。财政监督的目的就是防止公积金被挪用。在座的各省区市同志回去以后，要向党委和政府的主要领导同志汇报：这次会议确定财政部门对公积金的职能是监督，不设财政专户。我对各地财政部门的希望是，首先要管好、用好预算内资金，不要把预算内资金转到预算外去，对预算外资金要加强财政监督。财政部门是住房委员会的重要成员单位，这样就可以达到财政监督的目的了。大家要同心协力，赶快把公积金制度建立起来，大力推动房改工作的进展。

下面谈银行专户的做法。银行专户内的资金由公积金管理中心运作，银行只收手续费，标准不超过0.5%。可以对公积金存款和贷款采取有别于银行利率的政策，叫“低进低出”。这样搞有很大的好处。各个单位将公积金缴到银行，当年缴存的公积金年利率只有3.15%，每年利息结转后计入本金；第二年开始增加存款利率，是6.66%，总之是远低于银行存款利率。公积金个人账户存到银行的利率是低的，贷出去建房或买房的利率也是低的，这样做的好处是可以降低住房造价，卖给个人的房价也低了，减轻负担。贷给单位建房的年利率是7.2%，这是很低的啊，现在银行的贷款利率至少是14%、15%。职工个人买房抵押贷款的利率也很低，基准利率是6.12%，然后每年增加一点，职工用这个利率申请抵押贷款买房，这是一件很好的事情。我认为“低进低出”是个好政策。公积金存款利率可以低一些，原因是：第一，公积金的一半是公家给的，利率低一点是可以的，不会影响职工个人利益。第二，低利率体现了互助性。如果职工的住房问题已经解决了，不用提取公积金买房子，存款利率低一点影响不大，但可以帮助没有解决住房问题的居民，体现了互助互济精神。因此，“低进低出”政策是合理的，只是在公积金内部封闭运作，银行不会赔也不会赚，只收取手续费。

存在银行的公积金数额永远要大于贷出去的数额，这笔存大于贷的钱就要在银行内产生效益，银行应该给这笔钱付利息，因为银行把这笔钱拿去运营了嘛。封闭账户内的公积金与银行没有关系，但存贷差银行可以运用。银行不是对所有的公积金都给利息，沉淀在银行的资金，现在银行给的存款利率是9.18%，能否再高一些？因为这些资金不可能“死”在银行里，总是要由银行贷出去的，贷出去的利率至少是10.98%，因此银行可以给予稍微高一点的利率，按三年期零存整取10.98%的利率计息，各地可以参照这个标准执行。这就不存在银行运营公积金的问题，银行只管沉淀的那部分资金的运营，专户内的公积金绝大部分由管理中心封闭运作。公积金管理中心的编制和经常费用、工作人员收入等要由财政部门核定，住房委员会审核，报经市政府批准，从沉淀在银行的资金所获得的利息中支出，不直接和公积金挂钩。管理中心不能乱增编制、乱发奖金、乱盖大楼，要有监督和控制，避免管理中心的机构膨胀。管理问题很关键，这个问题不解决好，即使将来百分之百地推广了公积金，也不一定有成果。

还有一个问题是银行内部不要扯皮，具体地说，建设银行和工商银行不要扯皮，不要把公积金当做油水都来争夺，实在没有这个必要。公积金存在哪家银行，要由当地政府决定。我想还是由一家搞比较好。我不作硬性规定，但提倡由一家银行承办。工商银行、建设银行、农业银行这三家银行都可以承办，但在一个城市内只能由一家银行搞，至于选择哪一家银行由当地政府确定，已经分几家银行搞的，也允许有一个过渡期。现在还未建立公积金的城市，在设立公积金时要选择一家银行，不要再制造矛盾。

我今天讲的中心思想是要加强对公积金的使用和管理，这是房改工作的中心环节，请大家务必认识到这一点。如果没有一套完善的管理制度和运作办法，房改是要失败的。如果搞得好，就像上海这样，每年增加100万平方米的住房，形成良性循环，基本上不用市政府直接拿钱，就把老百姓的住房问题解决了，或者说是有了解决住房问题的希望，这件事情的意义太大了。大家回去后要检查一下，看是否有挪用住房公积金的现象。如果有问题，至少要内部通报，要严肃处置，以儆效尤。不然房改搞不下去，公积金也没人缴。

关于"安居工程"，上海搞得也不错。全国安排专项贷款50亿元，给了上海3亿元，上海自己配套4.5亿元，当年投资，当年见效。关键是建立了公积金制度，配套资金落实。没有配套资金，光是用国家贷款，房子也建不起来。政府还要在土地等方面给予支持。1996年全国"安居工程"的贷款规模暂定50亿元，我估计今年最多用掉30亿元，这样，1996年的贷款实际上有很大增加。关键是要早下达计划，计划下达得越早，效果就越大，不要再扯皮。1996年年初就把计划发下去，地方政府马上就能用钱，当年就可以见效。1996年，谁的配套资金多就给谁贷款，没有配套资金，给了贷款也建不成房子，还把指标浪费了。另外，我还想加一条，对于拿公积金做配套资金的城市要优先给予贷款，以支持建立公积金制度。

目前全国房改形势很好，通过这次会议我们总结了经验，进一步完善了过去的政策，会后还要就住房公积金管理和存贷利率等搞一个文件，经国务院批转发下去〔1〕。各地要按这个文件执行，把房改推进一步。推进房改对整个经济的发展是一个很大的推动，对人民群众的积极性是一个很大的调动。希望大家重视这个问题。有了这套比较完善的制度，还没有建立公积金的城市会后来居上，搞得更好。要扎扎实实搞好工作，特别是要加强对公积金的使用和管理，把这件事情办好了，房改就一定能取得成功。

〔1〕1996年8月8日，国务院办公厅转发了国务院住房制度改革领导小组《关于加强住房公积金管理的意见》。

银行系统要建立健全的会计制度 *

（1996 年 3 月 17 日）

相龙〔1〕、陈元〔2〕同志：

这个报告写得好，看来作者是懂行的，有基本功，也有思路，不似那些一窍不通而又口吐狂言的“领导”。会计和审计很重要。没有健全的会计制度，根本无法对企业（包括银行）的真实业绩进行考核，更谈不上遏制国有资产的流失。银行系统当务之急，是要认真建立健全的会计制度和存贷款内控制度。要借鉴外国经验，更要网罗人

* 这是朱镕基同志在中国人民银行报送的《关于上海部分金融机构内部控制的调查报告》上的批语。该报告归纳了上海中资金融机构内控制度存在的问题，主要是：总稽核对同级行长负责，审计工作缺乏独立性和权威性；各分行的外汇交易，虽然大多数前后台分开，但一般都处在同一部门总经理的领导之下；稽核人员队伍素质不高，知识结构偏于会计、出纳、储蓄、信贷，很少懂经济分析，信息管理和电脑知识也跟不上金融风险防范业务的需要；对央行的监管职能理解有偏误，有的人认为央行的监管应主要在合规性方面，风险防范和控制是商业银行自己的事，有的人认为央行对其他金融机构的监管是简单的管与被管的对立关系，不少人认为内控制度就是搞一套书面材料，对建立科学有效的平衡制约机制的必要性和方法认识不足等。报告还介绍了上海外资金融机构内部控制的有效方法，如实行“四眼原则”（任何一项交易都要有两人以上签字或授权）；总行对各分行每年至少检查一次；外汇各交易程序严格分开，授信严格控制，有的分行没有隔夜外汇头寸授权；外汇交易员的全部业务活动，包括电话、电传等，均有记录或录音，对这些记录和录音，交易员均无法篡改等。报告最后提出了建立内控制度的一些思路。

〔1〕相龙，即戴相龙，当时任中国人民银行行长。

〔2〕陈元，当时任中国人民银行副行长。

才，狠抓培训，培养出自己的精通国际金融知识而又熟悉国情的一代新人。中央银行每年要对各个国家银行进行几次定期审计、稽核。凡是会计制度不健全，甚至造假账，搞“两本账”的，坚决调整其领导班子并依法处分。请将此报告和我的批语印发各级人民银行领导及国家银行总行领导。

朱镕基
3.17

要加快小化肥厂的技术改造*

（1996年3月22日）

首先，请贺国强同志代我向参加全国小化肥工作现场会的代表致意，希望这次会议能推动小化肥厂的技术改造工作进入一个新阶段。

要充分认识小化肥厂技术改造的重要性和迫切性。大家知道，江泽民总书记和李鹏总理都非常强调加强农业。当前农业发展中一个至关重要的问题，就是要保证化肥的供应。

近几年来，我们在化肥生产和供应上下了很大工夫，基本满足了农业对化肥的需求，但化肥的价格涨上去了，抵消了很大一部分提高粮价对农民的好处。1993年年末，我们看到粮食市场价格大幅度上涨时，就估计到农民种田的积极性会高涨，对化肥的需求会增加。针对当时淡季化肥需求疲软、化肥厂流动资金困难的情况，国务院决定给化工部25亿元银行贷款，作为化肥厂淡季储备资金（1994年、1995年又分别给了30亿元和35亿元银行贷款），保证了化肥厂淡季的生产，缓解了化肥的季节性供求矛盾。看来，当时的决策是正确的，化工部、银行执行得也很好。淡季储备资金使化肥厂充分发挥了生产能力，对支援春耕生产起到了作用。除了组织国内化肥厂增产外，1994年年初，国务院还决定要大量进口化肥，但由于部门之间扯皮，耽误了进口时

* 1996年3月20日至26日，朱镕基同志在山东省考察工作，先后考察了潍坊、日照、青岛等地。这是朱镕基同志在潍坊考察期间，听取化学工业部副部长贺国强关于全国小化肥工作现场会有关情况汇报后的讲话。

机。虽然化肥进来了，供求矛盾缓解了，但进口化肥的价格太高，没有起到平抑化肥市场价格的作用，化肥的整体价格还是大幅度上涨了。

回顾这段历史，化工系统包括中国石化总公司尽了很大的努力增产化肥，应该受到表扬。但化肥仍不能完全满足农业生产的需要，化肥的价格也难以控制。因此，我们一定要下决心加快化肥厂的建设。第一，要抓紧建设一批大化肥厂。建设新厂一定要搞规模经济，不能分散。在原料条件有保证的地方，要抓紧抢建几个大厂。天然气是生产化肥的最好原料，海南、新疆塔里木盆地都有天然气，新厂能搞多大就搞多大，要抓紧搞上去。但新厂的建设不能全面铺开，要集中力量打歼灭战。第二，要加快中小化肥厂技术改造的步伐。大化肥装置的建设周期较长，远水解不了近渴。加快中小化肥厂的技术改造，就显得更为重要、更加迫切。小化肥厂的技术改造已走出了一条成功的路子。目前，全国小尿素和小磷铵的生产能力分别达到了 411 万吨和 241 万吨，如果一年进口这么多化肥就要花十几亿美元！小化肥厂的技术改造适合中国国情，是化工部的一大功绩。贺国强同志告诉我，现在引进的以天然气为原料的大化肥装置能耗为700万到800万大卡，小尿素厂的能耗也只有 1000 万大卡，而且是以煤为生产原料的。这很了不起，有中国特色，要很好地总结经验。

现在要下大力气，即比建新厂花更大的力气来抓中小化肥厂的技术改造。

小化肥厂的技术改造下一步该怎么办？我提几条原则性意见：在条件具备，即原料供应有保证，技术、设备、管理都比较好的情况下，一是能搞多大就搞多大；二是能搞多快就搞多快；三是在地方自筹资金落实的前提下，要多少银行贷款就给多少。但要指出的是，地方自筹资金一定要落实，不能再挤银行贷款。所谓“地方自筹资金”，一是企业自有资金，二是地方返还企业的税利，三是地方财政拨款。

一般要求自筹资金相当于项目总投资的一半，至少是30%。加强农业是当前的迫切任务，全党都要统一认识，不能光停留在口头上，要有实际行动。银行要把好两个关，一看有无偿还贷款的能力，二看地方自筹资金是否落实。

中型化肥厂的技术改造潜力也很大，希望你们能像抓小化肥厂的技术改造一样，对中型化肥厂划分不同的类型，搞出中型化肥厂技术改造的模式和经验。

“九五”计划期间，化肥的增量主要依靠中小化肥厂的技术改造。为了加快技术改造步伐，对项目的审批要简化程序，加快进行。现在我把任务提出来，希望国务院各有关部门和地方各级政府一起，齐心协力，把这件事办好。

国有小型企业改革不是“一卖就灵”*

（1996年3月24日）

我这次到诸城来，是为了考察诸城市搞好国有小型企业的经验。去年12月20日，我在北京同国家体改委召开的全国体改工作会议代表座谈时，国家体改委推荐了你们的经验。我当时说过要亲自来看看。这次我来了三天，现在讲一点个人看法。

首先，我要肯定诸城市委、市政府在山东省委、省政府和潍坊市委、市政府领导下所取得的工作成绩，对你们在“八五”计划期间经济的发展表示满意，并且充分肯定你们在采取多种形式搞好小型国有企业改革方面的大胆探索精神，肯定这种探索和改革所取得的成效。

诸城市是县级市，大企业少，在仅有的几家较大企业中，除纺织企业以外，大部分企业的效益还是不错的。尤其是外贸集团，贸、工、农一体化搞得相当好。事实证明，只要按照党中央制定的方针政

---

* 这是朱镕基同志在山东省诸城市考察期间讲话的主要部分。此讲话于1996年4月23日以国务院办公厅《内部情况通报》印发各地区、各部门。朱镕基同志在印发此讲话时写了按语：“我在诸城市的讲话记录本来不准备印发。由于《经济日报》连续发表五篇关于‘诸城经验’的报道，并且说是在我肯定这个经验后才发表的，引起了许多同志的误会，纷纷向我询问，因此才决定印发我原来的讲话。我确实肯定了‘诸城经验’，但并不是肯定他们的所有做法，而且对他们的‘股份合作制’试点，在3月28日《人民日报》刊登的我的讲话报道中，也没有提到。但是我也没有否定他们的试点，这并不是‘不坚持原则’，而是对基层、企业、群众进行试点的积极性要注意保护，不能泼冷水，对试点的结果还需要继续观察。”

策，坚持“三改一加强”[1]，探索并采用多种形式，总是能把国有企业搞好的。山东在这方面做得好，每个市、县从各自的实际出发，都在探索不同的形式，不是只强调一个方面，只搞一个模式、一种办法，没有“刮风”。

要正确理解和贯彻落实党中央确定的对国有企业实行“抓大放小”的方针。“抓大”，要通过政策，运用经济手段来抓。如果各级政府都来抓，用的又是行政干预的办法，我看国有大企业会被抓得受不了，越抓越死。普遍推行全行业的控股公司，看来可能不行。集行政手段和产权控股于一身，形成绝对垄断，那就没有市场竞争了。“抓大”，主要是为国有大企业创造自主经营的环境，尽量减少行政干预，不要从外部去搞瞎指挥、乱投资，但是要加强监督、审计。“放小”，是把国有小企业放活、搞好，而不是放松、放手不管，使国有资产流失，银行贷款收不回来。

这里，我特别要强调搞好国有小企业的重要性。目前我国国有企业的亏损，主要是小型企业的亏损。去年全国国有企业共亏损 541 亿元，比 1994 年增长 20%；全国国有企业的 1.1 亿职工中，亏损企业职工人数达 3000 多万，占三分之一，主要集中在国有小企业。如果小企业搞不好，连发基本工资都没有保证，社会就难以安定。山东如果要推广“诸城经验”的话，我建议推广诸城市采用多种形式搞活国有小企业的做法。现在看来，搞活国有小企业的一种比较好的形式还是兼并，即由优势企业兼并劣势企业，但也不能千篇一律，更不能以行政手段搞“拉郎配”。

诸城市在搞活国有小企业的多种形式中，有一种形式是把企业净

[1]“三改一加强”，指建立现代企业制度，要把深化国有企业改革，同企业改组、技术改造和加强企业管理结合起来。

资产卖给职工个人，这种做法可以继续试验。但这种做法也有问题，有些问题可能在短时间里还看不出来。你们把这种形式叫做“股份合作制”，说它是公有制的一种形式，是一种“利益共同体”。但是理论界还有不同意见，有的学者认为，股份合作制只是“一种过渡性的企业组织形式”，“一个企业不可能既具有合作制形式，又具有股份制形式”，而且“既承认股份制原则，又承认合作制的一人一票原则，在企业管理的实际操作中也是有困难的”。当然，党的十四届三中全会通过的《中共中央关于建立社会主义市场经济体制若干问题的决定》（以下简称《决定》）和十四届五中全会通过的《中共中央关于制定国民经济和社会发展“九五”计划和二〇一〇年远景目标的建议》，已经把股份合作制列为国有小企业改革的一种形式，但究竟怎么搞，还需要在实践中继续探索。我认为，在当前改革试点工作中，不必对此进行过多争论，理论界应进行探讨，试点还是要进行。党的十四届三中全会通过的《决定》，明确提出一般小型国有企业“可以实行承包经营、租赁经营”，“也可以出售给集体或个人”。一部分小型国有企业卖给个人不会有什么问题，不会影响公有制在国民经济中的主体地位。不管采取什么试点办法，只要符合邓小平同志讲的“三个有利于”就行。因此，你们可以大胆地试。但是也应看到，这种形式目前还只看到一点初步效应，很难说已经成为股份合作制的规范形式，更不具备推广的条件。这两天诸城市有关企业领导在汇报时，把他们所取得的工作成绩都归功于“股份合作制”，说改制后就形成了“利益共同体”，职工的积极性就提高了，产生了前所未有的效益，这也说得太绝对了。从你们的汇报来看，搞得好的企业都得有个好的领导班子，有个好的产品，通过加强管理，增加投入，进行技术改造，才有了这样的综合效果，并不是“一卖就灵”、“一股就灵”。从两天来的汇报和实地考察来看，这种股份合作制形式存在的问题不少。如诸城市泸河轮胎厂，厂长可以买 6 万元股份，而职工只能买 3000 元，相差 19 倍；分红比例又很高（22%），厂长一年可以分红 1 万多元，职工只能分 600 多元。如果这样发展下去，不会是什么“利益共同体”，工人会说他是在为厂长干活。一人一股、一人一票也麻烦，不好操作。企业需要现代化管理，不能搞绝对民主化，也不能搞短期行为、少留多分，否则企业就办不下去了。

对于你们“股份合作制”企业的试点办法，至少有两点我是不赞成的。

第一，把企业净资产出卖给职工收回的钱收归国有资产管理局运营的做法风险很大。国有资产管理局不能管资金的运营，更无能力实现国有资产的保值增值。其结果可能会是按照政府首长的意志或者是随意性加关系学，到处放贷。名为优化存量结构，提高资金效益，实际上把企业行为变成政府行为，投资风险很大，可能以后这些资金很难收回来。我也不赞成把这笔钱交给财政局。现在全国财政信贷有一两千亿元，有些县级财政局的科、室也到企业放高利贷，这是违反国家规定的。财政部在去年的全国财政工作会议上已经明确提出，要清理整顿财政信用，财政系统的钱如果借给企业有偿使用，必须委托银行发放贷款，不能自己办信贷。现在的金融机构太多了，因此，我也不赞成成立基金会。另外，从诸城的国有小企业来看，资产负债比例都很高，平均在 70%左右。如果把出卖企业净资产给职工所得的钱收归财政，表面上看来，国有资产不会流失了，实际上收回财政的只有 30%。而其他 70%是银行贷款，但收回这笔钱的风险就更大了，因为企业原本无偿使用的净资产现在要给股东分红，股息比银行贷款利息还高，也就是说，企业的资产负债比例提高了。企业在这种高负债情况下，是很难办好的。

第二，改制企业职工按股分红问题。现金直接分红，一是扩大了消费基金，二是削弱了企业积累能力。特别是对于一些资产负债率很高、贷款风险很大的改制企业，更应明确提出暂时不能实行现金直接分红。如果要分红，银行应该加强监管，并要求企业制订还贷计划，如果不按计划给银行还本付息就不能给职工股份分红。银行贷款都是老百姓的钱，不能不还。红利可以作为职工扩股留在企业。

我并不要求你们马上改变试点办法，你们可以继续试下去。但是，从实际出发，我建议最好是：第一，出卖企业净资产给职工所得的钱，不要收归财政或国有资产管理局，而是留在企业里使用。实际上就是，原来的企业净资产作为国家股，职工集资的钱是扩股，用这个钱还掉部分银行贷款，资产负债比例降低了，企业经营就会好转。第二，说服职工，集资股暂时不实行现金分红。职工股和国家股的红利，都作为扩股留在企业，以扩大企业积累。

搞好国有企业的根本出路还是实现“两个根本性转变”[1]，提高经济效益。党的十四届三中全会提出的四句话和江泽民同志总结的“三改一加强”，一定要全面贯彻。只强调四句话中的一句话或“三改一加强”中的一个方面，都是不能把企业真正搞好的。

不要过多责备企业，国有企业确实面临着许多外部困难。但是也要进行分析，不能把国有企业没有搞好都归咎于三点困难：产权不明确，历史包袱太重，资金紧张。资本主义国家实行私有制，产权该是明确了吧，但照样有大量企业亏损、倒闭。历史包袱重，大多是由于企业固定资产投资失误，大量投入而无效益，或者是由于产品不适销对路，还盲目生产，造成库存积压，形成沉重债务。这两点不根本转变，包袱是永远甩不掉的。现在说流动资金紧张，实际上是大量企业

[1] “两个根本性转变”，指经济体制从传统的计划经济体制向社会主义市场经济体制转变，经济增长方式从粗放型向集约型转变。

把银行贷给的流动资金挪用到固定资产投资项目的资金缺口上去了。银行发放的流动资金贷款并没有减少，每年还有大量增加，增长率大大超过生产增长速度。很多国有企业不但挪用银行流动资金贷款搞建设，而且把企业的自有资金也都填进去了。据工商银行总行对20万户企业的调查，1992年年底自有流动资金为580亿元，1993年年底只剩340亿元，1994年年底为180亿元，到1995年年底已是负19亿元了。流动资金全靠银行贷款，企业经营还能不困难？我多次讲过，企业需要的流动资金贷款，只要是一不挪用于搞固定资产投资，二不制造积压产品，银行要充分保证，贷款规模可以追加。银行要加强为企业服务的观点，深入企业、市场进行调查研究，对贷款使用情况进行追踪，千方百计减少不良贷款。

政府对国有企业不要干预太多，要帮助企业选好领导人和配好领导班子，这对企业是至关重要的。为了帮助企业领导班子的健康成长和肌体更新，确保国有企业健康发展，要认真贯彻国务院发布的《国有企业财产监督管理条例》。政府对企业经营者要实行有效监管，尤其要注意防止企业经营者工资收入过高和投资决策的失误。

总之，我没有否定“诸城经验”，而是充分肯定诸城市采取多种形式放活、搞好国有小型企业的大胆探索精神。我只是希望你们不要把“诸城经验”归结为“股份合作制”。

致薄一波同志的信

（1996年4月24日）

薄老：

收到您亲笔签名送给我的《七十年奋斗与思考》，皇皇巨著，装帧精美，当即拜读，不忍释手。尤其是到延安见毛主席和草岚子监狱几段，写得尤其感人。在张玺[1]同志处工作时，我认识了刘锡五[2]同志，现在才知道是您送他一只烧鸡才出来的。您在八八高龄还不辞辛劳，为党的历史提供了见证，对我们进行了深刻的共产主义和共产党的教育，我们应该对您表示崇高的敬意。由于我明天要出差贵州、江西，调查扶贫工作，不能出席四月卅日要召开的《七十年奋斗与思考》（上卷）座谈会，特此奉函致意，祝薄老健康长寿，并对中卷、下卷的出版翘首以待。

敬礼

朱镕基

4.24

〔1〕张玺，新中国成立后，曾任国家计划委员会常务副主任，参与组织编制第一个和第二个五年计划。

〔2〕刘锡五，新中国成立后，历任中共吉林省委书记、中共中央监察委员会副书记等职。

中华人民共和国国务院

薄老：

收到您亲笔签名送给我的《七十年奋斗与思考》，皇皇巨著，装帧精美，当即拜读，不忍释手。尤其是到延安见毛主席和草岚子监狱几段，写得尤其感人。在张玺同志处工作时，我认识了刘锡五同志，现在才知道是您送他一只烧鸡才出来的。您在八八高龄还不辞辛劳，为党的历史提供了见证，对我们进行了深刻的共产主义和共产党员的教育，我们应该对您表示崇高的敬意。由于我明天要出差贵州、江西，调查扶贫工作，不能出席四月卅日要召开的《七十年奋斗与思考》（上卷）座谈会，特此奉函致意，祝薄老健康长寿，并对中卷、下卷的出版翘首以待。

敬礼

朱镕基

4.24.

《七十年奋斗与思考》上卷《战争岁月》于1996年由中共党史出版社出版。

关于江西经济工作的几点意见 *

（1996 年 4 月 29 日—5 月 5 日）

这次我和国务院有关部门的同志到江西来，通过调查研究，对江西有很好的印象。农业搞得比较好，主要农产品实现了净调出，财政量入为出，工业有了一定基础，这些为将来的发展创造了很好的条件。取得这样的成绩确实不易，这充分说明你们贯彻执行党中央、国务院的政策是认真的，并且结合你们自身的特点有很多创造。这些成绩也是与你们广大干部群众艰苦奋斗、扎扎实实地工作分不开的。江西的工作大有希望。

你们在汇报中谈到，经济生活中还存在这样那样一些困难和问题。我看，这不是什么大不了的事情，困难完全可以克服。关于江西工作我讲几点意见：

一、关于农业

江西工业这几年为什么能有起色？一个重要原因是有农业这个好基础。农民生活改善了，有了钱，就有市场，否则工业是办不起来的。我赞成你们继续加强农业这个基础，在这个方面做文章，这是江

---

* 1996 年 4 月 29 日至 5 月 5 日，朱镕基同志在江西省考察工作，先后考察了九江、景德镇、南昌等地。这是朱镕基同志在考察期间讲话的要点。

西的优势。你们的种植业搞得不错，但我觉得你们在养殖业和垦殖业方面还有很大的潜力。我很赞成你们提的口号：“在山上再造一个江西”。你们提出，使山上的产值逐步达到粮食作物的产值和整个耕地的产值，这是可以做到的，是大有文章可做的。农业基础的稳固，对整个国民经济发展的推动力是很大的。

农业的根本出路在于依靠科技进步，种子、化肥、科学的耕作方法都很重要，尤其是种子的引进、销售，要尽可能为农民做好配套服务工作。办好农业科技站，告诉农民怎样使用良种、怎样科学施肥、怎样有效地管理。省里领导同志跟我讲，现正在全省推广良种栽培、旱床育秧、地膜覆盖、配方施肥、饲料开发等几项技术，主攻几项农业工程，争取实现主要农产品稳产高产。这些事都很重要，你们要抓好。我希望对农业还是要加大投入，要坚持抓骨干水利工程与加快小型农田水利建设相结合，把基础打稳固，这一条做好了，将来一本万利。

在座谈中，一些同志反映目前棉花多了，库存积压严重。从全国的情况看，棉花并不多。去年的国家储备加上今年新增的1000万担，总共也不过3000万担棉花，我们历史上（1983年至1984年）国家储备加周转库存曾经达到过近9000万担。为什么现在都说多了？一是市场有了变化，二是我们的纺织工业没有搞好。国家要求压锭改造，但很多地方不是压锭，而是在扩锭，不是在改造，还是老产品，老是出口“两纱两布”〔1〕，怎么会有前途呢？现在我们甚至竞争不过印度、巴基斯坦。国外市场不好销了，反过来棉纺厂就不要棉花了，现在纺织企业棉花周转库存只有13天，你们这里只有10天，这怎么能保证生产配棉的需要？纺织行业亏损严重，于是把棉花的库存放在国家身上，放在供销社，这怎么行呢？现在有人议论，说棉花太多

〔1〕“两纱两布”，指棉纱、棉涤纶纱，棉坯布、棉涤纶坯布。

了，是由于棉花收购价格提得太高了。这个观点是错误的。不提高怎么保护农民种棉的积极性，农民怎能富起来？吴官正[1]同志也是赞成提价的嘛！我看过九江一个乡，农民情绪很好，这就是政策的效果。因此，现在的问题不是棉花多了，主要是纺织厂不按正常需要储备棉花了。最近国务院作了一条规定，要求每一个纺织厂都要储备两个月的生产用棉，流动资金不够可以由银行贷款。这实际上是工商银行的流动资金贷款增加了，而农业发展银行的收购资金占用减少了，工商银行把钱贷给纺织厂，纺织厂把棉花加工卖出去了，钱就收回来了。银行应该想通这个道理。国务院准备出台一个政策，将来在国家储备的棉花卖给纺织厂的时候，把利息和保管费用也加到棉花价格里面去，这样纺织厂也许就会有早买棉花的积极性。纺织工业的困难是暂时的，最终是能够搞好的。

二、关于工业

对江西的工业来说，我指的主要是加工工业，要把工作的重点，从大规模地搞基本建设转向加强管理、发挥效益方面来。具体地讲，就是项目不可搞得过多，规模不宜过大。这次来江西，同一些企业的同志进行了座谈，也看了几个厂子，给我的印象都是好的，但普遍的问题是负债率比较高。这一方面说明前一阶段基本建设和技术改造有成绩，另一方面也说明企业包袱较重，要注意消化。不消化，继续往前搞，主要靠银行贷款搞建设，规模搞大了，包袱背得很重，将来翻不了身。所以，现在就应该要求企业加强管理、发挥效益，要还债，把包袱减轻，把资产负债率降到可以承受的程度，然后再扩大规模。

〔1〕吴官正，当时任中共江西省委书记。

当然，填平补齐、小改小革还是要搞的。但总的来讲，大规模投资时期已经过去了，要集中精力抓市场、抓质量、抓管理、抓配套。下决心把精力真正转到加强企业管理上来，强化市场战略，努力提高市场占有份额，在这些方面多下工夫。要调集些精兵强将去开拓市场，去争取更多的订货，把现有生产能力充分发挥出来。

几年前到江西时，省里向我提了景德镇陶瓷改造这个项目。大家都很关心，给了支持。近几年景德镇陶瓷企业技术改造花了不少钱，但现在仍然很困难。我看了一些工厂，总的感觉是，你们在开拓市场、营销策略方面需要更加重视，在这方面的视野要更开阔一些，要在销售方面大做文章，把最有本领的人才推出去搞销售。过去你们陶瓷工业在指导思想上可能比较注重提高产量，但如果不注意开拓市场，那你搞出来的这些东西只不过是一些礼品、展品、奖品。投入了大量资金，没有什么经济效益，搞技改的账也就还不了，导致负债率高、企业经营困难。要充分发挥技术改造的效益，使借的钱能够还得了，就要把产品“打出去”。没有这个前提，你再抓改革、改造都是没有用的，没有市场，一切都是空的。

陶瓷工业有很多文章可做，工业陶瓷、建筑陶瓷应当发展，但日用陶瓷才是中国的特色，其他东西要搞，但不能从根本上解决陶瓷行业的问题。振兴瓷器，首先要振兴日用瓷器。这需要很多专家去研究市场，开拓市场。现在国外那么多中餐馆，如果都用你们的瓷器，那可不得了！要调一批懂外文、懂外贸，又熟悉陶瓷文化的人来搞销售。同样，国内市场也是很大的，老百姓一日三餐都要用，现在消费档次提高了，谁都想有一套像样的餐具。景德镇的陶瓷要“打出去”，要打“名牌战略”，不能老是窝在景德镇，“凤凰”飞不出去，就没有大作为。

搞好国有企业必须解决好富余人员问题。景德镇陶瓷行业六万多工人，平均每个家庭一个陶瓷工人。人这么多，劳动生产率这么低，负债率高，差一点就资不抵债了。原因很简单，不管你们搞多大的技术改造，但人一个都没减下来，工资照发，设备照样折旧，不亏才怪呢！

三、关于开发区建设

开发区的建设，你们这里受害比较轻，但也不是一点没有。一些地方大搞引进外资，引来一些什么东西？光赚你的钱，占领你的市场，对你一点好处都没有，你引它干吗？我们现在既不缺外汇，也不缺钱，缺的是技术和管理。我不是说不要引进外资，我们对外开放的政策是不会改变的，但确实要讲究引进的方法、引进的结构。现在境外一些商人纷纷跑来联营合作，结果把利润分走了，把市场拿走了。如果他能帮助你打开国际市场，那么，应该分他一份利润，甚至大部

1996 年 5 月 2 日，朱镕基在江西省景德镇瓷厂考察。

分利润都可以分给他。但是，现在不是这样，明明是自己可以生产而且很畅销的产品，非要分一大块市场和利润给外商，这是何苦呢！所以，我们要好好地总结经验教训。

四、关于“资金紧张”问题

从1993年加强宏观调控以来，我们不但没有收紧银根，同时每年贷款规模的增加远远超过生产的增长。那为什么还感到资金紧张呢？就是各地把资金都压在基本建设上了，不能动了，这是最重要的原因。项目一倍两倍地超概算，又不能按期建成投产，总在那里拖，建成了，产品也没有市场，结果把资金都压死了。我多次讲，我们没有紧缩银根，每年贷款增加20%多，怎么叫做紧缩银根呢？所以，我们首要的是要严格控制基本建设的贷款，抑制拼命上项目、无限制地要资金。基础设施建设固然要抓住机遇，但也不能过急。现在你们这里工资比较低，民风还比较朴实，工程造价比较低，确实要抓紧搞一些基础设施建设。京九线对江西经济发展的促进作用是不可估量的，首先要发挥这个作用，然后有多少钱办多少事，不要借那么多债。大家的指导思想要真正转变到加快“两个根本性转变”〔1〕上来。

对企业的流动资金，在两个前提之下是可以保证的：一是不要挪用去搞基本建设投资；二是产品要有市场，要能销得出去，生产积压产品是无效劳动。在这两个前提之下，你需要的流动资金，都应予以解决。市里解决不了，省里解决；省里解决不了，总行解决；总行解决不了，找人民银行、找我，我就是多发票子，也要帮你解决。只要它符合两个前提，这个资金是可以收回来的。

---

〔1〕见本卷第246页注〔1〕。

加快退税速度，防止出口大量下降*

（1996 年 5 月 6 日）

仲藜、怀诚同志：

今年以来，外贸出口开始萎缩，纺织工业尤其困难，亏损严重甚至停工。退税率降低也是一个原因，但此项政策必须坚持。根据财政部安排，今年退税 650 亿元(其中当年退税 450 亿元，归还以前欠税 200 亿元)。按此平均一季度应退 162.5 亿元，但财政部实际只退 121 亿元，比去年同期还少退 22 亿元，这样更加重出口企业困难。因此，为未雨绸缪，防止出口大量下降，我建议加快退税进度，请考虑在上半年退完全部以前欠税(200 亿元)，也就是说在上半年退税 425 亿元，下半年退税 225 亿元。如果技术上有困难，也可往后再匀一匀，总之要加快。我认为这是遏制出口下降的最有效措施。人民币贬值的办法不可取，这将影响对整个金融的信心，微调当然总是需要的。以上是否可行，负面影响如何，即请研告。

抄报李鹏、家华〔1〕、岚清〔2〕、邦国〔3〕同志。

朱镕基

5.6

---

* 这是朱镕基同志就加快退税进度以遏制出口下降问题，写给财政部部长兼国家税务总局局长刘仲藜、国家税务总局副局长项怀诚的信。

〔1〕 家华，即邹家华。

〔2〕 岚清，即李岚清。

〔3〕 邦国，即吴邦国。

抄报李鹏、家华、岚清、邦国同志

中华人民共和国国务院

朱镕基

仲藜、怀诚同志：

今年以来，外贸出口开始萎缩，纺织品尤其困难，亏损严重甚至停工。退税率降低也是一个原因，但此项政策必须坚持。根据财政部安排，今年退税650亿元（其中当年退税450亿元，归还以前欠税200亿元）。按此平均一季度应退162.5亿元，但财政部实际只退121亿元，比去年同期还少退22亿元，这样更加重出口企业困难。因此，为未雨绸缪，防止出口大量下降，我建议加快退税进度，请考虑在上半年退还全部以前欠税（200亿元），也就是说在上半年退税425亿，下半年退税225亿元。如果技术上有困难，也可往后再匀一匀，总之要加快。我认为这是

中华人民共和国国务院

遏制出口下降的最有效措施。人民币贬值的办法不可取，这将影响对整个金融的信心，微调趋总是需要的。此是否可行，负面影响如何，即请研究。

朱镕基
5.6、

致李政道先生的信*

（1996年5月30日）

政道兄：

回来后查了“红了樱桃，绿了芭蕉”出处，系出自南宋词人蒋捷，其词为：

一剪梅（舟过吴江）

“一片春愁待酒浇，江上舟摇，楼上帘招。秋娘渡与泰娘桥，风又飘飘，雨又萧萧。何日归家洗客袍？银字笙调，心字香烧。流光容易把人抛，红了樱桃，绿了芭蕉。”

所以记错为李清照，因易安“如梦令”词云：

“昨夜雨疏风骤，浓睡不消残酒。试问卷帘人，却道海棠依旧。知否？知否？应是绿肥红瘦。”

其中“绿肥红瘦”一语亦属千古难得也。

关于“三星在天”，语出《诗经》唐风绸缪篇。《毛传》〔1〕以为“三星”即参星，《郑玄笺》〔2〕以为即心星，均指一星而言。近人朱文鑫《天文考古录》以为，三星是指一夜之间，三颗星座顺次出现。首

---

* 1996年5月28日，朱镕基同志到中国科学院会见并宴请了李政道，席间谈及一些名人诗词。这是两天后朱镕基同志致李政道的信。李政道，美籍华人物理学家，在1957年与杨振宁共同获得诺贝尔物理学奖。

〔1〕《毛传》，是汉代《毛诗故训传》的简称，是我国现存最早的完整的《诗经》注本。

〔2〕《郑玄笺》，是汉代最有代表性的《诗经》训释著作之一，系东汉末年郑玄所作。

章“绸缪束薪，三星在天”指参宿三星；二章“绸缪束刍，三星在隅”指心宿三星；末章“绸缪束楚，三星在户”是指河鼓三星。供参考耳。

我和劳安衷心祝愿惠箬[1]早日康复，言不尽意。

朱镕基

一九九六年五月三十日

---

〔1〕惠箬，即秦惠箬，李政道夫人。

中华人民共和国国务院

政道兄：

回来后查了"红了樱桃，绿了芭蕉"出处，系出自南宋词人蒋捷，其词为：

一剪梅（舟过吴江）

"一片春愁待酒浇，江上舟摇，楼上帘招。秋娘渡与泰娘桥，风又飘飘，雨又萧萧。何日归家洗客袍？银字笙调，心字香烧。流光容易把人抛，红了樱桃，绿了芭蕉。"

所以记错为李清照，因为其"如梦令"词云：

"昨夜雨疏风骤，浓睡不消残酒。试问卷帘人，却道海棠依旧。知否？知否？应是绿肥红瘦。"

其中"绿肥红瘦"一语实系千古难得也。

关于"三星在天"，语出《诗经》唐风绸缪篇。《毛传》以为"三星"即参星，《郑玄笺》以为即心星，均指一星而言。近人朱文鑫《天文考古录》以为，三星是指一夜之间，三颗星座顺次出现。首章"绸缪束薪，三星在天"指参宿三星；二章"绸缪束刍，三星在隅"指心宿三星；末章

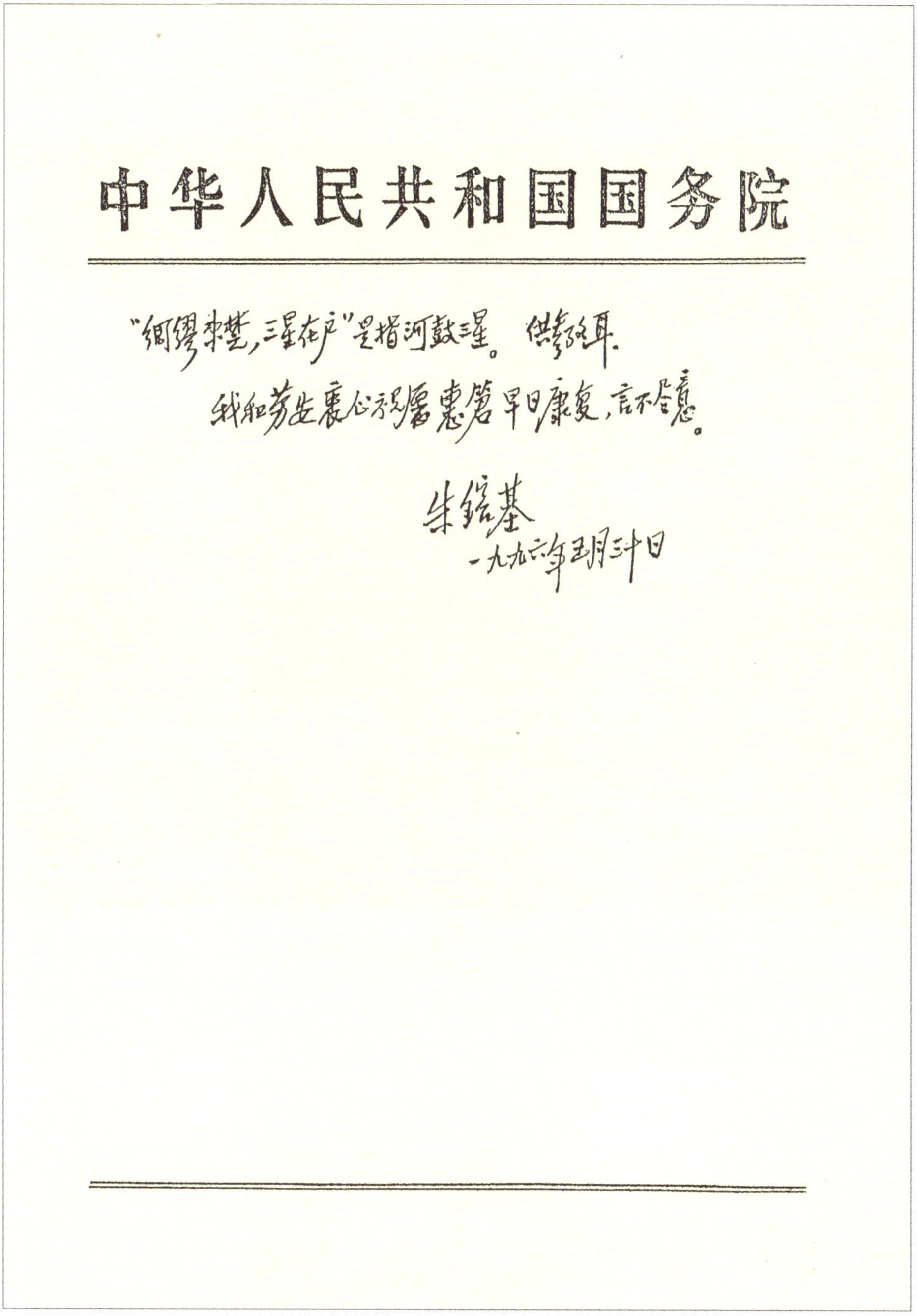
中华人民共和国国务院

"绸缪束楚，三星在户"是指河鼓三星。供参阅耳。

我和劳安衷心祝愿惠箬早日康复，言不尽意。

朱镕基
一九九六年五月三十日

1999 年 9 月 30 日，朱镕基在北京人民大会堂会见荣获“友谊奖”的外国专家和国外人才交流组织的代表。图为与李政道亲切握手。右一为原中顾委常委张劲夫。

（新华社记者饶爱民摄）

要调整完善加工贸易政策*

（1996年6月5日）

加工贸易保证金台账[1]试点工作，从去年11月开始以来已经进行半年多了。根据大家总结的情况，试点工作取得了预期的效果，是成功的，表明保证金台账制度已为许多外商所接受，看起来阻力基本没有了，可以推行。这证明国务院关于对加工贸易实行保证金台账制度的决定是正确的、可行的，今年7月1日在全国推行没有问题。有关部门、有关地区，特别是海关总署、中国银行对这项工作很重视，工作很有成效，我对同志们付出的辛勤劳动表示感谢。

实行加工贸易保证金台账制度，是要达到两个目的：一个是监管有效，真正能够查出漏洞；另一个是方便基层，两者兼顾。如果既不有效，又不方便，劳民伤财，那就不要搞了。试点工作要加强宣传，希望三个试点城市都写篇文章在地方报纸发表，从你们保证金台账制度的试点情况说明有什么效益，如何方便操作、客商没有怨言、各方

---

* 1995年12月7日，在中央经济工作会议上，国务院提出要对加工贸易实行进口料件保证金台账监管制度。1996年6月5日，国务院在江苏省苏州市召开加工贸易保证金台账试点工作座谈会。出席会议的有国务院有关部门和试点城市有关负责同志。这是朱镕基同志在座谈会上讲话的主要部分。

〔1〕加工贸易保证金台账，是对加工贸易企业的合同保税料件实行的一种管理手段。企业进口料件时，先在指定银行账户中存放等值于进口料件的关税和进口环节增值税税款的保证金，海关根据企业加工产品出口或内销的情况进行核销并确定保证金返还及扣除。

面都比较满意、对国家有利等。中央有关单位也要写份材料在《人民日报》上发表，把试点效果和情况昭告国内外。新闻界的同志要注意，有的同志不太了解业务，听了个别的反映，本不是倾向性问题，不是主流，你在报纸上一讲便成了主流，大家对这个办法就会表示怀疑，对改革造成很大阻力。我们要加强正面宣传，有些个别问题可以通过内部协调来解决。

下面，我着重讲一个问题：加工贸易现在已经到了应该很好总结、研究和调整的时候了。我认为，加工贸易在历史上起了重大的作用，我国沿海地区的经济发展、经济特区的发展，与“三来一补”〔1〕的加工贸易也是分不开的。没有这个方式，我们的外贸事业、改革开放不可能发展得这么快。但是，随着我国经济的发展、改革开放的深入，特别是我们国民经济发展到了相当高的程度，继续发展像现在这样的加工贸易，极不利于国民经济的进一步健康发展。我们应该客观地看到，时至今日，与其他进出口贸易方式相比，加工贸易方式有很多缺点，起码可以说有五个缺点：

第一，收不到税。政府从这里拿不到一分钱。加工贸易从开始占进出口贸易的5%到10%，发展到现在占50%多，政府却一个钱都收不到。如果这样下去，国家还怎么发展呢？

第二，拿不到技术，核心技术更拿不到。科研开发权不掌握在我们手里，如果说通过合资我们还能拿到一点技术的话，通过加工贸易则一点技术都拿不到，都是简单劳动。

第三，挤占了我们的国际市场。我们出口近1500亿美元，其中加工贸易占700亿到800亿美元，一般贸易出口实际只有700亿美元。外国人的商品把国际市场占了，我们自己的产品却出不了口。特

---

〔1〕“三来一补”，指来料加工、来样加工、来件装配和补偿贸易。

别是服装，也不是什么高技术产业，利润大部分被外商通过加工贸易拿去了，我们自己生产的服装却出不去。在日本，七八十年代，我们中国货只能摆地摊，货架上看不到中国货。1994 年，我访问日本，专门去看了纺织品售货中心，其中大约有 40%是中国产品。从摆地摊到上货台，中国货能占这么大的比重，了不起。但是，这些中国产品大部分都是加工贸易，是外商在上海、江苏等地设厂加工的，我们拿了点加工费，但他们把我们的国际市场占了。现在外国所谓“反倾销”，对我们“制裁”，谁在倾销？不就是加工贸易产品在倾销吗？不就是外国人自己在倾销吗？加工贸易给我们很便宜的价钱作为劳务费，然后外商把产品打到外国市场去，利益都是他们得了，反过来又骂我们。

第四，挤占了国内市场，偷漏税收。进口原料加工产品，如果转为在国内销售，按规定要补缴关税、进口环节税。但现在以加工贸易方式进口原材料，产品却在国内市场销售，一是把市场占了，二是把税偷了，形同走私，或是变相走私，这个损失太大了。现在谁也说不清通过加工贸易走私造成的损失有多少，我看至少有 1000 亿元。特别是对国民经济造成危害的“走私糖”，一个广东、一个广西，把加工贸易审批权下放到地、县，外经贸部把审批权下放到省，大家都可以审批进口原糖。糖现在能卖到哪里去？国际上都供过于求，还能出口吗？全部销在国内市场了。国内市场的容量也就几百万吨，而以加工贸易名义进口的就有 200 万吨原糖，恰好我们的糖料又丰收，市场糖价就猛跌，因为进来的原糖便宜，又不收税。糖价一跌，糖厂就无法维持，拒收制糖原料，广东、广西的蔗农和黑龙江种甜菜的农民苦得不得了。我今年 1 月份到东莞去开会的时候，朱森林〔1〕同志对我

〔1〕朱森林，当时任广东省省长。

讲，银行不能把资金卡紧，现在糖厂都“打白条”，农民要“造反”了。我说，森林同志，现在不是这个问题，不是银行不给钱，而是糖厂自己不愿意收购。糖厂榨出来的糖都压在库里，卖不出去，周转不开，糖生产不了，它收购糖原料干什么？这不是银行的问题，这叫搬起石头砸自己的脚。广东历来就是制糖的基地，加工贸易把自己的糖厂打垮了。归根结底，是省经贸部门没有管住加工贸易。还有，就是1992年到1993年不知谁批准建的精炼食用油加工厂，每年200万到300万吨的生产能力，都是现代化的工厂。你现在不给人家批进口油料，结果怨声载道，赔得一塌糊涂。这样搞也不对呀！你批准人家建厂，又不批准人家进口油料，这叫什么对外开放政策？现在搞得进退两难，国内的食用油价格在下跌，农民在埋怨，库存油快要接近历史最高点。批准搞食用油加工贸易是为了出口。可是你根本就不可能出口，转而都销售在国内，进一步压低市场油价，那农民就不能种油菜了！你们看这种“加工贸易”的危害有多大！

第五，给城市社会治安、环境带来一系列问题。

当然，加工贸易时至今日，不是说没有好处，总是解决了一批农民工就业。从事加工贸易的大概有1000万人，每人每月工资500元左右，加起来一年有五六百亿元。但是，这些加工产品出口后外商能赚到的钱就不是五六百亿元了，而是2500亿元、3500亿元。钱大部分是被别人赚去了。我们拿了这五六百亿元却付出了巨大的损失。

现在，我们要好好研究加工贸易这种形式的发展方向。对此，我讲几点意见：

其一，当务之急是加强监管，使其合法经营。既然是加工贸易，产品一定要全部出口；如留在国内销售，一定要补税。保证金台账制度刚开始建立，还要进一步完善。今后如若发现保证金台账建立后个别企业仍在偷税，仍在走私，一定要严厉处罚。严格监管制度，特别是海关总署、中国银行负有重大责任。建立保证金台账制度，绝不是否定海关总署在监管方面的一套制度，对海关总署的工作要充分肯定。但要看到，任何一个监管制度都会有漏洞。多一道手续，增加一个保证金台账，不是可以把监管工作做得更好吗？增加一道保证金台账是不是就那么有效，会比海关总署现在的监管更有效？那也不一定，但总是会好一点。希望海关总署把我的意思传达下去，我对你们的工作是给予充分的、完全的肯定，但是还要进一步加强监管，多一些部门加强监管，对海关总署有好处。中国银行也要解决这个问题，谁为主？谁为辅？主要还是要靠海关总署，海关总署这一关把不住，中国银行再有本事也不行。中国银行应该意识到自己的责任，现在党中央、国务院要你们协助海关总署把这个门把住，今后，你们的制度、手段、工作都要跟上去，和海关总署密切配合。两家要亲密无间，同心同德，通力协作，才能把这个事情做好。加强监管的目的是为国家挽回损失，但是不要使加工贸易下降，还是要保证现有企业正常的加工贸易继续发展。不要因为我在前面讲了那么多缺点，就认为加工贸易没有好处了，那也不对，它还是养活很多人，关系到社会稳定的。

其二，继续研究调整进出口贸易的结构，逐步减少加工贸易所占的比重，不能让加工贸易超过其他贸易方式的发展。道理就是前面所讲的，而且历史和事实也证明了这一点。深圳现在已经停止走加工贸易这条道路，东莞也意识到要向高新技术发展，增加新优势，还靠过去的“三来一补”是不行的。东莞搞了个彩色显像管厂，那就不是加工贸易，而是他们自己办的厂，从国外买进来设备，现在已搞到年产 250 万台，税收、利润都很大。如果还搞加工贸易就糟糕了，什么也拿不到。我的意思是，现在要想办法用别的方式来代替加工贸易方式，对增量进行调整，对存量还是继续完善原有的经营管理方式。凡是增量的，要尽量采取合资经营或引进技术、引进设备的方式，尽量少搞加工贸易。深圳、东莞这两块地，寸土寸金，搞加工贸易把绿化破坏了，挤占了一大块地，划不来。因此，大家要研究如何调整、改革、完善加工贸易。我建议有关部门特别是国家计委、国家经贸委、外经贸部、中央财经领导小组办公室，你们都要研究。要研究对策，把加工贸易现状搞清楚，肯定它的历史成绩，研究它的现状和发展方向。我认为，起码有三个政策可以采取，这样可以达到调整加工贸易的目的。

第一，严格保证金制度。新搞的加工贸易，要交保证金，不是空运转。先交保证金，要是变相走私，我们就扣款。欧盟各国都有严格的监管方式；日本的监管也有一套办法，严格得不得了。当然，我们与它们的历史条件不一样，如果我们要采取那么严格的监管方式，恐怕一下子也搞不起来，但至少要实行真正的保证金制度。

第二，限定加工贸易的范围。粮、油、糖这类涉及国计民生的敏感商品，绝不允许搞加工贸易；否则，不但会偷漏大量的税收，而且会冲击国内市场。

第三，采取一些办法和措施，鼓励把加工贸易转变为合资、合作经营，引进技术、引进设备等。搞改革要首先考虑加工贸易现状，对存量不要乱动，要在增量上做文章，在增量上做文章也要采取渐进的方式。分税制改革就是这样的，如果一下子把地方的税收拿到中央来，不大容易被接受。要采取渐进的方式，逐步来调整，通过增量方式来发展。我觉得研究调整加工贸易的时机已经到了，请各有关部门共同研究。

上海发展中需要注意的几个问题*

（1996 年 6 月 11 日）

上海的工作在市委、市政府的领导下，做得很有成绩，这方面我不多说了。我认为，上海发展中有几个问题需要引起注意。

一、上海要发挥科研技术中心的作用。进一步发展高技术、高附加值的产业，是上海的当务之急

上海能有今天，是由于过去搞了一批在当时来说或者现在来看还是技术比较先进的、高附加值的产业，不然，财政收入不会有这么大的增加。现在看来，“七五”末期开始搞的、到“八五”后期发挥了很大效益的这一批产业，已差不多达到顶点了。如果再没有后续东西上去，如果老生产积压产品、不提高产销率，上海的发展速度就要降低。同时，上海又不适宜搞那些劳动密集型的产品，因为没有前途，也赚不了多少钱。我到苏州时，当地同志跟我讲，现在苏州生产的电扇、空调器等加起来搞到了年产 500 万台，但一台只赚 10 元钱，觉得不合算。现在，他们的自行车厂也不想要了，愿意卖给上海的自行车公司。他们不想再搞这个，想往高新技术发展。上海更要这样

* 1996 年 6 月 7 日至 11 日，朱镕基同志在上海市考察工作。这是朱镕基同志与市委、市政府负责同志座谈时讲话的主要部分。

做，劳动力密集的产业都要往外转移，搞兼并、联营，扩散出去，搞高新技术。这种高新技术不一定是很高很新，而是在这个行业里是领先的，如果没有这个基础，第三产业就推动不起来。光强调发展第三产业，没有第二产业的基础，是发展不起来的，上海的优势也发挥不了，而上海的优势恰恰就在这方面。

过去，我总觉得深圳没有什么像样的产业，也没有上海这样的素质和人才。但最近到深圳看了以后，我发现某些方面上海就要或已经落后于深圳，如果上海再不警惕，将来会继续落后。那天有几位同志与我谈"909项目"〔1〕，我就提醒他们，你们去深圳看看。我推荐你们看两个厂：一个叫华为，做程控电话的；另一个叫康佳，做彩电的。这两个企业的发展对我启发很大，它们的经营机制非常灵活，无上级主管单位，非常重视产品开发。去年12月，我到上海浦东考察了上海贝尔有限公司（以下简称"贝尔"）。我原以为德国贝尔公司是全世界最好的，人均的创汇、利税、劳动生产率都超过美国公司。但我到华为一看，华为更好，而且华为的潜力比贝尔更大。华为有2000多人，贝尔有1000多人，但是华为员工80%以上是大学生，贝尔只有58%。华为有40%以上的人搞科研开发，现在生产程控电话的规模要逐步赶上贝尔了。今年一个月，华为生产程控电话30多万台，一年差不多是400万台；贝尔去年生产了429万台。华为在开发上下了很大力量，公司领导的市场观念很强，现在同所有国内中标建成的电话网都已经联网，任何软件上的问题都可以在总部解决，硬件通过设在每个省的办事处送货上门，售后服务非常好。华为的集成电路大大高于贝尔的水平。贝尔现在生产的是1微米，正在自己设计加工0.5微米。华为正在设计0.35微米，比"909项目"的水平还要高。华为

〔1〕"909项目"，指上海华虹NEC电子有限公司集成电路芯片生产线项目。

搞的程控电话柜子比贝尔的还小得多，各种多功能、多媒体和程控电话机内部的接线都用光纤，贝尔没有做到。所以我就说，华为有能力跟国际大公司竞争，贝尔还不具备这个力量。因此，上海要居安思危啊！当然，上海是不会到“危”这一天的，如果上海到了“危”这一天，全国就没有希望了。

再讲康佳彩电。康佳生产的彩电在这几年间国内市场占有率已经是第二位，第一位是四川长虹，年产近300万台。我印象最深的是康佳的新产品开发，每年都推出很多新产品。上海的彩电生产下了很大力量，但没有搞上去，现在年产量是125万台，还是不行，打不出去，关键在于科研技术开发的力度还不够。

我举这些例子，就是说上海要把科研开发搞上去，成为全国最好的、集中最优秀人才的科研开发中心。有了这一条，上海的产业一上去都是高附加值的。

二、上海要往外打，去占领国际市场

这既可以为发展高新技术产业创造条件，又能解决上海就业的困难。我去过非洲、拉丁美洲，最近到过东南亚。我想，只要我们有真正的企业家，就可以打进它们的市场赚大钱。特别是上海的发电设备制造业，现在还没有摆脱困境，国内一半以上厂家是购买外国设备，让人家占领了我们的市场。我们应该“打出去”，现在东南亚的电力发展很快，那里的市场很大。这次我出访回国以后，决定由周正庆[1]同志牵头，从银行贷款中划出一块，搞出口信贷，支持发电设备出口。现在的问题是，缺少真正的为国为民的人才、忠诚

〔1〕周正庆，当时任国务院副秘书长、国务院证券委员会主任。

谋国的人才。许多搞外贸的人实际上是在为自己办事，赚了钱入了自己的腰包，亏了以后在公家账上报销，这样下去不得了！如果我们有像下南洋的陈嘉庚那样的人、那种精神，就一定能占领东南亚和非洲市场。我们的产品比他们的便宜得多，把零部件运出去一组装，马上就能赚钱了。因此，要把“打出去”作为上海的重要发展战略，我支持你们“打出去”。希望上海市委、市政府做一个部署，中央为你们提供金融支持，一定要物色一批忠诚为国的人，工资高没有关系，但不能什么钱都进个人的腰包。这一点，跟我一起出国访问的几位部长思想都是通的，特别是外经贸部会支持的。这也是国务院的一个方针。

三、上海在城市建设中要注意的问题

最近，我看内参上有个反映，说浦东已经开始出现空楼了，于是记者就说中央关于浦东的政策没有落实。后来，我请何椿霖〔1〕同志去调查了一下。他说，凡是中央已经确定的政策都落实了，但是有些事情，比如浦东外资银行开放做人民币业务，因为中央还没有定下来，不能说没有落实。我从昆山过来，看到路上有相当一批小别墅都是空的，我就很担心。这几天我从电视上看到，陆家嘴高楼林立，要当心这些楼盖起来以后，更要空了。对这个问题，美国纽约联邦储备银行行长威廉·麦克唐纳也跟我谈过。他说，到了上海，看到浦东的房地产搞得太多，这也是一个问题。因此，我觉得你们也要居安思危，未雨绸缪。我们1993年吃亏就是吃在房地产发展得太快，至今广东至少还积压了500万平方米商品房，海南也

〔1〕何椿霖，当时任国务院副秘书长。

差不多，大量资金都压在那里，遗留下来的问题至今还未解决。

怎么办呢？我最近在考虑：第一，上海还是要加快改革开放的步伐。外商不来，你们这些楼卖给谁？租给谁？你们要经常讲讲这个问题的迫切性。从全国来讲，金融和保险业的开放要从严掌握，但是上海还是要加快，因为在上海风险不太大，能抓得住、看得见，能及时采取调整的措施。如果不把人家放进来，没有大量的银行、保险公司和证券商进入，没有外贸公司总部和像八佰伴这样的外国公司总部往上海搬，你们这些楼必空无疑，将来是上海的一场灾难。要重视这个问题，要把这个道理讲清楚。要把外国的一些大企业包括它们的总部吸引到上海来。第二，要进一步加强城市基础设施的建设。这几年，上海的城市基础设施已经相当不错了，已经够国际城市的水平。但是，印度尼西亚雅加达这个城市的基础设施比上海还好，大楼林立，120 多家外资银行设在那里，都是银行大楼，整个城市设计非常漂亮。我认为，这在东南亚国家城市里是最好的，转一圈，你看不到很破烂的地方，贫民区都给遮起来了，绿化搞得很好。上海也要做到这个程度。第三，我建议控制上海浦西的建设。近日我出去看了一下，浦西的高楼大厦盖得不少了。我主张浦西不要再建太多高楼，主要是增加绿化面积。上海的绿化面积太少。记得我在上海工作时讲过，拆了房子后，居民要搬到浦东去，这样才能减少浦西的人口，改善浦西的环境。将来外国人到上海来不是要看浦东，因为那种高楼大厦人家有的是，他们还是要看浦西，还是要看上海的历史建筑，还是要看上海整个城市的风貌。现在上海有的地方还在盖很高的楼，建筑形式又不美观。我昨天看了上海博物馆、图书馆，举起大拇指夸赞，非常好，设计得真好。上海图书馆藏书量国内第一，大大超过北京图书馆的水平，设计没有落俗套，思想比较解放，这是进行社会主义精神文明建设的一个很好的基地。这几个项目抓得很对。我说，浦西再盖房子要“求精不求多”，每栋楼都要考虑它的设计，要形式超群，不要再盖普通的几十层居民楼了，再盖也盖不出什么名堂了，而且搞得交通很困难。浦西的绿化搞好了，环境好了，浦东的功能才能发挥，浦东的300幢大楼就有市场了。不然，浦东什么时候才能繁荣呢？

金融系统要坚决反腐败*

（1996年6月26日）

我今天讲两个问题，一个是坚决地反腐败；另一个是狠抓防抢劫、防诈骗、防盗窃，保护金融资产安全的“三防一保”工作。这两个问题实际上是一个问题的两个方面。只要我们大家坚决地反腐败、讲廉政，金融系统绝大部分抢劫、诈骗、盗窃案件就可以防患于未然。从1993年党中央、国务院部署反腐败工作以来，金融系统非常重视，在三年多的时间里取得了很大的成绩。

第一，查处大案要案的力度一年比一年加强。三年来，金融系统查处了1.2万多个案件，其中百万元以上大案392件、亿元以上特大案件19件，经济案件和抢劫、诈骗、盗窃方面的大案要案发案率逐年下降。贪污、受贿、挪用资金等案件从1992年的4415件下降到1995年的2351件，金融抢劫、诈骗、盗窃等大案要案从1993年的1990件、1994年的1435件，下降到1995年的862件，堵截率达63%。这三年处分了1.3万多人，其中包括处级以上干部210人，清除了腐败分子，起到了教育群众、震慑坏人的作用。对这些成绩，我们要充分肯定。

---

* 1996年6月26日，国务院在北京召开金融系统“反腐败，防抢劫、防诈骗、防盗窃，保护金融资产安全”会议。出席会议的有各家银行、保险公司的负责同志，纪检、监察和司法、公安部门的主要负责同志。这是朱镕基同志在会上讲话的主要部分。

第二，反腐败、抓廉政与加强金融监管、整顿金融秩序相结合，取得了很好的效果。金融体系中有中央银行、商业银行、政策性银行。政策性银行也好，商业银行也好，都直接为客户服务，搞经营活动。但中央银行的职能是监管，是对整个金融系统的运行进行监督。1993 年以来，特别是 1994 年以后，我们强调了中央银行和商业银行的职能分离，强调中央银行的主要任务就是监管。经过这两年的努力，现在的金融秩序虽不能说是很好，但至少是有法可依了，大家知道怎么做是对的、怎么做是不对的。

从总体上说，目前金融系统中的是非观念、法治观念比过去增强了，特别是去年，在金融监管方面采取了一系列雷厉风行的措施，取得了很大成效。一是认真清理查处“两本账”。什么叫“两本账”？就是有的银行分支机构的存款、贷款除了向上报的这本账之外，还有另外一笔“账外账”，在向上报的账外再搞存款，再去放贷。在某些地方，“账外账”的数额很大。这怎么得了啊！有关“账外账”的问题，我们首先是从沿海地区某省一个县级市的银行发现的，它账面上只有两亿多元贷款，但发放的账外贷款有 35 亿元。经过调查，这个支行账外放的贷款质量非常差，大部分都收不回来。对这个支行的问题我们毫不留情，做了严肃处理。现在查出的全国账外存款达 1625 亿元，账外贷款达 1890 亿元，但这只是已经查出来的，实际上究竟有多少还不清楚。已经查出来的这部分已占国家 6 万亿元贷款余额的不小比例，其中有个省的账外贷款就占全国账外贷款总额的三分之一以上。这么严重的问题，不整顿行吗？从这本“账外账”里要滋生出多少腐败分子啊！这是个罪恶的温床，危害太大，必须坚决取缔。二是清理查处了用假报关单套汇的违法违纪行为。沿海地区有个城市的一个犯罪团伙，从 17 个私营公司凑了近 100 亿元人民币，到大连、武汉、青岛等地的中国银行换成外汇汇到境外某公司，再由这个公司汇

1996年6月26日，朱镕基在金融系统“反腐败，防抢劫、防诈骗、防盗窃，保护金融资产安全”会议上讲话。右二为国务委员兼国务院秘书长罗干。（新华社记者齐铁砚摄）

入境内，就变成了出口商品的外汇收入。这么一来，他们就可以骗取17亿元的出口退税。因此，去年人民银行总行组织700人到这个省一张一张地审查报关单据，然后将有疑问的送到海关总署进行鉴别。在送审的3617张单据中，竟有2946张是假的，占81.4%。经过这次打击，这类问题稍微有些收敛，但据说现在又开始抬头了，所以要严厉打击，要常抓不懈。三是金融系统在查处炒外汇、炒期货、炒股票、炒房地产和乱担保、乱贷款、乱投资、乱抵押等案件上也下了很大工夫。国务院三令五申不准搞外汇期货，对这种金融衍生产品的交易我们很不熟悉，有些人根本就不懂，你去炒这个东西，陷进去怎么得了啊！大家知道，英国巴林银行一个23岁叫里森的职员，在新加坡从事外汇期货交易赔掉14亿美元。但我们有些公司就是不听招呼，仍然去炒外汇期货，结果吃了大亏，最多的一个公司赔了8000万美元，还有三个公司各赔5000万美元，最少的赔了几百万美元。我们银行系统也有，中国银行山东省分行就赔了5000多万美元，处长已抓起来了，行长也已撤职。交通银行也赔了1200万美元，负责人也已处理。金融系统要坚决杜绝这类事情，要严格执行纪律。金融系统掌握着国家经济命脉，牵一发而动全身，如果不严肃纪律，后果不堪设想。

第三，金融系统的廉政建设和精神文明建设取得重大成绩。去年，人民银行总行制定了两个规定，一个是《关于对金融机构重大经济犯罪案件负有领导责任人员行政处分的暂行规定》，另一个是《关于对金融诈骗案涉及的金融工作人员行政处分的暂行规定》。人民银行和各家银行、保险公司还陆续下发了禁止用公款吃喝玩乐的规定，清理超标准小轿车3000多辆，处理了2000多辆；清理“小金库”2.8亿元，上缴财政1.6亿元；压缩和取消了一批不必要的出国团组。银行系统还采取了一项重大的改革措施，各个国有商业银行与所办的信托投资公司脱钩。先从中国工商银行和中国建设银行两家开始试点，这两家银行的91户信托公司，已撤掉了60户，把股份转出去的有26户。其他银行也都要按此原则撤掉其所办的信托投资公司，或把股权转让出去。现在银行系统的招待费普遍减少了30%，我并不是说这就减够了，但是从这一点可以看到抓廉政建设见效了，群众关心的某些不正之风基本刹住了，至少可以说有所收敛了。

尽管我们取得了这样大的成绩，但是我们要看到，当前反腐败和“三防一保”工作的任务仍然十分艰巨。银行是一个特殊的重要行业，如果放松了警惕，稍有松懈，后果是非常严重的。根据党中央、国务院的指示精神，根据“严打”的方针和进展情况，我向中共中央政治局常委会报告后，决定召开今天这个会议，要继续坚持反腐败，坚持开展“三防一保”，这是一件刻不容缓的事情。今天请了政法战线的同志出席会议。我在金融系统讲过，在财税系统也讲过：对大案要案的犯罪分子要抓起来，依法处理，该判刑的判刑，该枪毙的枪毙。但是，我们的干部特别是领导干部也有责任。对凡是发生大案要案的单位的领导干部，特别是一把手，一定要给予行政处分，甚至撤职。

从金融系统发生的大案要案中，可以看出反腐败、打击金融犯罪不是搞两年、打两年就能解决的。银行系统有三种人，尽管人数极少，但是非常危险，我们对他们不能放松警惕。第一种人是特别贪婪、特别疯狂的人，为了个人享乐，一切都在所不惜，作案不计后果。四川省外汇管理局有个干部，第一次作案贪污了1040万元，并办好了去美国的护照。但他还不满足，又第二次作案，非要再贪污1500万元后才卷款潜逃，幸亏被及时识破抓住了。这种特别贪婪、特别疯狂的人，不但有一般干部，也有个别领导干部。第二种人主要是领导干部，对国家利益、资金安全极端不负责任，想怎么干就怎么干，胆子大得不得了。炒外汇期货，多少亿美元也在所不惜；开信用证，几十亿、几百亿美元也敢开，根本不考虑后果。第三种人，政治素质和业务素质都非常低劣，无知而又胆大，干出很多荒谬的事情。例如，辽宁省营口市某保险公司聘用一个农民当证券代办处负责人，这个农民啥也不懂，一上任就到处非法融资3个多亿，高息拆出和放贷，至今大部分资金收不回来。大家都知道“辽国发”证券诈骗案〔1〕，两个个体户，都是黑了良心想发财的人，有些领导干部还以为

〔1〕“辽国发”证券诈骗案，指20世纪90年代中期，辽宁国发（集团）股份有限公司负责人高岭、高原等人，采取私刻公章、伪造证书和票据等欺诈手段，在沈阳、武汉等地大肆进行非法融资和证券回购，炒作期货、股票等体外经营，负债98.66亿元，资产与负债差额为16.04亿元，给国家造成巨大损失。该案涉及违法犯罪人员数百人，涉及金额数百亿元人民币，导致当时在金融证券市场中最火爆的武汉证券交易中心等一大批机构倒闭，尔后引起的小至百万元、大至数亿元的诉讼案件有近百件。

他们是在“活跃社会主义城乡经济”，其实是疯狂投机、买空卖空。他们哪里来的信誉呢？原来，我们一些金融单位把在证券交易所的席位卖给他们，让他们在那里招摇撞骗，最后非法融资88亿元。等到我们清理证券回购时，他们早已卷款潜逃国外了，损失了38亿元收不回来，倒霉的是老百姓。我再给你们讲一个案件，从中可以看出我们金融系统某些领导干部无知到了何种程度。一个在美国留学的叫黄爱萍的人，在江苏南通注册了一家“皮包公司”。而南通几个银行也不调查她的资信和经营状况，就给她贷款4900万美元，结果有3000多万美元被搞到美国去了，钱回不来了，黄爱萍这个人也找不着了。谁贷的最多呢？中国银行南通分行一家就贷给她4000万美元。

为了引起我们领导干部的注意，我把1993年以后查出来的392件百万元以上案件的分布情况说一说。当然，我绝不是说哪个银行发生案件多，哪个银行就最腐败。如果你那里有案不查或查不出来，才真正叫腐败。但是我也不能不讲，案件高发的地方，你们更要注意啊！这392件案件中，中国银行有90件，占23%，中国银行的队伍要认真进行整顿。中国农业银行本来主要在农村活动，但是现在到处搞经营活动，发案就多了，有85件，占21.7%，应该引起注意。中国建设银行有71件，占18.1%。中国工商银行好一点，但是也不少，有57件，占14.5%。中国人民银行也有48件，占12.2%。中国人民银行不直接经营，发生这些案件无非是搞关系造成的，对这些案件要分析一下，好好整顿队伍。中国交通银行、中国人民保险公司也查出一些案件，都是占5%左右。再说说大案高发地区，便于你们考虑以后检查工作的重点应该摆在什么地区。第一位是广东，占26.5%；第二位是江苏，占10.6%；第三位是辽宁，占9.3%；广西占8.4%；山东占7.1%。大案高发地区重点集中在这五个省区，都是沿海地区。今后，打击金融犯罪活动的重点、检查的重点、监督的重点要放在这些地方。

在这里我也要讲一句，有一种舆论是错误的，说银行是最腐败的，抓了多少多少行长，这是不符合事实的。不能对我们金融系统这支队伍的信誉发生动摇，我从来就说这是一支听中央的话、能打硬仗、勇于进取、锐意改革、值得中央信赖的队伍。尽管人员工资稍微高一点，但不是最高的。这支队伍对国家经济发展起了很大的作用。对金融队伍的基本估价必须客观公正。我们也不要担心查出大案要案多了会给金融系统抹黑，有多少就要查多少，一个也不要漏掉。但是我们应当看到，银行是个光荣的单位，也是个危险的单位。从 1993 年到现在，被罪犯杀死、杀伤的职工有 166 人，平均每个月 6 个人。银行有很多人在抢劫、盗窃案件发生时，与持枪、持刀的罪犯勇敢搏斗，光荣负伤，甚至英勇牺牲，我们要引以自豪。在当今世界，金融犯罪、骗银行、抢银行是国际性的社会现象，发案率是比较高的。当然，我们不能麻痹，要针对这些问题采取措施。但对整个金融队伍的评价不能发生动摇，不能败坏金融队伍的声誉。如果败坏了金融队伍的声誉，中国的经济就要垮台，这不是危言耸听。对金融队伍一方面要严格要求，另一方面还是要鼓励。要振作精神，把这支队伍整顿好，增强大家的荣誉感。

当前，总的要求是：要认真贯彻领导干部一定要讲政治的要求，干什么事情都要从政治的高度出发，与党中央保持高度一致。在这个前提下，重点要抓好三方面工作：

第一，继续坚决地反腐败，抓好廉政建设，严肃金融纪律，一定要把贪污腐败分子清除出金融队伍。我们银行的领导干部对此绝不能有任何姑息，有案不能隐瞒不报，不能上下包庇，不要怕亮丑，不要怕揭短。不仅要查经济案件，对那些道德败坏、腐化堕落的丑恶现象，也要严肃查办。

第二，切实加强金融监管，整顿金融秩序。金融系统一定要有铁的纪律、铁的账本。现在我请你们各总行行长向下传达，以今天为界限，今后继续搞“两本账”、用假单据套外汇、炒外汇期货的，不管是什么人，一律清除出银行队伍。没有这种铁的纪律，银行就无法办下去，也办不好。考虑到过去搞“两本账”有着复杂的原因，在一般情况下，当事人坦白了，就不再查处。在今后一个月内，有问题的人赶快坦白交代，把假账拿出来。一个月后，就要执行上面宣布的纪律。同志们，我们不要怕得罪人。我们既然是共产党员，还是高级干部，就应该无私无畏。我始终主张为政要严，我们的银行要更严。根据三年来管银行的经验，我认为，只要我们认真地抓，绝对抓得好。我有充分的信心，我们大家一条心，就一定能搞好。那些腐败分子、极端不负责任的分子、一些素质很低的领导干部，请他们让位。必须把年轻有为、政治素质和业务素质高的人提拔到领导岗位上来。这样，我们这支队伍才能够兴旺。没有这个决心，良好的金融秩序就建立不起来，国民经济就搞不好。

第三，认真加强“三防一保”工作。最近，“严打”取得了很大成绩。但是我们也应看到，这是一项长期的工作。就是在“严打”期间，北京还有顶风作案公开抢劫银行的。打击还要严，绝对不能满足于现有的成绩。银行本身应该提高警惕，加强安全防范设施，采取各种措施，不能看着国家的财产受损失。

抓“三防一保”，一是解决保安队伍如何适应安全防范的要求。北京市银行系统雇用的3000个保安员属于22家保安公司，其中168名是“黑保安”，即没有经过保安公司批准、银行自己雇的，这要很好地整顿。我看，保安公司应该由公安部归口管，保安人员要经过训练。那些作案的都是训练有素的人啊，不是一般人做得到的。所以，一定要加强保安人员的训练，包括政治的训练、业务的训练、技术的训练。二是要解决运钞车不符合防盗窃、防抢劫要求的问题。要改革一下体制，不要随便什么人都去运钞，要由专业人员来运钞，让经过训练的保安人员去运钞。这个事情看怎么组织，要有若干规定。三是银行的电子化、信息化建设必须加快。这个钱一定要花，否则难以适应市场经济的要求。信息系统包括报警系统，应该不是很难搞的，花钱也不是很多。整个金融电子信息系统都要搞起来，将来要用信用卡，现金流通越来越少了，都数据化了，没有电子信息系统怎么处理呢？现在，要把政治素质好，懂银行业务、懂现代金融知识、懂现代技术手段、懂电子计算机的人提到领导岗位上来，注意调整我们干部的结构。为什么电子信息化老搞不好呢？关键是懂银行业务的人不懂电子计算机，懂电子计算机的人不懂银行业务。这两者必须结合，不结合，电子信息化就搞不上去。总之，我希望银行系统要根据公安部门的要求，也根据我们的能力，结合需要与可能，抓好“三防一保”各项具体措施的落实。

认真总结扶贫工作的经验*

（1996年7月4日）

中国革命的根本问题是农民问题，发展经济根本上是发展农村经济。扶贫的问题是一个农业的问题、农民的问题、农村的问题，是消灭城乡差别、工农差别的问题。这个问题不解决，工业发展不起来，国民经济也无法持续健康地发展。现在，大家都把注意力集中在国有企业问题上，这当然是对的。但如果中国的农村问题、农民问题、农业问题不解决，没有农村市场，工业也就发展不起来，国有企业就搞不好。没有农业这个基础，没有农村这个市场，名堂再多，市场经济也发展不起来。前两年，我担任中央农村工作领导小组组长，花了很多精力研究农业和农村问题。这几年，我抓得很多的工作是粮食问题、棉花问题、农业生产资料流通领域的问题和化肥问题，都是围绕农业、农村和农民问题的。这些问题不解决，我们早两年就没得饭吃了。

甘肃是中西部地区一个非常重要的省，2300多万人，贫困人口占24%，比例很大。我觉得，这还只是特困户，应该说真正一大半的人还不富裕，还比较困难。所以，我认为在“九五”期间把扶贫工作抓好，意义是非常重大的。它不仅仅是一个扶贫问题，政治意义本

---

* 1996年6月29日至7月4日，朱镕基同志在甘肃省考察工作，先后考察了天水、定西、兰州等地。这是朱镕基同志在听取省委、省政府工作汇报后讲话的主要部分。

身就很大。你们在“九五”期间一定要脱贫，我相信你们能做到，党中央、国务院一定会支持。我这次来主要是学习甘肃的扶贫经验，根据这几天对甘肃扶贫经验的学习的心得，把你们已经做的扶贫的具体措施，做了一首打油诗：引水要开山，集水靠挖窖，坡田改梯田，漫灌改滴灌，种树以保土，地膜来保墒，增收靠良种，脱贫靠科研。

引水要开山。这是甘肃的特点，不开山，水引不来。这句话就是大修水利的意思吧。“引大入秦”搞了19年，就是挖隧洞、修渡槽，开山引水。把大通河的水引到秦王川，实现了几代人梦寐以求的愿望。这个愿望，只有到了新中国，到了改革开放的新时期，才能变为现实。实践证明，只有兴修水利，才能从根本上解决甘肃的粮食生产和农业发展问题。要继续抓好“引大入秦”的配套工程，使更多的人早日脱贫致富。引洮工程也是关系到甘肃脱贫的一个最重要的工程。这个工程一定会列入计划，一定会搞，只是迟早的问题。引洮工程的难度可能没有“引大”那么大，但投资是“引大入秦”工程的5倍，需要100亿元，不可能在5年内完成，“九五”计划能使它上马就很不错了。困难再大，这100个亿还是要花的。

集水靠挖窖。这是你们“121雨水集流工程”的经验，现在看起来效果非常显著。在执行中间，还应该总结经验，改进工作，真正地出实效。“121工程”不是简单地打个地窖的问题，有许多问题需要很好地研究。你们讲集水的面积就是径流的面积，那要看地势、水的走向，要研究怎么集得最多、渗透流失最少、集水的效率最高，要帮助农民总结出几条经验来。要注意水质，因为它不光是灌溉用，吃喝也是这个水，干净一点对健康有好处。

坡田改梯田，漫灌改滴灌。这是你们正在做的事情，不用多解释了。坡田改成梯田，就能减少水土流失，改变生产条件。滴灌是一种先进的灌溉方式，看起来甘肃非走这条路不可。那种水漫灌、肥乱撒的做法不能再搞了。这件事情做好了，甘肃很可能成为全国使用最先进灌溉方式的一个地区。怎么滴灌最有效，设备等一系列辅助设施怎样跟上去，都是很值得研究的问题，不能简单地一哄而起，最后老百姓得不到实惠。现在大量的是靠国家花钱，或者靠集资，或者靠救济，这个钱如果花得没有效果，老百姓就会失掉信心。

种树以保土。“种草种树，脱贫致富”，这是胡耀邦同志讲了的。天水秦城区那个放牛村，给我的印象很深，别的地方是光秃秃的黄土山，但这个村一片绿，种了许多树，而且是苹果树。这个经验应该推广。当时我说：“今日天水黄土峪，明朝陇右江南绿。”定西的小流域治理也给我非常深刻的印象。你们这个山是可以种树的，不要引水上山就可以种得活。这个非常重要，就怕种不活。现在黄土高原水土流失这么严重，黄河变得这么浑，这几年连年断流，就是因为历史上战争破坏，天灾人祸，树被砍掉了。把树林子砍掉以后，整个气候变化了，肥沃的土地流失了，才搞成今天这个样子。你的山都开荒种了地，那是个恶性循环。越没有粮食吃，就越到山上去开荒，越开荒就越没有树林，气候就越来越坏，最后落得个没得饭吃，无以为生。真正的脱贫就要改变生产条件，种草种树是根本措施。我很重视甘肃这个经验，要种树，要保土，最好是把你们山上统统种上树，那样甘肃的气候条件就完全改变了。但问题是这样做我们就没得饭吃了，只好采用地膜技术来增产粮食，腾出一部分地，特别是山地来种树，这就是有远见了。种树如果完全种用材林，种一般树，就没有多少收入，投的钱回不来；最好的办法是种果树，搞经济林，那比粮食还来钱，这应当是一个正确的方向。

地膜来保墒，增收靠良种，脱贫靠科研。地膜覆盖、推广良种以及耕作制度的改革，都是增产增收的科技措施。要不断改进工作，把各种措施跟上去，真正地抓出实效。种果树也有一个改良品种的问

1996 年 6 月 29 日，朱镕基在甘肃省天水市秦城区藉口乡向农民了解生产、生活情况。左一为甘肃省委书记阎海旺。

题。我在江西、湖南看到果树种得很多，1991 年就提醒他们，这么多果树，橘子那么酸，弄不好将来要吃亏。这次去看，他们种的都是好品种，是从日本、美国、法国引进来的良种。所以，必须搞好科学技术研究，总结农民的经验，确保果树种出来以后有市场。我看，将来水果也同电视机、电冰箱一样，会有激烈的市场竞争。关键就看谁在农业科研上下工夫，能够使品种不断更新，质量不断提高，而且包装、运输、宣传广告这一系列工作都能跟上。也就是要搞贸工农一体化，朝着这个方向努力。耕作制度的改革也是很值得研究的问题。比如种洋芋，能不能种那么多，种了以后出路如何，价钱会不会掉下来，还有洋芋如何加工，这里面还有许多问题要研究，不能一下子就

1996 年 7 月 2 日，朱镕基在甘肃省定西县鲁家沟乡太平村考察农户的雨水集储灌溉示范点。右一为甘肃省委书记阎海旺。

铺开，我觉得稳一点好。究竟种什么合适，还是要尊重农民的意愿。当然，老百姓有时候的一些观念和习惯不一定都是合理的。总而言之，要从实际出发，非常周密地考虑耕作制度的改革。

党中央、国务院非常关心扶贫工作，在财力上要向贫困地区倾斜，中央决定拿出一笔钱，每年增加扶贫资金。同时，希望地方也相应地增加扶贫资金。我们定了一条政策，中央拿 100，地方至少要拿 30。根据不同地区，最多的应该拿到 50。如果你不拿，我就把这个钱给那些能够拿出钱的地方去。如果甘肃不拿，陕西能拿，那就给陕西了。意思就是要大家都来努力，不要中央拿钱扶贫，地方盖楼堂馆所。增加扶贫资金的政策是定了，但具体工作确实要靠地方去做。上次我们在中共中央政治局常委会上讨论脱贫的问题，江泽民同志还讲过，捐献工作每年都要搞。这次到贫困户问了一下，都拿到了捐献的衣被。这不光是一个捐献衣被的问题，而是城市人民同农村贫困人民心连心的问题，是一种阶级感情啊！捐献要坚持搞下去。将来旧衣服捐完了，新衣服也得捐一些。这个花费并不是很大，但对农村贫困人民是一个很大的支援，政治意义很大。

这次我到甘肃来，感到甘肃省的面貌变化很大，工作比较扎实，从市县乡到村干部，作风比较淳朴，比较能够跟群众同甘共苦。贫困人口这么多，还能够保证农民渡过这两年大灾带来的困难，工作是做得比较好的。更重要的就是甘肃省已经找到了或者说总结出了一条脱贫致富的道路。按照这条路子走下去，脱贫致富就大有希望。

对税制改革要坚定不移，坚信不疑，坚持不惑*

（1996年7月8日）

怀诚同志，并仲藜同志：

财税体制改革的三年是不平凡的三年。三年来税收征管工作卓有成效，政绩显著，铁的事实证明，税制改革（包括税务机构分设）是成功的、正确的；全体税务系统工作人员（包括国税系统和地税系统）工作是努力的，得力的，值得党中央、国务院信任。对此我们要坚定不移，坚信不疑，坚持不惑。当然，改革要深化，制度要完善，我们要认真面对新体制带来新问题的挑战。既要把该收的税统统收上来，又要严厉打击一切偷漏骗税活动，关键是要建立一支高效廉洁而又拥有现代管理知识和技术手段的税收队伍。我在不久前关于金融行业“三防一保”〔1〕的讲话精神，同样也适用于财税工作战线，希望你们传达、讨论，参照实施，并且做出成效。预祝会议成功。

朱镕基

七月八日

---

* 这是在全国税收征管改革工作会议召开前，朱镕基同志写给财政部部长兼国家税务总局局长刘仲藜、国家税务总局副局长项怀诚的信。

〔1〕 见本卷第17页注〔1〕。

中华人民共和国国务院

怀诚同志，并仲藜同志：

财经体制改革的三年是不平凡的三年。三年来税收征管工作卓有成效，政绩显著，铁的事实证明，税制改革（包括税务机构分设）是成功的、正确的；全体税务系统工作人员（包括国税系统和地税系统）工作是努力的、得力的，值得党中央、国务院信任。对此我们要坚定不移，坚信不疑，坚持不懈。当然，改革要深化，制度要完善，我们要认真面对新体制带来新问题的挑战。既要把该收的税统统收上来，又要严厉打击一切偷漏骗税活动，关键就是要建立一支高效廉洁而

中华人民共和国国务院

又拥有现代管理知识和技术手段的稽收队伍。我在不久前关于金融外汇"三防一保"的讲话精神，同样也适用于财经工作战线，希望你们传达、讨论，参照实施，并且作出成效。预祝会议成功。

朱镕基

七月八日

继续推进农村金融体制改革*

（1996年7月14日）

农村金融体制改革的方针在党的十四届三中全会决定中早已确定了，现在是赶快贯彻落实的问题。主要有以下几个方面：

一是农村信用社和农业银行脱钩，把农村信用社真正办成合作性质的、社员民主管理的、自负盈亏的金融机构。农村信用社的成绩很大，存贷款的数量很大，但问题也不少，亏损面达40%，亟须人民银行加强监管，使其认真遵守金融法律法规。农村信用社和农业银行脱钩经过两年的准备，条件比较成熟了，认识也比较统一了。但是，这项工作牵涉面太广，千万不能粗心大意。为了加强对这项工作的领导，准备成立一个农村金融体制改革部际协调小组，由戴相龙[1]同志牵头，各有关部门参加；各地区也要成立一个领导（协调）小组，由副省长出面牵头，农业银行原来管理农村信用社的同志目前暂时到领导（协调）小组办公室去做脱钩工作，工作完成后再做妥善安排。脱钩的目的是要使农村信用社将来在农村发挥重要的作用，保证减少风险，改善经营管理。

---

* 1996年7月13日至14日，全国农村金融体制改革工作会议在北京召开。出席会议的有各省、自治区、直辖市人民政府主管金融工作的负责同志，国务院有关部门负责同志和中国人民银行、中国农业银行、中国农业发展银行总行及分行负责同志。这是朱镕基同志在会上讲话的一部分。

〔1〕戴相龙，当时任中国人民银行行长。

二是组建农村合作银行。这项工作可以在一些商品经济比较发达、农业所占比重较小的地方试点。那里的农村信用社已经发展到城市，资产也比较大，实际上已经是一个商业银行。在这种地方搞，风险较小，有利于试点工作的进行。农村合作银行是地方性商业银行，不再具有信用合作的性质，要按商业银行进行监管。这件事不能搞得太快，要先试点，每省一个、最多两个，在整顿农村信用社的基础上组建农村合作银行。试点搞得好，取得了经验，再逐步推开。

三是进一步划清农业发展银行和农业银行的分工，农业发展银行要设下属机构。我们认为，成立政策性银行搞农产品收购是成功的，但确有分工不清的问题。实行这项改革以来，投入农业的收购资金没有太多的减少，资金被挪用的情况稍好一点，但仍相当严重，没有完全达到原来改革的目的。现在决定农业发展银行的总行、分行设营业部，并在全国约四分之三的县设分支机构，其余农产品收购任务较少的县和乡镇以下的业务仍委托农业银行代办，这样责任比较清楚。至于这一块业务从农业银行划出、农业银行亏损会更加严重的问题，我们可以从多方面解决。比如说调整县以下的银行机构，把那些信贷业务量较小的县工商银行、中国银行、建设银行设立的分支银行撤并一些，但资金不能带走，任务不能带走，把阵地让给农业银行。

四是认真整顿农村合作基金会。合作基金会是合作性质的组织，只能在会员之间进行资金的调剂，不是金融机构，不能在社会上搞存贷款。但有的农村合作基金会把自己等同于金融机构，到处高息吸储、高息放款、违规经营，风险很大。有些地方的农村合作基金会已发生资不抵债，甚至工作人员携款潜逃，坑害群众。农村合作基金会再也不能这样办了，否则贻害无穷。要办，就按合作性质的金融机构办，即办成农村信用社，或者和现有农村信用社合并，纳入人民银行的监管范围。如果还要搞基金会，并保留这个名字，那就只能是在会员之间进行资金调剂，不能再搞存贷款。另外，还有一个“地下钱庄”问题。过去山西省花了很大力量整顿过，目前在某些地方又厉害起来了。请务必下决心取缔“地下钱庄”，使它永世不复出现。

搞好金融保险市场对外开放 *

（1996 年 7 月 24 日）

社会保险制度体系的建立和完善，是社会主义市场经济体制建设的必要条件，而商业性保险是社会保障体系里面的重要组成部分。你们的前途也是非常远大的，因为中国有近 13 亿人口，是全世界最广阔的保险市场，在这样一个舞台上面，你们是大有作为的。

我今天借此机会想讲讲金融和保险事业的开放问题，也许你们会觉得很意外，怎么我跑到这里来讲这个问题呢？因为现在对这个问题议论很多，有一些跟我很熟的老同志表示忧虑，是不是我们的金融保险事业开放得太多了？是不是会影响我们的社会主义性质啊？这个问题，我应该跟同志们讲清楚。我们现在之所以能取得这么大的成绩，是由于我们坚决执行了邓小平同志建设有中国特色社会主义理论，坚持四项基本原则和改革开放的基本路线。没有改革开放，就没有今天这个成绩。

同志们，对外开放是双向的，我们利用开放引进了资本，引进了技术，引进了管理，才有我们今天这个局面。但是你一点不给人家甜头，你把门关得紧紧的，那你怎么开放？怎么引进外资，引进管理，引进技术呢？这是双向的。同志们一定要看到，我们现在的进出口贸

---

* 1996 年 7 月 24 日，中国人民保险（集团）公司成立大会在北京召开。这是朱镕基同志在接见会议代表时讲话的主要部分。

易总额是 2800 亿美元，去年，我们是顺差，通过香港一转口还得加几百亿美元，这些美元给香港人赚了，香港人也是中国人嘛，是中华民族的一部分嘛。我们的外债余额是 1100 亿美元，大部分是世界银行的“软贷款”和各国政府的优惠贷款，利率都比较低，我们利用这些外资做了很多事。我们还吸引了 1300 亿美元的直接投资，这对促进我国工业的发展，特别是促进我们外贸的出口，发挥了一定的作用。不然，我们的产品能够进得去欧美的市场吗？进不去啊！我们得到了这么多好处，你说人家看上你什么东西呀？看上你这个市场嘛。你这个市场一点不给人家，你净去占人家的市场，这个改革开放怎么搞下去？

同志们，现在处理好中美关系是我国外交政策的一个重要方面。美国的政界人士，特别是国会议员，不少人都是敌视中国的。谁帮我们讲话？美国的工商界老板。他们为什么帮我们说话？还不是因为他们在中国有利益。你什么利益都不给人家，你的对外工作怎么做？所以，开放是双向的，但主要是有利于我们的发展，我们得到的好处比对方得到的好处更多，这一点是不容否认的事实。在市场的开放方面，我们利用外资的政策是成功的，也是正确的。当然，我觉得在某些行业、某些产品方面也许开放得太过火了。比方说，某些设备有一半以上都进口外国的，我们自己生产这些设备的工厂都关门了，这就过了一点。但总体上，我们的外贸政策是成功的，是正确的。

现在对外国人的市场准入谈判还在继续，他们要求我们开放市场，主要集中在文化市场和金融保险市场上。文化市场方面的知识产权谈判，大家绝对不要以为只是为几个影碟的翻版，那个问题好解决，我们也应该解决，我们也不允许翻版，我们要保护知识产权；关键是美国千方百计要进入中国的文化市场，这个问题我不多谈。服务行业的开放，主要指金融保险业。中国这么大个市场，不但是商品市场，也是一个非常广阔的金融保险市场，不开放也是不行的。同志们，你还要赚人家的钱，你还要做生意，你还要利用外资，你把门关得紧紧的，什么都不能进来，那怎么行呢？

我们在金融保险市场开放问题上是非常慎重的，采取的步骤是适合中国情况的，这方面没有什么问题。有些同志不了解这个情况，好像大祸临头了。

现在一讲外资银行、外国保险公司在中国有500多个机构，就有人感到吃惊。是有啊，那些叫代表处嘛。怕什么？来5000个你也不要怕嘛。其中营业的外资银行有140家，有些人一听就吓死了，说什么外国银行侵入中国金融资本，感到不得了，“帝国主义又来了”。我们对外资银行的地区分布是严格限制的，对业务范围也给予了严格的限制，只能做结算。140家外资银行现在搞结算占多大分量呢？在全国的结、售汇业务中，结汇占2%，售汇占3%，比例非常小，这有什么大不了的？所以，我们还要继续开放，这没有什么危险。在华的外国保险公司有多少？到现在为止一共批了3家，最早批的是美国国际集团，在上海，现在只允许它做人寿保险，财产保险没有开放。外资人寿保险去年只占上海保费收入的8.9%，其中美国国际集团占8.4%，东京海上保险〔1〕占0.5%。外国保险公司占全国保费收入的多少呢？去年全国保费收入是653亿元，其中外国保险公司5.4亿元，占0.83%。这个0.83%就改变了中国的社会主义性质了？没有这个道理。

没有竞争，就没有进步。没有开放，先进的管理经验、经营方式、技术手段怎么能进得来呢？美国国际集团在上海引进了一个代理人制度，一下子就发展很快，中国人保上海分公司也马上采用了这个

〔1〕东京海上保险，即日本东京海上日动火灾保险株式会社。

1996年7月24日，朱镕基在中国人民保险（集团）公司成立大会上接见会议代表并讲话。右一为中保集团董事长兼总经理马永伟。

办法。我们现在用的代理人已经超过了美国国际集团，可见上海人精明得很，不比外国人差。但上海人再聪明，如果美国国际集团不进来，没有样板，也引不进代理人制度。最近国务院决定，在上海的外资银行可以做人民币业务试点。有些同志害怕了，外资银行做结算现在都感到威胁很大，做人民币业务怎么得了？我说，没有问题，别那么害怕，这个事情不会影响什么。这个比重小得很，也不可怕，绝对不会影响我们以社会主义公有制为主体的性质。

中国人保公司去年的保费收入占全国保费收入的82.8%，太平洋保险公司占10%，平安保险公司占5%。你们不要害怕竞争，我相信你们不怕竞争。中央也为你们创造条件：第一，在开放的速度方面、开放的范围方面，一定要适应我们自己的监管能力。人民银行要把保险业的对外开放管起来，控制在规定范围里面。对外要大力宣传中国的保险市场是开放的，也要让人家来发展，不然人家说你做样子也不行。同时，我们也要监管，要把它限制在那个范围里面，也要与我们保险公司的竞争能力相适应，我们要竞争得过外国保险公司。第二，我们要逐步创造一个平等竞争的条件。比方说，现在外资企业的税收还享受优惠，要逐步地与中国企业趋于一致，创造一个能够平等竞争的宏观环境。第三，要锻炼我们自己的队伍，如果总怕竞争，老关起门来，怎么进入世界？它打入你的市场，你就不会打入它的市场啊！就那么自卑？我对这个问题已经考虑了两年，最近想了个办法。我到非洲、拉丁美洲和东南亚看了以后，感觉到我们的产品完全可以打入它们的市场，取代西方的商品。什么电视机、电冰箱等等，我们都太多了，到那儿组装嘛，价钱比西方和日本的要便宜得多。人家来占领我们的市场，我们也去占领别人的市场。你怕什么？但这要提高自己的水平。现在在这些发展中国家，我们还能取得优势，将来再打入发达国家的市场嘛。江泽民同志也跟我讲，独联体国家、东欧国家的市场，我们完全可以打进去。开放是双向的。我相信，我们的竞争能力一定会逐步地提高。

管理科学，兴国之道 *

（1996年7月25日）

首先，我热烈祝贺国家自然科学基金委员会成立十周年，热烈祝贺国家自然科学基金委员会管理科学部的成立。管理科学组升格为管理科学部，表明管理科学的地位提高了，至少是在我们自然科学家的眼光中间管理科学已经升格了。这标志着中国的管理科学将要进入一个新的阶段。我预祝管理科学在中国能够繁荣发达，促进我国的改革与发展。

讲到经济形势，可以说，通过进一步加强和改善宏观调控，宏观经济环境确实比几年以前要好得多。

当前我国经济发展的一个特点，是既显著降低了通货膨胀率，又保持了较快的经济增长速度。去年经济增长10.2%，今年上半年比去年同期增长9.8%，其中工业增长13.2%，这已经相当高了，说明我们在加强宏观调控的同时，经济仍然保持了快速的发展。

由于这二年国家两次提高粮食和棉花的收购价格，采取各种措施鼓励农民种田的积极性，农业的基础地位有所加强。

---

* 1996年7月25日，国家自然科学基金委员会在北京举行管理科学学科发展座谈会，宣布成立管理科学部。出席会议的有中共中央、国务院有关部委的负责同志，原管理科学组的新老评审委员，国家自然科学基金委员会的部分委员，中国科学院、中国工程院及在京高校的部分领导和专家、学者。这是朱镕基同志在座谈会上的讲话。

财政和金融形势也都是好的。上半年财政收入增长17.7%，是历年来幅度最高的，特别是由于财税体制改革的成功，中央集中了比过去更多一点的财力。去年的货币发行量是近几年最低的，今年上半年在适度扩大流动资金贷款规模的情况下，货币回笼的情况还是相当好。国家外汇储备到7月中旬达875亿美元，因此，我们才有条件宣布人民币在经常项目下可以自由兑换，实现了《国际货币基金组织章程》的第八条款，这就大大地改善了我国的投资环境。

当然，前进中还有困难。主要表现在宏观调控和经济总量控制取得很大成绩的同时，国有企业改革虽然取得了进展，但也遇到了一定困难。生产发展速度仍相当高，但是净利润降低了，亏损面有所增加。

这也不是没有客观原因，相当大一部分利润转移到农业、企业折旧和社会保险基金方面去了。当前企业困难的根本原因，还是由于长期计划经济体制下的重复建设和企业经营管理机制转变滞后，造成国有企业的行业结构和产品品种、质量不能适应国内外市场的变化，库存积压和开工不足更加突出了。

针对当前的问题，江泽民同志最近指出，应当认真着力实现“两个根本性转变”[1]，把宏观调控同微观搞活结合起来，大力调整经济结构（包括产业结构和产品结构），使国有企业的生产适应市场的需要，从而提高国有企业的经济效益。这既是下半年的任务，也是今后几年的任务。

当前国有企业的困难，一个重要原因是企业管理不善。过去抓全面质量管理，在建立全面质量管理体系、加强财务成本核算、改革劳

〔1〕 见本卷第246页注〔1〕。

动人事制度方面下了很大工夫，现在有些企业把这些基本功丢掉了，甚至靠假冒伪劣产品蒙骗用户。这样搞是不行的。要全面理解和贯彻党的十四届三中全会规定的16字方针，即“产权清晰、权责明确、政企分开、管理科学”。要全面抓好“三改一加强”〔1〕，就是把企业机制的转变、技术的改造、企业的改组同内部管理的加强几个方面结合起来抓。

现在有些效益好的企业，不是靠科学的管理制度和严格的劳动纪律，而是靠政府、靠银行、靠关系、靠广告效应、靠短期行为，我认为单靠这些，企业不可能真正办好。今天到了要大力提倡改善中国的管理和发展中国的管理科学的时候了。党中央提出了科教兴国的方针。这个科学包括自然科学和社会科学两个方面，当然也包括了管理科学。现在，确实需要强调管理科学和管理教育也是兴国之道。

对管理的重要性，宣传得还太少，要大力宣传加强企业的经营管理，要大力提倡振兴中国的管理科学，要总结中国管理实践的经验。现在宣传国有企业的厂长、经理艰苦创业的书籍还不多。要加强对先进企业的管理经验和现代管理科学的宣传，多出版一些这方面的著作。现代管理当然是西方起步早，我们也可以多出版一些介绍外国经验的书，看看人家是怎样发展的，看看李·艾柯卡〔2〕怎么把克莱斯勒汽车厂救活的，福特〔3〕是怎么勤俭办厂的，苹果公司、微软公司是怎么白手起家的。讲讲这些东西不是崇洋媚外，而是促使大家转变观念，适应市场，重视管理，学会用人，勤俭办厂。

---

〔1〕见本卷第243页注〔1〕。

〔2〕李·艾柯卡，美国企业家，曾先后担任福特汽车公司总裁、克莱斯勒汽车公司总裁。

〔3〕福特，即亨利·福特，美国汽车工程师与企业家、福特汽车公司的创办者，世界上第一个使用流水线大批量生产汽车的人。

这样的事例，中国也不是没有。30年代我们的民族资本家在夹缝中求生存就值得宣传。中国古代典籍中，涉及管理思想的不少，如《尚书·禹贡》、《管子·轻重》、《史记·货殖列传》、《汉书·食货志》、《盐铁论》等。那个时代的经济思想，不一定符合现代管理思想，但是早期中国的经济管理思想还是有可以借鉴之处的。潘承烈〔1〕教授研究中国古代管理思想，演绎《孙子兵法》，讲田忌赛马〔2〕(可以说是最早的博弈论思想)，在国际论坛上很受欢迎，说明其中有些观点也符合现代管理原则。总之，确有东西可以宣传。我建议，要掀起一股学习管理、加强管理、发展管理科学、加强管理培训的热潮，只有这样才能够纠正时弊。

我国国有企业的改革和发展，没有轻巧的道路可走，只有老老实实地研究改善经营管理，建立一套现代企业管理制度才行。没有现代财务、成本、质量管理和科学决策制度，就不能搞现代市场经济。

今天，在国家自然科学基金委员会成立十周年的时候，在管理科学组变成管理科学部这个大喜的日子里，我愿意跟同志们一起为振兴中国的管理科学而奋斗。

〔1〕潘承烈，当时任中国企业联合会、中国企业家协会副理事长。

〔2〕出自《史记》卷六十五《孙子吴起列传第五》。

关于企业破产和资本重组问题*

（1996年8月20日）

第一，关于企业破产试点工作。

实施企业破产是促使国有企业转换经营机制、发展社会主义市场经济的一个非常重要的手段，同时也是保证国有资产特别是银行资产不要继续流失的一个重要手段。这项工作在国家经贸委的组织下，从1994年开始到现在，取得了一定的成绩，积累了一定的经验。但是，我们不断地收到一些材料，反映近两年来出现了假破产、真逃债的问题。很多企业没有按照有关规定去做，而是超越范围、超越地区，搞假破产，把银行债务冲销了，造成国有资产的流失。

这两年来，我在多次讲话和一些批语里，都讲到这个问题。不按照有关法律和国务院的规定，随意宣告破产，对于国有企业的经营机制转换没有一点好处，只会导致国有资产特别是银行资产的大量流失。有些地区搞假破产已经成风了，要刹住这股风，否则，国有企业改革要走弯路。

宣布企业破产的法律依据是1986年12月2日全国人大常委会通过的《中华人民共和国企业破产法（试行）》（以下简称《企业破产法（试行）》）。如果法院要宣布企业破产的话，这是唯一的法律依据。

---

* 1996年8月20日，国务院在北京召开研究企业破产试点和资本重组问题的专题会议。出席会议的有国务院有关部门负责同志。这是朱镕基同志在会上的讲话。

1991年，最高人民法院有个贯彻执行《企业破产法（试行）》若干问题的意见[1]，并没有新的规定。《企业破产法(试行)》第四条明确规定："国家通过各种途径妥善安排破产企业职工重新就业，并保障他们重新就业前的基本生活需要，具体办法由国务院另行规定。"这个法律把破产企业职工的安置问题，交由国务院作出具体规定。请大家注意，企业职工安置是个前提条件，没有这个前提条件，企业怎么破产？谁敢破？我查遍所有有关文件，国务院还没有这方面的规定。因此，根据《企业破产法（试行）》来宣布企业破产，就必须在当地具备这个前提条件，就是有比较健全的社会保障体系，有基本生活费保障制度，才能够执行。像上海等一些城市，经济实力较强，较早建立了一定的社会保障制度，有失业保险金、有养老保险金、有基本生活费保障，当然有条件依法宣布企业破产。没有这些保障制度的地方，谁敢破呢？因此，这个法律从通过到现在近十年了，破产的企业并不多。

有鉴于此，国务院从1992年开始，在制定《全民所有制工业企业转换经营机制条例》的同时，就在考虑企业破产的问题。经过两年多的研究、讨论，到1994年10月25日，国务院下发了《关于在若干城市试行国有企业破产有关问题的通知》（以下简称《通知》）。这个文件考虑到了《企业破产法（试行）》施行中的困难，即国务院还没有规定怎样安排破产企业职工重新就业和保障他们重新就业前的基本生活。因此这个文件开宗明义，第一条就规定实行企业破产必须首先安置好企业职工，只有安置好职工，企业才能够破产。怎样安置呢？第二条规定，企业宣布破产后，其所有的财产拍卖所得，首先要用于妥善安置破产企业职工，保持社会稳定。安置好职工以后，再按

〔1〕指1991年11月17日由最高人民法院发布的《关于贯彻执行〈中华人民共和国企业破产法（试行）〉若干问题的意见》。

照《企业破产法(试行)》所规定的顺序来偿还债务。《企业破产法(试行)》规定的清偿顺序是：第一，首先要偿还破产企业所欠职工工资和劳动保险费用。这不是指以后安置职工的工资，而是指企业破产以前欠的职工工资，拍卖的资产首先要还工资欠账。第二，破产企业所欠税款。第三，还债。目前，国有企业的债务主要是银行债务。《企业破产法（试行)》的这个规定是很严密的，而且在清偿程序上也有规定：首先由法院成立清算组，它的成员由企业的上级主管部门、政府的财政部门和其他有关部门指定；然后召开债权人会议，按顺序清偿债务。1994 年 10 月国务院下发的《通知》，基本上仍按照这个债务清偿的办法执行。但是，前提改变了，即破产企业财产拍卖所得首先用于安置职工，然后再按《企业破产法(试行)》规定的顺序来还债。显然，债权人要受到很大损失，特别是银行债务很难得到偿还，冲掉的银行债务是非常大的。因此，这个办法不敢在全国实行，只能在若干城市试点。银行的钱是向老百姓借来的，不能随便冲销。所以，必须在银行成本里打入呆账和坏账准备金，作为一种风险损失的补偿。显而易见，如果冲销得太多，就减少了银行向财政的上缴，也就是减少了国家的财政收入，直接影响当年财政收支平衡。因此，目前不敢多搞，只能先在国务院确定的一些大城市试点，原来确定了 18 个城市，现在已扩大到 58 个城市。

现在有关企业破产的法律、文件就是这两个，要么按《企业破产法（试行)》执行，要么按国务院的《通知》在试点城市执行，不能单挑其中对自己有利的条款来执行。

现在，回过头来讲我印发给大家的材料。东北某化工厂破产的材料是国家开发银行送给我的。中国工商银行是这个厂的最大债权人，贷款 1.1 亿元；其次是中国建设银行，贷款 4483 万元。这个厂不在试点城市，就不能根据《通知》来破产；如果要破，就得按《企业破产法（试行）》来破。如果按《企业破产法（试行）》来破，这个化工厂先要还清银行债务，这就没有条件安置职工，也就是说，该厂不可能按《企业破产法（试行）》宣布破产。按《通知》破产也不行，因为它所在城市不属于国务院确定的试点城市。但这个化工厂根据地方政府的要求，不组织清算组，不组织债权人会议，就单方面宣布破产。这既不符合《企业破产法（试行）》，也不符合《通知》的要求。更荒唐的是，该厂给每个职工发3万元安置费，发完以后职工还在原企业继续工作，企业并没有破产。《通知》已经讲清楚了，如果企业破产，一定要把土地拿出来拍卖。濒临破产的企业值钱的主要是土地，但是该化工厂没有把土地拿出来拍卖并用于偿债，就把银行债务给冲销掉了，这完全是挖国家资产。同志们，这不就是假破产、真逃债吗？破产是一种机制，是转换企业经营机制的重要手段。如果银行债务被冲销后，企业职工也不下岗、转业，还在那里生产，企业继续亏损，企业的经营机制没有任何改变，这样“破产”有什么好处？不能这样胡搞。

第二个材料是东北某省破产成风的情况，事实是否如此严重，还可以调查。

第三个材料是王汉斌同志送给我的有关外贸企业破产的材料。我们一再讲，破产试点只限于工业企业，外贸企业不属于破产试点范围，因为流通领域情况复杂，“皮包公司”甚多，如果让它们随便破产，冲销债务后再继续亏损、继续借钱，银行怎么受得了？这个问题在武汉曾经发生过，后来被制止了，但遗留问题还未解决。

根据这些情况，为了防止国有资产大量流失，在企业破产试点工作中，要端正认识，培训干部，依法办事，不能乱来。1994年《通知》的精神，实际上就是庭外和解、协议破产，而且只在国务院确定的58个试点城市中试行。冲销银行债务，必须得到国家专业银行总行的批准。地方政府和法院都不能随便宣布把银行的资产给冲掉。非试点城市的企业可以依据《企业破产法（试行）》破产，但是，不能用试点城市的政策。对各地企业破产的情况，请王忠禹[1]同志组织调查，各专业银行总行、人民银行总行、财政部、国家体改委和最高人民法院参加。要抓住典型事例，把数字搞清楚，究竟破掉多少企业？企业是怎么破产的？是真破还是假破？破的效果如何？职工是不是被重新安置了？是否实现了结构调整的目的？资本结构是不是优化了？把情况搞清楚了以后，我们再采取相应对策。

第二，关于资本重组。

国务院还没有发过任何关于资本重组的文件。关于这方面的材料，我只找到国家体改委在1996年8月5日呈送的关于选择几个城市进行国有经济债务重组试点工作调研情况的汇报。怎么进行资本重组，国家体改委也收集了江泽民同志、李鹏同志和我关于企业债务问题的讲话，还有吴邦国同志、李铁映同志的讲话，但是找不到任何一位中央领导同志关于企业债务如何具体重组的讲话，没有人谈过资本究竟怎么重组。因此，现在就要研究一下资本重组问题，资本究竟怎么进行重组才能起到真正帮助企业转换经营机制的作用。

让我们来解剖一下沿海地区某市星火制浆造纸厂这个例子吧。第一，这个项目本身先天不足，建厂决策就是错误的。花了8亿元，搞了一个草浆造纸厂，是个污染源，又没有原料，没法开工生产。第二，它几乎没有资本金。8亿元的投资只有3300万元的资本金，其他都是银行贷款。3300万元的资本金做8亿元的生意，这不是无本买卖吗？现在，3300万元已经亏掉了1900万元，剩的钱已经不够再亏一年了。第三，经营管理不善。本来这个厂最多需要650人，结果用了1350人，大大增加了成本。现在怎么去救活这个厂呢？把银行

[1] 王忠禹，当时任国家经济贸易委员会主任。

1991年8月26日，朱镕基考察天津钢管公司。左二为天津市市长聂璧初，左四为天津市委书记谭绍文。

的债权变成股权，搞“重组”的办法是行不通的。银行投钱进去以后风险很大，根本不知能否收回来，银行拿什么钱给储蓄客户还本付息呢？而且，《商业银行法》中已有明确规定，商业银行不得自行向企业投资。我已经讲过多次了，我再一次重申，没有国务院的批准，任何人不能把银行的债权变成股权。

同志们，资本重组这个口号得有内涵。我认为，企业因建设资本金不足、产品选择不符合市场需要、经营决策失误、内部管理不善，造成产品积压、开工不足、亏损负债，要扭转这种情况，第一要兼并。让强势企业兼并弱势企业，并承担债务，可以享受免息优惠，但要在五年内还清债务。这就是重组，就是调整，是最好的办法。要多去想这个办法，不要老想去冲销银行债务。第二，救不活的企业要破产。破产要按照国务院的规定在试点城市进行，而且明文规定没有专业银行总行的批准，任何人无权冲掉银行债务。希望各专业银行一定要顶住。第三，要补充资本金。企业要转亏为盈，必须补充资本金。企业没有资本金，还本付息的负担很重，厂长没法经营。关于补充资本金问题，财政部已经制定了若干政策，如提高折旧率等，用企业自己的积累补充资本金。地方政府也可以拿点钱给企业补充资本金。盖大楼都有钱，国有企业那么重要，就不能救一救？从多种途径去补充企业的资本金，它不就活了吗？再说，发行一点股票，我们也支持。只要股票经过审批程序发得出去，不影响整个证券市场，我们也同意发行。所以说，一兼并、二破产、三补充资本金，这就是资本重组的内涵。

我建议，资本重组问题也要请国家经贸委牵头组织有关部门调查研究一下，怎样进行资本重组才合理、行得通。

天津无缝钢管厂是个特殊的例子。因为它是国务院批准建设的，而它的 100 多亿元投资是借外国政府贷款搞的，现在国家不给它还债，不给它补充资本金，国家的信用就会受到很大影响。要财政部拿钱拿不出，要天津市拿钱拿不出，所以只有拿国家银行的票子了。拿银行的钱低息借给天津市，由天津市补充无缝钢管厂的资本金。之所以这样做，一是前面说的，它是由国务院批准建设的，更重要的是它引进的技术先进，产品有市场、有销路。补充资本金后企业有偿债的能力。这是债转股的特例，不能轻易用这个办法。

对于资本重组问题，大家要统一认识，做点调查，最后要搞个文件。如果不出个国务院文件，将来可能要乱套。

企业破产和资本重组是一个问题的两个方面，我看就由国家经贸委牵头组成调查组，赶快组织调查，总结经验，这是主要的。国家经贸委组织调查，也要请国务院法制局和全国人大常委会法制工作委员会参加。

关于解决棉花调销困难的意见 *

（1996 年 9 月 12 日）

棉花是关系国计民生的重要商品，国务院历来高度重视棉花工作。特别是 1994 年以来，针对 1993 年度出现的混乱局面和带来的严重后果，国务院果断决策，两次大幅度提高棉花收购价格，实施棉花市场、经营、价格“三个不放开”政策，适时利用国家储备和进出口贸易调节供求平衡，实行棉花工作省长负责制，大力整顿棉花流通秩序等。这些措施的实施，取得了明显的成效。棉花生产在连续两年滑坡之后，在 1994 年、1995 年连续两年恢复性增长。1994 年的棉花产量是 8682 万担，比上年增加 1204 万担；1995 年是 9536 万担，比上年增加 854 万担。供销社的棉花收购数量逐年增长，市场供应充足。国家储备得到充实，今年经国务院批准，三次增加棉花收储 1850 万担，使国家棉花储备规模达到了 2650 万担。同时，为纺织企业安排了 70 亿元专项贷款，使纺织企业保持了一定的棉花库存。实践证明，国务院采取的一系列稳定棉花生产、保障供给的政策是非常正确的。对近三年棉花工作的成绩要充分肯定。

---

* 1996 年 9 月 10 日至 12 日，国务院在北京召开全国棉花工作会议。出席会议的有部分省、自治区、直辖市主管负责同志，供销社及棉麻公司、农业厅（局）、纺织厅（局、总会、总公司）、工商局、农业发展银行分行负责同志；中共中央、国务院有关部门负责同志及新闻单位的同志。这是朱镕基同志在会议结束时讲话的主要部分。

今年以来，棉花产销形势出现了一些新情况、新问题。纺织企业生产经营困难，全面亏损，不积极购棉。纺织企业维持正常生产要有一个半月至两个月的棉花库存，但今年一度只有十天左右的库存，最低时只有八天。纺织企业购棉不积极，把供销社当仓库，棉花调销困难，压库严重，已影响到棉花生产的稳定。

现在棉花是多了一点儿，也没多多少嘛。国家储备棉最多的时候有8000万担，现在储备了2650万担，这不算多。这几年，棉花收购价格从每担300多元提高到700元，把棉花生产促上去了，形势才逐步好转。1993年只有2000万担库存，靠动用了1000万担库存、进口了700万担棉花才渡过难关，不然1993年的日子就过不去。1994年年初的棉花最低库存量差不多只剩下1000万担，但1994年进口的棉花已经减少了。1995年棉花增产较多，因此基本上没有进口多少。有的同志讲，大量进口棉花，冲击国内市场，造成了卖棉难。这不符合事实。

现在为什么棉花显得暂时有点多了呢？原因在于目前纺织工业不景气，出口下降，国内市场也不旺。这里有客观原因，包括降低了出口退税率和提高了棉花收购价格。但出口退税率不降怎么办？没有收那么多税，怎么能多退？棉花收购价格在去年提高到每担700元，当时看并不太高，没有超过国际市场价格。现在看，国际市场棉花价格回落了，我国棉纺织品竞争能力减弱的问题更突出了。但主观原因也不可忽视。1991年，我就提出要压减1000万棉纺锭，可现在呢？不但没有减少，还增加了。现在全国有4000多万棉纺锭，低水平重复，多是粗加工的产品，印染后加工没有搞上去，产品的质量、档次、花色品种不行，有什么竞争力？另外，现在加工贸易“三来一补”[1]搞得太多了，不但进口了700万担棉花搞来料、进料加工，还直接进口

〔1〕见本卷第266页注〔1〕。

棉纱加工后再出去，挤了一部分国内棉花的销路。再加上化纤价格大幅度回落，纺织企业多用化纤，也相应减少了用棉量。

如何解决当前棉花工作中的这些问题呢？

首先，要把纺织工业搞上去，这是关键。纺织工业要下决心进行压锭改造，最近两三年下决心压1000万棉纺锭，真正解决纺织行业长期没有解决的低水平重复、加工能力过剩的问题。在压锭过程中，绝对不允许把沿海地区的落后纱锭搬到西部地区去。西部地区要搞就搞最先进的，否则没有竞争力，将来还是包袱。所以在压锭的同时，要下大力气搞技术改造，搞深加工，提高质量，增加花色品种，降低成本，增强产品的竞争力。我希望国家计委、国家经贸委要把支持纺织工业走出困境，把技术改造搞上去，作为当前工作的一个重点。有些同志提出，要通过提高出口退税率以促进出口，来缓解纺织工业的困难。这不仅是纺织工业的问题，我已请国家计委全面评估和研究当前的出口退税率问题。现在国家税收减免、偷漏很多，总体上并没有收到17%的增值税，你还要国家退17%的税，财政承受不了。但是，加快退税进度是必要的，要研究具体措施，抓紧抓好。

其次，要改革棉花流通体制。现在，棉花是独家经营。独家经营的结果势必出现抬级抬价，质量很差。最近，中国工商银行总行做了一次调查。尽管我们拨了专款要求纺织企业购买棉花，使库存达到正常水平，但纺织厂仍不愿意储备棉花，专款并没有全部用来买棉花。有些纺织企业用于购买化纤，重要原因在于棉花质量差，品级不符，掺杂使假。所以，棉花购销工作一定要改进。国家计委会同有关部门提出了一个改革棉花供应体制的意见，就是采取棉花交易会的办法，实行国家计划指导下的产需直接见面、双向选择。国务院经过讨论，认为这项改革虽然只是一小步，但朝着市场经济的方向在前进，风险也不大，因此，原则上同意这项改革。棉花交易会不要重复计划经济时期的做法，要向市场交易的方向发展。不是像过去的订货会那样只开几天会，而是既要有集中交易、又要有常年交易。棉花交易会实际上相当于一个交易市场。在棉花交易会上允许自主成交，虽然还是由供销社一家经营，但是供销社系统内有许多省棉麻公司、县棉麻公司，内部可以互相竞争，同时，又允许棉花价格适当浮动，这就形成了一个交易市场。现在的办法规定，三万锭以上的纺织企业才能入场。我看可以放开一些，只要有用棉计划指标的纺织企业都可以入场，这样有利于竞争。供方也要多一点，让大家竞争。

有的同志担心，实行棉花价格浮动后，在目前的情况下，价格下浮 4%，供销社难以承受，就会把负担转嫁给农民。据我了解，现行棉花供应价格里，已经计入了半年的利息。经过两次降低利率，共降低了 1.65 个百分点，因此供销社棉花经营的费用也降低了。再说，从现在棉花每担 700 元的收购价到每担 855 元的供应价，中间这 155 元还是有节省潜力的。价格下浮了一点，棉花早一点脱手，可以节省费用和利息，对供销社来说不会吃很大的亏；相反，能促进供销社改善经营管理，加快周转，降低费用，把供销社办得更好。

还有的同志担心，棉花交易会的办法与“三个不放开”政策相矛盾。我看没有什么矛盾。首先，市场没有放开。经营还是供销社一家，只是在各经营单位之间引入了竞争，仍然不允许私商棉贩插手棉花经营。第二，计划没有放开，供需双方要凭证入场，按照国家供棉、用棉计划进行交易。在用棉计划指标以外允许需方多买，但多买不能倒卖，多储备可以。第三，价格也没有放开。国家对棉花供应价还有中准价[1]和上下浮动幅度的限制，还不是自由定价。因此，这

〔1〕中准价，指当时的国家计划委员会公布的商品零售中准价格，在此基础上加 8%是国家规定的零售到位价格，零售到位价格倒扣 4.5%，是国家规定的批发到位价格。

项改革同“三个不放开”政策没有什么矛盾，也不会影响“三个不放开”政策的执行。

总之，这项改革没有什么大的风险，步子迈得不大，但是方向对头，如果搞得好，可以逐步把棉花市场放开。这是建立国家计划指导下的市场，是一项很有意义的改革。这项改革实际上也是承认现实，因势利导。今年的棉花调拨计划完成得很不理想，据统计，50%以上棉花都是纺织厂自己去采购的，没有按计划调拨，实际供棉价已经下浮，有的已超过4%。所以，不如干脆承认这个现实，把场外交易变成场内交易，对棉花价格浮动也有个限制，使交易更加规范，更便于管理，更利于监督。凡是在棉花交易会上成交的，资金要保证，运输也要保证。

关于新疆棉花问题。对于新疆的棉花，国家是下了大力气支持的。新疆在1995棉花年度收购1900万担，国家安排专储980万担，安排销往各销区省份206万担，安排京、津、沪三大市储备新疆棉44万担，新疆自己要用400万担，损耗还有44万担，只多余200多万担。为了鼓励新疆种棉花，国务院同意再从新疆调出200万担进入国家储备。这样，前后安排新增专储新疆棉花接近1200万担。从长远看，发展我国的棉花生产，要稳步调整种植布局，同时主要依靠科技兴棉、提高单产。新疆棉花单产高，一亩平均产160多斤，亩产三四百斤的也不少，而且病虫害少，气候适宜种植棉花。新疆要发挥和利用这些优势，建成中国最大的棉花生产基地。

在金融改革与发展专题研究班上的讲话*

（1996年9月24日）

国家行政学院和中国人民银行联合举办的金融改革与发展专题研究班办得很成功。我是非常支持办这个班的，现在看来，效果也不错。发展经济，金融是关键。这一着棋走活了，什么都活了。1993年加强宏观调控，就是从金融开始的。首先把汇价稳定下来了，然后就是整治房地产，整治乱拆借，两个月就扭过来了。搞经济工作不懂金融，就会瞎指挥。希望你们把这个班持续办下去，办好了，让省长、市长也要来学。

一、关于当前的经济形势

当前经济形势的特点是，经过三年宏观调控，抑制了通货膨胀，但经济发展速度并没有降得很低，从13.3%降到9.8%，仍然是较高的速度。通货膨胀明显降低了，1994年零售物价指数是21.7%，消费物价指数是23.7%，今年预计大概都是6.5%左右。这个6.5%是稳定的，并不像外国人说的，有行政干预或大量财政补贴的因素。关键

* 1996年9月24日，朱镕基同志在北京中南海同省部级干部金融改革与发展专题研究班全体学员座谈。中共中央和国务院有关部门的负责同志，以及金融系统的负责同志出席了座谈会。该研究班为期16天，参加学习的有来自29个省、自治区、直辖市和部分副省级城市以及国家有关部委的负责同志40人。

在于基本建设规模下来了，这从根本上抑制了通货膨胀的根源。1993年基本建设的增长曾经达到79%，1994年也有40%多，1995年降到20%，现在还是这个水平。考虑物价因素和在建规模很大，现在这个比例算是基本合适了。基建规模压缩后，货币发行大为减少，从1992年到1994年，每年都是发1200亿到1500亿元；1995年降到596亿元；今年以来，只有325亿元，包括下半年农业收购资金的投放，预计今年总量超不过1000亿元，同时储蓄也上去了。

现在，我国外汇储备差不多达到1000亿美元，相当于8000亿元人民币。外汇储备在增长，但没有增加货币发行量，这一方面是因为储蓄上去了，另一方面是准备金不用于再贷款，而用于买外汇。过去13%的银行准备金交到中央银行来，又把它作为再贷款贷出去，结果都投到房地产等基建项目上去了。现在将再贷款不断收回来，变成外汇储备，存在外国银行里生利息。由于外国的低通胀水平和接近6%的利息率，外汇储备的收益还是很高的，而且并没有刺激通货膨胀。

另外，这几年狠抓了农业。农业上去后，粮价稳定了，其他什么价格都上不去了。当然，能源、原材料有点涨价，这是根据政策原则主动涨价的，虽对物价有一定影响，但主动权在我们手上。总的看，物价是降下来了。据预测，明年的通胀率是6%，依据是今年6.6%的水平，翘尾巴的因素将大大降低，只有约2%；自发涨价，一般规律是3%；还有一个百分点是主动涨价。今后五年，通胀率可保持在5%左右，老百姓也只能承受这个水平，多了不行。如果我们保持8%到10%的发展速度，5%左右的通胀率，就是持续快速健康发展了，搞上五年、十年，我们的国家就大有希望。

当前，宏观经济形势可以说是1979年以来最好的。一是社会主义市场经济的主要架构建立起来了，而且保持了一个较高的发展速度；二是财政赤字减少，金融形势稳定，钞票越发越少；三是物价得

1996 年 9 月 24 日，朱镕基在北京中南海同省部级干部金融改革与发展专题研究班全体学员座谈。右一为国务院副秘书长周正庆，右二为国家行政学院常务副院长桂世镛。

（新华社记者樊如钧摄）

到了控制，社会总需求和总供给基本平衡，人心稳定。今年 5 月停办保值储蓄，两次下调利率，5 月份下调 0.9%，8 月 23 日又降了 1.5%，虽然社会上有点反映，但储蓄仍在继续增长。现在值得注意的一个现象就是社会集资。因为利率下降了，有人就搞高利集资、高利放贷。这个风险很大，要重视这个问题。总的看，这几个政策出台都没有引起大的问题。7 月 1 日出台的人民币在经常项目下可兑换，也没有出现问题，结汇继续大于售汇，储备正在不断增加，也没有出现外汇的逆差。现在我国外汇储备已占居世界第二位。第一位是日本，由于日本进出口贸易顺差很大，外汇储备最多，2000 亿美元；美国和德国不算黄金储备都是 800 多亿美元，如美国加上黄金储备，就有 1500 亿至1600亿美元，接近日本。现在看来，我国的经济实力确实大大增强了，出现了一个前所未有的好形势。这个形势是来之不易的，应当珍惜和发展这个好形势。

值得注意的是，现在又有人认为要放松银根。理由是国有企业困难，失业严重。放松银根能不能带动国有企业呢？实际上不仅带动不了国有企业，反而让外国企业得到了好处，现在基建项目中，一半以上的设备都是进口的。投资越多，外国企业收到的订货也就越多。设备要进口，消费产品也要进口，这样的机制已经出现了。解决国有企业的问题，还是要建立竞争机制。现在是开放的社会、开放的市场，没有竞争力是不能把国有企业搞好的。至于少数人下岗、待业，并不可怕，想办法安置就是了。如果没有一些人下岗，也就没有竞争，国有企业改革就不能进步。

二、关于农业问题

这几年，我们党的农业政策是完全正确的，农业的基础地位得到了巩固，粮棉供求状况大为好转。特别是粮棉的两次提价，调动了农民的积极性，去年秋收又获得丰收，粮食问题大大缓和了。

现在有一种说法，认为进口粮食太多，造成“卖粮难”，这种说法是不实事求是的。大家回忆一下，1993年，在毫无准备的情况下，各省纷纷放开粮价，放开市场，到12月份，粮食一天一个价。实际上原来收购价格很低，1991年水稻收购价每斤只有0.18元，1993年放开，全涨上去了。当时为了平抑粮价，就抛专储粮。1993年国家专储粮达800亿斤，是历史上最高的。抛出部分专储粮，加之两次水灾，又调出部分救济粮，到今年年初只剩下400亿斤专储粮，少掉了一半，粮食情况是很严重的。如果不是1994年下半年决定进口粮食，

1995年这一关过不去，粮价也压不下来。1995年6月至7月，粮食、饲料价格涨得很高。我们为什么敢大量调用专储粮呢？因为我们是有把握的，进口400亿斤粮食，出口35亿斤，净进口365亿斤。1994年进口粮价折合人民币每斤0.6元，是很便宜的；大量进口是1995年，折合成到岸价每斤0.7元，也比市价低。这样才稳住了粮食市场。去年物价稳定，根本的原因在于粮价稳住了，否则经济就乱了。

去年增产的粮食，专储粮里还看不出来，实际上还在农民手里。农民卖涨不卖跌，去年7月至8月，粮价涨到0.8元至0.9元1斤，跟着高价卖；到今年3月至4月，涨价涨不上去了，玉米放在家里发霉，就拿出来抛，这时就说“卖粮难”了。我们通知银行，保证收购资金，按市价收，10天内就收了17亿斤玉米。所以，从全国来看，不存在“卖粮难”的问题。局部的问题是多方面原因造成的，不能说是进口粮食带来的。由于去年粮食增产丰收，今年不进口粮食就可以把专储粮补起来了。应该看到，中国并不是粮食富裕的国家。今年下达专储粮计划是720亿斤，收到现在才达到620亿斤。就是完成了计划，也达不到原来的800亿斤。据国家计委、内贸部预测，秋收后可能达到800亿斤，因为今年玉米是大丰收。这样，还可以出口点粮食。原来不同意出口，主要是库存没有补起来。另外，出口粮离岸价每吨才140美元，还不如在国内市场销售。况且还要预防遭灾和急需粮食的时候，何必低出后又高进呢？但是粮食出口是放开了，大家可以通过中粮公司，看准时机出口。

最近，我们准备10月中旬在东北召开一次粮食座谈会，迎接秋收，统一安排粮食的购、销、运、储。粮食多的地区主要在吉林、黑龙江、内蒙古，辽宁也有一点，主要是玉米丰收。水稻丰收主要在江西、安徽、湖南，湖北可能也多一些。跨省调拨主要是这几个省区，其他省区就地储备就行了。中央储备只能搞到800亿斤，太多了也不行。希望各省也要建立一点储备，根据不同情况，搞到三个月到半年的储备就可以了。按此计算，全国地方储备粮可达 360 亿斤，但现在实际上只有 200 亿斤，有四个省还没有建立地方储备。希望大家都储一点，实际上就是负担一点利息嘛。

棉花也是一样，我国的棉花储备并不算多，现在大约有 2800 万担国家储备，历史上最高达到 8000 万担储备。现在说棉花多，无非是因为纺织工业不景气。但纺织工业加强压锭改造、退税支持后就会有起色。新疆产棉大约 1900 万担，扣除本地区要 400 万担，可调出 1500 万担做国家储备，由国家来负担利息。实际上粮、棉收购价提高以后，地方库存升值，也减少政府补贴，地方种粮、种棉，储粮、储棉的受益还是很大的。

另外，大家还要看到，自今年 1 月起，国际粮食价格涨到 250 美元一吨，我们已停止进口粮食了。我们进的时候都是国际市场粮价最低的时候，既稳定了物价，又没有造成农民“卖粮难”。我国粮食储备并不多，专储粮、地方储备、周转粮，加在一起是 2450 亿斤，这个数量并不多。但由于种种原因，如粮食系统服务态度不好，质量低，价格高，老百姓都到集市贸易去买粮食，粮食系统库存大量增加，表现出一种假象，好像中国的粮食多了。关键是要改善经营管理，改革吃“大锅饭”的机制，保证粮食的质量，让老百姓愿意到粮食系统来买粮。

三、关于国有企业问题

对国有企业要有一个正确估价，目前各方面的认识还不统一。国有企业一直存在不少的问题，现在也不必把问题看得太严重。不能只看到国有企业净利润减少了，因为相当多的利润转移了，转移到农业、社会保险基金或企业自有资金方面去了。

国有企业效益滑坡的根本原因，在于计划经济体制指导下的长期重复建设。生产结构不能适应市场需要，盲目性很大。另外，效益差的中小企业太多，“大跃进”时期的弄堂工厂有的到现在还没有淘汰，有的企业生产的产品根本销不出去，但还在生产，靠银行支撑，长此下去怎么会有效益？因此，现在提出要在调整结构上下工夫，搞市场经济，面向市场。如果继续搞重复建设，国有企业是永远搞不好的。

目前，彩电已搞到3000万台的生产能力，但最多一年只需生产2000万台，三分之一能力空余；而这2000万台多数是几家规模大的企业批量生产的，如长虹、康佳等，其余大片亏损。规模最大的长虹年产也只有250万台的水平，这个水平无法跟外国人竞争。不少项目投产时效益很好，后来一搞重复建设就困难重重。如秦皇岛耀华玻璃厂的浮法玻璃，去年利税8000多万元，今年只剩下几百万元了。道理很简单，到处都是浮法玻璃，搞重复建设，花了很多钱，自己把自己打垮了。还有利用外资问题，搞盲目合资，进来一个，打垮十个，国有企业怎么能搞好？很多项目随意性很大，轻率拍板，可能当时有一点依据，能赚钱，但两年后情况就变了，不赚钱了。再如搞聚酯、涤纶，也是一阵风，结果价格成倍地下降，连借的钱都还不了。看来还是在用计划经济那一套办法对付市场经济，把国家的钱往水里扔。应该看到，国有企业已经到了一个更新时代了，不少老企业一定要淘汰，否则搞不活；新企业一定要适应市场需要，上新项目一定要进行严格的可行性研究。技术改造是要加强，但技术改造的方向不对、产品选择不好，就要背上新的包袱。

现在有一种认识，认为宏观经济形势好是牺牲了微观，牺牲了国有企业的利益得来的。这种看法是不正确的，国家的税收并没有加重。经过调查，是地方的摊派加重了。税制改革确实改掉了一些优惠政策，如税前还贷、包干制等等，但影响并不大。一是税前还贷的政策虽然改掉了，但所得税率却从原来的55%降到现在的33%，降了近一半；二是原来不允许把还贷利息打入成本，现在允许打入成本了；三是大大提高了折旧率，实际是扩大了企业的自有资金来源。这些都是为了搞活企业。所以，不能把国有企业当前的困难都归结为国家政策的改变，这不符合事实。刚才大家都谈到，国有企业还是要坚持“三改一加强”〔1〕，不能偏到其他方面。特别是要强调加强管理，管理不善也是个很重要的原因。最近克林顿总统的顾问、美国经济委员会主席对我说，他们并不是主张一定要我们的国有企业私有化，但至少要创造一个竞争的环境。竞争才能进步。如果没有破产、兼并、竞争，国有企业是搞不好的。

银行是自负盈亏的单位，赚的钱是要上缴财政的。这两年由于贷款利息的拖欠达到一两千亿元，致使财政赤字很大，大家要重视这个问题。在市场经济条件下，政府不能指挥银行，中央银行对商业银行也只能是监管，没有过去那些贷款调度权这套东西了。有些地方成立区域性金融领导小组，指挥银行贷款。经调查，有的搞“两本账”，上报一本账，自己有另外一本账，高息储，高利贷，这种无法无天的行为一定要整治！

银行如没有一个铁的账本就没有秩序，就会引发金融危机，是很危险的。一旦如此，来势非常凶猛，很快就会席卷全国，物价飞涨，人心动荡，是不得了的。因此，希望各个地方的领导同志都要体谅银行的困难，尊重银行的职能，帮助和支持银行做好工作。银行是一个垂直系统，分行行长是由总行任命的，当然，也要听取地方的意见，但地方政府无权撤销他们的职务，更不能随便抓人。在宏观调控过程

〔1〕见本卷第243页注〔1〕。

中，银行的干部得罪了很多人。越是坚持中央的方针，就越有可能触犯地方的利益。在这方面要慎重，要全面地、客观地分析，如处理不当，就可能违反中央的宏观调控政策。当然，银行也应该改进工作，充分了解本地区经济、社会情况，千方百计提高服务水平，支持地方经济发展。总行的领导同志应经常下去，检查、指导工作，虚心听取地方党委、政府的意见，教育银行系统的干部，为地方经济发展搞好服务，作出贡献。另外，目前银行的工资、奖金比较高，当然，也不是所有行业中最高的。现在已采取了一系列措施，如今年冻结了行政费用开支的增长和工资的增长，停止建大楼，就是为了改善效益，向财政多上缴一些。对这些方面，地方党委、政府要加强监督。

四、关于新的经济热点

现在有些同志提出“新的经济增长点”的问题，这是指在新形势下能够带动整个经济形势发展的产业。经济学家在议论这个问题，计划、财政、金融、经贸部门也在讨论这个问题。我认为这个提法不大准确，还是提新的经济热点或消费热点好一点。

有些同志认为，新的经济增长点应是汽车工业，但大部分同志不赞成这个观点。因为我国的汽车工业不会像美国那样成为它的支柱产业中最重要的产业，没有油，没有道路，没有购买力。我国城市主要应发展公共交通。不是说汽车不能进入家庭，有些高收入的人，汽车已经进入家庭了。但广大群众是不可能的，在一个相当长的时期内都不可能。我国现已成为石油净进口国，进口量越来越大，没有那么多的外汇支持，所以把汽车作为一个新的经济热点或消费热点是不行的。在汽车行业搞按揭，分期付款，我们不赞成。

现在汽车工业正在盲目发展，仓库积压。如用按揭贷款把这个包袱捡过来背，怎么能保证还钱？实际是在鼓励盲目发展。现在已有个别银行开始办理这样的贷款。这是关系到产业政策、金融政策的重大问题，未经国务院批准，不能这样搞。已经搞了的，要办好，不再扩大范围。这不是我们要发展的重点。

当前，真正能够成为消费热点，能够带动经济发展的是建筑业。但这里指的是民用住房建设，而不是高级房地产。这些年来，人民的生活水平、工资水平都已逐步提高。如果说 1000 元 1 平方米，不算地价，一个住户大约 60 平方米，要 6 万元。用分期付款方式，10 年、15 年还清贷款，大多数职工是买得起的，银行也没有多大风险。这个工作如搞得好，不仅有可能成为一个消费热点，而且将带动钢材、建材以及化工等行业的发展。但是，一定要有具体办法，经国务院批准后才能搞，不能一哄而起，因为从 1992 年开始的房地产热到现在还没有退下去，后果还相当严重，估计至少还有两三千亿元的房地产压在那里不能发挥效益，建成了也没有市场。到目前为止，固定资产投资增长最快的还是房地产，还在不断往里面投钱。总想建成后收回投资，但实际上希望渺茫。如果稍微放松一下，这部分钱不是去给老百姓盖廉价住房，而是投到高级房地产里面去了，危险很大。希望大家不要再向银行施加压力，搞汽车、高级房地产的按揭贷款等等。适合于广大职工群众居住的、低档的民用住房可以搞按揭贷款，但要制定统一的办法，逐步推开，不能一哄而起。

扶贫工作的关键是选好贫困县领导干部[*]

（1996 年 9 月 25 日）

这次中央扶贫开发工作会议，请这么多的地方党政主要负责同志参加，是从来没有过的，可以看出党中央、国务院解决贫困问题的决心。我们一定要共同努力，认真贯彻落实党中央、国务院提出的任务，在本世纪末基本解决贫困问题。

我仔细看了大家的发言材料和会议简报，大家提了很多好的意见，我们会认真研究。有几个问题，我再强调一下：

第一，我认为，扶贫工作的关键是选拔好贫困县的领导干部，主要是县委书记和县长。应该把最好的干部选拔到这样的岗位，将来脱贫以后，可以重用，一定要委以重任，要相信他们。为什么要提这个问题？因为我们在研究文件时碰到这个问题，就是层层派工作组，中央派，各省区市派，各地市也派，派下去都是“钦差大臣”，怎么得了！而且有些地方提出，说这个人下去以后就分片挂钩了，不脱贫就是他的责任了。如果都是这些“大员”、“钦差大臣”的责任，那还要县委书记、县长干啥呢？还相信不相信县委书记、县

* 1996 年 9 月 23 日至 25 日，中共中央、国务院在北京召开中央扶贫开发工作会议。出席会议的有各省、自治区、直辖市的主要负责同志和分管扶贫工作的负责同志，中共中央、国务院有关部门和解放军三总部的负责同志。这是朱镕基同志在会上讲话的主要部分。

1996年9月25日，朱镕基在中央扶贫开发工作会议上讲话。左二为中共中央政治局委员、国务院副总理吴邦国，左三为中共中央政治局委员、国务院副总理姜春云。

（新华社记者樊如钧摄）

长呢？与其这么搞，还不如选最好的干部去当书记、县长，把责任交给他们。来很多“钦差大臣”，如果上去直接给省委书记、省长汇报，下面的县委书记、县长就很难做工作啊，那他们只能小心翼翼，什么决策都不敢作。因此，我认为，工作组下去，任务只能是调查研究，给省委、省政府反映真实情况，然后帮助当地办点实事，不要指手画脚，不要大包大揽，不要代替当地的领导干部作决定。

第二，要选好项目。这次会议的文件，没有提一般工业项目，提的是种植业、养殖业、以当地农副产品为原料的加工业。没有原料不能搞工厂，在这方面我们已经吃了很多亏。一般工业项目是不能够随便上的，贫困县缺人才，缺管理经验，上了工业项目以后很容易背包袱、赔钱。现在重新去走过去沿海地区的道路，效仿“苏南模式”〔1〕，发展乡镇工业，那是不行的，时代不同了。现在不用说贫困地区的工业，就是大城市的工业都缺乏竞争力，因为很多外国产品进来了。再去搞一些质量、档次不高的加工产品，卖给谁？就是有相当技术水平的产品也是滞销嘛。基础设施建设要量力而行，因为没那么多钱。我最近到甘肃的天水、定西看了，这些地方最大的问题是干旱，他们扶贫工作的重点就是抓引水工程和节水、集流工程。例如，他们因地制宜挖水窖，搞一条沟，挖一个窖，抹一点水泥，让雨水流到窖里去，一年就靠这点水，吃也是它，浇地也是它，非常见效。他们要是轻易办个工厂，会把钱全赔光了，一点效果都没有。

1995 年 10 月 6 日，朱镕基在云南省昭通市小龙洞回族彝族乡宁边村窝棚内看望农民。

〔1〕“苏南模式”，通常指江苏省苏州、无锡和常州（有时也包括南京和镇江）等地区通过发展乡镇企业实现非农化发展的方式。

第三，扶贫资金的使用要搭配。现在看得很清楚，有些地方搞工业项目没有一定的资本金，全是靠银行贷款，利息负担很重，这叫做无本买卖，企业哪有竞争力？怎能不亏损？我建议，把扶贫的拨款和扶贫的贷款结合起来用在一个项目上，使它有一定的资本金，这样可以保证那个项目将来有效益。不能把扶贫的贷款当拨款来用，那是有区别的，不能借了不还。大家建议小额贷款取消担保，那也可以，说句老实话，这种担保没有多大意义；延长还贷期限不是不可以，减少一点利息也可以。但是，不还贷总是不行的。一开始就要有这个概念：银行贷款是要还的。项目不配资本金，将来就还不了钱。银行对没有还款能力的项目提出一些意见，是帮助把关，我看是个好事情，多听听意见没有坏处。不过，银行干部一定要改善服务态度，绝对不准扣压、挪用资金；已经审查批准的项目，资金一定要按时到位。

加快粮食购销体制改革*

（1996 年 10 月 14 日）

今年在抑制通货膨胀取得明显成效的同时，国民经济保持了较快的发展速度。全国宏观经济形势显著改善，一个重要原因是农业的基础地位得到加强，特别是粮食供求状况大为好转。今年的物价指数预计能够降到 6.5%，估计明年的物价指数也能够控制在今年实际水平以下。就是因为连续两年的农业丰收，仓储充实，粮价稳定了，其他物价也就涨不上去。如果通过这次会议，我们进一步加强和改革粮食的经营管理机制，保证粮价不涨就更有把握，这就为明年稳定物价奠定了坚实的基础。

当然，在这种好的形势下，出现了一些新的问题。粮食丰收后，也带来了一些新的困难。但必须有一个清醒的认识，目前我国不存在粮食多了的问题，从宏观上、从长远来看，在相当长的时间内，中国的粮食供求平衡将会始终偏紧。去年增产 400 亿斤，今年预计增产 270 亿斤，这 670 亿斤粮食扣除当年新增消费外，刚够补充国家专储粮库存，怎么能说粮食多了呢？去年秋收以前，粮食供应还非常紧

---

* 1996 年 10 月 13 日至 14 日，国务院在辽宁省大连市召开部分地区粮食工作座谈会。出席会议的有内蒙古、辽宁、吉林、黑龙江、浙江、安徽、江西、湖北、湖南等省、自治区的主管副省长（副主席），辽宁、吉林、黑龙江省计划委员会主任、粮食厅厅长、财政厅厅长，国务院有关部门负责同志。这是朱镕基同志在座谈会上讲话的主要部分。

张，因为丰收还没有到手。当时稳住粮价是靠进口粮食，要不是进口了 300 多亿斤粮食，去年的粮价就稳不住，后果就不堪设想。不能因为农业收成稍稍好一些，就说粮食多了，棉花多了，食用油多了，糖也多了，实际上都不是真正多了，而只能说暂时供求上平衡有余，而且也是地区性的有余。余一点是好事情，可以更好地控制物价。现在的主要问题是什么呢？是粮食系统的经营管理在新形势下出现了很大问题，已经严重影响了宏观经济效益，影响了国家的财政、金融。

首先是粮食的政策性亏损挂账。政策性的亏损过去是怎么造成的呢？是因为粮食的销售价低于收购价，造成了亏损，需要财政补贴。中央财政补贴到位，地方的补贴不到位，因此就只好到银行去借钱，挂在那个地方不能还。1994 年进行粮食购销体制改革的时候，就把

1996 年 10 月 14 日，朱镕基在正兴建中的粮食转运港口——辽宁省大连北良新港考察。前排右一为大连市委书记于学祥，右三为大连北良有限公司副董事长兼总经理宫明程；第二排左一为辽宁省省长闻世震，左二为大连市市长薄熙来。

老账挂起来，实行“两条线”运行，政策性挂账停息，在五年以内消化完。现在看，这个政策是成功的，也是正确的。粮食系统是努力的，做了大量工作，是有成绩的，应该肯定。消化了多少老账呢？到1991年年底，过去老的挂账有545亿元，其中政策性的挂账是485.7亿元，经营性的挂账是近60亿元。到1996年6月底，政策性挂账消化了168亿元。搞了两年，现在政策性挂账还有300多亿元。而且已经消化的168亿元里面，靠停付利息消化的是50多亿元，实际上大家只消化了100亿元多一点。总之，粮食系统还是有成绩的，还得继续这样做下去，逐步消化。

现在有一个严重的问题发生了，经营性的亏损挂账基本上没有消化，新的经营性挂账又直线上升了。去年，经营性的亏损又挂账50多亿元。今年1月到8月，经营性亏损猛增至155亿元，拿银行的钱垫在那里。国家粮食储备局预计全年要亏250亿元，这怎么得了！粮食系统在银行里一挂账，银行就不能向财政上缴了，财政平衡就发生困难，就会增加赤字。所以，我对这个局面非常忧虑。原有的300多亿元的政策性亏损、50多亿元的经营性亏损，这些老账还挂着，新的经营性亏损又挂上了200多亿元，眼看着还越亏越多，这个局面不扭转怎么得了！

产生这个问题的原因很清楚，就是国有粮店的经营费用太高了。现在集市粮价下来了，不高于甚至低于国有粮店的售价，再加上国有粮店的粮食是陈粮，农民在集市上卖的是新粮，质量比国有粮店的好，国有粮店的服务也不行，当然销售量大幅度下降，亏损就直线上升。如果还看不到这种转变，国有粮店再不尽早深化改革、改善管理，就会影响到整个经济形势，这就是我们讲的已经到了非改不可、不早改过不去的时候了。同时还要指出，当前的大好形势正是改革粮食经营管理体制的最好时机，国内粮食平衡有余，国际市场粮价回落，国内市场粮价稳定，这是粮食工作多年未有的好形势。必须抓住这个机遇。错过这个时机，改革的代价就更高了。怎么改革？改革的方向没有变化，还是1994年粮食购销体制改革这个方向，但是我们的步子要走得更快一点，改革的内容要更深一点，概括起来就是“四个分开、一个并轨”。

第一，政企分开。政府跟企业责、权、利不分，搞在一起是不行的。现在已经基本上没有政策性的任务了，定购粮收进来，加上费用，卖出去就是市价，而且我们有能力控制这个市价，因为手里有粮食。没有过去高进低出的问题，也就不需要政策性补贴了。从中央来说，将来的国家粮食储备局就是管储备，就是管国家专储粮的经营、管理和保存，没有其他职责，就是一个自负盈亏的单位。我讲自负盈亏是指在中央财政补贴利息和费用的情况下，严格地讲它还是一个事业性的单位。那么，粮食的宏观平衡、政策的制定、粮价的监管怎么办？可以考虑在国家计委或内贸部成立一个粮食司（局）来管理。

第二，经营和储备分开。储备就是两种储备，一种是国家的储备，另一种是地方的储备。管理这个储备应该有专门的机构，国家专储粮就是由国家粮食储备局来管，从上到下垂直领导，人、财、物统一，同粮食周转、地方储备彻底分开。专储粮的用途只有两个：第一个是如果发生全国性的特大自然灾害，并非一个省份能够解决的，就要动用国家储备粮。一般的灾情，就像这几年的灾情，原则上都由地方储备粮解决，不需要拿国家的专储粮。如果地方遭了灾，发生资金困难，那是另外一条线，去申请救济资金，粮食不需要从国库里面拿。第二个是当某一个省份的粮食政策发生了重大失误，没饭吃了，那只好由国家来开仓济贫。一般情况下，粮食的国家专项储备和战略性储备是不能轻易动用的，但是每年得推陈储新、得轮换。这是调节、控制粮食市场的一个重要力量，一个政策性的经济力量、经济手段。我们建议地方粮食系统的储备与经营也要分开。怎么分呢？地方要研究。搞经营完全是靠商业性的公司，没有理由要国家补贴，因为按收购成本加上费用后的价格销售粮食，为什么要亏损呢？上海现在的粮油销售环节已经没有亏损了，不需要国家补贴了。上海为什么不亏损呢？在批发环节，刚才讲过已没有政策性的补贴了；到零售环节，是采用便民店的形式，也就是说，它不是只卖粮食。世界上已经没有只卖粮食的商店了，只有中国才有。如果在粮店里油、盐、杂货什么都卖，或者说就是小的超级市场，它的经营就不会有亏损了。另外，上海还有一个经验，现在它的粮食市场不是由粮食系统一家垄断，它有三家。一家是粮食系统的零售店，向便民连锁店的方向发展；另一家是农垦局系统成立的农工商粮油公司，农场把生产的粮食拿出来自己开门市部销售，中间环节少，成本低；还有一家是农业局，就是组织市内各个县的农业系统搞产销直挂，农业局成立一个公司把农民的粮食直接拿到市场上去销售。不是独家经营，形成竞争以后，粮食的市场价格就上不去，粮食经营也不会亏损；亏损就关店嘛，人可以转业。所以，如果把体制理顺、分开，在改善经营管理方面，办法多得很，粮食系统是不应该亏损的。

第三，中央与地方的责任分开。因为我们实行的是粮食省长负责制，省长要切实抓好本地区的粮食生产、供应、储备，管好本地区的粮食市场，这个责、权、利是统一的。国家只制定一些宏观政策，例如价格政策。去年北戴河会议决定提高粮食定购价格，当时有人担心提高以后市场粮价会不会水涨船高。我们认为，只要粮食供求能够平衡，市场价格就涨不上去，可能会逐步向定购价靠拢。现在没想到粮食的市场价已经降下来了，很快向定购价看齐了。这也可以证明按现在这个定购价来收购粮食，农民还是有利可图的，足以鼓励农民的种粮积极性。因此，我们考虑对这种趋势大家要及早准备，就是粮食的市场收购价绝对不能低于定购价，如果比这个定购价低的话，农民种粮的积极性就要受到影响。好在现在化肥价格比原来下降得多了，原来每吨尿素卖到2300元，每吨磷酸二铵卖到2500元；现在挂钩尿素一般是每吨1400元到1500元，市场尿素价格每吨是1700元到1900元，磷酸二铵每吨大约2300元。所以，农民还是得到了很多好处的，现在农民种粮的积极性很高。我们不能挫伤这个积极性，要用保护价收购的办法，使粮食的市场价不低于定购价。绝不允许出现粮食丰收、农民减收的情况，不能让种田的人吃亏。

第四，新老挂账分开。政策性的挂账是历史原因形成的，我们还要继续采取“两条线”运行、逐步消化等办法解决。要加大力度，我相信体制一改，力度就加大了。对以后经营性亏损的挂账我们是不能承认的，粮食系统在银行挂的账、借的钱是要还的。现在挂了200多亿元，还在继续挂下去，这确实是一个大问题。我们的态度是不认这个账，到时候就要还钱。再这么亏下去不行了，所以要加快体制改革。这次会议决定170亿斤专储粮由国家粮食储备局另找仓库，这就是改革的开始。把产区的170亿斤粮食收走，不占地方的仓库，国家储备和地方储备、地方周转就逐步分开了。粮权落实了，管理也规范了。

以上讲的是“四个分开”，还有“一个并轨”，就是进一步完善价格机制，实行定购粮价和市场粮价的并轨。这是很自然的一个过程，没有谁事先下一个命令，它们实际上已逐步并轨了。相反，我们不是硬性地要求粮食的市场价降到跟定购价一样，而是怕它降到定购价以下，损害了农民利益。如果不采取措施，很可能就降下来，所以，我们要采取各种办法来稳定市场粮价。稳定粮价不是过去那个意义，怕它涨得很高，现在是怕它降得过低。因此，在收购粮食和轮换储备的时候，一定要注意价格，不要引起市场价格降低。另一方面，如果在这种形势下粮食系统自己不改善经营管理，不降低费用，粮价太高那就销不出去，造成经营困难。我讲的这些，都是在北京与有关部门的负责同志共同商量后的意见，后来在李鹏同志主持的总理办公会议上，做了简要汇报，李鹏同志也表示原则同意。会上，国务院确定由陈锦华〔1〕同志牵头，成立一个粮食购销体制改革领导小组，立即开始工作，抓紧研究具体的改革方案，经过国务院批准后实施。这是一个最好的时机，不会引起社会震动，不会引起粮价波动。当然，改革要平稳过渡。什么意思呢？不可能要求老的挂账、新的挂账一概都消化，这个你们也不用担心。总得要想办法逐步让它们过渡到新体制上去，妥善地解决这些遗留的问题。粮食系统的同志们也不要恐慌，“断了奶”了，老账还没有还清，新的亏损也不认账，那怎么办呢？我们大家来研究一个办法。我今天是给大家打一个招呼，粮食管理体制要改革了，这是挡不住的，非改不可，改了以后有很多好处。如粮食仓库向销区转移，体制一改马上就可以解决。那就是地方的储备库自己建；中央考虑要把专储粮合理布局，就是把国家专储粮挪到销区去，中央的储备库由中央来建。中央、地方都可以利用停工闲置的厂房、仓库，稍加改造后储备粮食。

关于资金问题，我们历来都强调这样两句话：一是充分保证收购资金的供应，绝对不允许“打白条”；二是绝对不允许挤占挪用，成立农业发展银行就是为了这个目的。但是由于改革没有彻底，体制也不顺，结果挤占挪用收购资金的现象还有增加。造成这种局面，我想农业发展银行、农业银行有责任。同时，地方政府的责任也不小，政府干预银行贷款。大量的收购资金被挤占挪用，去年是三分之一，现在是40%以上都被挪去干别的了。所以，今年决定深化金融体制改

〔1〕陈锦华，当时任国家计划委员会主任。

革，就是农业发展银行设分支机构，一统到底，附营业务移交农业银行。农业发展银行的贷款都是收购资金，是封闭式的运转，绝对不许挤占挪用。现在重申，凡是违反有关规定再挤占挪用收购资金的单位和个人，一定要严肃查处，绝不可放任姑息。人民银行要加强监督。

关于市场开放问题，收购粮食还得有个秩序。过去是先收定购粮，定购粮收到一定程度时就收议购粮，然后再收购专储粮。我想从今年秋天开始，议购粮跟定购粮基本上分不开了，价格差不多了，也就是收购粮食先收到1800亿斤，包括1000亿斤定购粮、800亿斤议购粮，再收购专储粮。应该有个秩序，不然周转粮还没有收够，就变成国家储备。当然，国家粮食储备局不可能把收购部门也独立成为系统，还得委托原来粮食系统的粮站来收购，放在它的周转库里，然后倒库，存到国家粮食储备局的储备库里去。因此，专储粮的收购和销售、倒库，价格要服从整个国家的宏观调控和当地粮食市场的稳定。这个责任还是在当地的省长，因为他负责整个市场，价格还是由他来定。中央只有一个宏观的指导、一个基准的价格，具体的由当地政府决定。

艰苦奋斗，改变凉山面貌*

（1996年10月27日）

我和中央有关部门的同志大多数都是第一次到凉山来，听了大家的介绍和实地考察，很有收获，增加很多感性认识。对凉山有三个较深的印象：第一是凉山少数民族的贫困还是相当严重的。尽管新中国成立几十年了，凉山发生了翻天覆地的变化，但由于种种原因，贫困依然严重。第二是凉山少数民族的扶贫开发，由于省委、省政府和州委、州政府做了大量工作，近几年进步很快。包括西昌市到昭觉县的柏油路，都是近几年修的。你们帮助彝族同胞改变人畜混居状况，马开明州长称之为“形象扶贫”，不管这个名字准确与否，但这件事做得很好。群众移风易俗，是一件很有意义的事情。只要方向正确，方法对路，到2000年基本消灭贫困现象是能做得到的。第三是凉山州的昭觉县条件还很艰苦，你们在这里工作很辛苦。昭觉县委几个领导才一部电话，这在沿海地区是很难想象的。你们发扬艰苦奋斗精神，说明你们物质条件虽然很贫困，但精神世界是丰富的。我们感到很高兴。

下面，我谈两个问题。

---

* 1996年10月25日至27日，朱镕基同志在四川省考察工作，先后考察了凉山、攀枝花、成都、绵阳等地。这是朱镕基同志在听取凉山彝族自治州负责同志工作汇报后讲话的主要部分。

一、关于扶贫问题

中央已有了规划，到2000年要基本消除贫困现象。现在中央财政非常困难，原来计划要减少赤字100亿元，看来很难。但扶贫资金，包括扶贫拨款和贷款两项，还是要由108亿元增加到153亿元，中央是尽了最大努力的。

现在扶贫贷款银行很难收回来。贷款不是拨款，贷的是老百姓的存款。贷了款不还，银行只有多发票子，就会加重通货膨胀的压力。请大家千万不要把贷款当拨款用。

中央财政尽力而为，希望地方扶贫资金也要相应增加。现在中央预算收入只占全国财政总收入的40%，地方占60%，你们从哪里都可以省一点钱出来。有些地方口里高叫扶贫，扶贫经验也特别多，但就是资金不到位。那效果怎么样？我就不太相信。现在中央决定，扶贫资金中央出100元，地方一定要出30元到50元，这就是要逼各地拿钱。现在建楼堂馆所、铺张浪费多着啦，完全可以省出钱来扶贫。我到广西、云南昭通等地看贫困地区时，都掉了眼泪。老百姓那么苦，如果还建那么多楼堂馆所，铺张浪费，于心何忍？中央决定扶贫是“党政一把手负责制”，中央的钱下达到省，由省里统筹安排、统一确定。你省委书记、省长怎么用，我不指挥，买酱油或打醋是你的事。如果你用扶贫的钱盖个什么大楼，那监察、审计部门就要找你了。

你们提的要求，有些涉及政策问题，我们要带回去研究。如修干线公路问题，不在扶贫项目内，要交通部研究。中央决定，投资要向中西部地区倾斜。我不同意现在就修京沪高速铁路，那是锦上添花，现在时机不成熟；我主张雪里送炭，现在重点先修成昆路、内昆路、南昆路、南疆路、宝成复线、株洲到六盘水复线等等。这关系到中西部地区发展，关系到全国大局的稳定。

二、关于扶贫工作的基本经验

我们在这里走马观花，感到凉山扶贫工作的经验是非常明确有效的。我看第一条经验是进行基本农田建设。近期必须达到一人有一亩比较稳产高产的基本农田。无论平坝或山区，都要搞好能保收的基本农田。我看你们公路沿线山林破坏很严重。不少地方刀耕火种、广种薄收，造成水土流失，对子孙后代影响太大了！这种状况必须改变。

1996 年 10 月 26 日，朱镕基在四川省凉山彝族自治州与彝族群众交谈。前排左四为凉山州委书记肖光成。

如果处于长江上游的四川不搞好水土保持，三峡工程建好也要被淤积。我看要以愚公移山的精神，要以大寨精神，修筑高标准的稳产高产的基本农田。具体要求是：大搞“坡改梯”，垒石头，必要时用一些水泥。从现在起，努力修建高标准农田。这是百年大计，是子子孙孙的“活命田”。如果一人有一亩这样的基本农田，加上薄膜覆盖和良种等农业科技，就有了“保命田”。那样，陡峭山坡就没有人乱开垦了，农民就愿意退耕还林、还草了。我在有个省看了一个水电站，水库周围的山上树非常少，我说一定要把水抽上去种树。由电站和地方各拿一点钱来种树。老肖〔1〕、老马〔2〕你们要非常重视水土保持。从西昌到昭觉这一路上，有几处封山育林搞得非常好，看了叫人高兴。但也有许多地方的山是光的，看了叫人心焦。你们要为农民解决烧柴问题。海拔 2000 米到 3000 米的高山坡上的植被，很难长起来，农民砍去烧了，怎么恢复得起来?！现在农民买不起煤，可以搞沼气、太阳灶等。你们不是要求搞开放口岸吗？搞好了水土保持，绿化了荒山，凉山成了九寨沟，才有人来旅游嘛，你现在这个样子，开放口岸谁来？

第二条经验，是要从根本上改变落后的生活习惯，移风易俗，这是很有意义的事情。无厕所，无猪圈，人畜混住在一起，这怎么行！我们看到甘肃农村，穷是穷，但农户每家有个院子，干干净净，一下雨，雨水就集流到水窖里，吃、用就都靠它了。你们在昭觉上游村搞的“形象扶贫”，解决了好多问题，应该大力加以推广。先让彝族群众把厕所和猪、羊从屋子里搬出来，墙上开个亮窗，我希望你们三年内解决这个问题。

---

〔1〕老肖，指当时任中共四川凉山彝族自治州委书记的肖光成。

〔2〕老马，指当时任四川凉山彝族自治州州长的马开明。

第三条经验，扶贫就是要发展农业、畜牧业，不要不切实际地搞什么工业，有条件的地方可以搞一点以农畜产品为原料的加工业。听说你们要搞什么造纸厂，我坚决不同意。你们这么点林子，到处是癞痢头的山，还能办造纸厂吗？污染你们怎么治？小厂的纸你卖给谁？好多老区和贫困地区的同志，一讲扶贫就是要求办工业，办一个厂亏一个厂，背一个包袱。现在不只是乡镇企业，国有企业都亏损，哪个产品有市场？如果有人批评你们不办工业，不以工业为主导，你们就讲是我说的，我的责任。只要你们把农、林业真正搞好了，再办现代工业也不迟。但现在你们就是要把农、林业搞好，把老百姓的房子改造一下，把厕所和牲畜从屋子里搬出来，让他们吃饱穿暖，把山林植被覆盖搞好。

1991 年，我到国务院分管工交工作，那时小烟厂多，亏损很严重。我的对策，一是限产压库，二是坚决关掉计划外的小烟厂。小厂赚不了钱，都是赔钱。四川省支持我，关了不少小烟厂。现在全国烟草工业利税已由 100 多亿元上升到今年的 800 多亿元了，这是当时关停小烟厂才带来今天的效益。这几年又在升温、泛滥，到处要求搞小烟厂。我看要坚决顶住，必须铁面无情。只要不怕得罪人，就可以顶住。你们这里办工业要非常慎重，现在重复建设搞得很多。你们这些县，原料、资金、人才都缺乏，谁要办工业，搞不好就会垮台。办企业关键在厂长，要真正懂经营会管理，大公无私。你们要把厂长抓好。抓管理，抓质量，才可以办好厂子。

我确信，只要你们按中央的方针政策办，带领全州人民艰苦奋斗，方向对头，措施得当，凉山一定会迅速改变面貌。

采取措施防止股灾*

（1996年11月4日）

请正庆[1]同志研究落实防止股灾的各项措施，尽快起草文件，由国务院颁发。

当前要迅速做到：一、人民银行采取措施切断银行资金流入股市的渠道，二、财政部采取措施抑制证券回购资金流入股市，三、证监会加强监管，防止股票市场恶性炒作，全权负责防止股灾爆发。

请椿霖[2]、仲藜[3]、相龙[4]同志并罗干、锦华[5]、云宝[6]同志阅。

朱镕基

11.4

---

* 这是朱镕基同志在中国证券监督管理委员会《关于近期股市行情的简要报告》上的批语。

〔1〕正庆，即周正庆，当时任国务院副秘书长、国务院证券委员会主任。

〔2〕椿霖，即何椿霖，当时任国务院副秘书长。

〔3〕仲藜，即刘仲藜，当时任财政部部长兼国家税务总局局长。

〔4〕相龙，即戴相龙，当时任中国人民银行行长。

〔5〕锦华，即陈锦华，当时任国家计划委员会主任。

〔6〕云宝，即姜云宝，当时任李鹏总理办公室主任。

在一九九六年中央经济工作会议上的总结讲话*

（1996年11月24日）

这次中央经济工作会议开得很好。我参加了东北组、中南组、华东组的小组讨论，看了简报，昨天晚上和前天晚上听了各个小组召集人的汇报。我根据同志们提出来的意见和自己的体会，把这次会议的特点归纳了四句话：成绩说够，问题说透，措施对症，认识对路。这一次会议，大家牢骚比较少，对党中央、国务院以及国务院各部门提的意见不是很多，虽然很尖锐，但是非常中肯，对于做好明年的经济工作是有很大好处的。我今天主要是根据同志们在小组讨论中反映的问题，再作一些补充说明。

一、关于当前经济形势

很多同志担心，当前经济的好形势是不是稳固，是不是会逆转。我认为，当前的好形势主要表现在通货膨胀得到了抑制。这不仅是靠行政措施，而是带有治本的性质，只要坚持下去，这个经济的好形势就能够得到巩固和发展。理由是：第一，我们这两三年来，确实是控

* 1996年11月21日至24日，中共中央、国务院在北京召开中央经济工作会议。出席会议的有各省、自治区、直辖市和计划单列市、新疆生产建设兵团的党政主要负责同志，中共中央有关部门、国务院各部门和有关单位的主要负责同志，解放军三总部和武警总部负责同志。这是朱镕基同志在会上总结讲话的主要部分。

1996 年 11 月 24 日，朱镕基在中央经济工作会议上作总结讲话。（新华社记者齐铁砚摄）

制了固定资产投资的过快增长。1993 年，固定资产投资增长 61.8%，1994 年增长 30.4%，1995 年增长 17.5%，今年预计增长 20%左右，扣除物价增长因素，实际增长也就是 12%。由于固定资产投资的过快增长得到抑制，票子就少发了。1991 年的时候，发了 590 亿元票子，1992 年开始比较快速地增长，发了 1200 亿元，1993 年发了 1530 亿元，1994 年发了 1424 亿元，通货膨胀的根源就在这个地方，基本建设的增长超过了国力的可能，只有发票子。去年我们只发了 596 亿元，才有今天的好形势。这还是在外汇储备大量占用人民币的情况下。去年外汇储备增加了二三百亿美元，相当于人民币 2000 多亿元啊。今年发票子要力争控制在 1000 亿元以内。如果没有控制基本建设，没有少发票子，物价涨幅是绝对降不下来的。

第二，农业上去了。由于党中央、国务院采取正确的农业政策，两次提高粮食和棉花的定购价格，使农民得到很大的好处，提高了农民的生产积极性。所以去年粮食增产 400 亿斤，今年预计增产

270亿斤。正因为粮食的供求平衡有余，粮价才稳定。以粮食为主的食品在居民的消费中占了50%左右，所以粮价稳定了，物价就稳定了。

第三，社会总供给跟总需求实现了基本平衡，而且部分产品平衡有余。目前，粮、油、糖的库存都超过历史最高水平，主要生产资料包括钢材、水泥、玻璃、有色金属、化工原料、机电产品等都是平衡有余。外汇储备有显著增加。80年代，我们外汇储备最低水平的时候是18亿美元，现在已经达到1000多亿美元了。所有这些因素都有利于物价控制，所以我认为物价上涨是从根本上得到了抑制。当然，物价一点反弹都没有也很难讲，但是只要我们的工作正确，我认为不会出太大的问题。今年以来，物价涨幅一直是逐月下降的，从1月份的7.6%，降到10月份的4.7%，1到10月份累计是6.4%。现在看起来，今年的物价涨幅会低于6.4%。香港今年的通货膨胀率大概是6.6%，我们比香港低。我想，这对于香港的回归、保证香港的繁荣稳定、坚定港人的信心，是有很大好处的。

我在这里特别要讲一下外汇储备。前几天，我国外汇储备已经达到1010亿美元，但我们的外汇储备并不充裕。

第一，外汇储备增加，是出于国际收支平衡的需要。理论界有些同志只根据外贸进出口周转三至四个月的需要，认为外汇储备有五六百亿美元就够了，有的人甚至于说400亿美元就够了。他们没有算我们现在的外债余额已经超过了1100亿美元，过去每年用于还本付息是100亿到150亿美元，从现在开始，一年要用200亿到250亿美元来还债。另外，外资对中国的直接投资，现在大概有1700多亿美元，就按百分之几或者10%的回报率计算，如果它不把利润继续投在中国，而是要汇回去的话，也得要一百几十亿美元。所以对外汇需求的计算，要考虑到各种因素。

第二，比较充裕的外汇储备是对外开放的必要条件，或者是重要的条件。我们回忆一下，邓小平同志发表南方谈话以后，对外开放有了长足的进展。当然有投资环境改善等种种因素，但是我认为外汇储备的增加是一个重要因素。特别是我们今年实现了经常项目下的人民币可兑换，这对于宣传我们中国的投资环境是很有好处的。

第三，是稳定香港的需要。这里讲一个插曲，就是前些时候，香港报纸说中央统战部一位副部长跟香港访问团的代表说，我们已成立了一个 3000 亿港元的基金，如果香港股市发生问题的话，可以用来救市。这一下子遭到香港报纸的讥笑，因为它认为你没有常识，这个股市是托不起来的。但后来这位副部长给李瑞环同志写了报告，说他绝对没有讲这个话，是香港记者造出来的。造也不会造，造了个外行话，说我们建了个基金是为了去托股市，这是风马牛不相及了。因为香港的股市市值差不多有 4 万亿港元，3000 亿港元算什么？你还想托市啊？另外，香港在 70 年代、80 年代，股市都曾经暴跌，曾有过托市的意图，都没有任何的效果。所以，这个股市是不能够去托的。我们讲要救是救什么东西呢？是香港汇率的稳定，就是港元的地位。我们担心的是什么呢？就是一到明年 7 月，也许是 6 月 30 号，一些别有用心的势力联合起来，一下子把港元全抛出来，要换成美元拿走。你这个时候要是没有美元储备的话，那港元就贬值了，就会猛跌，那香港的整个金融体系、经济体系就要崩溃了。关于这个问题，最近香港金融管理局总裁来过好几次了，跟我谈过这个问题。国际货币基金组织总裁也来跟我谈过这个问题，他表示友好，说国际货币基金组织可以动用 350 亿到 400 亿美元来支持港元的稳定。我对他讲了四点意见：

第一，香港没有发生金融危机的可能，或者说可能性极小，因为香港的金融监管制度是比较完善的。

第二,万一发生这种金融危机，香港特区政府完全有能力解决这个问题，不需要别人帮助，因为它有620亿美元的外汇储备，比英国的还多。

第三，中国内地有1000多亿美元的外汇储备。为了稳定香港，我们保持了很大的流动性。我们绝对不会随便干预香港的事情，但如果发生金融危机，特区政府向我们提出请求，我们为了稳定香港是会帮助它的。我做了准备，但是我认为，需要我帮忙的可能性也不大。

第四，如果香港要向国际货币基金组织请求帮助，它可以向我们提出来，我们可以转达，因为香港不是国际货币基金组织的成员。但是我说，恐怕没有这个需要。同样的，今年上半年纽约联邦储备银行的行长也跟我讲，美国可以拿外汇出来，帮助稳定香港。我说我们中国内地的外汇储备加上香港的外汇储备比你的还要多，恐怕不需要你帮助了，但是我还是感谢你的好意。现在外国人不是看我们的经济增长速度有多高，而是看物价有多高、外汇储备有多少，他到你这个市场上面赚了钱，你有没有支付能力，所以，外汇储备是起很大作用的。

我觉得在经济形势好的时候，要保持清醒的头脑，因为很多外界舆论特别是香港报纸都预言了，说我们的经济现在又要开始新一轮的回升啊。国内也有不少的人，要求放松银根、扩大投资，说经济已经到了谷底了，该回升了。外国人评论说，我们的经济发展大概每隔五年有个政治周期，现在正好这个政治周期要开始了，而且他们预言，谁也压不住这种热度的回升。所以我想，我们应该坚决地按照江泽民同志、李鹏同志在报告里讲的，无论如何要坚持适度从紧的财政政策和货币政策。我们刚刚用几年时间把前一段的一些过热现象调整过来，如果现在又来一次经济过热，谁也受不了。

二、关于国有企业问题

我们很重视国有企业的经济效益从去年下半年以来下滑的趋势，但是今年下半年已经开始回升。

国有企业的经济效益下滑，有各种复杂的因素，既是多年来矛盾积累的综合反映，也和近年来一些利润转移因素有关。利润转移到哪里去了呢？第一是转移到农产品里去了。近两年两次提高粮食、棉花和一些农产品的价格，农民的积极性调动起来了，工业可是付出了相当沉重的代价。纺织工业从去年到今年这么困难，从盈利变成全行业的亏损，与棉花涨价有很大的关系。我看这个代价是值得付出的，不然的话农民没有生产积极性。据张德江〔1〕同志讲，吉林省农民人均纯收入，去年是1600元，今年预计2100元，差不多增加三分之一，农民得到了实惠。第二是转移到能源、交通等基础产品和基础设施方面去了。大家回忆一下，这两年半到三年，电价、煤价、交通运输费用涨了多少？不然，哪有钱修铁路？这几年，铁路建设确实是很有成绩。这都是工业企业在那里负担，工业企业有相当大的一部分利润都转移到这方面去了。第三，社会保障体系这几年的进展是相当快的，也相应提高了企业的成本。听吴邦国同志说，上海的国有企业社会保险负担原来是40%，现在超过50%了。没有社会保险，企业兼并、破产、结构调整，都没法做，所以，现在虽然没有社会保险法，但国务院对于社会保险工作还是抓得很紧，出台了好几个法规，而且在逐步完善。第四，企业实施了新的会计制度以后，把折旧率几乎提高了一倍。折旧率不提高，企业搞基本建设、技术改造都没有资本金，无

〔1〕张德江，当时任中共吉林省委书记。

1996 年 10 月 28 日，朱镕基考察攀枝花钢铁（集团）公司。前排右一为攀枝花市委书记秦万祥，右二为攀钢（集团）公司总经理洪及鄙。

法实现自我改造。提高折旧率也提高了成本，减少了利润，但企业自我改造的能力增加了。第五，乱收费、乱摊派，也增加了国有企业的负担。第六，盈利企业的收入用于分配的比例太高，吃掉了相当大一部分的利润。以上这些利润转移因素，有些是改革和结构调整的结果，付出一定的代价是必要的；有些是消极因素，是应当纠正的。

这里，我想着重讲讲导致国有企业困难的三个根本性原因。江泽民同志、李鹏同志都讲了，我主要用一些实例来作说明。

第一，重复建设导致生产能力过剩。国有企业的困难不断发生，就是因为不断地有新的项目在那儿投产。目前我国电视机、电冰箱、汽车的生产能力，闲置三分之一到二分之一。江泽民同志讲了汽车的例子，全国 130 多家汽车厂，也就是生产 100 来万辆汽车。还有汽车装配厂700多个、零部件厂3000多个。我看如果没有这么多汽车厂，而是像原来载重汽车只有“一汽”、“二汽”两家生产，小汽车也只有两家生产，那效益要比现在好几十倍。我们彩电的生产能力是年产3000万台，但是这几年每年的销售量也就是一千几百万台，最多不超过2000万台。彩电生产企业本来就吃不饱，但还在继续扩大生产能力，这样搞下去，到明年、后年，可能许多彩电生产企业都要关门。最近，听说江苏搞洗衣机的工厂现在都搞电冰箱，搞电冰箱的都要搞洗衣机，生产能力全扩大了。重复建设太可怕了，特别是我们现在资讯不发达，市场的信息也不清楚，总以为可以把别人搞倒，自己可以上去，不行啊，强中更有强中手啊！作为你们的老朋友，我搞了46年经济工作，90%以上的时间在国家计委和国家经委，根据我的经验，我给我的朋友们、同志们一个忠告：从现在开始，至少一年，不要再上任何新的项目，行不行？我讲的是不上工业项目，不是基础设施。基础设施、农田水利是必须搞的，但是，第一，要量力而行，没有那么多钱，你搞那么多项目，怎么还债啊？第二，不要过分超前，修那么多高速公路、港口、机场，根本没有多大的流量，你把钱投到那儿是白花了，很不值得。技术改造不是说都不能搞，通过小改小革、科研开发提高产品质量，更新生产设备，这些都需要搞，就是不要再扩大生产能力，花冤枉钱了。根据国家计委统计，每年投产的项目里，有三分之一的项目一投产就亏损，或者停工。胡富国〔1〕同志大概知道，潞安矿务局的常村煤矿，用世界银行贷款，花了几十亿元，去年剪彩投产了，投产后现在就停在那里。谁来还这个钱啊？不要说还本，利息都没人还，所以不能搞这种重复建设。

第二，进口商品和外资企业的冲击。这并不是说改革开放不要搞

〔1〕胡富国，当时任中共山西省委书记。

了或者说搞错了，绝对没有这个意思。没有改革开放就没有今天，就没有我们这些年翻天覆地的变化。我讲的是不必要的进口冲击了国内市场。在外资企业的导向不清楚的时候，也搞垮了国有企业。这是我们应该注意防止的问题。我体会最深的就是钢材。1992 年的时候，建筑用钢材只卖到 800 多元一吨，大规模基本建设一起来，钢材价格一下子涨到了 1800、2000、2300 元一吨，国内的钢铁企业发大财了，鞍钢那个时候光预付款就收了 70 多亿元，可就是没有货。但是好景不长，价格一下子涨这么高，所有的外国钢材都涌进来，钢材价格掉下来了，钢铁企业都亏损得一塌糊涂。1994 年的时候，聚酯 2.4 万元一吨，国外的价格低，大量进口，去年降到 1.2 万元一吨，今年 6000 元一吨，现在可能回升了一点到 8000 元，从一吨 2.4 万元掉到 8000 元，价格掉了三分之二，所以现在建的化纤厂，建一个亏一个。广东、广西制糖工业本来是搞得很好的，特别是广西，这几年把制糖工业、甘蔗种植搞起来，农民也得到好处。去年偏偏要大搞加工贸易，大量地进口外国的原糖来加工白糖，加起来差不多进口了 200 万吨，一下子把我们制糖工业打垮了，农民的甘蔗也卖不出去。针对这种情况，中央最近准备采取措施，由国家计委和国家经贸委牵头，经贸部等单位参加，成立国家进口商品协调小组，加强对进口商品的统一管理。如果进口商品冲击国内的市场，我们要通过税收手段和国际上通行的做法，保护国内的市场。

第三，企业管理滑坡。大家都知道，现在企业的管理确实是滑坡得相当厉害。这次我到四川去，看了航天基地，深有感触。我觉得运载火箭发射失败了这么多次，不能够怪哪一个人，因为这个产品是千万个零件集合在一起的，任何一个小片、一个小零件发生问题，都要失败。它是全国企业技术水平、管理水平和精神文明的一个综合反映。管理方面一个最大的问题是人多，这也是造成国有企业困难的一个很重要的原因。我 1991 年到国务院来工作，管工交。当时我就深刻地体会到，人太多是造成亏损的重要原因。我记得那时统配煤矿是360万人，顶多有120万人就足够啦，多了240万人，人工成本占吨煤成本的三分之一。当时制订了一个计划就是减人增效，无论如何要把这些人分流到服务行业里面去，不然的话，煤矿是没办法扭亏的。制订了一个三年扭亏计划，一年给20亿元的补贴，后来加到30亿元，现在一共用了100亿元，取得了很大的成绩，亏损逐步减少。不减人，亏损就减不下来。铁路系统现在也是亏损得一塌糊涂，去年亏损100亿元，也是因为300多万人有100多万人就够了，后来采取了措施，亏损减少了。粮食系统更不得了，现在有400多万人。前几天，我请了国家粮食局的一些老同志来座谈当前的粮食问题。大家都感到过去300万人，现在400多万人，减一半都没有问题，人这么多哪能不亏损呢？所以现在讲管理，首先要讲怎么减人。我认为，面多了加水、水多了加面是不解决问题的。一出现亏损不是从减人、分流、增效方面去考虑，而是搞项目，一搞项目就重复，本来那个厂子都亏得一塌糊涂，还搞新项目，亏得更多，这不是一个办法。因此，一定要抓好企业的管理，提高企业的管理水平。同时，国务院非常重视企业兼并、破产的工作，明年要加大企业破产的力度，用于破产的呆坏账准备金也要适当增加。国务院明确规定，破产只是在58个试点城市实行，但现在发现，全国成风了，不管试点不试点，到处都给你“破”，把银行债务给破掉了，职工并没有安置，叫做“大船搁浅，舢板逃生”。最近，召开了几次会议，下一步对企业破产要加以控制。不然，企业破产了但机制没有转变，还在那里生产，还在那里亏损，还在那里向银行贷款，一“破”几百亿元啊，那国家受得了吗？所以，我建议王忠禹[1]同志今年年底或明年1月份先开一个兼并破产工作

〔1〕王忠禹，当时任国家经济贸易委员会主任。

会议，让大家把国务院的文件好好学习一下。现在很多搞企业破产的人，还没有搞清楚《企业破产法（试行）》、国务院关于破产试点的文件精神，就到处冲销银行的资产，这受不了的啊！要先把这个文件学习一下再起步。兼并政策比较明确，只要你承认债务就可以兼并。据说天津搞得比较好，叫做“先贷款后兼并，先合作后兼并，先搬迁后兼并”，有几套办法。兼并是很值得推广的一种形式。煤炭系统对富余职工给贷款，发展服务业，也是个好办法。

三、关于粮食问题

对于粮食形势，我们认为不能估计太高。现在各个地方报的数字很高，高当然好。不怕没有地方装粮食，也不怕没有钱收粮食，但是如果你估计得过高，落空了以后会给很多方面造成损失。从历史的经验看，估产一般是“两丰两歉一平”。去年增产 400 亿斤，今年又说要增加 400 亿斤，明年再丰收很难啊。今年虽然有水灾，但今年恰恰没有旱灾，雨水调和，所以今年收成是比较好的。还应该看到，今年粮食的增产是以牺牲棉花和油料为代价的。今年棉花的播种面积比去年减少 990 万亩，油料面积减少 825 万亩，这两种作物都是减产的。明年要再有这么好的粮食收成，是不大可能的，所以要做这个准备。

一是要做好今年粮食收购工作。在这一次会议上，很多省区市的领导同志对粮食收购资金不能到位表示担忧。照道理讲，收购资金是绝对不会出现问题的，关键是应该收回的资金你要收回来。收购资金，我已经跟农业发展银行和农业银行的行长讲了，我说你们这两个月少睡点觉，无论如何不要出现收购资金脱节的情况，不要“打白条”。但另一方面也请各地负责同志监督粮食系统，把卖粮食的钱交回到银行来。现在严重的问题是粮食系统亏损，本来前两年实行“两条线”运行，粮食的亏损情况有所改善，从1992年3月份累计的政策性和商业性亏损550亿元，现在已经下降到300多亿元了，消化了100多亿元，但是今年粮食系统亏损猛增，比去年新增了200亿元的亏损。这就是因为国有粮食系统费用打得太高了，粮食卖不出去，因此亏损很厉害。最近，国务院发了一个文件来解决这个问题。

二是要稳定粮价。前一个阶段，市场粮价在下跌，有一些地方有一些品种，市场价还低于定购粮价，挫伤了农民种粮积极性。现在秋粮已经开始收购，情况已经好转。各地国有粮食部门要改进粮食收购工作，加快收购进度。把农民愿意出售的粮食都收购上来，价格就稳住了。国家手里多掌握一些粮食也比较主动，这是利国利民的事。

四、关于财政金融问题

今年财政收入情况很不错，比去年预算差不多要增加1000亿元。增加的收入一大半都在地方，但是地方的支出也相应地增加了。中央财政收入也增加了，但是入不敷出，想了很多办法才避免了扩大赤字。但现在还有一个问题，欠税很严重。年初的时候只欠了一百几十亿元税，到现在欠380多亿元。税务局一定要把税收上来，我们不能依靠发票子来补税，也不能在12月份的时候通过银行大量放贷来交税，这绝对不行。所以，希望我们共同努力把税收上来，这对大家都有利。特别是个别省截留国税，这个不合适，现在很明显都是欠缴国税，其实，按照新的财税制度国税里面有一部分是返还给地方的，所以这个也不要分得太清楚了。还是要共同努力，一视同仁地把税收上来，更不要截留国税。

现在的问题在于明年日子很难过。今年的财政硬赤字是614亿元，加上国债到期还本付息1300多亿元，这样今年发了2000多亿元的国库券。明年呢？现在各个单位都说收入要减少，而支出猛增。一再压缩，明年的赤字还得900亿元，比今年增加300亿元，那又得多发300亿元国库券。恰巧明年国库券到期的又多，还本又要多五六百亿元，因此明年如果要按照这个需要，国库券要发到2600亿元以上，这么多国库券能不能发得出去是个问题。所以，还是希望大家量入为出，把赤字缩小。

金融领域的突出问题是银行经营日益困难，风险加大。主要表现在：

第一，不良贷款不断增加。去年国有企业欠银行的利息是2400亿元，其中差不多1000亿元是去年新增的欠息，有1400亿元是过去的老账没有还。今年1到9月份，比去年又增加了1100亿元，这是一个很大的风险。所以，上项目借钱一定要考虑到能不能还钱，不然会造成很大的困难。

第二，乱设金融机构，违规经营。现在这个风险很大，不经过中央银行批准，就设立各种集资或者进行存贷业务的金融机构，存进来的钱给高利息，贷出去的款都压死了收不回来，最后老百姓挤兑，今年这样的事已经发生多次了。所以，一定要按照规定执行，没有经过中央银行批准，任何地方不能够设立金融机构。

最后讲一下股票的问题。我主要讲政府应该采取的立场。今年股票价格暴涨是不正常的，深圳的股市从年初的950多点，最高涨到了4000多点，后来回落一点，现在还是4000多点。上海的股市原来500多点，现在突破了1000点，成倍地增加。深圳一天的股票成交额190亿元，上海是108亿元。香港是多少呢？香港是全世界有名的几个大股市之一啊，它一天的成交额才102亿港元。我们深圳、上海的成交额都超过香港了，能想象吗？香港股市的市值现在是4万亿港元，比内地股市市值高十几倍，但是内地股市的每日成交额比香港股市还多，这说明大多数股票每天都在那儿倒手，这个投机性太大。

对股市要采取非常认真的、慎重的对策方针。经过多次研究，提几条要求：

第一，政府不干预股市。政府不要干预股市，也不要出台影响股市的各种政策，包括税务、贷款等等方面的优惠政策。要按照证监会发布的通知、规定来办事。

第二，“各人的孩子各人抱”。就是这些国有大公司该谁管的，谁把它们管起来，不能再去推波助澜了。

第三，切断银行跟股市的联系。许多国家的立法对此都是非常严格的，不能拿银行贷款去炒股票。所以，前些时候我们抓住两个典型，一个是工商银行合肥市分行，一个是中信实业银行济南分行，拿一两百亿元去炒股票啦。把这两个行长免职、记大过。就这个事我们专门写了一篇《人民日报》社论，题目是《坚决惩处违规行为，自觉维护金融秩序》。我在那篇社论里面加了一句话，从现在开始，如果还有人利用银行贷款资金炒股票，一律撤职，为以身试法者戒。对《人民日报》的这篇社论，香港的报纸都很重视。此外，我们要加强宣传，使股市规范化，股民要有风险意识。

关于宏观经济和财税工作的几个问题*

（1996 年 12 月 20 日）

刘仲藜[1]同志、项怀诚[2]同志的报告事先我都看过，我都同意。本来，我是不用来参加这次会议的。国务院过去规定，部门召开工作会议，副总理也不一定出席，但是你们请我来，我就来了。为什么呢？想和同志们见个面，表达这么几个意思：

第一，今年的财政税务工作取得了很大成绩。当前经济的大好形势，是与我们财税战线全体同志的辛勤劳动、扎扎实实的工作分不开的。你们克服了很多困难，受到了很多责难，对大好形势的发展是有重要贡献的。如果没有你们把税收上来，把财理好，就不可能取得当前这样好的经济形势。所以说，我今天来就是向同志们道一声谢，向我们财税战线上的全体同志表示亲切的慰问和衷心的感谢！

我主管了几年的财政工作，给了同志们很多批评。有些批评，我想还是正确的，但是说话可能有点过头。在此也请同志们原谅，不要影响你们的工作情绪。

---

* 1996 年 12 月 18 日至 20 日，全国财政工作会议在北京召开。出席会议的有各省、自治区、直辖市和计划单列市财政厅（局）长，财政部驻各省、自治区、直辖市财政监察专员办事处专员，财政部各司局负责同志，中央有关部门财务部门负责同志，国有资产管理局负责同志。这是朱镕基同志在会上讲话的主要部分。

〔1〕刘仲藜，当时任财政部部长兼国家税务总局局长。

〔2〕项怀诚，当时任国家税务总局副局长。

第二，讲一下明年的财税工作。这次会议上已经定了财政收支指标，同志们的风格也很高，都接受了这个指标。我希望大家努力工作，力争超过这个指标。因为明年有两件大事，一个是香港的回归，另一个是党的十五大的召开。我们做经济工作的，要保证这两大任务的完成，绝对不能出任何问题。要把自己的工作做好，有什么困难要克服，财政赤字无论如何要逐步地缩小，可办可不办的事情要忍耐一下，不要办。基本建设的摊子不要铺得太大，物价不能够反弹。这也是我们的责任。财政收入指标要力争超过，财政支出指标能够压下来更好，起码不要超过太多。我昨天看了刘仲藜同志和项怀诚同志的讲话，由于他们的屁股坐的位置不同，说法有点差别。我刚才就问他们两位，我照谁的口径讲？他们说口径是一致的，但我还是能看出有一点差别。项怀诚同志讲明年工商税收增加 12%，经过努力是可能实现的。同志们请注意，他说的是“可能”，不是“可以”。刘仲藜同志说明年经济增长 8%，是国内生产总值按不变价格计算的。如果换成现价的话，物价假定增长 6%，那么经济增长就应该是 14%，“两税”（增值税、消费税）的增长至少应该跟经济的增长相适应嘛。所以，至少要超过两个百分点。同志们也能听出来，这显然有区别，对不对？我原来说，谁官大我就照谁的讲，现在我看还是照顾一下项怀诚同志的情绪，一个人讲一半。上一半就是税收增加 12%的指标还是切合实际的，留有余地嘛。下面那半句话就照刘仲藜同志的讲，你们无论如何要超过指标两个百分点。我看有可能多超，今年 1 至 11 月份，全国财政收入增长 18%。刘仲藜同志说到 12 月份可能要降下来，我说也没有理由要降嘛。明年税收增长 14%，我认为是没有什么问题的。要发展当前的大好形势，我们对财税部门寄予莫大的希望。

第三，财税战线怎么深化改革，怎么完善宏观调控，怎么进一步地把我们的工作做好？在讲财税工作之前，我想借此机会，先讲讲有关宏观经济的几个问题。

一、关于当前经济形势

在最近召开的中央经济工作会议上，取得了一个共识。大家都反映会议充分肯定了成绩，问题讲透了，措施也讲得十分具体，因此，认识空前统一，心情比较舒畅。这次中央经济工作会议开得很好，那就是因为形势好嘛。我看，这个形势比前几年要好得多。我们回忆一下，从 1978 年邓小平同志提出实行改革开放政策以来，到 1984 年以前，经济发展是健康的，发展速度也很快。党的十一届三中全会是一个转折点，这里面一个重要的经验是重视加强农业，四次提高粮食收购价格，日子比较好过了；又吸取了过去的经验教训，基本建设方面有所控制。但是，1984 年农业大丰收以后，日子刚一好过，就开始折腾，来了个经济过热。到 1985 年的时候，我记得当时国家外汇储备只有 18 亿美元，也不知道那时日子是怎么过的。后来又经过几年调整，好了一点，但是元气还是没有恢复过来。1988 年价格闯关，出现了全国性的抢购风潮。我那时在上海当市长，南京路上人山人海，什么都抢购。实际上，那时商品还没有匮乏到那个程度，主要是因为老百姓的心理承受能力不够。提出价格要闯关，可能是正确的，但是突然一下子提出来，人们承受不了。经过 1988 年这一抢购风波，社会就不稳定了。从 1989 年以后，为了稳定社会，开足马力生产，实际上许多产品没有市场、销不掉。从 1989 年到 1991 年，仓库里的库存增加几千亿元，成了沉重的负担。那两年虽然物价只涨了一点，但经济发展速度很低，效益也很差。

1992年，邓小平同志发表南方重要谈话起了很大的作用，解放了思想，把全国人民的积极性都调动起来了。应该说，这是一个转折点，从此，中国的国民经济就进入了一个高速发展的新阶段。这种发展的势头到现在还仍然保持着，这很不容易。从1992年以来，全国的面貌是完全改观了，我们有深刻的体会。我每年都到全国各地跑一跑，看到的不只是城市，包括县城甚至有些贫困地区的县城和有些农村建设得也是相当漂亮。它们体现出整个国民经济的发展，确实是取得了很大的成绩。

但是，我们在执行邓小平同志指示的时候，不那么全面，有点过头，以致出现了房地产热，1992年、1993年搞得很凶。现在压了几千亿元的资金在房地产上，房子卖不出去，而且越压越多，为什么呢？它已经开了工，50层的大楼现在只建到5层，不把它建成又怎么办呢？不断地加重这个包袱，建成了又卖不掉，就这么个情况。很多搞房地产的公司后台都是地方政府，你们也清楚，现在问题都推到中央身上来了。最近几年，中央不都在处理这些问题吗？我看，五年也解决不了这些问题。房地产热、开发区热，把农田都推掉，莫名其妙嘛！股票热就更不用说了，不经中央批准就擅自开设股票市场，乱七八糟。到1993年的时候，日子就过不下去了，1993年年初，大量地发票子，人民银行钞票都印不过来。1991年，钞票发了590亿元；1992年就翻了一番，发了1200亿元。在我们国家，钞票是个晴雨表，因为我们其他的支付手段还不发达，主要靠票子。1993年发了1530亿元。到了1994年，尽管我们在1993年进行了宏观调控，但由于滞后效应，还是发了1400多亿元。一直到1995年，宏观调控是真正地见效了，发了596亿元，所以才出现当前这样的好形势。今年，我们原本货币发行量要控制在800亿元，但现在看样子是要发到1000亿元了。我们在内部向人民银行总行下了死命令，绝不允许超过1000

亿元。戴相龙[1]同志还是非常认真的，我跟他开玩笑说，你不给我控制在1000亿元以内，恐怕你得下台，我也危险了。为什么今年的票子多发了一点？关键是粮食的问题。粮食大丰收本来是件好事，为粮食丰收发票子是没有问题的，可以收得回来。我们不怕粮食多，为什么这会成为一个问题呢？是因为收了粮食，银行发出去那么多票子，粮食系统卖掉粮食收到的钱，三分之一没有回到银行里来，干了什么了？有的是补了企业亏损，有的是给职工发了奖金，400万人的粮食系统在吃这个钱。甚至还有的拿去炒房地产、炒股票。这里面也有我们银行自己的问题，挪用资金，搞基本建设、搞项目，主要是在地方政府指挥下搞的。我不是把责任都推给他们，还是各种因素促成的。我说今年的票子比去年多发一点，也是有它特殊的原因。我们今年还是控制得相当好的，特别是今年根据形势的发展，一度放松了银根，宏观调控的力度也放松了一点，上半年流动资金贷款超过信贷规模，发放了1000亿元，可惜效果不太好。1000亿元当中差不多有好几百亿元生产的产品没有销路，都进了仓库，没有产生应有效果。公平地讲一句，我对人民银行的批评要比对财政系统的批评多得多，因为我直接当过一任中国人民银行行长。但是我也公平地讲，银行是尽了最大的努力了，因为今年的粮食收购资金要1300亿元，往年都是中央和地方各拿一半。但实际上，中央拿了700亿元以后，还是不够，地方还在喊要“打白条”。中央又拿了296亿元，共近1000亿元，地方还说不够。那好，地方一个钱都别拿了，中央也只好认了。你说怎么办呢？地方说他收不回票子，那中央就给他开一个口子，只要签字画押，都给地方垫，银行都给垫上。今年把粮食收购完了以后，就要请财政系统通过税收返还帮中央把这些钱扣回来。所以今年多发一

[1] 戴相龙，当时任中国人民银行行长。

点票子还是有一定原因的。

跟前几年比，现在经济形势确实是好得多了。经济形势好的特征就表现在发展速度没怎么降下来，始终保持了邓小平同志发表南方重要谈话以后的势头，今年还是10%嘛；而且通货膨胀没有上去，相反，下降的速度大大超过我们的预料。零售物价涨幅在1993年为13.4%；1993年经济过热的滞后效应，使得物价涨幅在1994年上升到21.7%；1995年，我们原定这个指标为15%，勉勉强强地降到了14.8%。今年，国家计委原来定为12%，我说非要压到10%不行，香港回归前夕必须压到10%，但我一点也没想到会压到了6%。1月至11月是6.2%，11月是4.6%，我看12月还会下来一点。从10%的目标一直压到6%，我认为这是很大的成绩。

通货膨胀怎么控制的啊？不是靠行政手段，而是靠一些治本的改革措施：

第一，基本建设规模确确实实是压下来了。固定资产投资在1993年增长61.8%，1994年增长30.4%，1995年增长17.5%，今年扣除物价因素，实际只增长12%，但基建总规模还是很大。新中国成立以来的历史经验证明，经济发展上折腾，都是从基本建设规模失控开始的。基本建设规模一失控，它的后果一定是忽视农业，直接地发票子，最后就是通货膨胀。这几十年，我们栽的几个跟头就是这么栽的。这次中央的宏观调控政策为什么能成功呢？就是中央从根本上抓住基建规模失控这个根子，抑制了一下，把基本建设规模压下来，把票子控制住了；同时，流动资金没有受影响，保证了生产需要，物价也就涨不上去。

第二，根本保证是农业。粮食不够，物价再压也压不下去。这几年，中央在农业政策方面下了很大工夫。我们最紧张的时候是1993年年底，那个时候粮价飞涨。当时我正在安徽，粮食一天一个价。因为前一个阶段粮食丰收，粮价很低，早籼稻每斤 1 毛 8 分钱都卖不出去，农民都不愿种粮食了。再加上水灾，把国家专储粮吃掉了一半。中央采取了一些措施：一个是两次提高粮食和棉花的收购价，另一个是进行粮食购销体制的改革。今年本来是遭了水灾，可“水灾一条线，旱灾一大片”，怕的还是旱灾。结果，今年不但把水灾的损失补上了，粮食还大量地增产，预计增产 270 亿斤。去年是增产 400 亿斤。原来估计今年的粮食产量将达到 9600 亿斤，我们按增产 270 亿斤做了安排，日子很好过了。专储粮要收 900 亿斤，还得往专储粮库里加，供过于求了。国家统计局统计的粮食产量是 10090 亿斤，比预计增加了 700 亿斤粮食。现在不是发愁粮食少了，而是发愁多了；不是发愁粮价涨，而是发愁粮价跌，粮食多了，粮价就要跌。我是不大相信粮食产量这个数字，但国家统计局的同志讲，他们是用世界上最先进的方法测算的。我说我承认，不能抹杀统计部门的成绩，我完全肯定他们的工作，但这个事情是难以查考的。现在的方针是按增产粮食 270 亿斤即总量 9600 亿斤来做工作，按 10090 亿斤做准备。国家统计局的这个数字对我们作决策很有作用。如果有那么多粮食怎么办呢？很容易，一是要发票子，把增产的这些粮食收购回来；二是要找仓库，把它们装起来。现在停产的厂房多得不得了，还是钢筋混凝土的，只要稍微增加点通风设备，这样的仓库比现在的棚子高级多了，粮食储备局找到这些仓库非常高兴。储备粮食没有问题，你大量增产，我大量储备。现在形势好就好在农业，我们有绝对的把握，保证市场的稳定；可是反映到财政上出现了这么多问题，这个包袱我们还得背，费用负担只好加在中央身上。我们可以多收点税，把这个窟窿给补上。但还要注意棉花的问题，去年收了 5700 多万担，现在只收了 4000 来万担，这是个很大的问题，但我也不是很害怕，新疆的棉花长得特别好。现在中国的棉花供应，主要靠新疆。冀、鲁、豫的虫害很难解决，种棉花反倒不如种粮食合算，加上现在纺织工业不景气，棉花调销不畅，农民不种棉花是可以理解的，作一些结构调整也是可以的。农业取得这么大的成绩是各个部门努力的结果。今年秋收以后，农村市场将会大大兴旺，希望工业部门的同志看好这种形势，及时做好准备，别把那些假冒伪劣的滞销产品卖给农民，要增加一些适销对路、适合农村需要的产品来满足他们，不要坑农民。我估计纺织工业明年有一个振兴的机会，不要放过这个机会，棉花可能不够，有可能要进口，要提前做点准备。当前农业形势这么好，副食品工业会有很大发展。现在饲料厂也“精明”了，粮食越是丰收，越是不储备，看价格掉到最低的时候才进货。这样也不行，饲料厂还得储备一些。将来，肉、禽、蛋都会大量地发展，形势会是很好的。

第三，为什么说物价不会反弹，形势不会逆转？现在全国95%以上的产品都是供过于求，除了少数高档消费品我们搞不出来，其他的都供过于求，生产资料包括钢材、水泥、玻璃、木材等，也都供过于求，物价怎么会上去呢？另外，我们的外汇储备很充足，如果个别商品出现短缺，马上就可以进口，把价格压下来。现在，农副产品包括粮、油、糖，各种物资的储备都超过历史最高水平。当然，粮食丰收了也还要防备灾害。连续三年粮食增产的情况过去没有发生过，我们对明年的粮食生产要做好准备，不能忽视农业，不要看到形势这么好，就把农业给丢掉了。只要有思想准备，即使来一个重大自然灾害，我们也不怕，是可以顶得住的。灾年也不会有什么了不起的灾，我们没有什么匮乏的商品，因此物价不会飞涨，涨价只是一时的。前一段时间，柴油的销售价是每吨2400元左右，现在涨到每吨3000元到4000元。新华社的内参如雪片般飞来，其实不是我们没有估计到这个问题，早就估计到了，为什么措施来得晚呢？就是因为我们在观察国际油价的变化。当初由于不允许伊拉克石油出口，需求增大，欧佩克要控制它的产量，把石油价格抬得很高。因此，原油价格从过去一桶 17 美元到 18 美元，涨到现在每桶 25 美元。我们的炼油厂很困难，由于国产石油不够，需要大量进口，而柴油的价格我们定得过低，比汽油低得多，因此炼油厂不愿生产柴油。再加上我们进口柴油的价格也很高，每吨 3000 元人民币，地方也都不进口，因此造成柴油紧张的局面。那我们为什么又慢了一拍呢？因为我们看到伊拉克的石油出口不是解禁了吗？石油换食品，允许伊拉克出口一部分，总价值五六十亿美元。我们想待油价降下来，然后再进口，结果油价只降了一两美元，看样子也降不下去了。到了冬天，美国的采暖用油大量增加，需求很旺盛，石油价格下不来。我们就决定立即进口，快得很，定购几百万吨柴油，五天到货，十天内国内油价就会降下来。我不是吹这个牛皮，而是盛华仁〔1〕同志跟我下保证书，十天就能把油价降下来。但进口油每吨 3000 元钱是贵的，国内还是按原来每吨 2400 元钱卖，这中间的差价怎么办？中国石油化工总公司自己内部消化，提高效益，从这里能够看到国有企业的好处。国有企业还是要掌握能源、交通、战略性的原材料这些关系国计民生的经济命脉，这样才能保证我们国家的生命。总之，好的形势是巩固的，是可以持续的，物价不可能有很大的反弹。为了把价格理顺，我们还要进行一些价格调整，还要主动涨一点价。但是，我现在可以预言：明年的物价涨幅在 6%以下。为了香港的平稳过渡，希望想主动涨价的同志们也忍耐一下，后年再涨嘛。也没什么了不起的，无非财政多负担一点，都负担几十年了，何必急于在这一年都把包袱卸了？大家都要提到政治的高度来看这个问题。

---

〔1〕 盛华仁，当时任中国石油化工总公司总经理。

二、关于国有企业问题

很多人提出，国有企业这么困难，工资发不出去，你说形势好，好在哪里？微观形势不好，宏观形势怎么好？对待这个问题，我们要有正确的、实事求是的认识。我们还不能得出微观形势不好的结论，那不合逻辑。微观形势不好，宏观形势怎么能好呢？刚才讲农业好，各行各业都繁荣，整个工业也很好嘛。就是其中的国有企业这部分，它的效益下降，这不是整个国民经济不好，也不是整个工业不好。国

1996 年 5 月 4 日，朱镕基在江西省江铃汽车集团考察发动机总装生产线。前排左一为江西省委书记吴官正，右一为江西省省长舒圣佑。　（新华社记者宋振平摄）

有企业占多大的比重？1990年和1991年，国有企业在工业中所占比重是55%到56%，三分天下差不多有其二了。那个时候的乡镇企业占36%，二者加起来占90%多了，私营企业加“三资”企业不到10%，当然是社会主义公有制为主体了。现在的情况怎样呢？去年全部工业里面国有企业的比重只占34%，三分天下只有其一了；今年恐怕更低了，下降得很厉害。乡镇企业呢？还是占36%，比重没变。二者加起来占70%，还是以公有制为主体，没有改变我们国家的社会主义性质，没有危险。别看国有企业只占34%，这34%是掌握了国家经济命脉的。乡镇企业占36%，其他30%就是个体、私营企业加“三资”企业。所以，现在国有企业的税负比重也减小了。不是说国有企业的效益稍微差一点，我们整个经济就不得了，但是它的作用还是很重要的，没有这一块就不得了。

对国有企业效益的下降也要分析一下。刘仲藜同志给我的材料显示，国有企业在今年1到11月份，盈利企业的盈利减少49%，亏损企业的亏损增加47%，这个问题就严重了。但是，我怀疑这些数字是通过什么口径统计的。现在有好多统计口径。一个叫预算内国有工业，这个是大家都用的统计口径。但是也有年报和月报、快报的区别，快报的统计口径只有6.9万个企业，年报的统计口径是8万多个企业。今年1到11月份的数字是快报的统计，而引用的那个对比的去年数字是年报的统计，换算一下，恐怕盈利没有下降那么多。但即使是盈利下降那么多，这里面也要分析一下。

我们不能否认这个问题的严重性，但还是有些客观因素。这里计算的利润是纯利润，企业的税收还是都交给国家了。国有企业的利润现在有好多是通过别的渠道分流走了。棉花涨价、农产品涨价，使农业原料成本大大提高，国有企业的利润就分到农业去了。能源、交通、电力的价格现在涨得很猛，国有企业的部分利润被分走了，你得

1996 年 10 月 30 日，朱镕基在四川省绵阳长虹电器公司考察。前排左二为四川省省长宋宝瑞，右一为绵阳市委书记冯崇泰。

承认啊！这也是一种结构调整。过去折旧率很低，现在差不多提高了一倍，也减少了利润，但增强了国有企业自我改造的能力。项目的还本付息现在打到成本里去了，也减少了利润。这些都是减利的因素，是客观原因，不要完全责备我们的国有企业，也不要对国有企业的改革那么悲观。

还有一条就是摊派之厉害。说老实话，城市建设搞得那么漂亮，不是国有企业出资，各地政府有那么多钱干吗？我今年到四川绵阳长虹电器公司考察，长虹电视机市场份额占全国第一位，经济效益相当好。绵阳市容漂亮得很，有条最漂亮的街，我给它起了个名字叫“长安街”，就是长虹厂出钱修的。它还在市中心建造了电视机城、空调城，都很漂亮，这些都是国有企业作的贡献。现在有人骂银行的办公楼盖得太高了，其实银行办公楼盖得那么高，还不是地方政府让它盖的？地价给得也便宜，指定地方，还要指定楼层层数，银行不盖怎么办？我不是为银行辩护，我已下了命令，停止一切建设项目，没开工的都不许上了。税务局的办公大楼盖得也相当厉害。今年夏天，我到厦门去，看到那个税务局的大楼规模不得了。同志们，你们盖楼的时间稍微晚一点，过一年行不行？别盖那么高，也别盖那么好，最后挨骂的是我一个人。不要紧的，为你们房子住好一点，我挨点骂也可以。但是，你们还是要稍微约束自己一些，因为现在国家还不富裕，我们还在控制基本建设规模嘛。必要的你们还得盖，成立了国税、地税两个税务局嘛，不盖也不行，但还是要尽量节约一点。

所以，对国有企业当前困难的原因要作具体分析：

第一，国有企业真正搞到今天这种地步的最大原因是重复建设。公平地讲，国有企业的问题是经营机制没有转变，最大的问题是投资机制没有转变。重复建设，盲目建设，“大而全”、“小而全”，这是个根本的原因。我现在越来越发现这个论断是正确的：现在搞重复建设，比过去计划经济体制下更厉害。过去建设项目超概算、没有经过批准就开工，领导要被开除党籍、降级的。现在搞市场经济了，少数人认为主管部门管不着。什么审批？化整为零就是看得起你了。你限额5000万元，他报成两个项目，就不要你批了。大部分的建设项目根本不报批，早就开始干了。现在不是企业研究市场后再投资，许多是地方政府在那里指挥，都想把政绩搞上去，把发展速度搞快些，因此大量上新开工项目。国家计委给我一个估计数字，现在国家控制的、都经过批准的重点项目，三分之一是一投产就得关门。有关这种例子，我可以不看笔记本就说出好几十个。四川南充纺织厂搞锦纶生产，搞了八年，一投产，价格太高了，根本就没有市场，只得宣告破产。我曾经开玩笑说，即使全世界的彩电都停产，中国也可以保证全世界的供应。胡锦涛同志告诉我，他最近到江苏去了一趟，看到现在搞电冰箱的厂搞洗衣机，搞洗衣机的厂搞电冰箱，搞彩电的厂去搞空调。上次我到四川长虹去，对公司董事长倪润峰说，你这个几百万台的空调一投产不得了，虽然你的做法很新颖，在资本主义市场经济中无可非议，优胜劣汰，自由竞争，规模越大，效益就越好，但我们现在企业还不能裁人。这在美国很简单，厂子一关门，几万人解散就完了，政府养他们，保证最低生活水平。我们这里不行呀，你这800万台彩电、几百万台空调一出来，多少万人就要失业，企业亏损就要到银行挂账。王忠禹[1]同志告诉我，6万户国有企业中，有1200多户从50年代后期起到现在就没有盈利过，你说财政哪能补贴得起？财政补贴不起，就只能在银行里把账烂掉。优胜劣不汰，这个问题是非常严重的。我还对倪润峰说，最后你也不见得能优胜。你以为800万台彩电都能销掉了？也不见得，因为每个地方都有自己的保护措施。最终的结果往往是优不胜、劣不汰。在国有企业的经营机制没有转变以前，困难就困难在这个地方。大家只顾盲目地上项目，也不研究全国市场，赔了钱，反正银行给“报销”。在这样一种体制下，任何国有企业都很难搞好。所以，在最近举行的中央经济工作会议上，江泽民总书记和李鹏总理在报告里都重点讲了严格控制新上项目的问题。他们讲的是政策，是原则。我今天想给同志们提个忠告，就是暂停一年，一个项目也不上。有些同志不赞成我的意见，说是走极端、一刀切。中国的事情不“一刀切”，说话等于没有说。你以为一上项目就能收到效果？我们在上面看得最清楚，因为每天几百万字的信息都汇到我们这里来，我们都知道谁的日子过不去了、谁在关门、谁在亏损，都

[1] 王忠禹，当时任国家经济贸易委员会主任。

知道你在搞什么。一些产品现在市场上根本就销不掉，他还采取办法来躲避审批，跟外国人合资，搞重复建设，这怎么得了！现在最先进的项目也就是个程控电话，上海有600万台的生产能力，也就只能生产400万台，多了根本卖不掉。搞重复建设，这是一个最大的问题。

第二，外国产品的进口和外资企业的冲击使得国有企业面临的竞争越来越激烈。我的意思不是说不要坚持改革开放的政策，不发展对外贸易。但是，你进口什么要考虑到保护自己，并且要熟悉国际惯例和“游戏规则”。外国人嘴巴说得很漂亮，但照样子保护自己，美国人就保护得厉害，我们要学会这个本事。事实证明，好多国内产品都是外国产品一进口就垮，这些问题好多都出在地方，不按政策办，什么挣钱就进口什么，走私不交税更不得了，进口的比国内的还便宜。1993年进行大规模基建的时候，大量需要钢材，价格涨了三倍以上，就是进口钢材进来把我们压垮了。外资企业享受各种优惠政策，一下子把我们国有企业打垮。引进外资应该符合产业政策，讲经济效益，也要照顾一下左邻右舍。引进一个外资企业，打垮一批国有企业，实在是不合算。国有企业也应该通过竞争使自己壮大。用行政干预的办法不一定能解决这些问题，我现在不是讲要加强行政干预，我是讲不要用行政干预的办法来打垮自己。本来市场可以按自己的规则去运行，你非要跟外国人合作来打垮自己，你这是用行政干预的办法来打垮自己。不怕真正搞国民待遇、平等竞争，就怕用行政干预使国有企业处于劣势的地位。

第三，管理滑坡，不重视管理。国有企业把眼光放在产权的改革上，这当然是对的，但不能完全放到这个上面，要全面贯彻中央的政策，你丢掉管理再怎么也改不好。运载火箭的发射是全国工业技术综合水平的反映，为什么过去技术不如现在、设施不如现在，还百发百中呢？为什么现在失败率这么高？你怎么解释？只要稍微有一个小片、一个小钉出一点问题，整个火箭发射就要失败。这个东西要一丝不苟，失败不能怪哪一家，因为运载火箭是在最后一关才能检查出许多问题，而完全检查出来很困难，但也不能完全怪中国航天工业总公司，好多产品是各地协作生产的零件，是全国的问题，一个运载火箭能看出全国的工业技术水平和精神文明建设。如果我们不把“两个文明”一起抓好，将来会每况愈下。所以，党的十四届六中全会把精神文明建设提到历史高度，要抓人的精神，也要抓管理。要做到万无一失，有这种思想准备才能保证我们的国有企业搞上去。

国有企业当前的问题大部分是有客观原因，要针对这些原因去解决问题。首先要制止重复建设，然后从各方面来保护我们的国有企业。只要农业有基础，市场能扩大一点，国有企业就会有转机。但如果看到有市场了，又搞重复建设，效益就完全抵消了，不久的将来会更困难。即使不上新项目，把现有企业的潜力挖掘出来，加强技术改造，加强管理，完全能够满足现在市场需要。另外，我们有一个措施，就是刚才讲的优胜劣汰，还是要淘汰差的企业，实行兼并、破产。首要任务是鼓励强势的企业去兼并亏损、发不出工资的企业。好企业有市场、有优势，能把亏损企业改变过来，这是最好的，我们将要出台更优惠的政策来鼓励兼并。破产企业要把整个资产包括值钱的土地变卖所得，来安置职工，发最低生活费。这样的话，就能消掉一部分亏损企业。现在准备拿出 300 亿元做坏账准备金冲销国有企业欠银行的债务，但也要严防假破产、真逃债。要规定，绝不能允许破产企业的厂长易地做官，要形成一点压力。这有助于国有企业经营机制的转变，要兢兢业业地抓管理，不要乱上项目。采取这些措施，明年国有企业的状况会有所好转，但不会转变得很快。中国的国有企业要转变到市场经济条件下的管理水平，不是一两年能办到的，但是我们希望明年就有一个相当大的转变，两三年内就有重大的突破。总之，国有企业是国家的经济命脉，大家还是要支持它。

三、关于股票市场

中国的股票市场在新中国成立前就有，那时上海的股票市场比香港地区的发达得多。新中国成立后，把它关闭了，成为禁区。社会主义国家能不能搞股票？邓小平同志说，可以试。1990 年 12 月，在上海成立证券交易所，当时我在上海当市长，大家都认为这是中国改革开放的一个重要标志。这实际上是一个最有效的直接融资方式，同时又成为企业效益的一个晴雨表，谁的效益好，谁的股票价格就高。特别是老百姓手里的钱越来越多，不满足于存在银行里，总是要寻找出路。不搞股票，照样会出现“地下钱庄”、买彩票、赌博，什么都有。买股票是一个正确的投资方式，有好处。现在外国的股市对社会稳定没有什么影响，通过基金的管理方式，把社会上的游资都吸引过来。但是，股票也是有风险的，特别是在不成熟阶段。这几年我们发展股票的历程是三起三落，一下子上去，一会儿下来。股民没有风险意识，政府对股票的监管力度也不够。邓小平同志当初就讲过，股票可以试，不行就关。现在关是关不了啦，城市人口差不多 40%都进入股市去了，怎么关呢？今年 4 月份之前，股市比较平稳，4 月份开始升温，9 月份后暴涨。香港股市排在世界前几位，一天的成交额也就是 108 亿港元；它的股票流通市值相当于我们现在的 10 倍，也就是说，它有 4 万亿港元，我们的股票流通市值只有 4000 亿元，但今年 12 月份一天成交量最高峰达到 350 亿元，相当于香港的 3 倍以上。这说明股市投机性很大，一些“垃圾股”，根本没有什么效益，都炒成七八元一股。为什么暴涨？大家都认为，香港“九七”回归之前，政府绝对不会让股市掉下去；否则，政府的面子不好看。以为买股票就必赚，因此今年9月份后新的股民进入得比较多，几个月的时间增加了800万户，现在有2200万户股民。我们算了一下，假定一家有4口人，这个股市就涉及8800万人了。大概有近40%的城市人口与股票有千丝万缕的联系，股市牵动人心啊。

股市要是出问题不得了，因为世界股票市场是有规律的，有涨就有跌，暴涨就暴跌。我们也担心在什么时候跌。我们本来是采取不加干预的态度，但这几个月以来，看到这种危险的趋势，大户操纵，银行的资金违规进入股市，股民们盲目地跟风，新闻媒介推波助澜。因此，这几个月我们做了一些工作，香港报纸评论说是下了“十二道金牌”。我们撤掉了两个银行的行长，因为他们拿信贷资金炒股票。我们在《人民日报》发表了几篇文章，目的就是提醒股民现在股市过热，风险很大，但毫无效果。香港报纸说，股民只看到“九七”香港回归的利好消息，别的不管了，无论怎么警告，他们都无动于衷。这样发展下去不得了。这时候，我们不能不讲话了，于是发表了一篇《人民日报》特约评论员文章〔1〕，是让中国证监会同志起草的，实际上是讲了三个道理：第一，这个股市现在是非理性的。第二，股票市场是有涨必有落，落的时候，政府不会托市，也托不起这个市。历史经验证明，没有一个人能把股市托起来。第三，股市风险自负。赚了钱你多得，赔了钱你自赔，政府管不了。现在股民的风险意识不如新中国成立前，那时的上海股民赔了钱就往黄浦江一跳了事。现在赚了钱的一声不吭；赔了钱的找市政府，砸市政府的玻璃。现在不警告他，将来出了事怎么办？因此，我们认为《人民日报》这篇特约评论员文章发表得正是时候。当然，我们估计这篇文章一登，股市也可能全面崩

〔1〕指1996年12月16日《人民日报》发表的特约评论员文章《正确认识当前股票市场》。

溃，一落到底，那也是不好办的事。因此，我们在此之前先建立了一个涨跌停板制度，这是国际惯例，但并不是现在每个国家都有。是什么意思呢？就是股票一天上涨或下跌的幅度不能超过10%，现在看来，这个制度提前建立是有好处的，要不然这个星期一就是“黑色星期一”，一垮到底了。当时，没有想到这篇《人民日报》特约评论员文章的作用有这么大。“十二道金牌”股民都不理呀！这篇文章一登出，星期一早上一开盘，股票一下全部下跌10%。要是没有这个10%的限制，就全部掉到底了，这种情况我们预料到了。但是我们也考虑到，炒股的很多是新股民，拿的是退休金、保命钱炒股票，这样一下子化为灰烬，也不太好。因此，我们决定在星期一的晚上中央电视台《新闻联播》上发表中国证监会发言人的谈话，做了些解释工作。我们发现所有的外国评论，还有香港报纸的评论都是正面的，认为中国政府的做法用心良苦，无可厚非，不可求全责备，采取这个措施是必要的。第一天跌百分之九点几，第二天又跌了百分之九点几，但成交额第一天是20亿元，第二天就达到80亿元。成交额上去了，我们就放心了。既有人抛，也有人接，还有人进来。第三天的情况就更好了，股市反弹了，成交额是180亿元。直到第三天晚上，我才睡着觉。以后几天，股市有升有降。我估计问题不大，有惊无险。今后股市再涨、再跌，不能怪我，我已经把股市的风险讲得清清楚楚，你赚钱不告诉我，赔钱来找我，这有道理吗？现在外边又在谣传，政府会托市。香港《明报》记者写了一篇文章，我看写得很好，题目是《谣言止于智者》。这篇文章说，《人民日报》特约评论员刚说政府不会托市，现在又开始托市？朱镕基不会笨到这个程度，自己打自己的嘴巴。我宣布不托市，还托什么市？政府不会管的，股民自己投资，自己承担风险。我们采取一些措施后，各种信息反映上来，根本没有跳楼、打碎玻璃的事，没有激烈行为出现，说明中国的股民也在成长之中。对这件事中央政治局讨论过，中央也作过决策，当然要关心人民的利益。这不能叫行政干预。总之，这件事情，我们是做得对的，对今后股市的正常发展是有利的。

四、关于做好明年财税工作

这个问题我不多讲了，只强调几点。从1993年开始到今年，财政收入差不多每年增长1000亿元，这是历史上没有过的。过去每年增加一两百亿元，就算财政收入增加多的了。现在每年1000亿元这么增加，但是还统统花光，主要是地方不允许搞财政赤字，赤字都背在中央身上。养军队、养国家机关，重点建设都是中央背着，中央的财政赤字很大，地方没有赤字，而增加的收入主要是在地方。今年能够保证中央的赤字没有超过原来的预算，真是不容易。此中的艰苦，真是不足为外人道也！还是要抓好增收节支、开源节流工作，不能再这样花钱了。

贾庆林[1]同志问我当市长的诀窍。我说：第一用人，第二理财，第三抓好“菜篮子”。只要把这三项工作抓好，政绩就上去了。理财非常重要，该顶就得顶，要按照中央的政策来办事。有些地方政府把地税局当做“亲儿子”，而把国税局当做“干儿子”，希望以后地方政府把他们都当成“亲儿子”。我过去讲过，左手、右手都是手，手心、手背都是肉。我从来都对地税局、国税局一视同仁。省财政厅和国税局不一样，前者虽然是地方机构，要听地方政府指挥，但是也要从全局的利益出发，一定要执行国务院和财政部制定的方针政策；对于不符合国务院的方针政策，不符合财政部指导的，你就得顶住。最根本

〔1〕贾庆林，当时任北京市代市长。

的，还是要关心人民群众的生活。现在，如果对农民的利益不保护，看着粮价下跌，看着国有企业职工开不出工资、生活困难，不采取措施怎么行？有些城市，如青岛做得不错，市政府拿钱来补充国有企业的资本金。现在为什么财政收入占国内生产总值的比重那么低啊？就是因为这个基金、那个基金太多，所以要少搞点工业项目，搞基础设施建设也要量力而行。农田水利建设是基础设施，不重视这个不行。兰新铁路银川分局几十年营造的防护林带，现在全被砍光了，真是不得了！孙永福[1]，你们回去研究一下，树虽不是你们砍的，我说你们无能，是指你们对地方政府的做法无能为力啊！所以，我看了有关电视报道以后，就把徐有芳[2]找来了。我说，我今年到四川大凉山地区视察，看到海拔3000多米的森林被砍得一塌糊涂。他们告诉我，阿坝地区砍得更厉害，这还了得！再这样砍下去，水土不断流失，三峡水库过不了几年就会淤掉。林业部是不是要改个名字，叫“砍林部”？当然，这不能全怪林业部，地方负责管这些事业单位。要立即研究措施，不准砍树。你缺木材可以进口嘛，你砍什么树呢？植树造林有利于千秋万代。不许砍树，而且要造林，你应该成为真正的林业部。绝不能为了眼前利益，为了出政绩、增加财政收入，拼命地砍林子。我讲这些事都与你们在座的有关，靠砍林增加收入，对于这样的事情，各省财政厅不要赞成。我们还是要按中央确定的产业顺序，首先保农业。农业是基础，农田水利建设要摆到很重要的地位。其次，我们要保国有企业，减轻它们的额外负担。靠增加国有企业负担来增加财政收入，不是“君子爱财，取之有道”。我看你们财政部门还是要顶一顶。顶得住顶不住不在于你们，但要坚持原则，尽你们的责

---

〔1〕孙永福，当时任铁道部副部长。

〔2〕徐有芳，当时任林业部部长。

任，还是能够起很大作用的。我经常告诫财政和银行系统的同志，少赴一些宴会，少一些大吃大喝，不然尽长肉，不长骨头。要少长肉，多长骨头，站起来嘛，该讲话就讲话。

我看，现在税收增收的潜力还是很大。一个是国有企业的税收情况在明年会有好转，还是可以增收的。另外一个，个人所得税的潜力也是很大的，前年收了70亿元，去年是130亿元，今年收了190亿元，确实有成绩，这是地税局的成绩。地方政府也支持你们收。但征收的漏洞还是很大，我看这里面还有潜力。个人所得税是个很重要的税种，大量的财政收入从这里来。我顺便讲一下，对个人所得税和集市贸易税的征收，国税局、地税局原来有点矛盾，现在协调好了。集市贸易税有个什么问题呢？过去是自报公议。今年，我到浙江绍兴小市场去看了看，也亲自询问了摊贩，他们也是自报公议。这是不行的，与他们应交的税差得太多了。现在要实行查账征收，就是要按实际销售额查账。总之，要想办法把税收上来，非攻破这个难关不可。如果税务机关的人员能真正整顿好自己的队伍，成为一支坚强的队伍，那么不仅具有重大的经济意义，而且具有重大的政治意义。我想，应该从这些方面来挖掘税收的潜力，堵塞偷税漏税的漏洞。

“两本账”的问题或叫预算外资金的问题，我也提醒大家注意，要加以整顿。同志们，你们回去查一查，你们的预算外资金有多少？查查非法截留的土地资金有多少，用得怎么样？我相信，这是改进我们财政税收工作的一个很重要的问题。以后不要再搞这个名堂啊，再搞就是犯法了。我今天在这里讲，责任主要不在你们，而在领导，但是你们也有责任。你们要有职业操守，要有共产党员的风格，该讲话要讲啊，不要怕打击报复，也不要怕不让你升官。地方领导不让你升，刘仲藜让你升，因为你坚持原则。我们党就要用这种人，不要怕，是非自有公论。

目前，各种不合理的开支花得那么多，花得那么快。发行国债，1993 年连 300 亿元都难发出去，但 1994 年改变了发债的方法后，当年就发了 1000 亿元，1995 年发了 1500 亿元，今年发了 1900 亿元，明年恐怕要发 2600 亿元，越发越多，赤字越来越大。借新债还老债，老这样干下去也不行啊。还得要节约开支。现在各种浪费现象不得了，出国的、开会的钱花得像流水一样。总之，大家要一起增收节支，开源节流，把我们的经济工作搞得更好，使整个经济形势越来越好。

戏剧要起到教育、激励人民的作用*

（1996年12月23日）

我们今天得到一次很好的艺术享受。我并不是只喜欢京剧，你们演的话剧我已经看了好几出了。今天，你们把一个历史故事编成这么一部很感动人的历史戏剧，我们应该非常感谢你们。这个戏只演八场是不够的，应该多演，让北京的观众更了解你们。我相信这个戏会引起很大的反响，我看了很受感动。看戏时，眼泪都掉下来了。但我有一点意见，能不能把语言稍微现代化一些？你们这样编写有它的好处，使大家对中国古代的历史、语言受到一次很好的教育，但太多的文言文语言让人的脑子转不过来。这么一来，有些哲理性的语言就来不及消化。有些台词虽然是文言，但是成语如“锋芒毕露”，人们都很理解，就不要改它。有几句关键的话，用现代的语言来说，效果一定会更好。总之，我对今天的演出非常的高兴、非常的欣赏。这个剧对教育人民、鼓舞人民有很大的作用。

顺便讲一句，话剧《OK股票》我也看过。今年12月16日，《人民日报》发表了一篇特约评论员文章，叫《正确认识当前股票市场》，这篇文章担了很大风险。我们担心文章发表后股市就会下跌，很多股民会不谅解，但实际上证明，这是一次很成功的对股民的教育。因

---

* 这是朱镕基同志观看上海话剧团在北京演出的话剧《商鞅》后，接见剧组成员时的谈话。

此，我联想到你们去年演出的《OK 股票》，这个戏还可以再演，而且希望进一步加工、修改，因为现在的股民比原来复杂得多，应该对他们进行必要的教育。《人民日报》那篇文章传达了三个思想：一是股票是有跌必有涨，有涨必有跌。因此，加入股市的人是风险自负。我不希望赔了钱的股民像过去的人一样跳黄浦江，但也不希望大家去上街游行。二是股市一定要规范化，不能过分投资、过分交易，但政府也不能托市。当时演出《OK 股票》时，每天的股票成交量只有 3 亿元，现在每天有350亿元。股民们认为1997年香港要回归，朱镕基不会让股市掉下来，于是，非理性地涌入股市。这是个天大的误会，我哪有这个本事！三是股市还是要发展。老百姓有了钱，可以进行正当投资，还可以把股市作为衡量企业经营状况的一个晴雨表。企业办得好，股票就值钱。从长远来讲，股市一定要发展，还要办好。香港报纸上讲的内地股民跳楼、自杀，那是谣言。希望把《OK 股票》改得更好，也希望《商鞅》的演出继续成功。相信你们一定会受到大家的欢迎，刚才到场的观众都热烈地鼓掌了。我在中国文学艺术界联合会第六次全国代表大会上说过一句话：谁把《OK 股票》这个剧本写好，我奖励他 100 万元。

商鞅变法〔1〕这本来是个悲剧。我来看这部戏的时候，心里在想戏的结局怎么办，因为商鞅的结局是五马分尸。但最后你们演的结局不是悲剧，这样处理更加激励人，使人们看到希望，“功过自在人心”。它使人们看后不是消极的而是积极的，它有一股壮志豪情。所以我认为，给你们这个戏写剧本的同志、演出的同志都下了很大的工夫，别具匠心。谢谢你们！

〔1〕商鞅变法，是战国时期政治家、思想家、法家代表人物商鞅（约公元前 390—公元前 338 年）于公元前 356 年起在秦国实施的改革。

1996年9月4日，朱镕基在北京人民剧场观看昆剧《司马相如》。第二排右五为原中顾委秘书长荣高棠，右八为中国文联党组书记高占祥，右九为文化部部长刘忠德。

（《解放日报》记者秋建荣摄）

《商鞅》不需要改得太多。上次，我在这里看昆剧《司马相如》，它的台词非常典雅，昆曲的语言本身就很高雅，理解起来虽然有点困难，但对大家是很好的教育。因此，《商鞅》绝大部分的语言都可以保留，只有在节骨眼上用几句现代的语言，让大家一下子就能领会，看戏时不要花太多的时间思考，否则我刚思考这一句，下一句又来了，脑子跟不上。请你们考虑一下。我相信，这个戏一定能改得尽善尽美。

大力推进企业改革，积极实施再就业工程*

（1997年1月8日）

国有企业在改革的过程中必然会遇到一些困难。现在的困难，主要表现在国有企业整体利润下降，相当一部分企业亏损，甚至有些企业发不出工资。这是一个潜在的社会不安定因素，必须引起足够的重视。既要认识到困难的严重性，也不要过分夸大，要实事求是地分析这些困难产生的原因。国有企业利润下降确实有一些客观原因，至少有以下几个分流因素：

一是原材料、能源涨价因素。比如说，棉花价格两次上调，其他一些农产品也提价了，增加了工业企业成本。同时，电价、交通运输价格上调了，工业企业产品不能相应涨价，从而把工业企业的利润分流出去了。

二是会计制度改革带来计算口径的变化。会计制度改革后，企业折旧率明显提高，增加了成本，所以利润减少了。过去项目还贷利息不能进入成本，现在允许计入，也减少了当期利润。这些都是好事，

---

* 1997年1月6日至8日，国务院在北京召开全国国有企业职工再就业工作会议。出席会议的有各省、自治区、直辖市经济贸易委员会主任、人民银行分行行长、劳动厅（局）长、商业厅（局）长、外经贸厅（局）长，“优化资本结构”试点城市的主管副市长，以及中共中央和国务院有关部门的负责同志。会议还邀请各地高级人民法院院长到会。这是朱镕基同志在会上讲话的主要部分，曾发表于《十四大以来重要文献选编》下册。编入本书时，对部分内容作了删节。

相应地增强了企业自我改造能力，但减少了企业账面利润。

三是分配关系的调整。国民收入分配向个人过度倾斜，“八五”期间工资增长很快。当然，由于物价上涨，工资不能不相应增长，但确实增长得太多，这也减少了企业利润。

四是向企业的各种摊派屡禁不止，多则数百种，少则数十种。有些用于搞了城市建设，却相应减少了企业的利润。

我讲这些，绝对不是说国有企业自身的问题不严重，而是要看到有客观的原因。“失之东隅，收之桑榆”。针对这些问题，我们已经采取了一系列措施。1996 年，银行两次降低利率，把这两次降低利率减少的利息加起来，国有企业减少了约 1000 亿元的负担，这也是国家对国有企业的支持。这两次减息，我们承担了极大的风险，例如一部分银行存款可能被抽出投资于股票市场。但是，虽然银行存款被分流，国有企业通过发行股票从股票市场也筹集了一些资金，增加了资本金 600 亿元。现在，中央财政、地方财政都拿不出钱作为资本金投入，企业自有资本金又积累不了多少，从股票市场筹集一部分资本金也是一个有效的办法。另外，1996 年出口退税是退得最多的一年，财政预算列了 650 亿元，后来财政又挤出 200 亿元，共退 850 亿元，这也是对有出口产品的国有企业很大的支持。但是，有些办法是不能采取的。例如：大水漫灌式地放松银根，大量增加银行流动资金贷款，会造成产品大量积压，贷款收不回来；大量抹掉银行债务也是不行的。国有企业的根本问题是企业机制不适应社会主义市场经济的要求。要真正搞好搞活国有企业，我认为有三个重要问题需要解决。

一要解决重复建设问题。重复建设严重是造成国有企业困难的最重要因素。据国家计委提供的资料，“八五”期间，我国的重点建设项目，建成投产以后大约三分之一会亏损。每个行业、每个企业都在搞“大而全”、“小而全”。搞石油的往炼油方向发展，炼油的往化工方向发展，各行业自行其是。在1996年中央经济工作会议上，江泽民同志、李鹏同志的讲话中用了很大篇幅讲解决重复建设问题。我也建议暂停上工业基建项目一年。当然，技术改造还要搞，但不要变相搞重复建设；基础设施建设必须搞，但也不要太超前，要量力而行。

二要正确执行党中央、国务院关于引进外资和进出口的政策。既要坚持对外开放，也要根据国际惯例，注意保护自己。现在有些行业本来很好，但“水货”一来，合资项目一上，国内企业就不行了。比如钢铁行业，1992年至1993年是黄金时期，钢材涨价，每吨螺纹钢价格由1900元涨到了4000多元，还要预付款。高额利润刺激了钢材大量进口，到了1994年，钢材就供过于求，造成销售困难。后来经过控制进口，钢材销售才好转。1996年我国钢产量达到1亿吨，世界第一，主要是因为有市场。现在，外国的钢材又在低价倾销。要保持这一势头并不容易。要占住市场必须产品质量过硬，在品种上适合市场需要，否则，就很难发展。

三要解决国有企业人员过多的问题。人多往往就没有效率，好的企业也会被吃空。煤炭行业扭亏有成绩，人员减下来后，效益就提高。铁路系统、粮食系统也是人多。国有企业不减少富余人员，管理就改善不了，效益就提高不上去。

针对这些问题，除坚决防止重复建设、保护市场外，当前要采取以下措施：

第一，认真贯彻党中央、国务院关于搞活国有企业的方针政策和江泽民同志关于国有企业改革的几次重要讲话精神，扎扎实实搞好“三改一加强”〔1〕。江泽民同志讲，今年要把国有企业改革放在更加突

〔1〕见本卷第243页注〔1〕。

出的地位，在好的宏观经济形势下，把国有企业改革推进得更快些。其中一个重要的措施，就是考核企业的领导班子。要通过考核，把真正大公无私、政治强、懂业务、会管理、年轻有为的同志提拔到企业领导岗位上来。

第二，大力推行再就业工程。现在一些国有企业有困难，重要原因是富余人员多。没有完善的社会保险制度，就没法分离和安置富余人员，这就需要建立相应的社会保障体系，需要搞再就业工程，暂时不能再就业的，也要保证最低生活水平，逐步转业。“减员增效、下岗分流”，人员减下来，效益就提高了。减员要先下岗，然后分流到其他行业。这次会议原来叫“全国国有企业兼并破产工作会议”，建议改为“全国国有企业职工再就业工作会议”。国有企业兼并破产的政策，不是要收，不但不能收，而且要加大力度，要规范化。但是问题的关键和工作的重点，还是国有企业职工的再就业。我昨天从上海回来，在上海听了有关再就业工程的汇报，上海确实在这方面取得了一些成绩。上海 1990 年到 1995 年共下岗 86 万职工，安置了 66 万职工再就业，到 1995 年年底待岗职工 20 多万。1996 年下岗 20 多万职工，当年再就业 20 多万职工，到 1996 年年底还是 20 多万职工等待安置，其中有 15 万职工依靠失业保险。这些措施对解决国有企业困难确实起到了重要作用。上海纺织工业 1996 年前分离出 22 万职工，1996 年成立了纺织行业再就业服务中心，8.5 万职工下岗进入再就业服务中心，其中 4.5 万职工重新就业。1997 年计划再分离 5 万职工。进入再就业中心的下岗职工，每人每月发基本生活费 225 元，由企业代交 25%的养老保险、4%的大病统筹保险，另外还有住房公积金，大概每年平均向每人支付 4300 元。再就业服务中心的资金由三个方面共同筹集，即原有企业负担三分之一，财政从预算中拿三分之一，劳动局出三分之一，主要是向招聘外来民工的单位收取管理费。他们采取几家抬的办法实施再就业工程，我认为这就是在具有中国特色的社会主义市场经济条件下，国有企业富余人员分流和职工再就业的有效途径。这个经验可以推广。希望舆论界大力宣传再就业工程。

第三，要进一步规范企业破产政策，加大企业兼并和减员增效的力度。破产工作立法比较早，1986年就制定了《中华人民共和国企业破产法（试行）》（以下简称《企业破产法（试行）》）。这个法本身很好，但没有解决好破产企业职工安置的问题。《企业破产法（试行）》规定，破产企业职工安置问题由国务院另行规定。这恰恰是一个最关键的问题，职工不能妥善安置，企业就无法破产。1994年出台了《国务院关于在若干城市试行国有企业破产有关问题的通知》（以下简称《通知》），明确了要解决职工安置问题。这个文件最大的特点，就是规定土地使用权拍卖所得首先用于安置职工，但在执行中出现了一些问题。主要有三个：一是执行时扩大了《通知》的适用范围。该文件规定只限于国务院批准的试点城市试行，但现在发现，绝大部分破产企业在非试点城市。据国家经贸委的汇报，1995年企业破产涉及冲销银行呆账86亿元，其中试点城市只用了14亿元。二是《通知》没有明确规定破产政策只限于国有工业企业。由于《通知》没有讲得很清楚，有些地方把内、外贸企业都包括在破产试点范围内。1995年就发现了这个问题，但当时只在银行系统讲了讲。经国务院批准，国家经贸委、中国人民银行于1996年联合下发了《关于试行国有企业兼并破产中若干问题的通知》，规定了内、外贸企业破产要从严控制，逐级上报，不经过中国人民银行和国家经贸委批准，不得破产。在国有工业企业还没有取得经验的情况下，破产不能推广到流通企业。我不是讲内、外贸企业不能破产，而是因为内、外贸企业没有多少自有资金，情况复杂，要等国有工业企业破产取得经验以后才能考虑推行。三是在实施破产过程中，特别是非试点城市企业的破产，几乎都是“整体接收”。“整体接收”弊病很多，很容易造成假破产、真逃债。很多企业把债务冲销了，但厂子还在，仍在生产，造成亏损的根源并没有消除，搞不好还会二次破产。总结这些年的经验，不能再搞“整体接收”。

今后，帮助困难企业摆脱困境主要采取以下三种形式：

一是规范企业破产。区别真假破产有三个标准：第一条，是不是破的全是银行的资产；第二条，是不是破产后原企业组织机构和人员都不变，继续在原企业生产；第三条，是不是“既关门，又走人”。概括地讲，破产就是“关门走人”。根据上海经验，最好不要把资产（包括土地使用权）变现用作安置职工的安置费一次性交给职工本人，而是要成立企业再就业服务中心，把钱拨给中心，然后由中心统筹使用。总之，破产就是要使结构得到调整，机制得到转换，职工得到妥善安置。

二是鼓励企业兼并。江泽民同志多次讲，要多兼并少破产。因为破产搞得再好，也难免给社会带来不安定因素。要多兼并少破产，就必须给兼并比较优惠的政策。优势企业兼并劣势企业，如果留下一大堆债务、一大堆富余人员，优势企业也没有兼并的积极性，过去在这方面考虑得没有这么深刻。破产与兼并最大的区别，就在于前者是债务破掉了，后者是债务由优势企业担起来了。为了加大企业兼并力度，国务院最近将下发《关于在若干城市试行国有企业兼并破产和职工再就业有关问题的补充通知》（以下简称《补充通知》），在鼓励优势企业兼并劣势企业方面，实行更多的优惠政策。第一，免去被兼并企业原欠银行贷款利息；第二，贷款本金分五年偿还，还可以根据情况宽限一至两年；第三，免收还款期内的贷款利息。被兼并企业的富余人员一定要下岗，下岗职工再就业以前的基本生活费，由兼并企业负担。

三是减员增效。煤炭行业从1992年以来实行下岗分流、减员增效，国家财政补亏从当时的60亿元减到1996年的10亿元，创造了减员扭亏的好经验。1996年，国家决定对10个特困的统配煤矿实行以产定人，确保不亏，富余人员一律下岗，进入再就业服务中心，在再就业之前发基本生活费；同时，银行对其所欠贷款实行停息，限期还本。采取这个办法，煤炭行业反映比较好。我看，对一些困难企业也可以实行这种办法，但必须把富余职工分离下来。银行采取减息、免息的办法搞得太多不行。1997年用于兼并破产、减员增效、实施再就业工程冲销的银行呆坏账准备金总数控制在300亿元以内，其中，破产和兼并用200亿元，减员增效停息用100亿元。总之，能破产的要规范破产；能兼并的鼓励尽量兼并；既不能破产，又不能兼并的，如果产品有市场，可以采取减员增效、减免部分利息、实施再就业工程的办法，暂时缓解企业的困难。

国务院的《补充通知》，对兼并破产的批准程序作了调整，还是要制订计划。这不是搞计划经济，而是采取计划办法。邓小平同志讲，市场经济也有计划。各个省、自治区、直辖市由经贸委牵头，请有关部门和法院的同志参加，共同研究提出计划后上报全国企业兼并破产和职工再就业工作领导小组。

有的同志讲，试点城市经贸委牵不了这个头。我看，经贸委要大胆牵起来。牵头无非就是要客观一点、公正一点，要有全局观念，要有民主作风，多听大家意见，最后做一个决断。如果决定不了，就层层上报，由国家经贸委来决定；决定不了的，提交国务院国有企业改革工作联席会议研究决定。不要有顾虑，经贸委应大胆地牵这个头。为什么我不主张试点城市市长做组长，我觉得市长要超脱一点，可以指导工作，但不要下命令，还是由经贸委去牵头，让经贸委多听听各方面的意见，在协商的基础上作出决定，并付诸实施，这样各方面都比较满意。有矛盾没关系，矛盾解决不了可以上交，由上面解决。当然，各方面的同志要很好地配合，要坚持原则，国有资产不能流失，该讲的话要讲，不能拿国有资产做人情，但国务院的决定必须服从。

这次会议还有半天，希望大家畅所欲言，把《补充通知》修改得更完善，以便大家都按这个文件执行。我相信，经过采取规范破产、鼓励兼并、减员增效、实施再就业工程等措施，1997 年在好的宏观经济形势下，我们的国有企业改革与发展一定会取得更大的进展。同志们对此一定要充满信心。

粮食丰收之后怎么办*

（1997年1月13日）

这次中央农村工作会议集中研究解决粮食丰收之后怎么办的问题，这对实现今年农业生产稳中求进，促进整个国民经济持续稳定增长，将会起到十分重要的作用。我就大家关心的几个具体问题讲点意见：

一、关于如何看待当前农业形势

当前，农业和农村形势确实很好。去年粮食在1995年获得较大丰收的基础上又创新的历史纪录，农民收入可能是近十年来增长幅度最大的一年。这是由于党中央、国务院的农业政策正确，调动了农民的生产积极性，各地区、各部门工作很努力，才取得了这样好的结果。农业丰收，供给充裕，这为香港的顺利回归和国民经济进一步的持续健康发展，特别是对于稳定物价、抑制通货膨胀，打下了一个很好的基础。

如何看待当前农业形势？我看应当讲四句话：一是农业丰收，农

---

* 1997年1月10日至13日，中共中央、国务院在北京召开中央农村工作会议。出席会议的有各省、自治区、直辖市负责农业和农村工作的党政负责同志，各计划单列市和新疆生产建设兵团分管农业工作的负责同志以及中央各有关部门的负责同志。这是朱镕基同志在会上讲话的主要部分。

产品供给状况有较大改善，农民收入有较多增加，成果来之不易，成绩应当充分肯定。二是农业丰收了，但还不稳定。农业基础设施薄弱、靠天吃饭的局面并没有根本改变；去年的丰收是多种有利因素优化组合的结果，还不能说明农业综合生产能力完全达到了这个水平。有些因素，如粮食大幅度提价、大部分地区风调雨顺，这种情况不可能年年都有。三是农业还不是全面丰收，大宗品种的棉花减产 1800 万担，油料减产 2000 万担。去年粮食播种面积增加了 3200 万亩，其中一部分是减棉、减油、增粮，此消彼长。四是粮食并不是多得不得了，粮食问题并没有过关。对粮食增产总量要认真作点分析，不可估

1997 年 1 月 26 日，朱镕基在四川省重庆市大足县邮亭镇考察粮食仓储和粮食收购情况。左一为国务院副秘书长周正庆，右三为重庆市委书记张德邻。

计过高，还是冷静点好。现在粮食多了一点，是年度性的、地区性的、结构性的。我们有12亿人口，随着人口的增加和生活的改善，粮食需求还要增加，现在还不存在粮食过剩的问题。这样全面地分析形势，才能保持清醒的头脑。认为农业发展得差不多了，该松口气了，这种看法是错误的，也是没有根据的。农业是国民经济的基础，这个基础现在还不牢固。绝不能因为这一两年农业丰收就盲目乐观，出现认识上的反复，更不能放下农业就去忙着上建设项目。

中央提出，今年农业要实现持续稳定增长。农业在较高的起点上不下滑，还要力争有所增长，这是个很高的要求。这也是保持良好的宏观经济环境，促进整个国民经济持续快速健康发展的要求。现在人们消费排第一位的还是吃，农业一下来，物价就上去，整个宏观经济环境又会趋紧。各地区、各部门一定要按照中央的精神，按照这次会议的要求，从国民经济发展全局来看待农业问题，统一认识，再接再厉，坚持把农业放在经济工作首位不动摇，加强对农业的领导，加大抓农业的力度，增加对农业的投入，强化发展农业的措施。贯彻落实好这次会议精神，首先要解决好这个认识问题。

二、关于粮食收购问题

对这个问题我们抓得比较早，去年10月中旬，粮食丰收基本已成定局，国务院就在大连召开了部分地区粮食工作座谈会。会上，对今年的粮食收购工作和专储粮收购计划做了安排。接着，国务院下达了44号文件[1]。去年11月下旬，在中央经济工作会议上，又对粮食

〔1〕44号文件，指1996年11月10日《国务院关于做好当前粮食收购和储存工作的通知》。

购销工作做了部署。前不久，国务院专门开会研究粮食收购工作，针对收购工作中遇到的问题，确定了一些新的政策措施。现在，定购粮基本收齐了，议购粮距离指标还有 200 多亿斤没有收完。专储粮指标是 330 亿斤，只收上来 50 亿斤，还有 280 亿斤没有收上来。如果把这 500 多亿斤粮食收上来，农民手里就没有多少余粮了，实现农民增产增收是没有问题的。

目前，粮食收储情况总体上是好的，不存在“卖粮难”的问题，也不存在农民增产不增收的问题。与 1995 年过高的市场粮价相比，现在的市场粮价回落包含着正常的因素。目前，小麦的市场价普遍高于定购价，晚稻的市场价一般相当于定购价，只有玉米的市场价稍低于定购价。而现在粮食的定购价已经比 1995 年高了 40%，差不多高出提价以前的 1994 年定购价的一倍。根据国家物价局的分析，由于定购价大幅度提高，现在的粮食综合价格水平大体与上年持平，高于种粮成本，也高于进口粮到岸价。因此，农民收入肯定也是增加的。国家统计局预测，去年全国农民人均纯收入可达 1900 多元，比上年增加 300 多元，农民收入中相当部分来自粮食，这说明农民是增产增收的。

这次会上，一些地方反映粮食收储困难、流通不畅。这个问题确实值得重视。

第一，尽快出台粮食保护价。有的地方到现在还没有制定粮食保护价，或者定得太低，有的地方还没有落实粮食保护价，这不行。希望各地马上把粮食保护价制度建立起来，保护价应大体相当于定购价，要坚持按保护价敞开收购议价粮，保护好农民的种粮积极性。

第二，落实粮食风险基金。现在中央的粮食风险基金已经到位，但不少地方尚未完全到位。必须按中央规定的比例及早落实，并从财政上单独划出来，建立由粮食、财政、物价、农业、计划等部门组成的粮食风险基金管理使用小组，实行专款专用。

第三，国务院最近决定新增加的100亿斤专储粮计划，重点安排在玉米集中产区。加上原来下达的230亿斤的指标，本年度中央专储粮计划已达330亿斤，各地要抓紧收储。黑龙江、吉林、内蒙古的定购粮、议购粮和专储粮要同时收购，专储粮按定购价收购。如果330亿斤的专储粮指标用完后，农民手中还有余粮要求出售，还可以追加中央专储粮计划。粮食部门要消除顾虑，放心大胆地收储。

第四，抓紧粮食调运和销售。要按照中央的要求，建立地方储备粮制度。产区要有相当于三个月销量的储备，销区要有六个月的储备粮，这要作为“米袋子”省长负责制的一项重要内容来考核。销区缺粮的时候，产区曾千方百计给你们调粮；现在产区销粮有困难，你们也该拉它一把。今后市场粮价只会回升，不要指望市场粮价会继续下跌。现在吉林省市场玉米价每斤不到5角钱，四川省市场玉米价每斤在7角5分到7角7分，差价还是比较大的，要抓紧组织东北地区玉米南下。农业部务必抓紧组织南方饲料企业收储粮食，完成80亿斤的任务。对主产区收购的中央储备粮，国家粮食储备局也要抓紧时间往外调运，尽快腾出仓库准备继续收购粮食。

第五，宣传部门在这个问题上也要有正确的导向。一不要吓着外国人，以为我们的粮食多得不得了，促使国际粮价进一步下跌，弄得我们想出口也出不了；二不要吓着农民，一说“卖粮难”，农民更慌了，可能把口粮也卖了。要给农民讲清楚，国家按保护价敞开收购粮食的政策不会变，农民需要出售余粮，随时可以按保护价卖出去，不要有恐慌心理，不要急于出手。要告诉农民，粮食连续两年丰收，要准备今年可能出现歉收，要储粮备荒。大家适当储备一点粮食，既解决了国家集中收储的困难，又可避免万一歉收时口粮不够，还要用高价去买返销粮。

三、关于粮食流通体制改革问题

目前我国粮食购销方面出现的问题，在很大程度上是由于粮食流通体制不顺造成的。现行粮食流通体制不能适应市场需求变化，经营机制不灵活，中间环节过多，流通费用过高，亏损挂账严重。如不进行改革，不仅对粮食的生产、流通不利，而且财政、银行也承受不了。粮食流通体制已经到了非改不可、不改不行的时候了。

粮食流通体制改革的方向，概括起来就是“四分开、一并轨”。这个思路是早就明确了的，这几年一直在向这个方向努力，现在时机好，要加快推进。“四分开”，就是政企分开、储备与经营分开、中央与地方的责任分开、新老挂账分开；“一并轨”，就是粮食定购价与市场价并轨。这里面所包含的主要内容，已经多次讲过。现在，有关部门正在制订具体实施方案和征询各方面意见，国务院将尽早讨论研究实施方案。推进粮食流通体制改革，要坚持“一主多辅”的原则，逐步建立起国家宏观调控下的、统一开放、竞争有序的粮食市场体系。粮食由独家经营，弊病太多，不改不行。经验说明，有一点竞争，对于减少中间环节、改进服务质量、降低流通费用、稳定市场价格、提高经济效益，都有好处。当然，粮食多渠道经营也不是谁都可以搞，要经过资格审查，要加强管理，严格市场管理规则。

国有粮食系统必须积极转变经营机制，提高服务质量。要从单一经营粮油转为实行多种经营，向集中配送的便民连锁商店发展。要逐步发展粮食的深加工，增加食品的附加值，形成新的经济增长点，分流人员，提高效益，在市场竞争中发挥主渠道作用。

关于住房制度改革问题*

（1997 年 1 月 24 日）

住房问题是关系广大人民群众切身利益的大事，党中央、国务院很重视住房制度改革。解决我国的城市居民住房问题，首先要明确住房制度改革的方向。近几年，各地区、各部门深化住房制度改革，做了大量工作，居民住房状况总体来讲有了较大改善，但还很不够。我在上海当市长的时候，上海市居民住房每人平均只有 4 平方米，通过推行住房公积金制度等措施，现在已经达到 8 平方米了，几年的时间增加了一倍。人民群众迫切需要住房，这个问题应该怎么解决呢？过去的住房政策是盖公房，分配式，低房租，是一种福利。这样的政策使住房问题越来越尖锐。党中央、国务院解决我国住房问题的政策，是推行和完善住房公积金制度，同时，通过多种资金渠道，采取相应的配套政策措施，走住房商品化的道路。尽管这条道路很长，但必须走。实践证明，这是解决我国住房问题的正确道路。

最近两年，我们搞了“安居工程”，实行了一些优惠政策，安排了一定的贷款，虽然时间很短，成效还不可能很显著，可是很得人

---

* 1997 年 1 月 23 日至 25 日，国务院住房制度改革领导小组在四川省成都市召开全国住房制度改革工作会议。出席会议的有各省、自治区、直辖市和 35 个大中城市房改小组负责同志，国务院房改领导小组成员以及中共中央、国务院有关部门负责同志。这是朱镕基同志在会上讲话的主要部分，曾发表于《十四大以来重要文献选编》下册。编入本书时，对个别文字作了订正。

心。我认为，“安居工程”这两年搞得很有成绩，解决了一部分人的住房问题，但还不是解决住房问题的主要措施。国务院会议讨论认为，要把普遍推行和不断完善住房公积金制度，作为1997年和今后一个时期住房制度改革的重点。这不是说“安居工程”不重要，而是要结合在一起搞，不要把这两项工作分离开来。“安居工程”是个应急的办法，是在住房公积金制度没有普遍推行起来，而且缴交标准很低的情况下，银行安排一部分钱来盖房子，卖给居民，尤其是住房困难户，这是有效的。现在，我们还要重点推行和完善住房公积金制度。有人说，这是走新加坡的道路。其实，第一，不完全是新加坡的办法；第二，也不是只有新加坡才实行这个办法；第三，即使是新加坡的办法又有什么不好，人家行之有效嘛。实际上我们是结合自己的国情，借鉴别人的办法并做了很大的改变。上海的经验证明，在我国运用住房公积金制度，积累资金、加快居民住房建设、解决居民住房问题是行之有效的。这是我在工作中亲身体验到的。当时在上海实行住房公积金制度，是通过全体市民讨论决定的，我在电视台发表讲话宣布这种办法，然后全体市民讨论三天，大家通过电视等各种形式发表意见，机关团体也进行讨论。民意调查表明，上海市民几乎都拥护住房公积金制度。用公积金盖房子，一般十个月就把房子盖起来了，还大大降低了工程造价。实践证明，实行住房公积金制度是成功的。

解决住房问题的资金怎么解决？全部盖房子的钱都让银行来拿，那是搞不久的，也是搞不多的。住房制度改革的实践证明，建房资金还得由国家、企业、个人共同分担。只有在机关和企事业单位职工中普遍建立起住房公积金制度，才能够提供稳定的、低成本的建房资金。这几年开过多次住房制度改革工作会议，都是强调推行和完善住房公积金制度，但是从全国来看，目前住房公积金的归集率还不高，公积金提取的比例较低，进展也较慢，不够平衡。我认为现在是时候

1997 年 1 月 24 日，朱镕基在全国住房制度改革工作会议上讲话。左为中共中央政治局委员、国务委员兼国家体改委主任李铁映，右为四川省省长宋宝瑞。

了，可以提高住房公积金缴交率。住房公积金在上海有一套成熟的经验，我推荐你们看一看。普遍地建立住房公积金制度不仅不会降低职工的生活水平，反而能够为他们提供好处。住房公积金制度已经比较完善，可以归纳为四句话：第一句话，是房委会决策，即由住房委员会或房改领导小组决策，应该怎么使用、盖多少房子。第二句话，是“中心”运作，即有一个管理中心来运作，具体执行。第三句话，是银行专户，即住房公积金存到银行设立一个专户，利率是低进低出的，存进去的利率是低的，贷出去的利率相对也是低的。这样就保证房子是低造价，卖给居民是低价格。公积金如果一时用不出去，沉淀在银行的钱，银行还要照付利息，甚至是更优惠的利息。这也是一种优惠政策，鼓励住房公积金的建立。最后一句话，是财政监督，即由财政部门对住房公积金加强监督管理，确保住房公积金专款专用，安全有效运行，不允许挪用公积金去搞别的。最近发现一些单位挪用养老保险基金炒股票、搞房地产，有的还相当严重。养老保险基金是保命钱，怎么可以干这种事，赔了以后怎么向职工交代？这个养老保险基金是不能动用的，国家规定只能用来买国库券。现在买国库券，利息比银行存款利息高，有什么比买国库券更保险的？炒股票、炒房地产可能血本无归，风险极大。

今后，要把国家“安居工程”与利用公积金建房结合起来，统筹规划、统一管理、统一建设。地方政府给“安居工程”的优惠政策，也要给用公积金建的住房。为了保证住房建设资金的回收、运转，以形成良性循环，必须保证经济适用住房的低造价、低售价，促进住房商品化。现在为什么“安居工程”能做到1平方米造价1000元左右？我看无非是三条政策。第一，土地使用权由政府采取划拨方式提供。第二，市政配套费减免。各级政府、城市建设部门为“安居工程”提供政策支持，包括减免税费、减收配套设施费用。第三，房地产公司合理负担。城市政府要统一管理，经营性房地产公司都要承担一定比例的“安居工程”建设任务，以经营其他业务的盈利弥补建造“安居工程”可能出现的亏损。房地产公司建的写字楼、商品房售价很高，利润也是很高的。建设“安居工程”房是要赔本的。根据大连的经验，就是要房地产公司赔一点，你不赔一点，就不让你拿到高级商品房、写字楼的招标。这个政策，是几年前马来西亚住房部部长向我介绍的，房地产商平均下来是有利润的，但他赚钱要在建高级商品房方面，对“安居工程”低价房应该作贡献，应该是赔的，这在马来西亚是一条法律。我看，这是一条公平的法律。没有这一条，要做到每平方米1000元左右是非常困难的。这就要求各级政府、城市建设部门也要为用公积金建房提供同样的政策支持，包括划拨土地、减免税费、减收配套设施费用、建设单位合理负担等措施。这样，经济适用房才可以建得更多，我们才能实现在低工资制度下走住房商品化的道路。在低工资条件下，房价搞高了，就实现不了住房商品化。

鼓励大家买住房，必须实行分期付款，不然买不起。银行对经济适用住房用户，要采取抵押贷款和分期付款的方式，引导居民住房消费，推动住房商品化。要确保国家“安居工程”等经济适用住房，优先出售给中低收入住房困难户，特别是国有企业职工和教师。中国人民银行已经制定一个通行的办法提交这次会议，请大家讨论。解决住房的问题，不论是企事业单位还是机关，都要通过住房公积金实现住房的商品化，一定要在全国各地方、各部门，包括机关和企事业单位实行，以解决住房资金渠道的问题。用公积金建房，银行提供买房贷款，对购房户实行分期付款，我看这样搞下去，住房问题是会逐步解决的。

低房租是个大问题。进退两难，现在房租太低，连维修费也不够。现在住房消费在居民生活费用中的比例是很低的，租金一般占不到双职工家庭平均工资的5%，国外家庭住房消费一般要占到生活费的40%，甚至一半。由于工资比较低，目前我们的恩格尔系数高，必须先保证吃饭。当然，这样长期下去也不行。实行低租金的政策，房子维修不了，大家也没有住房商品化的兴趣了。因此，提租是必要和必然的。但是，提租必须考虑增加工资和群众的承受能力。提租还有一个结构的问题，对一部分收入很高的人，租金提高五倍、十倍也不会在乎，但低收入的人就受不了。又不可能做到定向提租，也搞不清楚他属于哪一类。《国务院关于深化城镇住房制度改革的决定》提出的到2000年房租应该达到占双职工家庭平均工资15%的目标不要动，作为一个方向性的政策引导。现有的工资水平下，租金提得很高是不可能的。1997年的月工资提高了20元，也刚刚补偿物价上涨，保证实际工资不下降。工资提高多了，财政也承受不了，因为现在财政还很困难。我有个想法，逐步地做到一边提房租、一边加工资，不然租金提不上去。请财政部研究一种办法，提高的工资里包括一部分指定是提房租的。当然，提房租比这部分增加的工资还要再多一点，就是说随着工资有所增加。现在工资里用于吃的比重越来越少，多拿出一点钱用于交房租，有利于推动住房商品化的进程，也有利于带动国民经济的发展。但是提房租这部分钱不能乱花，也得像公积金一样管理起来，用于住房商品化，盖新房子，逐步改革住房制度。一方面，财政拿一点房租的补贴；另一方面，个人也增加一部分房租在工资中的比重。我认为，用这个途径来提高房租是可能的。

从全国来说，经济适用住房建设，将是今后长期带动国民经济发展的最重要的消费热点。大力推行住房商品化、发展经济适用住房建设，是振兴整个经济的一个重要途径和必然选择。各地区、各部门必须及早谋划、及早准备。前一个时期，经济界提出培育新的经济增长点。我在中央经济工作会议之前，找了国务院一些综合部门和中央财经领导小组办公室的负责同志座谈了一次，我也发表了意见，讲了怎么看待新的经济增长点的问题。我当时的看法，如果要提出新的经济增长点，首先就是实行住房商品化，加快住房建设。随着住房公积金制度的普遍建立，用于住房建设的资金将会大幅度增加。加快住房建设，其他相关产业就发展起来了，大大有利于调整国民经济结构。经过三年多来的深化改革、加强和改善宏观调控，我国经济呈现良好发展形势，国民经济保持较高发展速度，通货膨胀得到有效抑制。要充分利用这一有利时机，加快住房制度改革步伐，加大住房建设的规模，适应人民群众购买力的提高和住房需求的增长，大力建造低价的经济适用住房，推进住房商品化。这样做，一方面可以大大缓解城镇居民住房的严重困难；另一方面，可为国民经济的进一步发展提供广阔市场。我讲的是住房，特别是和公积金结合的有一定资金渠道建设的经济适用住房，不是高级住宅，也不是写字楼。住房建设是振兴中国经济的一个主要的方向，符合市场需求变化的方向，可以带动几十个甚至上百个行业的发展。建设一般住房不需要进口原材料，可以带动钢铁工业和各种建筑材料的发展，也可以带动装潢材料和塑料、化工产品的发展。上、下水道可以用新型的聚氯乙烯管子，新型聚氯乙烯管子完全可以代替钢管，我们能够大量生产。还可以带动就业，国有企业一些富余人员可以转移到这些行业，有利于实施再就业工程。另外，老百姓扩大消费，购买力有了出路。谁都希望有属于自己的房子，能解决这个问题是很得人心的。即使在工资里住房消费比例多打一点，群众也是愿意的，但要明确产权，住房确实是属于他的。维修要提供方便，这样就可以鼓励大家买住房，让大家安心地购置一点财产。

我今天主要强调发挥住房公积金这个资金渠道的作用，来搞经济适用住房，然后用分期付款、保险的办法来推动住房商品化。这是振兴中国经济的一个非常重要的措施，同时，也是调整经济结构、避免重复建设、扩大就业门路的一个完全正确的抉择。中央有关部门，要很好地研究、制定政策，包括工资政策、房租政策、土地政策、金融政策、建设政策，来鼓励住房商品化，让它更快地发展。干这件事情是深得民心的，老百姓对政府是会加深感情的。但是要提醒一句，千万别借这个名义来复活房地产热。1993 年经济过热，热在什么地方？首先就是热在房地产。那次房地产热的主要建设内容是高级写字楼和豪华别墅。由于过高地估计市场需求，至今还有大量建成和未建成的房屋积压待售，起码有几千亿元的资金压在房地产上，造成国民经济重大损失。香港、广东叫“烂尾楼”，这个后遗症很严重。所以，各地区、各部门要十分警惕，千万不要让过去的房地产热在加快住房建设的名义下复活。现在不是去建写字楼，建高级商品房，更不是建别墅，要建经济适用住房，适应大家的需要。那些已经盖起来的高档商品房，再等十年，经济发展了，外国人来得更多了，让他们买，中国人是买不起的。但是其中廉价一点的商品房，怎么办？要当做一个特殊问题来处理。我看解决这个问题要下决心。积压的3500万平方米商品房价格要降下来，没有别的办法，无非是“三家抬”，地方政府要拿一点，不降价是绝对卖不动的。地方政府和业主都要考虑，与其老是这样压下去，过几年又得维修，还不如降点价卖掉。要把这个问题作为房改中的一个问题来加以研究，这本身不是房改的问题，是1993年房地产热遗留下来的问题。如果把这个问题解决了，既搞活了国家的资金，也能使居民住房条件有所改善。请建设部会同有关部门、地区再继续研究，制定政策措施，促进销售，减少损失。要讲清楚，中央作一点什么贡献，地方作一点什么贡献，业主本人作一点什么贡献，不把“三家抬”这个问题说清楚，这些房子永远卖不出去。请同志们注意，这次会议进一步强调深化住房制度改革，加快住房建设，完全不同于1993年出现过的房地产热。千万别把我们强调的建设经济适用住房、为老百姓解决切身利益的问题简单化为房地产热。

我为什么提出要把推行和完善公积金制度作为国务院房改领导小组的主要任务？就是因为它的意义重大。因此我建议，“安居工程”的具体实施和解决积压商品房的主要工作由建设部来抓。国务院房改领导小组应该把力量集中在普遍推行和不断完善住房公积金制度方面，想办法把利用公积金建房和“安居工程”结合起来，不要搞成两套。这是国务院房改领导小组的责任。各有侧重点，这样比较好。

银行要提供优质服务 *

（1997 年 3 月 25 日）

范敬宜、邢贲思同志向我推荐，把中国建设银行吉林省四平市中心支行作为“精神文明建设落实到优质服务”的一个典型，加以宣传推广。我委托中国人民银行和吉林省委主要负责同志进行了调查，一致认为情况基本属实。我希望所有国家银行和其他金融机构都能从这个单位的事迹中得到启发，并且认真改进自己的服务。

金融机构都属于服务行业，“全心全意为人民服务”是我们的根本宗旨。一切金融活动的资金来源主要是人民和客户的储蓄和存款。人民是我们的“衣食父母”，我们只有向他们提供热情、周到、文明服务的义务，而没有对他们冷面相向、恶语相加的任何权力。金融行业精神文明建设的目标，就是在全国任何金融机构都能得到规范化的优质服务。

银行和其他金融机构都是企业，必须保证资金运用的安全、可靠、效益。银行工作人员要坚持维护国家利益，排除任何局部利益的干扰，一切服从于提高贷款质量，增进银行效益，防范和避免金融风险。因此需要建立现代金融制度，运用现代金融管理技术手段，这就是金融行业精神文明建设和物质文明建设的高度结合。

---

* 这是朱镕基同志在人民日报社总编辑范敬宜、求是杂志社总编辑邢贲思转报的中国服务质量大写真组委会《四平建行强化、优化服务管理，建立服务十大规范的调查》上的批语。

国家银行工作人员是一支信得过的队伍，全国几乎每天都有银行职工，为了保护国家资产而光荣负伤，甚至献出自己的生命。金融系统的全体工作人员一定会在新的形势下，讲政治、抓改革、勇于奉献、力争效益，把精神文明建设落到实处。

朱镕基

3 月 25 日

关于严禁高利吸储的批语 *

（1997年4月6日，1998年2月21日、7月19日）

一

（1997年4月6日）

相龙[1]同志：

工商银行对国务院领导的批办事项，调查是认真的，处理是严肃的。可以将此件批转各商业银行总行及人民银行省分行党组同志参

* 这是朱镕基同志关于严禁高利吸储的三次批语。

一、1997年年初，朱镕基同志针对人民来信反映中国工商银行哈尔滨市西十二支行、咸阳市分行有职工集资和高息揽储问题，指示中国工商银行前去调查处理。这是朱镕基同志在中国工商银行调查情况报告上的批语。

二、1998年2月6日，中共中央办公厅、国务院办公厅信访局《群众反映》1998年第13期《一些金融机构违规吸储变相提高存款利率》一文称，许多人民群众来信反映，银行降低存贷款利率后，一些金融机构高息吸储，互挖存款现象愈演愈烈，严重影响金融秩序稳定，要求严厉查处。这是朱镕基同志在该文上的批语。

三、中共中央办公厅、国务院办公厅信访局《给朱镕基同志信、电情况》1998年第11期归纳了当年6月份群众反映的金融系统违法违纪违规的大量问题。这是朱镕基同志在该材料上的批语。

〔1〕相龙，即戴相龙，当时任中国人民银行行长。

阅，有利于引起警觉，整顿好金融秩序。高利吸储是一大祸害，必须彻底杜绝。

朱镕基
4.6

二

（1998 年 2 月 21 日）

请相龙、陈元[1]并各国有商业银行负责同志阅。银行高利吸储，已成痼疾，必须下重药、动杀手，否则金融改革从何谈起。各级人民银行应以此作为重点监督内容。

朱镕基
2.21

三

（1998 年 7 月 19 日）

请相龙、海旺[2]、廷焕[3]、小川[4]、雪冰[5]、林祥[6]、明权[7]、旭

〔1〕陈元，当时任中国人民银行副行长。
〔2〕海旺，即阎海旺，当时任中共中央金融工作委员会副书记、中国人民银行副行长。
〔3〕廷焕，即刘廷焕，当时任中国工商银行行长。
〔4〕小川，即周小川，当时任中国建设银行行长。
〔5〕雪冰，即王雪冰，当时任中国银行行长。
〔6〕林祥，即何林祥，当时任中国农业银行行长。
〔7〕明权，即王明权，当时任交通银行行长。

人〔1〕并杨景宇〔2〕同志：

高息揽储，屡禁不止，基层金融机构我行我素，置若罔闻，这与人行和各总行领导执法不严，下手不狠有关。建议今后类此案件，行长和责任副行长一律撤职，并请景宇同志研究规定刑事处分标准。

这些信件所列案件均请各总行查处。

朱镕基

7.19

〔1〕旭人，即谢旭人，当时任中国农业发展银行行长。

〔2〕杨景宇，当时任国务院法制办公室主任。

会见美国联邦储备委员会主席格林斯潘时的谈话*

（1997年5月14日）

朱镕基：我非常高兴见到你再次访问中国，我们的中央银行与美联储有很好的合作关系。我清楚地记得1993年我第一次与安吉尔〔1〕会见，与麦克唐纳〔2〕也见过两次，然后是1994年邀请你访华。当时中国经济面临困难，通货膨胀率达到24%，通过采取一系列财政、金融改革措施，情况有了显著好转。通过那次会见，我也学到了很多东西。

1994年后，中国担心出现经济过热，采取了措施。去年的经济增长率是9.7%，物价上涨6.1%，近几年通货膨胀率第一次低于经济增长率。今年头四个月的经济增长率是9.4%。

现在中国的货币供应情况正常，去年实现了经常项目下人民币的自由兑换。由于中国实行了重视农业的政策，去年农业获得了大丰收，产量达到历史上的最高水平，对稳定物价很有帮助。所以，我有充分根据认为今年的经济增长率可以保持在10%，通货膨胀率保持在5%以下，而且这个趋势会延续到下一个世纪。

---

* 这是朱镕基同志在北京中南海紫光阁会见美国联邦储备委员会主席艾伦·格林斯潘时的谈话。

〔1〕安吉尔，即韦恩·安吉尔，1986年至1994年任美国联邦储备委员会理事。

〔2〕麦克唐纳，即威廉·麦克唐纳，1993年至2003年任美国纽约联邦储备银行行长。

1997年5月14日，朱镕基在北京中南海紫光阁会见美国联邦储备委员会主席艾伦·格林斯潘。
（新华社记者王新庆摄）

我们也注意到，1994年以来，美国经济持续增长，这当然与你的领导分不开。美国今年已经进入了第七个增长年，失业率较低。我记得1994年你七次加息，每次0.25%，有一次是0.5%。你每次加息，我都很关心。美联储从1995年到1996年三次降息，今年利率从5.25%升到5.5%是最引人注意的。我从报上看到，你说这次加息比以往更困难。总之，我讲这些是想说明，我们从你们那里学到了很多东西，你们的经验对我们很重要，我们希望学习更多的经验。纽约联邦储备银行对我们的帮助也很大，我有一套他们的材料，正在一本一本地看，并且已要求有关人员翻译出来。

格林斯潘： 你刚才的谈话给我留下了深刻的印象。美联储的情况你谈得很详细，令我很吃惊。1994年我来访时，中国的通货膨胀率很高，然而过去发生的一切证明你是正确的。由于你在抑制通货膨胀方面有着出色的成绩，而且也非常了解美国的经济，不如请你告诉美国如何去做。

我非常感谢你的盛情接待。我这次有两个感兴趣的问题，这两个问题是相互关联的：一是改革成功后的国有企业私有化问题，另一个是企业产权合理化可以促进中国经济的稳步发展。在这种情况下，调整国有企业产权结构是非常重要的，只有这样，才能比较容易地做到经济稳步发展。你和你的同事通过努力使中国成为世界上经济最具活力的国家，从我们的观察看，告诉中国如何去做是不妥的，因为你们在这方面做得非常出色。我刚才说的只是抛砖引玉。通过和中国人民银行的接触，我们对中国的银行体制有了进一步的了解。如果中国的银行支持改革，不良资产问题一定会解决的，只有这样，才能促进经济发展。

美国的自由市场经济搞了200多年，我们仍在学习市场如何运作、提高效率。随着21世纪的来临，新技术的影响日益加深，基础设施日趋合理。美国经济中有一个全新的发展，就是“硅谷”，它是美国经济发展的先锋。对于它的出现，我们也没有什么计划。它的出现基于两个基本力量：一是所有制产权，另一个是激烈竞争。不管是计划经济还是市场经济，个人价值和个人欲望都是难以计划的，问题在于个人价值和欲望如何表现出来。一个人参与市场活动，一定是为了未来的发展。我们对未来无法预测，但必须了解推动未来变化的力量。努力发展生产会面临许多问题，“硅谷”在发展过程中就有很多不确定因素，但那里受欢迎，因为那里机会多。我认为重要的是要解决那些不确定因素，因为人们是不会冒险去创造财富的。

一些具体问题也很重要，如产权。当人们意识到自我时，他们会为社会和自己创造更多的财富。“硅谷”的经验告诉我们，法律条款要清楚。政府不要随意更改法律，那样做等于告诉社会，法律是可以随便更改的。

随着时间的推移，中国也会走到世界技术的前列，也会遇到“硅谷”的问题。我们发现，香港与“硅谷”非常类似。随着21世纪的来临，香港对中国乃至世界都会越来越重要。

我认为，逐步消除国有企业困难，继续保持企业生命力是很重要的。中国经济的稳步发展具有世界意义。过去的经历告诉我们，从提高人均实力到增强企业竞争力，中国是很有能力的。上次访问时我提到，中国如能更强大、更繁荣，对美国和世界都是很有意义的。我相信，中国的繁荣能够扩散到世界其他地区。

朱镕基：听人谈有兴趣的问题不觉得时间长。今年戈尔副总统访华时问我：“你信格林斯潘，还是信弗里德曼〔1〕？”我说，他们俩在美国都很有名望，做得都很好，很有影响。我们中国人要按中国人的方式办事，就像你所说的，我不能告诉美国如何去做。但是，我们确实从你的经验、处理问题的方式上学到很多东西，也就是说，你告诉了我们如何去做。你的讲话告诉我们，要用新的办法去处理中国的问题。我记得去年美国股市上扬时，你说过“非理性繁荣”，随后引起全球股市下跌，只有中国的股市除外。去年12月，中国股市发了疯似的上涨，我们只能用中国的办法来应对。但从你的讲话中得到了启发，我们写了篇文章，在《人民日报》发表。我们没有用“非理性”这个词，只说它“不合理”。结果，股市确实下来了，但也引起了国家领导人的注意，担心是不是要一掉到底。当时我很镇定，说不会的，果然很快又上来了。

中国内地股市的市值只是香港的三分之一，但交易量是香港股市的三倍。对此，我很伤脑筋。而且，股市的发展也很不正常，你加息，股市下跌；我加息，股市反而上涨。这就是因为操纵股市的是国

〔1〕弗里德曼，即米尔顿·弗里德曼，曾任美国芝加哥大学经济学教授，1976年获诺贝尔经济学奖。

有企业，它们的钱是从银行来的。现在股指又很高，我不知道该怎么办，也不能再干预。我希望学学你的办法。香港报纸说，美国股市是“绿市（green market）”（格林斯潘的英文是“Greenspan”），中国股市是“猪市(pig market)”，因为“猪”与我的姓同音。根据我们的调查，中国内地股市上的股民四分之一是老百姓，四分之三是机构，机构没钱就向银行借。

你刚才还谈到了国有企业问题，目前主要是结构不合理的问题，大部分企业不能满足时代的要求。我想结构调整是一个世界性的问题。中国的大集团办得比较好；中小企业不行，这些企业设备旧，产品卖不出去，缺少竞争力。我们不从意识形态上看这些问题，从实际来看，将这些企业私有化不行。因为目前中国还没有建立起社会保障体系，将这些人推向社会会引起动荡。现在我们实行“抓大放小”政策：“抓大”就是着重搞好大型企业；“放小”是要放开中小企业，只保留必要人员，多余的下岗，发最低工资，下岗人员搞第三产业。这个调整时间需要三年，那时国有企业的情况会有很大好转。多余工人再就业后，才能让中小企业实行股份制，当然也可以卖给私人。对此，我们不叫“私有化”。

最近，国际货币基金组织总裁康德苏说，金融风险来自发展中国家，特别是中国。我想，他在这一点上对中国不了解。中国不良贷款有 20%是指过期不还，香港报纸将其说成“坏账”。中国不良贷款的形成是有历史原因的。过去有政府干预，现在干预少了。1992 年到 1993 年房地产过热时，银行就发了大量的贷款，结果很多成了坏账。现在我们制定了措施，确定每年不良贷款率要下降 2%到 3%，到本世纪末逐步回到合理水平。为此，我们非常重视学习你们的经验，加强风险防范和金融监管。所以，我想在未来一段时间内，中国不会发生金融风险。

格林斯潘：首先，我同意你的观点。中国的不良贷款问题不仅仅出自银行机构，是多年形成的。我想，现在的重点是要培养一大批称职的贷款官员。以前是政府指令发贷款，现在银行要学会在市场条件下发放贷款，这当然需要时间，有时也会有风险。企业也要认识到贷款风险，就像“硅谷”那样。随着时间的推移，中国的商业银行是能够学会区分风险的。中国银行在这方面有经验，中行在世界各地都有机构。从事金融业，培养人才非常重要。在计划体制下没有风险，但在市场体制下，一定要有风险意识，美国的银行在这方面的意识就很强。

朱镕基：你的话使我想起，纽联储提出过愿意为我们培训中央银行干部的事情，特别是地区中央银行的干部。你们有12家地区银行，将来我们也有可能采取按区设行的结构。我希望美联储为我们培养地区中央银行高级官员，时间半年、一年都可以。虽然选人有些困难，但希望达成协议，费用当然由我们自己负担。请戴相龙〔1〕行长与你具体商谈这个问题。培养地区中央银行行长很重要，希望纽联储在这方面继续协助我们。

格林斯潘：显然，我们也希望尽快提出具体意见。旧金山联储与中国人民银行在这方面打过交道，尽管时间较短，但毕竟有了接触。商业银行也应该在培养人才方面下力气。中央银行和商业银行的职员素质普遍提高，金融体系才能更好地分配资源。培训虽然不能立即见效，但是至关重要。

朱镕基：非常高兴能有机会再次见到你，希望你经常访问中国。

格林斯潘：谢谢。

〔1〕戴相龙，当时任中国人民银行行长。

对金融犯罪要严厉法办*

（1997 年 6 月 21 日）

请中国人民银行、工商银行、建设银行、中国银行、农业银行、交通银行、人保公司全体党组同志认真阅读、思考、讨论。我们的金融队伍已腐败到何种程度，即使并非都是事实，但人民群众就是这样评价我们的。如果再不严肃整顿、严厉法办，我们何以对党、对国家、对人民、对自己的共产党员称号。来信所列举的案件和责任者，要组织力量下去一件一件地调查清楚，并且一个不漏地法办。要派清官下去，不要派贪官和专做好人的官僚下去。

(抄送罗干、曾庆红〔1〕、曾培炎〔2〕、刘仲藜〔3〕、项怀诚〔4〕同志)。

朱镕基

6.21

---

* 中共中央办公厅、国务院办公厅信访局《给朱镕基同志信、电情况》1997 年第 4 期归纳了 1997 年 4、5 两个月的各地群众来信、来电，强烈反映金融系统违法乱纪、违章违规、贪污腐败等问题，要求加大对金融犯罪的打击力度，整顿金融秩序，加强对金融业的监督。这是朱镕基同志在该材料上的批语。

〔1〕曾庆红，当时任中共中央办公厅主任。

〔2〕曾培炎，当时任中央财经领导小组办公室主任。

〔3〕刘仲藜，当时任财政部部长兼国家税务总局局长。

〔4〕项怀诚，当时任国家税务总局副局长。

关于粮食购销工作的几个问题*

（1997年7月11日）

这次会议上，部分同志对现在实行的粮食购销政策还存在一些模糊认识，需要进一步统一思想，有些政策也需要进一步明确。

第一个问题，关于对近几年粮食政策的认识。

我认为，要进一步统一对近几年粮食政策的认识，进一步统一粮食系统干部的认识。我从会议简报上看到，有的同志讲，如果按1992年"放开市场、保量放价"那个政策做下去，就不会发生问题，现在的做法是走回头路，在改革方面是倒退。这个认识是完全错误的。实践已经证明，按1992年那个做法是一场灾难。当时的形势是1990年、1991年、1992年三年粮食丰收，粮食产量上了一个台阶，每年收购2000亿至2400亿斤，包括定购粮和议购粮，大大超过现在的收购量1800亿至2000亿斤，国家专储粮规模达到812亿斤。那时普遍的呼声是"中国粮食问题解决了"，要求"放开市场、放开价格、放开经营"。在这种情况下，1993年2月，国务

* 1997年7月9日至11日，国务院在北京召开全国粮食购销工作会议。出席会议的有各省、自治区、直辖市人民政府负责同志，计划经济委员会（计划委员会）和财政、物价、粮食（内贸）厅（局）及农业发展银行分行的负责同志；各计划单列市主管副市长和新疆生产建设兵团主管副司令员；中共中央和国务院有关部门及新闻单位的负责同志。这是朱镕基同志在会上总结讲话的主要部分，曾发表于《十四大以来重要文献选编》下册，原标题为《关于粮食购销工作需要进一步明确的几个问题》。编入本书时，对个别文字作了订正。

院发了个文件〔1〕，对“放开”是实行“分散决策，逐步推进”，但实际上，1993 年除黑龙江、吉林、河北三省外，全国都放开了。结果没多久，到 1993 年 11 月粮价就暴涨，一天一个价。为什么呢？粮食系统 1993 年开始不收购粮食了，粮食都收到个体户那儿去了。粮食没有掌握在国有粮食企业这个主渠道手里，那粮价还不飞涨吗？涨起来以后，国有粮食系统慌了手脚，参与高价抢购粮食，助长了粮价飞涨。为了平抑粮价，国家采取由国有粮店挂牌平价出售专储粮的办法，稳定了粮价。到 1994 年年底，专储粮库存下降了 300 亿斤，也

1997 年 7 月 11 日，朱镕基在全国粮食购销工作会议上作总结讲话。左为国务委员兼国务院秘书长罗干，右为国务院副秘书长周正庆。（新华社记者白连锁摄）

〔1〕指 1993 年 2 月 15 日《国务院关于加快粮食流通体制改革的通知》。

就是抛售了300亿斤。这是个深刻的教训，怎么能说还要按那个政策做下去呢？国家宏观调控取得今天这样的成绩，我看正确的农业政策起了重要作用，如果农业政策继续像那样延续下去，就没有今天的好形势。

我在1992年12月一个座谈会上讲过，我们讲“放开”，是指要放活，要搞活一点，不是放开不管。日本是市场经济国家，也没有放开粮食。日本大米的价格高于国际市场价，始终是按保护价收购，财政进行补贴，他们也要保护农民的利益。我看了国家计委最近一个考察报告，反映日本粮食购销体制改革的历史过程：第一个阶段，是完全保护的，统购统销；第二个阶段，由于政府财政补贴负担太重，就放开了，放得比较多，但不行，农民反对，政府向国民道歉；第三个阶段，做了若干修正，还得实行保护价。我们要很好地重温和吸取历史的教训，政府对粮食非管不可，绝不可放开不管。我国人口的主体是农民，如果十亿农民的利益得不到保护，经济就不能发展，政权就不会巩固，社会就难以稳定。现在城市里亏损的国有企业的工人再困难，还是有饭吃，粮食是便宜的。如果搞得农民不种粮食，连饭都吃不上，那个时候国家会是个什么样子?!

有的同志提出，按保护价收购的粮食究竟是政策性的还是经营性的？与去年我在大连会议〔1〕上讲的粮食购销体制改革的思路是不是有矛盾？现在这种办法是不是把“两条线”运行都取消了，变成统购统销了？这种看法不对。我认为没有矛盾，没有走回头路，它与1994年提高粮食定购价、改革粮食购销体制的思想是一致的，改革的思路是一贯的。1994年开始建立粮食风险基金的主要目的有两个：

〔1〕大连会议，指1996年10月13日至14日在辽宁省大连市召开的部分地区粮食工作座谈会。

一是在粮食歉收时，抛出储备，平抑价格，粮食企业出现亏损用粮食风险基金补贴；二是在粮食丰收时，用保护价去收购，收上来暂时卖不掉的，对利息和费用要给予补贴，从粮食风险基金中支出。农业受自然条件的影响，有丰有歉，如果粮价任凭丰歉波动的话，不是市民受损失就是农民受到重大损失，都是不行的。保持粮价基本稳定，就要运用粮食风险基金，只是不同情况下运作方式不同而已。以前是在粮食歉收的情况下运作，现在是在粮食丰收的情况下运作，这种办法根本不影响粮食按政策性和经营性两条线运行。1996 年 7 月 1 日出台的销售价，基本是按定购价加上费用顺价，也就是说按商业性经营，粮食零售是不会发生亏损的，或者说基本上不会发生亏损。上海市就不亏损，上海市粮食销售有三个渠道，即粮食系统、农垦系统和农业系统，三个渠道互相竞争，谁也不亏损。刚才讲粮食歉收的时候粮食企业抛售库存粮食出现亏损，丰收的时候按保护价敞开收购也要出现亏损，都要由粮食风险基金补贴，这是政策性的补贴；但是粮食系统商业性销售不应该出现亏损，相反应该改进经营管理，发展多种经营，努力盈利。

还有的同志不赞成采取按保护价敞开收购的办法，认为不如采取中央收专储粮的办法。这个问题我在全国粮食购销工作电视电话会议上讲了，在河南、安徽调研时也讲了，收专储粮和按保护价敞开收购没有原则性的区别。既可以采取收专储粮的办法，也可以采取增加粮食周转库存的办法，效果都是一样的，无非是在粮食丰收的时候把粮食存起来，收购价格不要降低，费用由财政给予补贴。那么，为什么不采取增收专储粮的办法？就是因为专储粮已经收得太多了，中央负担很重。而采取由地方粮食企业按保护价敞开收购，超储部分用粮食风险基金补贴，这个机制比较好。1994 年建立粮食风险基金的另一个目的，就是要把调控粮食市场的责任分散到各省去，中央拿一部分财政资金，地方拿一部分财政资金，共同建立粮食风险基金，从这里面补贴，由中央和地方共同承担。如果凡是多余的粮食都收到中央储备库里，中央财政受不了。大家都知道，地方财政没有赤字，财政赤字都在中央。中央主要负担外交、国防、重点建设，外债、国债都在中央财政身上。因此，粮食风险基金仅由中央来负担，负担不起。现在的办法，中央、地方共同负担，这个机制比较好。粮食购销工作要通过地方去做，如果补贴资金都是中央财政拿，事情都是地方做，地方不管花多少钱，这个机制就不会好。

总之，对现在实行的政策，认识要进一步统一起来。第一，按保护价敞开收购议购粮的政策是1993年以来粮食购销体制改革的延续，是在一步一步地走向完善，根本不存在走回头路的问题。应该把1992年的“三放开”看做是一个教训，如果按那个方向走下去，是一场灾难。第二，这次采取的政策措施，是去年大连会议的继续，没有违背去年大连会议上确定的改革原则。第三，现在专储粮的规模已经很大，库容不足，保管也跟不上，再增加专储粮会出问题。所以这次会议采取的政策，是改革的继续，不是倒退，不是回到计划经济老路上去。只要大家坚定不移，齐心协力，拧成一股劲，一定能够收到好的效果。

第二个问题，关于对粮食购销形势的估计。

在讨论中，一些同志担心实行按保护价敞开收购议购粮的政策后，会出现“吃得进，拉不出”。这个担心是可以理解的，现在压库就很厉害，再敞开收购更受不了。我对这个问题的估计是，不用太担心。这涉及如何估量粮食购销形势的问题。一方面，现在各地上报的数字，收购量越报越多。收购量，上一个粮食年度实际完成2384亿斤，各地预测上报的本年度收购总量是2825亿斤，就是说今年比去年特大丰收的情况下还要再增加收购400多亿斤。我看收购不了那么多粮食，敞开收购也没有那么多。今年秋季的粮食生产形势并不乐观，所以不可能有那么多余粮。另一方面，各地预计的销售数量越报越少，只有 1200 亿斤。这是不可能的事，难道都不吃饭了？不要相信那个销售预测数字。实际情况是，由于粮食部门敞开收购，掌握了粮源，别的渠道经营粮食少了，人们只能主要从粮食系统买粮食。因此，粮食部门不可能只销售 1200 亿斤，即使少销售一些，达到 1995 年 1800 亿至 1900 亿斤的销售量也是完全可能的。大家一定要坚定执行政策的信心。当务之急，是要把粮食先收上来，放心大胆地敞开收购，并加强销售工作，改善服务态度，改善经营管理，困难一定能克服。

另外，大家对有关部门核定的粮食合理库存数字有点意见，认为 1100 亿斤的数字偏大。因为地区不平衡，这个账暂时也算不清，还是先按核定的 1100 亿斤来计算补贴。大家对财政部草拟的文件中规定的销售指标 1856 亿斤有不同意见，对规定各地没有达到核定销售指标，多储的粮食不给补贴也有意见。我认为，1997 粮食年度销售 1856 亿斤没有问题，很可能销到 2000 亿斤,1992 年就销了 2000 亿斤。如果本年度的销售量没有达到 1856 亿斤，库存增加了，还是按实际来补贴。请大家做工作，努力销售，但不要低价竞销。

第三个问题，关于落实补贴资金问题。

在讨论中，一些同志对补贴资金能否落实也有疑虑，担心不能及时补、据实补。去年全国粮食周转库存 1800 多亿斤，初步核定合理库存 1100 亿斤，多余 700 亿至 800 亿斤粮食；根据今年夏粮产量，新粮敞开收购扣除正常销售后，估计今年还要增加库存 700 亿至 800 亿斤，总体上要比正常周转库存多 1500 亿斤粮食，按每斤补贴 1 毛钱计算，1500 亿斤需要补贴 150 亿元。现在账面上有风险基金 150 亿元，其中去年结转 79 亿元，今年提取 70 多亿元。前不久测算，这

150 亿元中需用于地方储备粮保管费用和利息等固定开支约 45 亿元，但刚才财政部汇报说，45 亿元打不住，已经用了 70 多亿元，因为仅 6 月份用于补粮食销售价差就花了 24 亿元，这样，能用于超储粮的补贴只有 70 多亿元。我今天宣布，以后不能再动用粮食风险基金去补销售价差，因为已经对粮食企业超储粮食的利息、费用补贴过了，粮食企业应该正常经营，销售价按保护价顺加费用，不应该赔本，不应该再补价差。这里强调一下，国有粮食企业不允许降价卖，越降价越糟糕，粮食越卖不出去，产生恶性循环。另外，农村返销粮、水库移民口粮的价差补贴，过去都是从粮食风险基金里开支的。按理讲，这些支出不属于粮食风险基金的范畴，不应该从粮食风险基金中开支，应该由财政另外解决。今年就这样了，明年改过来。粮食风险基金缺口怎么办？我想今年还不会发生大的问题。首先，补贴算账是从 1997 粮食年度，即从今年 4 月 1 日开始的，从 7 月 1 日起拨给补贴，而财政年度算账到 12 月底，因此今年实际上不需要拿出那么多补贴。其次，敞开收购后，也不一定收得了那么多粮食，销售形势好转以后，还可以多销一些，补贴相应也会减少。有关部门要对补贴情况进行逐月跟踪、检查，逐月算账。再次，加一点行政干预，销区从产区调销一点粮食，产区可以减少一点补贴。最后，如果补贴还不够，可以在明年的财政盘子里再想办法，不会影响今年财政预算的执行。另外，各地都要再增加一点风险基金，以应对各种不测的情况。按照原来的规定，粮食风险基金要由中央和地方财政按照 1 : 1.5 的比例共同建立，现在全国平均实际达到的比例是 1 : 1.05。我希望还没有达到 1 : 1.5 比例的省份，尽快达到 1 : 1.5 的比例。这笔资金中央没拿走，仍在地方财政的账上，也不平调，还是补足为好。现在连 1 : 1.05 的比例都未达到的，首先应该补上。有的同志讲，中央要求财政要优先安排教育、科技，而且都规定了硬指标，必须占财政预算的百分之几，现在又要增加粮食风险基金，哪有那么多钱呀。同志们，别忘了，讲教育、讲科技，还有个农业呢。我不是不重视教育、科技，都应优先安排，但农业也要优先安排，这笔钱在地方财政预算里占的比例并不大。我建议各地明年财政里面除了增加教育、科技资金以外，还要把这笔资金加上去。中央财政要做出表率，要调整财政支出结构，把钱花在应该花的地方。

第四个问题，关于价格政策问题。

总的原则是，定购价跟去年的一样，保护价按去年规定的定购基准价制定，即比定购价低10%。但南方的早籼稻、北方的春小麦，由于质量较差，用途有限，增产多了销售不出去，完全按基准价收购，销售困难。因此大家建议，把价格往下浮动一点，给农民一个信号，减少一些销不出去品种的产量。下浮多少呢？一些同志建议比基准价下浮10%。我们考虑，不要下浮那么多，如果下浮10%，农民很可能连成本都收不回来。过去我们没有采取措施让农民少种，农民已经种了，价格下降那么多，农民的积极性会受到很大打击。我看大体上下浮5%左右，还是要保证农民的利益。今后要把这个信号发出去，宣传早籼稻的品种要改良，按现在这样种下去越来越销不掉了，价钱也会下降。另外，还要加强销售工作，民工还是愿意吃早籼米的。

第五个问题，关于省际调拨问题。

实际上省际粮食调拨已经没有了，都市场化了。如陕西，一个地区小麦丰收，一个地区缺粮，省里想调都调不动。所以省际调拨是很困难的，我也理解。但现在的情况是，全国粮食风险基金算总账有150亿元，由于地区之间很不平衡，粮食丰收了，主产区存粮较多，负担很重，粮食风险基金不够用；而销区可以买便宜粮食，不需要那么多补贴，粮食风险基金有结余。这样，150亿元就更不够用了。粮食风险基金结余的省，结余34亿元；而粮食风险基金不足的省，硬缺口达80多亿元。把一些销区结余的风险基金调到风险基金不足的产区，是行不通的。因为风险基金结余的地区，既有富裕地区，也有贫困地区，把富裕地区的风险基金调出去，也许可以，但要把贫困地区的风险基金调剂出去，根本不行，况且这个基金有一大半所有权是地方的，所以不能在省际调剂粮食风险基金。怎么办？请同志们服从大局，主销区、粮食风险基金实力强的地区，要努力从产区多买一点粮食储备起来，帮助产区多分担一些库存，还是采取这个办法比较好。缺粮的省份，过去都是从别的省买粮的，现在要求你还得买，不能因为粮食库存多了，就不买了。粮食调进后如暂时销不出去，先储

1997年6月27日，朱镕基在河南省周口地区朱仙镇粮管所售粮现场与售粮农民交谈。前排左四为河南省委书记李长春，右一为河南省省长马忠臣。（《河南日报》记者罗克忠摄）

存起来，费用从粮食风险基金中补贴一点嘛。请国家计委、财政部和国家粮食储备局确定一个省际粮食调拨计划，这不是恢复计划经济的做法，主要还是靠大家顾全大局，发扬风格，分担困难，努力做好这项工作。

销区到产区购买粮食的价格怎样确定，有两种意见：粮食部门希望执行保护价，便宜一点，可以推动销区到产区多买粮食；财政部门主张按定购价，价钱高一点，对产区的负担多减轻一点。我主张按定购价，多减轻一点主产省的负担。大家要发扬风格，执行定购价不一定加重负担，无非就是高10%，出售粮食时销价可以顺加，也不见得有多少亏损。稍微在定购价的基础上往下浮一点，也是可以的，大家协商，共同来解决问题。去年我要求农业部组织饲料加工企业储备一至两个月的玉米，原来定了一个目标是400万吨，现在签了合同的有380万吨，运到饲料加工企业250万吨，是很有成绩的。不然，饲料加工企业一吨玉米都不愿意买。工商银行要保证周转库存粮食的贷款资金。总之，大家共同努力，都来分担一点库存，都来推销一点粮食，这个问题就可以缓解了。

第六个问题，关于仓储问题。

我在河南、安徽调研时了解到，这个问题并不十分严重，可以想出许多办法来解决，实在不行，多租用社会仓库，特别是停产的国有大中型企业的厂房和仓库，许多国有大中型企业都有铁路专用线，很方便。中央已经分四批下达了15亿元的贴息贷款来修建仓库，其中第一批6亿元才用掉4.4亿元；后来下达9亿元，相当一部分还没有用。这次会议上，各地要求再增加一些简易建仓贷款，先再安排10亿元。谁要改造仓库，可以用这笔钱，利息由中央和地方各负担一半。粮食系统应该努力扭亏为盈，改善经营管理，发展多种经营，用增加的收入来归还贷款。

关于完善企业职工基本养老保险制度的几个问题*

（1997年7月30日）

今天，我们是陪同李鹏总理来会见会议代表的，我没有准备讲话。但是，刚才听到地方的代表们提出了一些问题，我想就此讲几点意见。

第一个问题，就是刚才同志们提出的立法的重要性和迫切性，要求加快立法步伐，制定《国务院关于建立统一的企业职工基本养老保险制度的决定》（以下简称《养老保险决定》）的实施细则，赶快发下去。我是同意这个意见的，讲得很对。但是，也要看到立法的严肃性，不能仓促行事，朝令夕改。大家可以回忆一下，我们的养老保险制度改革，经过三个阶段了，要达到统一的认识是极不容易的。上次会议我们提出的养老保险方案就是两个。为什么有两个方案呢？就是认识统一不起来、不一致，而且都有道理。后来，国务院决定将这两个方案交给各个地区自己来选择，在统一认识和实践的基础上再来定全国统一的方案。所以，今天能够拿出一个统一的方案，是很大的成果，是实践的结果，是很不容易的。因此，请你们回去后马上向省区市委、省区市政府汇报，自己制定细则，立即实行。不要等国务院发布全面的实施细则，再等就丧失时机了。

---

* 1997年7月29日至30日，国务院在北京召开全国统一企业职工基本养老保险制度工作会议。出席会议的有各省、自治区、直辖市和计划单列市、部分省会城市代表，以及国务院有关部门的负责同志。这是朱镕基同志在会上的讲话。

各地制定的实施细则，一定要符合《养老保险决定》的精神，要谨慎行事，而且最好注明这是一个暂行细则，如果国务院有了统一的规定，还得服从，要讲清楚这个问题。你们的实施细则都要报告国务院，抄送劳动部、国家体改委、财政部，为这些部门制定全国的实施细则打基础、做准备。

要保持政令统一，国务院的有关部门不要自行解释《养老保险决定》，或者作出一些新的规定，不要再搞文件“打架”了。否则，政令不统一，下面无所适从。对有关政策，《养老保险决定》已经讲得很清楚了，大家就根据《养老保险决定》去实行。然后，中央有关部门下去做调查研究，了解每个地区是怎么执行这个文件的，就可以发现很多问题。我今天向各部门、各地区的同志讲清楚，在一段时间内，国务院就这个问题不再发文件，各个部门也不要发文件。如果需要修改这个《养老保险决定》，或在实施中有什么问题，请各个部门做了调查以后，经过国务院研究协调，拿出一个统一的意见，由国务院发布。我想，这样便于各地执行这个《养老保险决定》。这是我讲的第一个问题，就是说不要等，也不可能很快地由国务院发出一个统一的实施细则，必须经过一段时间的实践。请同志们回去向领导汇报，立即动手制定实施细则，要听取各方面的意见，制定了实施细则就要抓紧实行。中央有关部门要加强调查研究，总结各地实施的情况，有了问题由国务院再协调。

第二个问题，就是大家希望尽快发布企业补充养老保险实施办法。对于这一点，我也可以告诉大家，快不了。为什么？因为企业补充养老保险是一个新事物，尚未实践，还没有经过充分论证。所以，现在马上搞一个实施办法，容易脱离实际。我们要先试行一下，先在行业统筹向地区统筹过渡过程中试行，在这个基础上制定实施企业补充养老保险的办法。建立企业补充养老保险，是李鹏总理提出来的。当时，一些省市强烈要求将行业统筹改为地区统筹，但这 11 个行业[1]也有他们的困难，因为他们的待遇水平高于地方，还有其他方面的一些问题。所以，行业统筹转为地区统筹暂时还有困难。后来提出采取过渡的办法，允许这 11 个行业保持他们的既得利益，这样有利于稳定职工队伍。就是说，他们可以参加地区统筹，服从统一的

1997 年 7 月 20 日，朱镕基在辽宁省辽阳市辽化公司考察。

〔1〕1993 年 10 月，国务院批准交通部、煤炭部、中国人民银行（含人民银行、工商银行、农业银行、中国银行、建设银行、交通银行、中保集团）、民航总局、中国石油天然气总公司、中国有色金属工业总公司进行行业基本养老保险统筹，已经按地方进行统筹的，改为按行业主管部门进行养老保险统筹。加上此前已实行行业基本养老保险统筹的铁道部、邮电部、水利部、中国建筑工程总公司、中国电力公司，当时共计 11 个行业实行了基本养老保险统筹。

标准，但由于他们的效益比较好，可以由自己拿出一部分钱来搞企业补充养老保险。我看，还是先搞这一部分，用建立企业补充养老保险的办法来使行业统筹尽快地纳入地区统筹。至于企业补充养老保险今后怎么搞，总结经验后再研究。

第三个问题，就是大家普遍提出来的一个矛盾：一方面，基本养老保险费提取的比例过高；另一方面，钱又不够用。这确实是一个矛盾，这个矛盾恐怕今后会越来越尖锐。不但在中国，在外国也有这个问题，但我们更加突出，因为我们这一代人实际上要负担两代人的养老保险。上一代人没有完善的养老保险制度，没有提取养老保险费，现在要从我们这一代人缴的基本养老保险费里给他们支付养老金。这确实存在一个需要和可能的矛盾，我们还需要研究一些政策来解决。我们不是没有看到这个问题的严重性，但目前还没有别的办法。为什么一再地强调基本养老保险只能保证基本的生活，就是这个问题，高了企业负担不了，财政也负担不了。如果像西方特别是北欧国家那么高的养老金标准，一旦标准上去了就下不来，对国家的发展是一个沉重的拖累。这次提出的这个方案，规定的基本养老保险费提取比例实际上比过去降低了。那怎么够呢？我想，办法有这么几条：

首先，提高养老保险的覆盖率和养老保险基金的收缴率。提高覆盖率，使养老保险负担少的企业也来参加养老保险，分担一部分困难。比如外商投资企业，招的多是年轻人，暂时没有养老负担，不用支付养老金，现在可以分担一点，这可以解决一部分问题。养老保险基金的收缴率一定要提高，这方面宣传得很不够。你要享受养老保险这个权利，就必须尽义务，必须按国家的规定缴纳养老保险基金，任何时候都必须缴纳，不缴将来退休时生活就没有保障。要宣传这个观念，一定要讲清这个道理。我还强调一点，对下岗的职工，企业必须保证他们的基本生活费，同时，还得要替他们缴养老保险和医疗保险。不然，他们到别的企业重新就业后，没有保险带过去，那他们就丧失了权利。我上次从上海了解到，上海的基本生活费是每月 250 元，实际上要发 350 元，因为要代工人缴保险。这是比较高的标准，别的地方没有这么高。这次我到辽宁，了解到他们的基本生活费大概是每月 120 元到 150 元，没有包括保险。我想还是应该包括保险，不给他们缴保险，职工下岗的思想阻力会更大。这个资金的筹措渠道，一是企业自筹，二是政府拨款，三是社会互济。通过各种渠道送温暖，逢年过节去送温暖，社会互济嘛。我的意思是说，保险一定要缴，老是“寅吃卯粮”不行。刚才有的同志提出来，东北每个地区企业缴纳基本养老保险费的比例都超过企业工资总额的 20%，怎么办?《养老保险决定》里讲了，一般的是 20%，如超过 20%要报劳动部和财政部审批。但不是说高于 20%的部分，劳动部、财政部批了就由部里来补，它们可补不了。劳动部没钱补，财政部也没钱补。再靠财政是没有办法了，而且基本养老保险费里面有三分之一本来就是财政的钱。因为企业提取基本养老保险费是打入成本的，实际上这三分之一是靠免所得税得来的，现在一年提取 1100 亿元，里面有 300 多亿元是国家财政的钱(包括中央财政和地方财政)。当然，财政应该支持这个事情，但说实话，现在没有能力再额外支持了。企业职工失业、下岗的问题，对地方财政已经是一个沉重的负担，再叫它来负担基本养老保险，没有这个能力了。

其次，就是保证养老保险基金安全的问题。这个“保命钱”，一定要把它使用得当，安全地把它管好、用好，要百分之百用在养老上，不能用它干别的。现在，这个方面的问题多得很。据审计，目前已经流失了 92 亿元。我看了这个报告很震惊，所以国务院发了个文件[1]，要求各地认真核查、严肃处理。现在一年也就收入养老保险费1100亿元，92亿元跑掉了，怎么跑掉的呀？就是想增值，去搞投资，搞房地产、炒股票、上项目，干什么的都有，最后血本无归，钱都收不回来了，还增什么值呀！我看了这个报告以后，是很痛心的。我记得这几年，至少是从1994年以来，年年跟同志们讲，这个钱只能买国债，不能去搞投资。投资有风险，你可能赚一大笔，也可能全部赔光了。我们不能冒这个险，我们没有这个权力来冒这个险！不是国务院没有提醒，早就提醒了，可是有人就是不听，也不报告，等审计出来以后才知道。这个事情怎么处理？我们建议还是要把有关文件很好地学习一下。要认真调查，因为这只是个大概数字，究竟哪个地区有多少、流失在什么地方，先把事情搞清楚，你们回去自己查一查，实际上绝对不止流失92亿元。这里，我不客气地讲，大部分是劳动管理部门自己批的，财政部门也批了1.7亿元。你们要总结经验教训，我也希望那些有关的地方领导要总结教训，你没有权批，这种干预是完全错误的。一是要先把事情搞清楚，二是要严肃地处理责任者，三是要尽量挽回损失。国务院的《养老保险决定》是李鹏同志亲自主持讨论的，我们一再强调：养老保险基金留两个月的周转金，除此之外全部买国债。过去说大部分买国债、基本上买国债，实际上管不住。这次是下命令了，全部买国债。谁再违反这一条，就撤谁的职！你对人民不负责任，你有什么权力拿这个钱去炒股票、乱投资？你有什么把握能把钱收回来？风险很大啊！务必使全体同志们都能认识这一点。你们向省区市委、省区市政府汇报的时候，就说这是国务院的意见。希望省区市领导知道这个事情，这个钱不能乱用！买国债就是保

---

〔1〕指1997年2月18日《国务院批转财政部关于对企业职工养老保险基金失业保险基金开展专项财务检查情况报告的通知》。

值增值，国债利率比银行储蓄利率还高两个百分点；干别的，回报率很难有这么高，而且很可能是负回报率。对沉淀在银行的养老保险基金，银行不要按企业的短期存款利率计息，请人民银行总行研究一个办法，应该给它比较高的优惠利率。因此，经过这次改革，特别是在流失减少以后，养老保险基金的总数实际上是增加了。国务院决定，劳动部门所属社会保险管理部门的人吃“皇粮”，不再从养老保险基金中提管理费，又可以省一大块！所以，这个《养老保险决定》的意义是很大的。刚才，有的同志希望对社会保险管理部门在工资、住房和基础设施建设等方面给予照顾。这个要求是合理的，但照顾还要考虑到实施的可能。我只能向财政部门交代，要合理地核定、适当地照顾，使社会保险管理部门的同志们吃“皇粮”后待遇不降低，否则积极性就不高了。这个工作很重要，这个部门很重要。

第四个问题，就是关于“收支两条线”和财政专户的问题。刚才我听你们在发言中，对这个问题还不太清楚。为什么要实行“收支两条线”呢？一个是不从养老保险基金里面提取管理费，改由财政解决，实际上是增加了养老保险基金。另一个是防止挤占挪用这个基金，建立财政专户，加强财政监督，动用这个钱要经过财政部门审核。劳动部门有支钱的权力，但财政部门要监督它支钱的用途，这样就多了一层制约机制。社会保险管理部门不能随便提这个钱，不管是省委书记指挥还是省长指挥都不行。如果财政部门用了这笔钱，那是监守自盗、执法犯法，当然不行。现在大家担心，这样做又增加了一个管理层次，会不会影响工作效率？钱存在银行，支出时由社会保险管理部门开单子、财政部门审核，分工负责，我想是不会影响工作效率的。“收支两条线”就是这个意思：收多少钱，由社会保险管理部门开单子，才能够收到财政那个专户里面，才能够进入银行；用这个钱，也是由社会保险管理部门开单子，经财政部门核准，再由银行支出这个钱。财政监督就这一条：不许把钱支到别处去，拿这笔钱搞投资、炒股票，挤占挪用绝对不行。至于这个钱怎么收法，请你们商量，是税务部门代收好，还是劳动部门一家一户去收好？还是银行代扣好呢？请财政部、劳动部、人民银行总行、税务总局共同会商这个技术问题怎么解决，具体办法也不一定强求全国统一。至于这个钱算预算内的还是预算外的，就不要抠这个问题了，肯定不是预算内的，不会拿这个钱去平衡财政预算的。反正是要财政部门监督这个钱。财政监督这个钱不需要那么细，细节是社会保险管理部门管的事。请大家把这个事情想通一点，把养老保险这个事情管好。今后，我希望财政监督、审计监督，还有社会保险管理部门自己的监督，都要加强。社会保险管理部门上一级对下一级要加强监督，大家共同把这个钱管好、用好。我认为，目前还不至于发生养老金支付不足的问题，但恐怕会越来越困难，所以现在这个工作要抓紧。

同志们，建立统一的企业职工基本养老保险制度这项工作意义重大，如果不把养老保险和其他保险建立起来，国有企业改革就没有希望，改不下去。为什么呢？要改革就必须减人，没有社会保障制度减得下来吗？所以，社会保险是非常重要的，关系到我们国家的发展。现在，外国人讲我们的宏观调控、“软着陆”有历史意义、世界意义。我看评价过高了，但确实成绩不小。他们唯一能批评我们的问题，就是说国有企业搞不好、搞不活，但我看国有企业是有希望的。之所以国企改革步子不能大，就是因为我们没有完善的社会保障制度。今天，国务院为什么要来这么多人，苦口婆心地给同志们讲政策？就是希望这项工作能够开创一个新的局面。

棉花多了是一种愉快的负担 *

（1997 年 8 月 26 日）

这次国务院召开的全国棉花工作会议，开得很好，充分肯定了棉花工作的成绩，对存在的问题分析得很清楚，也提出了解决的办法。国务院非常重视当前棉花工作中存在的种种困难，认为这些困难是大好形势下出现的困难，是一种愉快的负担。说来说去与粮食一样，棉花多了也是暂时多了，由此带来的一些问题总是好解决的，总比缺棉花好。下面，我讲几个问题。

第一个问题，关于当前的棉花形势。当前的棉花形势跟全国总的经济形势一样，是一个好的形势。棉花供应不但保证了纺织工业和其他方面的需要，而且还有富余，棉花质量和流通方面的工作也都有进步。所以，我们对供销社和纺织企业及其他各个方面为此付出的努力和取得的成绩，应该充分肯定，大家绝不可灰心丧气。就当前棉花的供求关系来讲，尽管是供过于求，但是这种供过于求的形势正在逐步缓和，不是越来越加重。今年的棉花虽然还是供过于求，可是预计比去年好，因为今年的产量比上一棉花年度减少 1130 万担，尽管进口

---

* 1997 年 8 月 25 日至 26 日，国务院在北京召开全国棉花工作会议。出席会议的有部分省、自治区、直辖市主管负责同志，计划委员会（计划经济委员会）、供销社及棉麻公司、农业厅（局）、纺织厅（局、总会、总公司）、工商局、农业发展银行分行负责同志；中共中央、国务院有关部门及新闻单位的负责同志。这是朱镕基同志在会上的总结讲话。

棉花多了几百万担，可能达到1600万担，但纺织工业的需要也增加了几百万担，所以供过于求的情况会继续缓和，这个问题还是能够解决好的。这就是总的估计。

第二个问题，在棉花供过于求的形势下，绝不可动摇党中央、国务院既定的棉花工作方针政策。这些方针政策概括起来，就是我们每年全国棉花工作会议都强调的“三个不放开”〔1〕。棉花是战略物资，而且是农民的主要收入来源之一，如果把它放开，工作就乱了，就很难收拾了。这几年，我们的政策是成功的。在1994年以前，棉花还是短缺的；1995年提高收购价格以后，棉花是增产的。当然，现在纺织企业不景气，纺织企业产品出口碰到很大阻力，使用化纤的比例又大大提高，棉花相对地就多了，需要进一步采取宏观调控措施。但是不能否定成绩，不能否定“三个不放开”的政策。棉花提价的政策，是保护农民利益的政策，是正确的。棉花收购价格现在看似乎提得多了一点，对此，有个认识过程，而且事情的发展往往是出人意料的。我记得1995年召开全国棉花工作会议研究提高棉花收购价格时，国务院决定提到700元1担，每担提高100元。大家都不满意，认为提得太少。有些省给每担又加了150元。我们知道后发了通知，要求纠正。现在回过头来看，1995年提高棉花收购价格是提得多了一点，但当时并没有超出国际市场价格。后来，国际市场棉花价格逐步下降，进口棉涌进来了。总体上看，700元1担，内地棉农并没有得到很大利益。但对新疆就不一样了，新疆气候好，棉花的产量高、成本低，农民的收入提高很多，所以不用提到每担700元，每担630元就够了，另外70元用来补粮、补水、补化肥。这也是国务院同意的，新疆有它的优势。内地的棉花单产低，病虫害的问题解决不了，投入

〔1〕 见本卷第131页注〔1〕。

很大，收购价格提到每担700元，农民也赚不了多少钱。所以，现在不要埋怨1995年提价提多了。总的看，宏观调控的方向和政策是正确的，但各种因素有时很难预料。我们作每种决策都是经过深思熟虑的，在当时的情况下，也只能那样办。现在出了些问题，想办法解决就是了。现在棉花供过于求，千万要坚持敞开收购。因此，我们又加了“四不”，即不拒收、不停收、不限收、不压级压价和抬级抬价。加上“三个不放开”，概括起来就是坚持“七个不”。现在粮食收购、棉花收购，基本上不存在“打白条”问题，只有挪用收购资金的问题，所以就没有必要强调不“打白条”了。

刚才听取会议情况汇报，大家对敞开收购棉花好像有点情绪，认为是国家叫供销社敞开收购，结果发生一系列问题又不帮助解决。我看，大家的认识应该端正一下。敞开收购棉花不仅是党中央、国务院的要求，这也是形势的要求。大家仔细想一想，要是不敞开收购，会是什么后果？如果现在棉花多了，供销社不收，大量的私商，各种各样的公司、纺织厂，都会到农村去收棉花，那怎么得了！他们的费用还比供销社的低。棉花产量最高的年份是1984年，收购了1.15亿担棉花。1983年也是丰收，收了9000万担。1990年也收了1.05亿担。今年到现在才收了5300万担棉花，数量降了一半，但经营人员没减，反而大大增加了。全国供销社有60多万人经营棉花，过去收上亿担也是这么多人，现在棉花少收了一半，人却比过去多了，费用怎么能不高？费用高了，价格怎么能有竞争力？如果放开棉花，供销社的棉花销售只会更加困难，棉花供应就乱了，价格也稳定不了。所以，坚持“三个不放开”政策、敞开收购棉花，既是国家利益之所在、保护农民利益之所需，也是保护了供销社的经营地位。希望大家认真贯彻现行棉花工作方针、政策。价格不能变，服务态度还要好，敞开收购，资金一定会保证，但一定不能挪用。

第三个问题，采取什么办法缓解棉花供过于求的矛盾和供销社的困难。根本的出路在于改革。供销社的棉花购销体制和粮食购销体制一样，都需要改革，要改变吃“大锅饭”的习惯，改变人浮于事的状况。棉花供应价格再提高不可能了，今年国际市场棉花价格可能还要下降。要保护农民的利益，收购价格又不能降低，怎么办？首先，要降低供销社的流转费用。收购价定死了，只有降低费用，供应价才能降低，就可以和进口棉花竞争了，这样才能解决供销社的困难。目前流转费用占棉花价格的比例相当高，达到21%。当然，这里面包括税收和银行利息，但总还是可以降低的。降低费用就能降低供应价，农民和供销社的利益就能得到保护。怎么降低费用呢？就是要改革棉花购销体制。供销社的改革问题不是这个会议的主题，要进一步研究。但还是要提出这个问题，请大家考虑。我听到很多反映，就是地方政府强迫供销社把棉花赊销给当地的纺织厂，这些纺织厂的产品明明没有销路，但是还得开工。这是做无本买卖，这不是吃国家吗？造成供销社从今年1到7月份亏损9.7亿元。供销社的体制改革就是要防止吃国家的“大锅饭”，但是需要从长计议。目前可以做的就是下岗分流、减员增效，这是党中央、国务院对于搞好国有企业的一个大的方针。供销社是集体所有制性质的，但也要执行这个方针，防止吃国家的“大锅饭”。

在减员增效、减少流转费用的基础上，把棉花的供应价格再降低一些，但降低到亏损也不行。国务院几次开会，建议把供应价从过去的允许上下浮动4%，改为可以上下浮动6%以内，这样有利于棉花的促销。但是，这次会议上很多同志强烈反映，下浮4%，已经亏损得厉害；如果下浮6%，会亏得更多。同志们别误会了，不是非要你下浮6%。如果你减员增效、降低费用的工作做得好，就可以下浮到4%，甚至6%，但没有指令性的意思。最近，我们开会研究，建议新疆从每担70元价差收入中让出一部分，使棉花供应价格降低。后来我给王乐泉[1]同志打电话，他同意从用于补粮、补水、补肥的每担70元中让出60元；除此之外，供应价再下浮4%。这就是说，1担棉花可降低供应价90元，等于1吨棉花降了1800元，这大大有利于新疆棉花的销售。我认为，新疆的同志是顾全大局的，这样做有利于扭转当前的困难局面，这是个很好的政策。新疆的同志提出，希望国家在新疆棉花基地建设上给予一定的支持，给一点贴息贷款，这是可以的。当然，这种支持要和全国棉花种植面积的结构调整结合起来，统筹规划。国内棉花的供应价格高了一点，进口棉花在这两年大大增加了，加工贸易方兴未艾，进口棉花有逐步取代国产棉花之势。这很危险，是个很大的问题，必须采取措施，把进口棉花顶出去，任何一个国家都会这样做的。今年进口的1600万担棉花只要顶出去800万担，全局就活了，很可能供销社就不会亏损或不会亏损这么多了。怎么顶？需要做好集中统一管理这件事。进口棉花的包装、质量管理比我们规范，价格比我们低，还有其他很多优势。因此，采取行政的办法，作用不太大，只有用经济的办法。我们应认真地、全力以赴地做好这件事情。

要先用新疆棉花去顶替进口棉花，因为新疆棉花质量好、等级高；另外，集中统一管理比较容易。国务院决定这件事由国家经贸委牵头具体组织落实，要把它办好。要逐个开出原来的加工企业名单。新的进料加工、来料加工企业一律不批，不要增加。现在最重要的是保证国产棉花价格低于进口棉，其他条件我们要尽量做得和进口棉一样，有的可能一下子做不到，但价格一定要低。要做到这一点，新疆棉花就有这个优势，供应价1吨让了1800元，比进口棉还低一点。进口棉花不含税，我们的也不含税，棉花经营环节的增值税税率现在是3%，

[1] 王乐泉，当时任中共新疆维吾尔自治区委书记、新疆生产建设兵团第一政委。

免掉或退税。加工环节的增值税税率是8%，也退税，对外讲就是零税率。有的纺织企业提出，现在光是来料加工、进料加工企业享受这个优惠政策，我们的产品是出口的，用的也是国产棉，是不是也给我们这个优惠条件？同志们，现在不行。国家没有那么大的力量，退税只能限定在1600万担，不能扩大此项政策的范围。纺织企业现在用国产棉还能出口，就继续改善经营管理，搞好工作。另一方面，也不批新的加工贸易。这是我们这次全国棉花工作会议提出的一个非常重大的政策措施，主要与新疆棉花有关，但我想，对全局都是关系重大的。这一着棋走好了，全盘就活了。希望大家同心协力把这件事情办好。

1997年1月25日，朱镕基在四川省重庆市第三棉纺织厂考察。左一为重庆市代市长蒲海清。

第四个问题，棉花质量公证检验的问题。我们考虑到，棉花特别是顶替进口棉的那部分，一定要保证质量。不是说别的棉花不要保证质量，而是这一部分更要保证。在供销社的检验之外，再经过一道国家纤维检验局的抽检。加强对棉花质量的监督检查，我认为只有好处。经过这一道监督检验，我相信对棉花质量的提高会有很大好处。同时还要规定一条，如果加工企业发现棉花掺杂使假，可以索赔，因为抽检总不能包包都检嘛。要从各方面规定严格的制度，把进口棉顶出去。因此，我们决定对新疆棉花顶替进口棉的那部分，今年作为试点，实行质量公证检验，试点成功了再推广。同志们对这一点要想通，不是再增加一道环节。这一道质量公证检验不收费。不收费，很多矛盾就没有了。我们要求国家纤维检验部门提高工作效率，不要影响交货进度。这件事对棉花销售部门是有好处的，是帮你们把关的，你们的检验再好，也难免有问题。

第五个问题，关于发展棉花交易市场。这是深化棉花购销体制改革的重要方面。我们希望所有流通的棉花都进入交易市场，规范化、经常化，不是一年开两次棉花交易会，而是要办成经常性的棉花交易市场，国家也便于监管。所有纺织企业、县以上的供销社都能进入这个市场。严禁纺织企业到农村去收购棉花。为了把棉花交易市场搞好，为了吸引大家到这个交易市场来，我们确定了一条：只有到交易市场买棉花，银行才提供贷款。工商银行要常年派驻人员在交易市场，对于是什么单位、到哪里去买棉花、代表哪个棉纺厂，银行应审查。你这个厂有多少库存，在一个半月库存内，银行都提供贷款，成交马上就给钱。库存超过一个半月，那就要看你是不是倒卖。倒卖绝不允许。正常生产需要的棉花，在交易市场成交，工商银行要尽可能保证贷款。当然，对那些根本就不能还贷款的纺织企业、纺织品根本就没有销路的企业，不能提供贷款。贷不贷款，工商银行要与中国纺织总会配合好，了解支持哪些厂子生产，哪些厂子不鼓励它们生产、要压缩。办好棉花交易市场不是供销合作总社一家的事情，中国纺织总会要大力支持，有关部门要积极配合。交易市场要办得规范化、现代化，信息很灵通，各项制度很完备。

第六个问题，关于纺织企业的压锭改造。1991 年开全国纺织工作会议，当时全国有 4000 万锭子，我就提出至少要压缩 1000 万锭。从 1991 年到现在 6 年，压了 200 多万锭，又增加了 200 多万锭，还是 4100 万锭，纺织工厂哪能不困难？哪能不亏损？今年 1 到 7 月份，纺织行业还是全行业亏损。除了压锭以外没有别的办法，再往里投钱，都是白投，救不活的。再去投资，再去改造，我说不如拿这个钱去安排下岗工人。所以，我希望中国纺织总会把这件事情搞好，三年内一定要压缩 1000 万锭，不能再耽误了，决心要大。我也知道这件事情不容易做，难度很大，但是不要怕困难，要坚定不移，要做“恶人”，光做“好人”是不行的。

第七个问题，继续调整棉花生产布局，加大科技兴棉的力度。现在看起来，我们确实应该利用地理环境的优势，哪个地方适宜种棉花，就多种一点；哪个地方不适宜种棉花，就改种粮食或其他作物。这与 70 年代、80 年代，甚至 50 年代、60 年代完全不一样了，那时千方百计要大家种棉花。现在看起来在某些地区，病虫害的问题解决不了，投入很大，用工很多，棉花的单产很低，风险很大，农民增加不了多少收入，还不如种粮食。早几年，我们不敢说这个话。现在，新疆棉花发展起来了，有条件了，可以更好地优化种植结构。我始终认为粮食是不怕多的，因为可以转化。老百姓生活水平提高了，都想吃肉、吃鸡蛋，往蛋白质一转化，粮食就又不够了。棉花怎么转化呢？卖不出去就没办法。所以我看，要做好规划，集中搞好新疆棉花基地。新疆是一个很重要的地区，我们要帮助它发展经济，帮助它种棉花。它有种棉花的优势，符合经济规律。别的地方，要根据市场信息，能够销多少棉花就种多少棉花。不适宜种棉花的地方不要强迫农民种。其实，农民还是很了解信息的。只要政府不瞎指挥、瞎干预，农民是会根据市场信息调整种植结构的，但我们最好还是要有一个规划。

总之，希望大家兢兢业业把棉花工作做好，对棉花工作，我始终是乐观的。只要把顶替进口棉这件事办成，做好今年棉花工作就有一半的把握，局势就可能扭转。

搞股份制不要刮风*

（1997年9月10日）

昨天闭幕的党的十四届七中全会，通过了党的第十四届中央委员会向十五大的报告和《中国共产党章程修正案》。这两个重要文件树立了邓小平理论这面旗帜，同时在理论方面有新的发展，尤其在所有制的理论上有创新。就是说，公有制成分不能只算国有制和集体所有制企业，在非公有制企业中间，国家和集体的股份也应该算做公有制成分。对这个说法大家同意，但是过去没有讲，现在正式明确了。

有人说，现在国有企业的比重越来越小。1991年，我调到国务院工作时，在工业领域，国有企业占55%，集体所有制企业大约占35%到36%，私有企业以及外资企业等各种非公有制企业大概占不到10%，90%以上是公有制企业。从当前的情况看，国有企业只占三分之一了；集体所有制企业的比重没变，还是三分之一；中外合资企业和私有企业也占三分之一，三分天下有其一，这个变化很大。可以预料，今后国有企业的比重还会下降。对这种情况如果不在理论上作出明确的回答，就会有人认为社会主义的力量在削弱，私有化程度在提高。党的第十四届中央委员会向十五大的报告对公有制为主体、国有经济为主导，以及国有经济的主导作用体现在哪些方面，都作了

* 这是朱镕基同志在北京中南海接见省部级干部财税改革与发展专题研究班学员时讲话的一部分。这期研究班由国家行政学院、财政部和国家税务总局联合主办。

过去所没有过的阐述。就是说，主要不在于公有制的比重，而在于它的控制力。

如何界定股份制企业？股份制是企业的一种组织形式，资本主义可以利用，社会主义也可以利用，关键看谁来控股。如果是由公有成分控股，这个企业还是公有制为主的企业。对这个问题中央讨论多次了，但如果简单地把由国家或集体控股的股份制企业说成是公有制企业，就与《宪法》中界定的公有制企业即国有企业和集体所有制企业不一致，而且，现在又没有到修改《宪法》的时候。因此，党的第十四届中央委员会向十五大的报告中做了很巧妙的处理，即认为由公有成分控股的股份制企业带有明显的公有性。这样，既没有越过《宪法》的界限，又突破了原有的概念。我看，这就是理论的创新。

我讲这个问题的意思是，请你们回去后给你们省委的领导带个话，党的十五大后，不要刮风。所有制理论有所创新，但并不是要在党的十五大以后刮起一股搞股份制的风。如果把着眼点转到这方面来，那就是对党的十五大文件没有全面理解。现在，这股风已经刮起来了。有的地方领导提出要以最快的速度完成股份合作制；有的地方甚至层层开会，布置进行股份合作制改造，引起了群众的不安。这个苗头很值得重视。大家可以看看我去山东诸城调查后的讲话，已用简报形式发到各地区。诸城的经验并不成熟，里面有好多问题，怎么能用来规范全国呢？去年报纸上宣传诸城的做法，很多同志有不同意见。有人提出，究竟是资本的联合还是劳动的联合？如果是劳动的联合，那就是“一人一票”；如果是资本的联合，就是“一股一票”。股份合作制究竟是“一人一票”还是“一股一票”？如果是“一股一票”，领导干部买那么多股，就是分配不公。我主张要探索、要试验、要不断实践，不要一下子刮起风来。不是说每个职工都占点股份，职工就能关心这个企业，企业就办好了，这种理论已经很落后了。党的第十四届中央委员会向十五大的报告对股份制的提法是经过多次研究和修改的，讲得是很有分寸的，没有过分地强调股份制，只是讲它是一种新事物，要引导，更没有讲全面推广。

当然，这次刮风与我们的舆论导向也有关系。不要去连篇累牍地宣传外国的股份制。外国的股份制能搬到中国来吗？何况股份制在外国经济中也只是占一部分，上市公司更是其中的一小部分，怎么能把它当做资本主义现代企业制度的普遍形式呢？靠股份制增点资，解决不了国有企业的问题。当然，可以利用股份制这个形式，但不是"一股就灵"，就能把国有企业当前的问题都给解决了。要看到当前国有企业的困难是历史遗留下来的，重复建设，没有市场，供过于求。现在只能靠"两个根本性转变"〔1〕、"三改一加强"〔2〕，兼并、破产、再就业，只能向这个方面去做。要认真贯彻中央关于搞好国有企业的方针，也包括"抓大放小"。"放小"可以有多种形式，可以是股份制、股份合作制，也可以把企业卖掉，进行资本重组。变现很难，卖给谁？一堆破铜烂铁。一强调变现，就变成了变相的股票市场，搞产权交易变成发股票，这就不对了，就乱套了。如果到处都是股票交易所、产权交易所，那怎么行？股票不是那么轻易可以搞的，不要以为股票的钱来得容易，资产评估是 1 元，一发股票就变成 6 元、10 元了，根本不是这么回事，那是因为中国的股票市场没有规范。而我们最担心的是现在发行的股票好多是"垃圾股"，将来一破产，对股票市场造成的影响到底会有多大难以预料。现在就要改变做法，让规模比较大的国有企业上市。现在，很多国有企业都亏损，没有盈利怎么上市？只有采用兼并的办法，让效益好的国有企业先去上市，筹集了

〔1〕 见本卷第 246 页注〔1〕。

〔2〕 见本卷第 243 页注〔1〕。

资本再来兼并亏损的国有企业。

对国有企业的认识要实事求是。现在国有企业搞不好，不完全在于产权不明晰，主要是政企不分。企业没有真正自负盈亏，政府在那里指挥，上这个项目、上那个项目，只顾扩大企业规模，根本不看市场，这怎么能把企业搞好呢？如果企业产品没有市场，一亏损，政府不负责行吗？问题就在于此。如果真正地自负盈亏，这个企业的产品没有市场就得破产，把厂长都得给换了。现在不敢换厂长，因为企业是根据政府的意见上的项目，一旦不行了，能要企业负责吗？所以，政企不分的问题不解决，国有企业永远办不好。

在何梁何利基金一九九七年度颁奖典礼上的讲话 *

（1997 年 9 月 23 日）

今天，我以非常激动的心情来参加何梁何利基金〔1〕1997 年度颁奖典礼。我以最真诚的感情，向获奖的科学家致敬！向何梁何利基金的创始人和他们的家属致敬！向以负责的精神付出辛勤劳动的何梁何利基金评选委员会、信托委员会、投资委员会和基金办公室的全体人员表示衷心的感谢！

何梁何利基金的成立，最早的倡议人是利国伟先生。他在 1993 年秋天跟我谈起这件事情，我认为这是非常有意义的，当时就指定国务院副秘书长徐志坚先生负责筹备这件事。由于利国伟先生的推动，又有何善衡、梁銶琚、何添三位老先生积极参与，共同创立了这个基金。我想这是他们出于对祖国的热爱，也是对我本人的信任。能够办成这个基金，我感到非常高兴。

现在看来，这件事情办得很好。以科技为题，这个题目就很好，因为中国现在最需要的就是科技。昨天晚上，我会见了世界银行行长沃尔芬森先生和国际货币基金组织总裁康德苏先生。康德苏先生问

---

* 1997 年 9 月 21 日至 23 日，应世界银行行长詹姆斯·戴维·沃尔芬森邀请，朱镕基同志专程到香港主持于 9 月 22 日举办的 21 世纪中国经济发展高级研讨会，并于其间出席了香港何梁何利基金 1997 年度颁奖典礼。

〔1〕何梁何利基金，是香港金融家何善衡、梁銶琚、何添、利国伟各捐资 1 亿港元，于 1994 年 3 月 30 日在香港注册成立的民间科技奖励基金。

我：你现在最发愁的是什么问题？我说：现在最发愁的问题恐怕是中国人太多了，如果中国的人口跟你们法国一样多，我们就没有什么大的问题了。人口多，是我们经济发展中一个非常重大的问题。人均土地不多，资源有限，需要就业的人很多，这就是问题之所在。我访问澳大利亚时，对他们说，上帝太偏爱你们了，把铁矿等丰富的自然资源都放到你们这里，本来是应该放在我们那儿的。我们经济发展中存在的问题，包括现在国有企业的困难，一个主要原因就是人太多了，一个人的饭三个人在吃嘛！

但是，人不是包袱，而是宝贵的财富。我们的问题在这个地方，我们解决这个问题的力量也在这个地方，因为中华民族不但是勤劳、勇敢的民族，而且事实证明也是聪明的民族。我不是在这里鼓吹什么民族自大的情绪，我只是讲我们应该有信心，中国人民是属于最聪明、最有才智的民族。过去因为没有受到良好的教育，所以他们的潜质发挥不出来。我们只要重视发展教育、科技，中国就会涌现出很多人才。坐在主席台上的杨振宁〔1〕先生不就是证明吗？在座的各位科学家不也是证明吗？其中有我的老师钱伟长先生，他是我在清华大学念书时候的老师。我今天给老师颁奖，您永远是我的老师。我的所作所为，要对得起您这个老师。要充分发挥中国人民的聪明才智，就是要发展教育，要提倡科技，鼓励教育事业，鼓励科技事业。只要我们的教育和科技发展起来，任何问题都可以解决。

在发展教育和科技上，香港比我们做得好。董建华〔2〕先生告诉我，香港财政预算中科技和教育资金的比重是大于内地的。当然，我们还有一些特殊的情况，数字不完全可比，但是，我们总是要朝增加

〔1〕杨振宁，美籍华人科学家，在1957年与李政道共同获得诺贝尔物理学奖。
〔2〕董建华，当时任香港特别行政区行政长官。

教育、科技投入这个方向去努力。

我们也非常高兴这次颁奖典礼能够在香港举行，而且是在回归祖国以后的香港举行。现在是在中国的土地上，由中国人成立的基金，发给中国的科学家，我认为这是非常有意义的。

大家都知道，现在世界科技突飞猛进。如果我们不在科技上下工夫，迎头赶上，我们只会永远落后。相反，如果我们采取迎头赶上的政策，我们有我们的优势，我们没有旧的包袱。朋友们，在信息产业的发展方面，中国是有成绩的，现在全国程控电话的数量已经达到1.1亿线，仅次于美国，而且每年还以2000万线的速度在增加。特别是移动电话发展得更快，已经达到1000多万台，这就是迎头赶上。

何梁何利基金以鼓励祖国的科技人才为目的，我想将来会越来越有意义，而且，它的影响、作用会越来越大。为了表达对四位老先生及其家属的敬意，我来之前，请中央文史馆的老先生作了几幅画，送给四位老先生和他们的家属。我在上面写了几句话："高谊可风，功在当代，泽被长远。"

我在这里推崇何梁何利基金，同时也推崇香港许多热心发展祖国的经济、文化、教育、科技事业的一些知名人士、爱国同胞。他们在这方面作了很大的贡献，成立了许多基金，对祖国的经济、教育、文化事业的发展起了很大的作用，我在这里对他们也表示真诚的敬意！

最后，为了表达我们对科学家们的崇敬心情，表达我们对来宾们的感谢，我刚才和董建华先生商量，我们要和大家一一握手。请你们在原地不要动，我和董建华先生走下来，我代表国务院，董建华先生代表香港特别行政区政府，对大家表示衷心的敬意。

对“卖企业”问题的批语*

（1997年9月26日，1998年4月25日、6月6日）

一

（1997年9月26日）

邦国[1]同志：

如果报道属实，此种“拍卖”，实际上是冲债。部分债权人所得赔偿额低于10%，等于把银行和其他国有企业（我估计中央直属企业居多）的债权基本一笔勾销。如果推广这种做法，势将引起金融秩序的混乱。其实这种国有企业之间的资产转移，完全可以采取兼

---

* 这是朱镕基同志对“卖企业”问题的三次批语。

一、1997年9月24日，香港《信报》财经新闻版《广州首次成功售出亏损国企》报道，广州异型钢材厂在广州产权拍卖行拍卖，由广州轻工机械集团联手广州钢管厂以5000万元投得（拍卖价为4650万元）。此拍卖款5000万元，扣除清算费用后，3000多万元作为原职工安置费；再扣除所欠税款，余额按比例偿还给债权人。债权人多为其他国有企业，部分债权人所得赔偿额低于原债项一成。这是朱镕基同志对此事的批语。

二、1998年4月24日，全国党建研究会副会长蒋振云给宋平同志写信，反映一些地方的领导同志认为国企改革重点是产权改革，主要方式是出卖，“放小”原则上是非国有化。宋平同志将信转送朱镕基同志。这是朱镕基同志对此事的批语。

三、这是朱镕基同志在中共中央政策研究室《简报》1998年6月5日第58期《〈中国经济时报〉5月7日报道河南沁阳企业：差的送好的卖》一文上的批语。

〔1〕邦国，即吴邦国。

并的办法，银行贷款可以停息5—7年，但要还本，保留债权。希望经贸委了解一下具体情况，不要一下铺开。请酌。

朱镕基
9.26

二
（1998年4月25日）

请岚清[1]、邦国、家宝[2]、吴仪、忠禹[3]同志阅示，并请经贸委、体改办、研究室研处。此事政策性很强，不能搞运动、不能刮风，也不要把“抓大放小”和“下岗职工再就业工作”放在一起来动员。报请泽民[4]同志审阅。

在附件上“‘放小’就是原则上实行非国有化。方式方法，应以产权制度改革为突破口，以出售转让为主要内容，以股份制和股份合作制为主要形式，把竞争性行业中的国有小企业产权转让出去或彻底退出……”处批示：“抓大放小”，抓大是重点，放小也不只是拍卖、出售一种方式。出售中小企业不是当前的“主要任务”，更重要的是抓下岗职工的基本生活保障和再就业工作。

朱镕基
4.25

〔1〕岚清，即李岚清。
〔2〕家宝，即温家宝。
〔3〕忠禹，即王忠禹。
〔4〕泽民，即江泽民。

三

（1998年6月6日）

请岚清、邦国、家宝同志阅。并请马忠臣[1]同志一阅。把国有企业改革的庄严任务，简单化为“卖企业”，而且是半送半卖，还美其名为“改革”，这股风也不知是从哪里刮起来的。要煞一煞才好，否则将直接干扰当前下岗职工再就业的工作。

朱镕基
6.6

〔1〕马忠臣，当时任中共河南省委书记、河南省省长。

邦国两家。结果据了解，此种“拍卖”，实际上是一种债，部分债权人所得赔偿低于10%，等于把银行和其他国有企业的债权基本一笔勾销。如果推广这种做法，（我估计中央直属企业居多）势将引起全局性秩序的混乱。其实这种国有企业之间的资产转移，完全可以采取简单的办法，银行贷款可以停息5—7年，但要还本，保留债权。希望多了解一下具体情况，不要一下铺开。请酌。

朱镕基 6.26

基本医疗保障要低水平、广覆盖*

（1997年10月27日）

医疗保障制度改革工作的难度较大，比养老保险的难度还要大，因此，目前存在的问题还很多。我们要在深入调研的基础上，制订一个切实可行的、全国统一的职工医疗保障制度改革方案。下面，我就你们提出的问题讲一点初步的看法。

一、要确定基本医疗保障水平

如何确定基本的医疗保障水平，是整个医改方案成败的关键。李鹏总理一再强调，中国还是一个发展中国家，建立社会保险制度宜十分慎重，不能与发达国家攀比，只能提供基本保险。在我国目前的国情下，任何社会保险制度都只能有一个最基本的保障水平，既不能向美国、欧洲看齐，也不能向一些东南亚国家看齐。我们没有这个能力，无论如何做不到。中国目前还建立不起一个完善的社会保障制度，没有钱呀！那些发达国家把大量的财政支出用于社会保障，不工作的人甚至比工作的人待遇还高，没有谁上台后敢降低这个保障水平。如果谁把这个保障水平降低了，谁很快就会下台。所以，他们的

* 这是朱镕基同志在听取国务院职工医疗保障制度改革试点领导小组组长、国务委员彭珮云工作汇报后的讲话，曾发表于《新时期劳动和社会保障重要文献选编》，原标题为《关于职工医疗保障制度改革问题》。编入本书时，对部分内容作了删节。

社会保障水平越抬越高，他们的许多领导人都越来越认为这已成为政府难以摆脱的重负。我们要吸取这一教训。我们不可能建立这样的制度，因为没有这个财政能力。中国有12亿人口，要从大多数人民的角度去考虑问题，从实际出发。目前，在我国建立社会保障制度最重要的一点就是要符合社会主义初级阶段的国情，只能确定一个最基本的、低标准的保障水平。中国人口这么多，每人标准提高1元钱，就是一个大数目。标准搞高了，实际上落实不了，最后就会变成国家的负担，增加财政赤字。对这个原则一定要搞清楚，对这个问题必须统一认识。

怎么确定基本的医疗保障水平？我认为医疗保险筹资不能根据需要，只能根据可能。因为现在医疗不但可以换血，甚至可以换肝、换肾，检查设备日新月异，医学技术日益进步，只要多花钱，许多病都可以治，但是我们实在负担不起。这不是说不能使用某种医疗手段，而是说必须从另外的渠道去筹钱，基本医疗保障制度里面没有这个钱。根据可能筹资，就是根据大家现在能够负担得起的数额来确定基本医疗保障制度的筹资水平，多了做不到，因为社会统筹主要是靠大家交钱，共济互助。如果缴费比例定高了，不仅有相当一部分亏损企业交不起钱，就是效益好的企业也不愿多交钱。所以，与其定一个比较高而实际上收不到钱的标准，还不如先不要提高这个标准。如果去年全国平均医疗费支出大约是工资总额的9%，那么目前，社会医疗保险的筹资标准绝对不能定到工资总额的10%以上，只能是10%以下，恐怕还是先定6%左右为好。现在企业亏损面为百分之四十几，全国情况复杂，地区差别很大，定一个统一的标准，只能是就低不就高，有条件的地方可以另外采取其他办法提高医疗保障水平。今后，随着生产的发展和职工收入的增加，基本医疗保障水平可以逐步提高，筹资比例也可以逐步提高。但现在很困难，做不到，起码三年以内难以做到。三年以后大部分亏损企业扭亏了，情况会有很大的改变。

二、要严格控制医疗费用开支

社会统筹医疗基金十分有限，在使用上一定要控制支出。大病花统筹基金要有个封顶线，原则是尽量保证不要超支。经过测算，确定了一个社会统筹医疗基金最高支付限额。要说明总共就这么多钱，每个人只能花一定的限额，超过这个限额，没有办法支付；否则，如果无限制地从统筹基金里拿钱，就会难以为继。封顶要讲出去，各地都要下这个决心；否则，医疗保险搞不下去。有的地方不敢封顶，那就只能自己背包袱，中央财政没钱可补。

为了把统筹医疗费支出控制在封顶线以下，从一开始就要控制，而不是到最后再来控制。应该对基本医疗作一个界定。比方说，做X光检查可以从社会统筹基金里报销，不另外缴费。如果要做CT检查或者做核磁共振检查，社会统筹基金就不能负担所需的全部费用，自己要交一部分钱。前些年，CT设备的进口没有控制住，据说，现在某些大城市里CT设备的密度甚至超过了发达国家的城市。CT、核磁共振设备很贵，不少医院为了把买这些设备的钱收回来，对不需要用这些设备做检查的项目也让病人做，反正是公费医疗出钱，现在这种现象很普遍。应该规定，要做高级的检查或是高级的手术，费用就不能都由统筹基金支付。要求越高，自付的钱就越多。只有这样，职工用钱才会十分小心，不是大病，不去多开药，把钱省下来，准备一旦得了大病，可以有相当数量的钱。这样，才能保证社会医疗保险真正兑现。总而言之，要控制基本医疗保险费用，控制吃“大锅饭”，任何方案都要考虑这个问题；否则，这个改革方案就没法实行。基本医疗保障就是基本的、低标准的，这是全社会统筹，职工人人都可以享受，但标准是要有限制的。

三、要解决几个有关的问题

首先，要研究怎样解决基本医疗保障以外的医疗需求问题。按照低标准的基本医疗保障水平筹资，显然不能完全保障广大职工的健康，这是实际问题。但是，在我国目前的条件下，社会公共福利只能先做到这一点。在这个低标准的基本医疗保障水平以上的医疗需求怎么办呢？我看，就要靠商业保险、企业补充保险和社会救济这三个渠道。搞商业保险，就是说单位和个人如果有钱，可以到商业保险公司去买保险。外国都是这样做的，只要买了商业保险，一旦得了病，保险公司就会按规定支付医药费。现在我们的保险公司还没有普遍开展这项业务，以后要仿照一些发达国家保险业的做法大力开展。如果一个盈利的企业过去花费的医疗费多，现在的基本医疗保障水平低于这个企业原来的医疗支出费用，企业还有余力，那就可以拿出来给职工作为医疗补助费用。采取什么形式补助都可以，例如小病可以在企业的医院、门诊部（所）看，医药费在工厂的福利费内报销，或者发给职工本人都可以，总之，从福利费里支出。企业的税后利润可以由企业自己支配，这是他们的自主权。亏损企业的职工超出基本医疗保障水平以外的医疗需求怎么办呢？只能通过社会救济。我们也要建立慈善机构，提倡搞社会捐赠。我们要号召那些收入较高的工商界人士，在力所能及的范围内搞一点捐献，参加一些慈善事业。社会捐赠可以免缴所得税，捐赠者的名声和社会形象也好。地方收缴的个人所得税，也应拿一点出来用于社会救济。这个问题需要从长计议，提出要求，也要有配套的政策。

第二，要扩大基本医疗保险的覆盖面。我们的方针是“低水平、广覆盖”。既然确定了一个比较低的基本医疗保障水平，就应该覆盖全国；在一个城市范围内搞，就应该覆盖全市。要实行属地原则，不管是中央单位还是地方单位，一律参加医疗保险，“三资”企业也要参加。医疗保险不要像养老保险以前那样搞部分行业统筹，基本医疗保险从一开始就要全面覆盖，各个行业都必须缴纳基本医疗保障基金用于社会统筹。尽管目前困难很多，但是医保基金一律要缴，包括亏损企业，因为确定筹资标准时，已考虑了亏损企业的情况。企业亏损、破产、兼并，都要保证职工的基本生活水平，其中应包括医疗保险和养老保险。本来上海保障下岗职工的基本生活水平，每月 250 元就够了，因为还要代缴医疗保险和养老保险，所以，一个下岗工人一年需要 4000 多元。上海的做法是企业负担三分之一，地方财政补贴三分之一，从外来劳务人员交的管理费中出三分之一，用于补贴下岗工人。这就是说，不管企业如何亏损，医保基金一定要缴纳。地方政府应该帮助企业解决这样的问题。

第三，机关与企业的医疗保险相比要有不同的办法。筹资标准可以一样，但具体做法要有所不同。特别是当前机关干部的工资水平比较低，在制订医疗保险方案时，不能不考虑这个现实。机关与企业缴纳基本医疗保险金的标准应该一样，机关干部超出基本医疗保障水平以上的必需的医疗费用要由财政拿钱。以往国家为机关干部付出的医疗费用不能减少，而且还要逐步有所增加。目前，搞医疗保险不对机关干部有点照顾会不得人心，实际上也是不公平的。对离休人员的医疗保障更要有所照顾，无论如何，不能降低他们现在已经享有的医疗待遇。但这笔钱不能从统筹基金出，财政要拿钱，这是历史的补偿。人家革命几十年，现在老了，得了很多病，国家不保障他医疗，说不过去。这部分人毕竟很少，我们总可以想办法解决他们的医疗费用。

由国家财政补贴的行政事业单位离休干部的医疗费用也要全部或部分由财政负担，企业离休干部由企业负担。地方上的离休干部，地方财政要负担。拿钱出来养老敬老，这是中华民族的传统美德。

第四，关于职工个人医疗账户与社会统筹医疗基金相结合的方式及其管理。我赞成职工患小病时，都从个人医疗账户中开支。这样，他用这笔钱时会多考虑一点，不致出现赶快把个人账户里的钱花光、去吃社会统筹的现象。要做到这一点，就必须同时规定，看大病时社会统筹医疗基金只能用多少钱。天有不测风云，人有旦夕祸福。个人账户里节省下来的钱，有利于职工万一得大病时有钱治。要鼓励个人账户里的钱节省使用，明确节约归己。我想职工会节省的，这里面有较大的节约潜力。个人账户和统筹基金要分开，统筹基金不能向个人账户透支。医疗保险基金分多少给个人账户，可以研究，必要时，可以根据实际情况作些调整。职工个人医疗账户和社会统筹医疗基金存在银行，分别计息，应按沉淀资金的多少给予利率的优惠，比活期存款利率应高一些，可参照住房公积金的办法。上海就是这样做的，住房公积金全部存在建设银行，每天统计沉淀资金，然后按优惠利率付给利息，利息再存入其账户。

四、卫生系统要改革

卫生系统与国有企业一样，也存在人浮于事的情况。现在，城市里设了这么多的医疗机构（包括企业的医疗机构），供给大大超过需要，资源相对过剩，必须进行结构调整。要实施区域卫生规划，实现资源优化配置与合理利用，减人增效。多余的人员要下岗分流，否则，搞那么大的摊子，养那么多的人，医疗费用肯定贵得不得了。如果卫生系统减一点人，成本降低了，医疗费用就会下降，医疗保障水平也就提高了。医院的富余人员经过培训，可以充实卫生监督执法队伍和社区医疗机构。我们对待国有企业下岗人员的政策同样可以在卫生系统实施，只要把人减下来，国家会给一定的政策。开展社区卫生服务既可以方便患者就医，又可以合理分流病人、降低医疗费用，这件事要抓紧推行。与此同时，要建立健全对医疗机构的合理补偿机制。我看，还是应当允许在医院开方子，到外面经批准的药店去买药。从长远看，这样做有利于竞争，只有好处，没有坏处，会促进医疗质量的提高和服务态度的改善，药品价格也会降低。医院卖药还是有竞争力的，只要价格合理，病人还是愿意在医院买药，毕竟方便一些嘛。总之，改革应该是全面的改革，不应只改一个方面。要积极推进医疗机构内部改革，提高医疗服务质量和管理水平。要建立一种好的机制，使医生能为病人合理地用药、合理地检查，控制使用昂贵的药品，减少浪费。

五、关于下一步医改工作

医疗保障制度的改革相当复杂，还是要进行试点，鼓励大家去探索。不要出台一个规定太死的方案，方案应该是原则性的，允许大家在实践中修改和完善。要鼓励大家采取不同的模式。有两条原则要坚持：第一，根据财政和企事业单位的实际承受能力，来确定基本医疗筹资水平和统筹基金所能支付的封顶线，严格控制医疗费用开支；第二，封顶线以上的医疗支出，通过商业保险、企业补充保险和社会救济来解决。只要坚持这两条原则，其他具体的做法都可以试。我看，全国应该有一个统一的基本医疗的最高缴费标准，定这样一个标准还是有必要的。缴费标准切忌太高，但一定要能做到收缴率比较高，至少要收到80%、90%。我们现在就要下决心进行这项改革，只要不把目标定得太高，我相信全国普遍进行这项改革是有可能的。

为了制订一个好的方案，你们可以采取多种方式去跟地方的同志们开开座谈会，听听他们的意见。先统一认识，看看这种做法在他们那里行得通行不通；同时，也发掘一下他们有没有新鲜的经验；然后，你们才能提出一个全国范围的医改方案。我认为，现在应该把准备工作做得更细一点，把调查搞得更深入一点，使大家的认识更统一一点，办法搞得更切实可行一点。我们现在就是要埋头苦干，做扎扎实实的调查研究、制订方案的工作。我们必须在明年 3 月份以前拿出一个大家能够接受的、全国统一的方案，然后再召开全国性会议讨论。

关于搞好轻工集体企业的意见*

（1997年10月27日）

轻工集体企业是国民经济的一个重要组成部分，现在轻工集体企业有4万多个，人数有400多万人，产值达到2000多亿元，这是个大进步，我们不能忽视它。轻工集体企业在历史上起过很大作用，在今后我们国家走向现代化过程中一定能够发挥更大作用。现在，我们的轻工集体企业遇到不少困难，因为国民经济在不断发展，市场的需求在不断变化，而我们自己本身的能力还不能够适应这种变化。大概去年国有企业亏损面达到40%，轻工集体企业的亏损额有几个亿，但不是全行业净亏，还有微利，那不错，我要谢谢同志们啦！我最害怕的是全行业亏损。现在全行业亏损最有名的就是纺织，纺织工业曾经有辉煌的成绩，但后来它不适应市场发展的需要，工作也不得力，搞得现在全行业亏损了。我讲在这种困难情况下，轻工集体企业基本还是不亏，哪怕有一点点，就是一块钱利润也是好的呀！江泽民同志在党的十五届一中全会上说，当前大多

* 1997年10月27日至30日，全国轻工集体企业第五届职工（社员）代表大会在北京召开。出席会议的有各省、自治区、直辖市联社职工（社员）代表大会选举的代表，部分企事业单位的代表，国家有关部门和有关新闻单位的负责同志。这是朱镕基同志在接见会议代表时的讲话，曾发表于"中国共产党历史资料丛书"《中国手工业合作化和城镇集体工业的发展》第四册上卷，原标题为《朱镕基副总理在接见全国轻工集体企业第五届职工（社员）代表大会代表时的讲话》。编入本书时，对个别文字作了订正。

数企业要摆脱困境。这个目标我们一定要实现，一定能够实现，必须实现。因为，我们党的十四大报告、十五大报告都提出了到2000年，大多数国有企业要建立现代企业制度。建立了现代企业制度还没有摆脱亏损，这像什么话呀！所以，一定要解决亏损问题。解决亏损我讲是大多数，我没有讲全部。全部解决亏损，这不可能，总是会有一些企业亏损，总是要优胜劣汰，但大多数国有企业一定要走出困境。另外，我没有讲小型企业，我是讲大型企业。现在国有企业亏损面达到40%，主要是中小型企业。对中小型企业要采取"抓大放小"的方针，在多种所有制的形式下，让它们搞得更活

1997年10月27日，朱镕基在北京中南海紫光阁接见全国轻工集体企业第五届职工（社员）代表大会代表。前排左一为国务委员兼国家科委主任宋健，右一为原轻工业部副部长、中华全国手工业合作总社原副主任杨玉山，右二为原轻工业部副部长季龙。

（新华社记者刘少山摄）

一点，我相信它们的亏损还要好解决一点。解决中小企业的亏损问题，虽有难度，但很有希望。轻工集体企业解决亏损问题，比国有企业要好解决一点，难度要小一点，因为你们的所有制比国有企业灵活，你们的经营管理也比国有企业灵活一些。现在我讲三个问题：

一个问题就是政企分开。党的十五大报告指出，集体企业是公有制的一个组成部分。什么叫公有制？一个是国有企业，另一个是集体企业。你们的政企分开应该搞得更好一点，各级领导不要去干预企业，放开让它们去干。我觉得，你们要干预就去干预那个乱收费，你不去对它们搞那个乱收费，它们就会活得好一些。同志们，现在很多地方是费大于税。税是我管着的，税的问题很多，我绝对不会偏袒税务部门，我相信经过两三年的努力，会有很大的好转。我经常收到人民群众的来信，不知收到过多少人民群众的来信，我批下去的我相信解决了，我没收到的、没批的恐怕还多一万倍呀！我经常警告税务总局，你们在人民群众中的形象是不好的呀，不要满足于税收的成绩。现在我们每年增加1000亿元的财政收入，这在历史上恐怕还没有做到过。过去我们每年增加100亿元、200亿元的财政收入就了不起啦，现在增加1000亿元真是不少呀！但是很多地方是费大于税，不能不讲啊！同志们，费大于税的问题一定要纠正，你们就是要减轻集体企业的负担。你们那个瞎指挥越指挥越糟糕。现在国有企业为什么困难，还不就是重复建设造成的。重复建设怎么造成的，不就是某些党政领导干部瞎指挥，成天要上这个项目要上那个项目，你有什么根据？所以我讲，政企一定要分开，这是第一条。

第二，要把轻工集体企业当成社员或者职工自己的企业来办。轻工集体企业是集体的，不是国有的，现在实际上好多叫“二国营”。如果是国有企业，就把那本经念熟一点，叫做“实行鼓励兼并、规范破产、下岗分流、减员增效和再就业工程”。这本经念熟了，国有企业就搞好了。如果你办不下去了怎么办呢？就不要让它吃“大锅饭”，你干脆调整一下，办不好那就要调整！但是，我主张这个问题不要刮风。我从党的十五大到现在，就一直在强调不要刮风。不要刮股份制和股份合作制的风。不要不顾条件，用行政手段立即推行股份制和股份合作制。我不是讲股份制和股份合作制不好。江泽民同志在党的十五大上讲它们很好，我也觉得很好，但江泽民同志没有讲不顾条件，用行政手段推行。不顾条件，用行政手段推行这个不好，这就叫刮风。我讲刮风不是没有根据的，各个地方都有这个反映，就是要在一个月、最迟三个月推广实行股份合作制化，怎么“化”得好呢？同志们，我们“化”了好几次，人民公社化“化”没“化”过？不能再刮那种风。它愿意搞股份合作制就搞，职工愿意也要有个条件。都是一帮穷光蛋，资不抵债，股份合在一起有什么好处？你搞股份合作制，要从职工口袋里掏钱，企业连工资都发不出去，你叫人家掏什么？只要大家掏两个钱去入股，积极性就提高了？那也不见得。都把这些钱掏给领导班子去挥霍，那不是更糟！这个企业本来就应该调整，或者应该换负责人嘛，你还叫人家去掏钱，让别人掏钱丢在水里连个水泡也没有。你要考虑将来怎么还人家的钱啦！不能随便乱喊口号，一天两天就股份合作化，把股份合作制喊到天上去了。其实在资本主义国家，股份制也不是普遍的，上市公司是很少的，别把股份制神化了。江泽民同志讲这个问题，是因为人家攻击股份制，说我们搞股份制就是搞私有化。江泽民同志讲这个问题是发展了邓小平理论。股份制还是公有制，但绝没有叫你一个月或两个月全部股份化。所以，我劝同志们不要刮风。有些企业有好的产品，领导班子是健全的，职工的生活也是过得去的，你让大家拿一点钱，扩大再生产，马上可以占领市场，产品有销路、有效益，那可以。但是不要所有企业都搞这个东西，要实事求是。我们讲发展多种经济，就是从人民群众的利益出发，来考虑这个问题。关键还是要在经营管理上下工夫，不要去追求那个时髦。

第三，要真正按照中央指示，转换机制，面向市场，把产品品种搞上去，把质量搞上去。轻工集体企业就是比较灵活，它的灵活是市场的需要，很多事情都可以做。国有企业是搞大路货的，一搞就容易重复建设，大批的积压产品出来了，你们别在这方面去追求、去学它。好多市场缺的东西，它造不了。大家要开动脑筋，引进技术，把产品搞得非常多样化。我举个例子，现在 VCD 很多。我看电视广告，VCD 牌子，什么“爱多”、“小霸王”……至少 20 个。有人告诉我有 3000 个，我倒不相信，真有这么多就是灾难啦！这不得了，能销这么多吗？这就是一哄而上，将来就准备擦屁股，这些钱挂的都是银行的账。要是用这些钱给同志们发奖金，你们的收入至少连升三级。所以，不要搞重复建设。要慧眼识英雄，从市场上打开缺口，一定可以找到出路。我经常讲，轻工是搞小商品的。像指甲剪，我们并不是没有，但我没用过好的指甲剪。我今天带来了两个指甲剪，都是别人送给我的。我们自己产的剪两天就剪不动了。这个是台湾产的，用起来很灵便，剪后指甲不掉地下，都掉到剪子里去了，非常简单、非常方便，比我们生产的好。所以你们要下工夫，动脑筋，很多新产品可以做出来。中国的手工艺品就以它的精巧而闻名，有几千年的历史，怎么造不出这个东西呢？加上一点现代技术和模具，用点好材料就可以。现在人民的生活水平提高了，收入高了，可以买得起这些小商品，市场繁荣就看这些小商品，在这方面大有可为。

我觉得你们在政策上要给予支持，有些机构要精简，但是咨询机构要发展，要指导它们多开点展览会。你们可以拿出几万个产品搞展览会，政府也应该支持。我一直在考虑，像德国、日本促进中小企业发展有一个机构，我也在考虑成立一个促进中小企业发展的机构。你们是一个机构，但是你们没有这个手段，没有银行的手段，也没有活动经费。必须有政策性的机构能制定法规，怎么给财政优惠，怎么给银行贷款。不是个别地去扶持什么企业，那里面有关系学，要有个法律。我们也不是没有法，如《乡镇企业法》，但是我不客气地讲，不能只限于把它搞上去、哄上去。还有一个很关键的问题——扶优限劣，结构调整。要引导它，要限制它，现在要考虑有一个综合性的组织，有这样一个手段，推动中小企业发展。现在请同志们发表意见，怎么样把中小企业，包括乡镇企业、二轻企业、个体企业搞上去；怎么样扶优限劣，引导它们发展。总之，让我们共同努力把轻工集体企业搞上去，使它在国民经济发展中发挥更大的作用。我给大家三年时间。三年以后我们再来开这个大会的时候，我希望大家兴高采烈，实现全行业振兴。

落实“出疆棉”政策*

（1997年11月16日）

请印发国家计委、经贸委、外经贸部、纺织总会、供销总社、人民银行、工商银行、新疆自治区负责同志。从此事可以看出国务院文件也不起作用，令不行、禁不止，什么“国有企业”都各行其是，国务院各主管部门还有多大作用？

国务院的决定是符合经济规律和市场规则的，采取的政策是经济手段（财政补贴、退税以降低国产棉价格），但是所谓“国有企业”就是不听，宁愿采用质量很次、拖延到货的外国棉，这难道是市场经济？是腐败！各级主管部门和新疆自治区应严格按国务院定的政策办，不得打折扣，否则国务院想保也保不了。

在文中有关新疆实际执行价格高于测算之处批示：不是什么价格问题，是纺织厂的借口。新疆也要制止乱收费，否则只好用价格较低的内地棉来顶进口棉了。

朱镕基

11.16

---

* 1997年11月国家经济贸易委员会《关于当前“出疆棉”落实情况的报告》反映，在“出疆棉”政策落实过程中存在新疆棉当地价格加运费已高于内地价格、国际市场棉花价格已低于新疆棉以及购棉资金落实困难影响“出疆棉”合同执行等问题。这是朱镕基同志在该报告上的批语。

请印发国家计委、经贸委、外经贸部、纺织总会、供销总社、人民银行、工商银行、新疆自治区负责阅。从此事可以看出国务院文件也不起作用，令不行、禁不止，甚至"国有企业"都我行我素，国务院各主管部门还有多大作用。

国务院的决定是符合经济规律和市场规则的，采取的政策是经济手段（财政补贴、退税以降低国产棉价格），但是所谓"国有企业"就是不听，宁愿采用质量低劣、拖延到货的外国棉，这难道是市场经济？是腐败！各级主管部门和新疆自治区严格按国务院定的政策办，不得打折扣，否则国务院想保也保不了。朱镕基 11.16.

关于当前"出疆棉"落实情况的报告

朱镕基副总理：

上海会议后，我委于11月5日—7日先后约请纺织、供销、纤检、财政、税务、商检、工行、海关、外贸等有关部门和新疆自治区的同志，商谈关于"出疆棉"落实情况。现将有关情况报告如下：

一、当前"出疆棉"执行情况

在10月7—9日召开的全国第三次棉花集中交易会

— 1 —

深化金融改革，防范金融风险 *

（1997 年 11 月 18 日）

这次会议上讨论的《中共中央、国务院关于深化金融改革，整顿金融秩序，防范金融风险的通知》（以下简称《通知》），充分体现了党的十五大精神，是一个很重要的文件。现在，我根据《通知》精神和会议讨论的情况，讲几点意见。

一、进一步深化金融改革和整顿金融秩序、防范和化解金融风险势在必行

对于深化金融改革和防范金融风险问题，我在近几年特别是去年以来考虑很多。为什么？因为金融领域里的问题越来越严重，隐藏着极大的风险。

---

* 1997 年 11 月 17 日至 19 日，中共中央和国务院在北京召开全国金融工作会议。会议针对当时金融风险不断积累的突出问题，对深化金融改革和防范金融风险问题做了全面部署。这是一次具有全局意义的会议。出席会议的有各省、自治区、直辖市省长（主席、市长）和分管金融工作的副省长（副主席、副市长），中共中央和国务院有关部门的负责同志，各国有商业银行行长、副行长和各重点分行行长，中国人民银行各省、自治区、直辖市分行行长，各保险公司和大型金融机构的负责同志。这是朱镕基同志在会上讲话的主要部分，曾发表于《十五大以来重要文献选编》上册，原标题为《深化金融改革，防范金融风险，开创金融工作新局面》。编入本书时，对部分内容作了删节。

党的十五大后，党中央、国务院把深化金融改革和整顿金融秩序，防范和化解金融风险摆在突出位置，作为经济工作的一项重要任务，这是通观全局、审时度势作出的重大决策和战略举措。

党的十四大以来的几年，是新中国成立以来最好的、关键性的时期。这个时期，我们认真贯彻邓小平理论，在以江泽民同志为核心的党中央领导下，改革开放和现代化建设取得了很大成绩，社会生产力、综合国力和人民生活水平上了一个大的台阶。近几年，经济形势一年比一年好。事实证明，中央所采取的深化改革、加强和改善宏观调控的决策与措施是成功的。主要是三个方面：一是坚持实行适度从紧的财政和货币政策，没有这一条，极有可能早就发生泰国现在的问

1997 年 11 月 18 日，江泽民、李鹏、朱镕基、胡锦涛、李岚清等中央领导同志出席全国金融工作会议。

（新华社记者樊如钧摄）

题[1]。二是对财政、税收、金融、外贸、外汇、价格体制等进行了重大改革。特别是税制改革，使国家税收连续几年每年增收1000亿元以上。三是实行正确的农业政策。没有这一条，通货膨胀不会降得这么快。几年前，在经济的某些领域出现过热，导致严重通货膨胀以后，国民经济还能够连年保持9%至10%的速度，又能把通货膨胀很快降下来，这在世界上是罕见的。这些确实是来之不易的，是全党全国上下团结奋斗的结果。

巩固和发展当前好的经济形势，至关重要的是，必须保持清醒的头脑，正视而不是回避前进中的问题。当前经济生活中的突出问题，是金融隐患和金融风险不断地加大。对此，《通知》明确指出了以下五个方面：一是国有银行不良资产比例高，应收未收利息急剧增加，经营日趋困难。相当部分不良贷款和应收利息是呆账、坏账，无法收回。二是非银行金融机构问题更加严重。据最近对122家信托投资公司稽核，不良贷款比例大大超过国有银行。城乡信用社问题也很突出，部分省市已出现局部性支付危机。三是一些地方、部门、单位乱设金融机构、乱办金融业务和乱搞集资活动。近年来，由于乱设金融机构、乱办金融业务、乱搞集资活动导致的挤兑风波，在一些地方时有发生。四是股票、期货市场存在大量违法违规行为。部分上市公司质量不高。不少证券公司挪用客户保证金，内幕交易，违规透支。一些地方擅自设立股票（股权证）交易场所，隐藏着很大风险。一些国有企业和金融机构，没有经过批准违规进行境外期货交易，给国家造成巨额损失。五是不少金融机构和从业人员弄虚作假，违法经营。高息揽储、账外设账等屡禁不止，金融诈骗等犯罪活动日益猖獗，大案要案越来越多。

---

〔1〕泰国现在的问题，指1997年7月2日，泰国被迫宣布放弃自1984年以后一直实施的固定汇率制度安排，改行浮动汇率制度，当天泰铢即贬值20%，并引发一场波及东南亚的金融风暴。

对于金融领域出现的问题和隐患，党中央、国务院早有察觉，并不断地采取措施，颁布了一系列政策、规定。主要是：第一，1993 年下半年开始加强和改善宏观调控。首先从解决金融问题入手，实行适度从紧的货币政策，整顿金融秩序，清理乱拆借、乱集资，提出“约法三章”[1]。当年清收违章拆借资金 830 亿元，刹住了这股“热”风。第二，改革金融体制。实行政策性银行和商业银行分开。进行外汇管理体制改革，加上其他宏观调控措施取得成效，国家外汇储备从 1993 年上半年的 180 亿美元增加到现在的近 1400 亿美元。去年年底实现经常项目下人民币可兑换。第三，运用利率杠杆进行宏观调控。这几年两次提高利率，抑制社会需求膨胀；三次降低利率，每年减轻国有企业利息负担七八百亿元。第四，加快金融立法步伐，加强对金融机构包括证券市场的监管。《中国人民银行法》、《商业银行法》等重要法律相继出台。清理、撤并信托投资公司。清理了账外账，并“约法三章”，明确提出谁再搞账外账，一律撤职，而且不能再在银行系统工作。第五，严肃查处违法违规案件。打击金融犯罪，处理了一批大案要案。例如，北京市长城机电科技产业公司沈太福[2]、无锡邓斌非法集资案[3]等。

---

〔1〕“约法三章”，指朱镕基同志在 1993 年 7 月 7 日全国金融工作会议上提出的“约法三章”，见《金融工作“约法三章”》（本书第一卷第 313 页）。

〔2〕沈太福非法集资案，指北京市长城机电科技产业公司（以下简称“长城公司”）特大乱集资案件。长城公司以生产一种高效节能电动机为名向全社会集资，其年利息高达 24%。从 1992 年 6 月到 1993 年 2 月，在全国非法集资达 10 多亿元，投资者达 10 万人。1993 年 4 月 18 日，长城公司总裁沈太福被正式逮捕；1994 年 3 月 4 日，被判处死刑。

〔3〕无锡邓斌非法集资案，指 1989 年至 1994 年，无锡新兴公司原总经理邓斌用无锡新兴公司和深圳中光实业总公司的名义，借合作经营一次性注射器、医用乳胶手套之名，以月息 5%至 10%的高利为诱饵，在无锡等地大肆进行非法集资活动，集资总额高达人民币 32 亿元，涉及 12 个省市的 368 个出资单位和 31 名个人，造成经济损失 12 亿余元。1995 年 11 月，邓斌等主犯被判处死刑。

以上情况充分说明，近几年中央所实行的金融工作方针政策是正确的，采取的措施是得力的、有效的，金融工作成绩是显著的。如果这几年不这样做，我国就不会有今天这样好的经济、金融形势。但是应该看到，金融领域的深层次问题还没有触及，历史上多年积累的严重问题并没有解决。这次亚洲金融危机，促使我们下决心从根本上解决问题，再不能犹疑了。而要采取有针对性的措施，必须分析为什么会造成这样的问题。产生金融领域的问题有多方面原因，既有历史的包袱，也有体制上的原因；既有外部行政干预的因素，也有金融系统内部风险控制不严的问题。实际上，是国民经济深层次矛盾的综合反映。第一，金融体制不适应改革和发展迅速变化的新形势。政银不分、政企不分，对银行和其他金融机构的行政干预过多，使人民银行不能依法履行职能职责，国有商业银行不能依法行使经营自主权。不进一步深化金融改革，银行和其他金融机构的问题就解决不了。第二，房地产、开发区过热中，造成了大量的不良信贷资产。这些问题主要是在1992年、1993年发生的。相当一部分成为呆账、坏账。第三，国有企业资本金严重不足，高负债运营。从80年代初开始，国家实行固定资产投资“拨改贷”〔1〕，流动资金全额贷款。企业变成无本买卖，负担过重。国有企业不改革，银行就会被拖垮，但是如果银行体制不改革，国有企业也改不了，因为它可以靠不断地向银行借钱，随意拖欠贷款本息取得资金来源。第四，经济建设中盲目上项目、铺摊子，重复建设，经济结构不合理，投资效益很差。这是造成国有企业困难的最大原因。第五，挤占、挪用银行信贷资金相当严重，造成大量呆账、坏账。

---

〔1〕见本卷第54页注〔1〕。

“凡事预则立，不预则废。”[1]应当清醒地看到，对于金融领域长期积聚的风险，如不切实加以防范和化解，任其发展下去，有朝一日爆发，就有可能发生影响全局的重大金融风险。这样，当前好的经济形势不但不能发展，而且还可能发生逆转，甚至会酿成大祸，动摇国本。党中央、国务院对防范金融风险工作极为重视。江泽民同志近年来多次提醒要注意防范金融风险问题，指出这是维护国家经济安全的重要方面。在党的十五大报告中，他又明确要求：“依法加强对金融机构和金融市场包括证券市场的监管，规范和维护金融秩序，有效防范和化解金融风险。”在党的十五届一中全会上，他进一步强调：防范和化解金融风险是我国经济工作的一项重要和紧迫的任务。中央其他领导同志也都十分关心金融风险的防范问题，作出了许多重要指示。我们一定要按照党中央、国务院的要求，从经济和社会发展全局的高度，从党和国家安危的高度，充分认识防范和化解金融风险的极端重要性和紧迫性，增强深化金融改革和整顿金融秩序的自觉性和使命感。

二、关于中国人民银行和国有银行管理体制改革问题

这次《通知》中的一个重要内容，是进一步深化银行管理体制改革。主要包括：改变中国人民银行和国有商业银行分支机构按行政区划设置的状况，精简管理层次和分支机构；成立中共中央金融工作委员会、中央金融纪律检查工作委员会和金融机构系统党委，完善金融系统党的领导体制。这是我国银行管理体制和运行机制的

〔1〕见《礼记·中庸》。原文是：“凡事豫（预）则立，不豫（预）则废。言前定则不跲，事前定则不困，行前定则不疚，道前定则不穷。”

根本性改革和创新，是建立和完善现代金融体系、把银行真正办成银行的关键步骤，是防范和化解金融风险的重大措施，也是建立社会主义市场经济条件下新型的政府与银行关系、银行与企业关系，使银行和其他金融机构彻底摆脱传统的计划经济体制羁绊的重大举措。

在会议讨论中，有些同志对改革银行管理体制存在一些担心和疑虑，这里有必要讲一讲。

有些同志担心，这样改革会不会搞得天下大乱？我的看法，这件事情难度很大，要付出一点代价，也可能出一点乱子，对此，我们要有思想准备。然而，应当看到，现在下决心消除金融风险隐患，正是为了避免以后可能发生大的社会震荡。如果现在不采取坚决措施，将来问题集中一起爆发出来，那就不得了啊！我们现在有很多有利条件，只要考虑周到，方法得当，工作做得好，可以避免出现大的乱子。这个问题早抓早主动，越拖越被动。

有些同志提出，现在进行银行管理体制改革，时机是否成熟，“一步跨十年”，能否行得通？我觉得，“一步跨十年”讲对了。这次改革就是要跨十年，因为是一次根本性的改革，意义非常重大，是国家的长治久安之计。我们是在过去已经进行各项改革的基础上迈了关键的一步。但是，这一步要跨多久呢？我估计最少需要三年。应该走出这一步，现在不走，将来要后悔。这次会议不是要求你们回去就马上动手，先要统一思想。思想统一了，就可以加快工作进度；思想不统一，又会刮风。《通知》是个指导性、方针性文件，是个整体思路，并不是具体实施方案。从现在到方案实施的这段时间，务必保持金融机构和队伍的稳定。各银行总行及其分支机构，要按照这次会议的部署认真做好金融监管和整顿工作，绝不能有丝毫懈怠。银行机构改革，成立金融系统党委，不是对地方党委、政府信任不信任的问题，也不是说过去金融领域出现的问题责任都在地方。现在改革，中央和地方各有分工，只会加强地方对银行的监督。成立中共中央金融工作委员会、中央金融纪律检查工作委员会和金融机构系统党委，目的在于加强党对金融工作的集中统一领导，发挥党的思想政治优势，保证党中央的路线、方针、政策和国家金融法律法规更好地在金融系统贯彻落实。中国人民银行和国有商业银行实行跨行政区设置分支机构后，分支机构的管辖范围与行政区划不再一致，分支机构的党组织也不宜再由地方党委领导。这种做法，符合党章规定，符合我国国情，也是同改变人民银行和国有商业银行按行政区设置分支机构相配套的、必然需要采取的措施。今后，地方党委、政府和当地金融机构党组织应当在各自职责范围内相互支持。金融机构要加强与地方党委、政府的联系，认真听取他们对金融业发展和监管的意见和建议。地方党委和政府应继续帮助和支持金融机构的工作，例如参与查处金融案件、维护金融秩序等。

有的同志说，这次银行管理体制改革是照抄西方模式，西方模式不适用于中国。我说，我们的所有宏观调控措施都不是照抄西方模式，都是有中国特色的。我们不是照抄，而是借鉴，不借鉴怎么改革开放？实行社会主义市场经济不是照抄西方。不借鉴不行，西方毕竟搞了几百年市场经济。不借鉴，何时能建成社会主义市场经济体制？有人可能会说，省长不管金融，怎么管经济？不是省长不能管，而是看怎么管。《通知》写得很清楚，这次在深化银行管理体制改革的同时，要加快地方性金融机构体系的建设。区域性的银行将来可以多发展分支机构，还要增加城市商业银行，县（市）商业银行也要开始试点，城市、县（市）的商业银行都是股份制的商业银行，还有合作制的城市信用社、农村信用社。这些都是地方性的金融机构，它们的党组织关系都在地方，这就够地方党政领导管的了。怎么管？我们要牢记邓小平同志说的话："要把银行真正办成银行。"[1]地方党委、政府对地方的金融机构不能乱加干预，要让它们自主经营、自负盈亏。中国人民银行也要加强对地方性金融机构的监管，监管的办法要学习、借鉴西方中央银行的经验。

有的同志担心，跨行政区设立银行分行会影响中西部地区经济发展。需要指出，中国人民银行跨行政区设立分支机构，是因为人民银行没有筹集资金的任务，是监管商业银行和其他金融机构的。谁来统筹银行资金？由国有商业银行总行来统筹，商业银行总行才是法人。现在已经没有按地区存贷挂钩的问题了，是各商业银行的总行在统一调度资金，按照信贷原则和国家产业政策、区域发展政策发放贷款，没有地区规模限制，不会影响中西部地区的发展。国有商业银行在地市县的分支机构适当收缩后，总行的资金调度会比过去更加灵敏。

有的同志还提出，国有企业改革没搞好，金融改革孤军深入，行吗？应该看到，深化金融体制改革、整顿金融秩序，是深化国有企业改革的必然要求，两者是相辅相成的。确实，国有企业不改革，银行单独改革不会成功；但是，没有银行改革的推动，国有企业改革也是搞不好的。国有企业现在为什么那么困难，我认为有三个主要原因：一是盲目上项目、重复建设，各地区经济结构趋同化。二是企业资本金不足，负债累累，再好的企业家也难以经营。三是人员过多，"一个人的饭三个人吃"是普遍现象。所以，国有企业改革要对症下药。第一，不要再搞重复建设。对此必须一刀切。第二，要减轻企业债务。鼓励兼并，规范破产，增资减债，发展一些直接融资。第三，要实施再就业工程。现在社会上对就业问题反应强烈，主要原因是企业下岗职工

---

〔1〕见邓小平《企业改革和金融改革》(《邓小平文选》第三卷，人民出版社1993年版，第193页)。

的再就业没搞好。据统计，现在国有企业下岗职工大约1000万人，今后三年把这批人的安置和再就业搞好，就是一个重大任务。实行股份制、股份合作制，是搞活企业的一条有效途径。党的十五大报告从理论上阐明了这个问题。股份制是现代企业的一种资本组织形式，但是，不能认为“一股就灵，一股就化，一股就了”。搞股份制解决不了企业面临的所有困难和问题，也不是所有企业都能搞成股份制，更不是所有股份公司都能上市。股份制企业在资本主义国家也不是大多数，更多的还是独资和合伙制企业，上市的股份公司更是少数。因此，不要刮风。总之，不在“三改一加强”〔1〕上下工夫，是不能解决国有企业的根本问题的。中央提出国有企业改革三年的目标，银行改革也需要三年，但稍微走前一点。走前一步，就是再不能让企业亏损在银行挂账，这会有效促使企业转换经营机制，实现三年改革目标。

三、关于完善金融体系和加强金融监管问题

第一，建立和完善多层次、多类型金融机构体系问题。《通知》明确指出，完善金融机构体系的方向和目标是，建立健全在中央银行宏观调控和监管下，政策性金融与商业性金融分离，国有银行为主体，区域性商业银行、中心城市和县（市）商业银行（股份制银行）、城市和农村信用合作社、非银行金融机构和外资（中外合资）金融机构并存，分工合作、功能互补的金融机构体系。这样的金融机构体系，可以适应现阶段我国经济和社会发展的需要。改革开放以来，特别是近几年，我国多类型、多层次金融机构体系有了很大发展，今后的任务主要是在现有的基础上逐步加以完善和充实。对加快地方性金

〔1〕见本卷第243页注〔1〕。

融机构的建设，要做好准备，积极稳步地进行，要严格按条件审批，并要与金融监管能力相适应，不要搞得太快。一下子设了很多金融机构，如果不符合条件，素质不佳，会给自己找麻烦。组建地方性金融机构，还要与国有商业银行精简分支机构和人员、整顿地方信托投资公司和城乡信用社结合起来，充分利用现有金融机构的设施和人员。不要把整个风险都押在国有银行身上，这样受不了。这里要讲清楚，地方性金融机构的业务经营虽然中央银行要监管，但如果出现了资不抵债、不能支付到期债务等问题，地方是要负责的，中央银行不能拿钱保支付。在金融体系中还有外资银行。外资银行还会继续增加，但不会都集中在上海、江苏这些地方，将来也会到中西部地区去的。关键是要改善投资环境，规范和维护金融秩序。

第二，积极稳步地发展资本市场，适当扩大直接融资。经过总结经验，现在来看，必须把股票市场融资和改革国有企业结合起来，要有利于大中型国有企业摆脱困境。但是，亏损企业不能上市，没有业绩不能上市。现在有个好办法，就是支持优势企业上市，筹来的钱去兼并有发展潜力的亏损企业，结果很有成效。比如，邯钢的管理确实好。舞阳钢厂很困难，一年亏损几亿元。邯钢说兼并了它可以转亏为盈，那就同意邯钢上市，让它发行股票；筹集了资金把舞阳钢厂接过去，今后就可以扭亏了。这是使国有企业脱困的非常好的办法。股市集资，前途很大，去香港上市融资也是一个很重要的方面。但我们希望规范股市融资，要稳步前进，千万不能乱来。

《通知》要求，要彻底清理和纠正各类证券交易中心和报价系统非法进行的股票（股权证）、基金等上市活动，各地产权交易机构一律不得变相进行股票（股权证）上市交易。这个决定是完全必要的。必须指出，目前正在蔓延的非法证券发行和交易活动，如不坚决加以制止，后果不堪设想。这次会议上，国家证券监管部门提出了清理整顿现有非法股票（股权证）交易场所的三条措施，是经中央政治局常委会讨论同意的。中国只有上海、深圳两个股票市场，不能再多搞了。这两个市场的网络非常发达，任何地方都可以上网交易，完全可以满足证券市场发展的需要。这次会议后，有关省区市要首先宣布一条，擅自设立的股票（股权证）交易场所不能再搞新的股票上市了，产权交易所变相搞股票交易是违反国务院规定的，是违法的。但是，处理这个问题要非常慎重，要有步骤地处理，安定人心。然后，讲明这方面政策：一是现在在非法股票交易所进行的股票交易，暂时还可以继续进行，比较好的企业股票经过有权的评估公司评估，可以在上海、深圳证券交易所继续上市。给它开一条路，只要企业好，还是可以上市。二是没有资格去上海、深圳交易所上市的企业股票，公司要保证股金的分红，保障投资者的利益。三是挂牌公司有能力自己赎回的，最好把股票赎回来。要分别几种不同的方法来处理。

第三，深化农村金融体制改革。农村金融体制改革的方针，中央早已确定了，现在是抓紧贯彻落实的问题。一是农村信用社和农业银行脱钩，把农村信用社真正办成合作性质的、社员民主管理的、自负盈亏的金融机构。二是组建农村合作银行。要先试点，每省一个，最多两个，取得了经验，再逐步推开。三是进一步划分农业发展银行和农业银行的分工，农业发展银行要设下属机构，但收购任务较少的县和乡（镇）以下的业务，仍委托农业银行代办。四是清理农村合作基金会。农村合作基金会的问题很严重，隐患尚未充分暴露出来。任其发展下去，问题会越来越严重。国务院在1996年颁发的《关于农村金融体制改革的决定》就作了明确规定：一是从1996年起，各地一律不得再设农村合作基金会；二是现有农村合作基金会立即停止以任何形式吸收存款和办理贷款。我看这两条都没有执行。现在，首先要认真执行国务院的决定。并根据这次会议的精神，对农村合作基金会进行全面的清产核资，冲销呆账，符合条件的并入农村信用社；对资不抵债、又不能支付到期债务的，要清盘、关闭。与有效资产相当的债务可由信用社来承担，但对资不抵债的债务不能承担。资不抵债、又不能清偿债务的，只好破产。要注意维护农户的合法权益。我们有好几个办法：一个是还本但不计息；一个是还本依法计息，高息部分不付。总之，要根据不同情况，采取妥善措施，分类处置，逐步解决问题，不能出大的乱子。这方面的清理工作，有关部门还将进一步提出具体方案，加强指导，有计划、有步骤地进行。

第四，加强金融系统内部建设问题。这次《通知》强调，要依法加强对金融机构包括证券机构的监管。目前，金融、证券领域之所以存在大量违法违规行为，一个很重要的原因，就是监管制度不健全，监管工作软弱无力。管理学一个基本原则是：信任不能代替监督。任何方面的管理都必须坚持这个原则，金融包括证券业尤其不能例外。我们必须把健全现代金融监管体系、加强金融监管放在突出位置，建设好金融监管这个“闸门”。要加快建立健全由中国人民银行和中国证监会外部监管、各金融机构内部控制、金融行业自律和社会监督组成的，严密、有效的现代金融监管体系和监管制度。

一是，大力整章建制，全面加强金融机构基础建设和内控制度建设。当务之急，是要按照国际通行的准则，改革和健全金融业财务、会计制度和存贷款内控制度。财务和会计制度是否健全，是金融机构存在的基础。没有健全的财务、会计制度，就不可能提高金融机构管理水平，更谈不上有效实施金融监管。我一再讲要办几个专门的国家会计学院，对现有的机关干部进行培训，到国有企业去当财会负责人，起码不造假账，国有企业资产才不会流失。银行也造假账，怎么得了！要重新树立和坚决维护银行“铁账、铁款、铁制度”的“三铁”信誉。各金融机构要认真研究新问题，制定新办法。有了好的规章制度，还必须严格执行；否则，规章制度就形同虚设。要切实执行财务、会计内部控制责任制。严格执行会计工作“约法三章”，严禁设置账外账，不准乱用会计科目，不得编制和报送虚假会计信息。在金融系统全面实行财会人员资格审查认证制度，凡有造假账、报假数、开假票据、滥用会计科目等行为的，一律取消财会人员的专业技术资格，调离财务、会计岗位，并依法追究法律责任；对授意、指使、强令会计人员编造、篡改会计数据的单位领导人，要一律撤销职务，依法从严惩处。如果不这样严格要求，没有“三铁”的纪律，这次会议提出的改革和整顿措施都是空话。国有企业也要实行这套办法。我现在想请一些很懂行的同志，包括懂技术、懂业务、懂会计的同志，再吸收一些外国大会计公司的专家，共同来草拟一套考核国有企业的程序、标准和方法。把这套软件用到企业中去，只要问几个问题，查一查原始账，就可以知道是不是虚盈实亏，账是真的还是假的。要加强对国有商业银行和国有企业的审计。

二是，中国人民银行及其分支机构、证券监管部门及其派出机构，要真正把主要精力和工作重点放在对金融、证券业的监管上。尽快制定适合我国国情的金融资产质量评价和考核办法，进一步完善金融稽核、监管体系和制度。要充实中国人民银行和中国证监会的监管力量，充分运用法律武器，切实履行职责，敢于监管，善于监管。

三是，加强金融机构领导班子建设，努力提高从业人员队伍素质。这次进行银行、证券、保险等管理体制改革后，银行、证券部门的权力、责任更加明确了，任务更重了，责任更大了，对银行、证券、保险系统各级领导干部和所有从业人员的要求也更高了。必须坚持权力和责任相统一，今后再出问题，造成重大损失，就完全是你们自己的责任了。因此，一定要切实加强金融机构各级领导班子建设，对问题突出的银行和其他金融机构，首先要对领导班子进行整顿和调整，不称职的一定要调离。要选择一批懂宏观经济、懂生产技术、懂财务会计的人才充实金融机构领导班子。要加强金融知识的学习和金融人才的培养。中国人民银行最近编写了《领导干部金融知识读本》，江泽民同志题写了书名，省长们可以看一看；对银行干部要考核，这些都不懂，不能当行长。同时，要大力培养人才，要选拔、使用真正的专家型人才。今后，由银行贷款的项目一律由银行审批，并由银行负责。因此，现在银行这批人就不够了，要结合政府机构改革，把国家计委、国家经贸委、财政部、税务总局和产业部门有知识的人才吸收一些到银行里来。对不适合在银行、证券机构从业的人员，要让他们下岗，进行培训或者转业。银行干部队伍的素质要提高，要能够独立地进行项目评估，当然也可以请咨询公司、评估公司来评估项目，但银行本身也要有这方面的人才，要集中大量懂生产技术、懂业务知识的人才。要大力加强思想政治工作，加强职业道德教育，全面提高金融包括证券、保险业人员的思想政治素质、业务素质和职业道德素质，做到铁面无私、执法如山、纪律严明、作风过硬。

四、把握时机，增强信心，把《通知》要求真正落到实处

这次会议上，大家认为中央对当前经济形势和金融形势的分析是符合实际的。《通知》提出的总体要求、主要原则和各项措施，是正确的、可行的。但是，也有些同志担心，能不能做好这些工作？应当说，这种担心不是没有道理的，有些问题确实很复杂，解决起来难度很大。然而，我们既要看到困难，更要看到希望。当前是深化金融改革、解决金融领域问题的好时机，有着许多有利条件。

第一，当前宏观经济环境很好。国民经济持续快速增长，物价稳定在较低的水平。国家粮食、外汇等战略物资储备充足，财政、金融

运行平稳，经济实力和回旋余地比较大，能够承受这种改革。

第二，各方面思想认识比较一致。党中央、国务院对深化金融改革、解决金融领域里问题的认识高度统一，决心很大。这次会上，大家的认识也比较一致，都感到不彻底解决问题不行了。现在，广大干部群众的金融风险意识增强，对规范和维护金融秩序有强烈要求。这次《通知》的政策措施符合国家和人民群众的根本利益，一定会得到广大群众的拥护和支持。

第三，已积累了一些宝贵的经验。这几年，我们不仅有力地打击了严重破坏金融秩序的现象，而且对一些有严重问题的金融机构采取了不同措施，积累了解决各种不同类型问题的重要经验。例如：对中农信公司采取行政关闭、由建设银行托管的办法；对光大国际信托投资公司采取改组领导班子、债权转股权等综合措施；对中银信托投资公司，先由中国人民银行实行接管一年，然后由广东发展银行收购兼并；对福建、湖北等国际信托投资公司，由省政府组织地方财政注入资金和划拨优质资产救助。此外，最近对广东恩平农村信用社的信用危机，正采取先组建农村合作银行保支付的措施，恢复金融机构在群众中的信誉，然后再逐步解决资不抵债的问题。以上这些，都是化解和防范金融风险的有益经验，应当很好地总结和运用。

第四，目前政治、社会条件很有利。党的十五大制定了正确的政治路线，并选举产生了以江泽民同志为核心的新的中央领导集体。这个领导集体是坚强有力的，有驾驭全局和解决复杂问题的能力。当前社会稳定，人民群众对我国社会经济的发展前景、对党和政府有足够的信心。这些是最根本的有利条件。

总之，我们应该坚定决心，充满信心。只要认真对待，就一定能够成功。当然，由于金融领域里问题比较复杂，解决这些问题不是轻而易举的，必须花很大的气力，付出必要的代价，要做缜密、细致、艰苦的工作。我们相信，在邓小平理论伟大旗帜和党的十五大精神指引下，在以江泽民同志为核心的党中央领导下，全国上下同心同德，振奋精神，锐意进取，扎实工作，一定能够完成《通知》提出的各项任务，建立起我国的现代金融体系和金融制度，开创金融改革和发展的新局面，实现改革开放和社会主义现代化建设跨世纪的宏伟目标。

在机械、电机工程手册再版座谈会上的讲话*

（1997 年 12 月 5 日）

今天，我来看望大家，看望老同志，看望过去一起工作过的老朋友。我也代表国务院对《机械工程手册》、《电机工程手册》的再版表示热烈祝贺，对参与编审与编辑出版的同志们所付出的辛勤劳动表示衷心感谢！

我是学电机的。这两部手册，特别是《电机工程手册》，我是受益者。在沈鸿[1]、周建南[2]同志主持下，早在20多年前就开始编写这两部巨著，现在又组织第二版修订工作，这是很有现实意义和历史意义的。听包叙定[3]同志介绍，这次第二版修订编写及审稿队伍，涉及 17 个部委、全国 500 多个单位的 3000 余名教授、专家，其中，两院院士 28 名。两部手册计有 26 卷，5800 万字。这真是一个浩瀚的巨大工程，非常不简单，钦佩得很啊！

盛世出典籍。明朝的永乐年间是鼎盛时期，《永乐大典》就出来了。乾隆年间是清朝最鼎盛时期，出了部《四库全书》。现在形势好

---

* 这是朱镕基同志在庆祝《机械工程手册》（第二版）、《电机工程手册》（第二版）出版座谈会上的讲话。

〔1〕沈鸿，曾任国家机械工业委员会副主任，《机械工程手册》、《电机工程手册》编委会主任。

〔2〕周建南，曾任机械工业部部长。

〔3〕包叙定，当时任机械工业部部长。

了，《机械工程手册》、《电机工程手册》也修订再版了。这是值得庆贺的。

沈鸿同志和周建南同志，都是我很敬佩的老领导，他们两位在中国机械工业、电机工业发展史上是有影响的，是作出了历史性贡献的。我认识沈鸿同志，是1952年。我从东北工业部调到国家计委工作，他是国家计委机械计划局副局长，他知识渊博的讲话和谈笑风生的学者风度给我留下了深刻的印象。记得有一次听他作报告，他说抽水马桶总是漏水，怎么也修不好，是因为现在这种抽水马桶的机构太复杂了，最好就是放水直上直下，不要那个复杂的转换机构，也许就

1997年12月5日，朱镕基在北京人民大会堂出席“庆祝《机械工程手册》（第二版）、《电机工程手册》（第二版）出版座谈会”并讲话。右一为全国政协副主席钱伟长，左一为机械工业部部长包叙定，左二为国务委员兼国家科委主任宋健。

不漏了。后来我到澳大利亚访问，专门用心看了我住的旅馆的抽水马桶，就是直上直下的，而且是节水马桶，也不漏水。举这个例子，是想说人家在这方面是动了很多脑筋的。沈鸿同志也在动这个脑筋，这是值得我们学习的。后来搞我国第一台一万二千吨水压机，沈鸿同志是总设计师，就是靠动脑筋造出来的，功不可没啊！周建南同志的特点是亲力亲为，干什么事情都是亲自抓，什么问题总是要把它搞清楚，查很多资料，中国的资料、外国的资料，一定要把相关的情况搞清楚，工作作风非常严谨。我说这些，是提倡学习沈鸿同志、周建南同志这种好作风，改进我们的领导工作。

现在再版《机械工程手册》、《电机工程手册》，还给我们一个启示，就是要提倡一种扎扎实实、埋头苦干的作风。这样大部头的书，没有一种只问耕耘不问收获、踏实工作的精神，是搞不出来的。世界上的事情，要搞出点成绩来，都要有这种精神。我们不但要编《机械工程手册》、《电机工程手册》，还要编《企业管理手册》、《财务管理手册》等。我就想组织全国有关专家，再请些外国的会计公司，帮助我们设计一套用来检查财务账目的软件。将来设了监事会，每个监事会主席带一套这样的软件，到那些大企业去查账，一查就把账目查清楚了，不怕你弄虚作假。就是说，要把一个企业和基本管理制度建设好，再用这一套科学的软件去监督检查，就能真实反映企业的经营状况。

我希望好好宣传一下《机械工程手册》和《电机工程手册》，这样两部洋洋巨著的再版，不仅会给人们以知识，还会给大家以埋头苦干精神的鼓舞。这是一项惠及子孙后代的事业。

在一九九七年中央经济工作会议上的总结讲话*

（1997 年 12 月 11 日）

这次会议是在党的十五大以后，中央召开的一次很重要的会议。江泽民同志和李鹏同志作了重要的讲话，我完全同意。会议结束以后，要立即组织传达、学习，结合实际情况，提出全面落实的具体措施。下面，我就几个重要的问题作一点补充。

在讲这些问题以前，我把最近亚洲金融危机的情况给大家通报一下。这场金融危机实际上从今年 5 月份就从泰国开始了，香港也多次遭受冲击，总算保住了联系汇率制度。本来我们以为已经跌到了谷底，但是后来韩国、日本的问题也相继暴露了，现在的情况比我们原来估计的要更严重一点。韩元汇价这几天连续暴跌。从 1 美元兑 849 韩元，今天上午掉到了 1 美元兑 1719 韩元。日本的问题也在暴露，但是日本的情况毕竟跟韩国不同，它是一个债权国，现在它对东南亚的债权是 2000 多亿美元，韩国的大债主、泰国的大债主都是日本人，这一大块债务还不了以后，日本的银行也会受影响。外电分析，这些问题都不可能不影响到中国的经济。昨天我看到所罗门兄弟公司的报告，它断言我们明年下半年人民币就要贬值。美林公司是世界第

---

* 1997 年 12 月 9 日至 11 日，中共中央、国务院在北京召开中央经济工作会议。出席会议的有各省、自治区、直辖市和计划单列市、新疆生产建设兵团的党政主要负责同志，中共中央有关部门、国务院各部门和有关单位的主要负责同志，解放军三总部和武警总部负责同志。这是朱镕基同志在会上总结讲话的主要部分。

1997年12月11日，江泽民、李鹏、乔石、朱镕基、刘华清、胡锦涛、尉健行、李岚清等中央领导同志出席中央经济工作会议。（新华社记者樊如钧摄）

三大投资银行，它说中国的银行从技术上讲已经破产了，所以它预言我们明年的经济增长速度会掉到8%以下。总之，现在面临着全球性的金融风暴，对中国经济作出的评论和预测多半是悲观的。所以，大家要有充分的思想准备，要冷静一点，脑袋不能发热。经济工作有经济工作的规律，你得按规律走，人为地想加快这个、搞快那个，那是不行的。我觉得从当前亚洲金融危机，可以总结出几点经验教训：

第一，经济结构必须合理。你自己的经济结构没有问题，那人家攻不倒你。完全把这次亚洲金融危机的责任推给国际投机势力，或者说是政治阴谋，那是不行的。关键是你自己的经济出了问题。现在东南亚国家普遍大量借外债，把资金投在房地产上，最后房地产没有市场，资金就死掉了，银行纷纷破产，整个国民经济就转不动了。泰国、韩国最明显，经济虚假的繁荣，繁荣里面带有很大的泡沫、水分，经不起考验。主要是结构发生了问题，没有优势产业。我们在1993年已经有过惨痛的教训，幸好我们宏观调控开始得早，要不然我们就是今日之泰国。搞经济工作要十分注意经济结构问题。不管发展什么产业，必须要有市场，要有效益，要改善经营管理，不能靠铺摊子。铺开摊子收拾不了，最后还不了钱，银行一垮台，整个经济都垮台。

第二，必须有一个健康的金融监管体系。就是银行制度一定要健全，中央银行一定要有一套强有力的监管制度，谁违法就关谁的门，就停牌。这次东南亚国家的问题普遍都是出在银行上面，都从银行开始垮。韩国、泰国都发生了这个问题，随便可以借外债。另外，商业银行本身资本金、准备金也不足，大量的投资形成不良贷款，中央银行根本就不管，事先也不发出警告，最后一垮台就不得了。

第三，国家必须有储备。备战、备荒为人民啊！现在经济是全球性的、开放性的，外部冲击一来，你没有这个实力就顶不住。我们现在的粮食储备是历史上最高的，资金负担压得我们受不了。说老实话，我们为粮食付出的代价太大了，但是不付出这个代价怎么办呢？将来没有粮食，万一发生灾荒，整个经济都要动摇啊，还是把它当成一个愉快的负担吧！当然，这个体制要改革。

另外，就是外汇储备，这几年我受到来自各方面的批评，说外汇储备太多了，现在可以看出来，这个外汇储备并不多啊！同志们，要是没有这些外汇储备，现在我们能顶得住吗？当然外汇储备太多也是不好。今年我们的外汇储备大约有 1400 亿美元，明年升到 1500 亿美元，我看是绝无问题，这是必要的。

吸取这些经验教训，大家要有思想准备，明年经济增长的速度要降低一些。下面言归正传，讲几个问题：

一、关于国有企业的改革和发展

这个问题大家很关心。中央提出用三年左右的时间，通过改革、改组、改造和加强管理，使大多数国有大中型亏损企业摆脱困境；力争到本世纪末大多数国有大中型骨干企业初步建立起现代企业制度。这个目标的提出是必要的，也是适当的，是完全能够实现的。我一直讲，要使国有大中型亏损企业脱困，必须针对造成亏损的原因去解决问题。主要原因有以下三条：

第一个原因是重复建设。搞重复建设，产品就没有市场，没有市场价格就下降，项目一投产就亏损，甚至于不能生产。去年中央经济工作会议上我讲过，我说我讲这个话不代表国务院，我是作为你们的朋友，给你们一个忠告：不要再上项目啦，不要再新建设一般的工业项目啦！我们现在看得见的东西，全是供过于求的，有的甚至几倍地超过市场需要，使得国有企业不能满负荷生产，这是造成当前国有企业困难的最重要的原因。所以今年我在这里还是要讲，明年原则上不再新上一般工业项目，对基础设施项目也要从严控制。这些文字都经过了党中央、国务院领导同志慎重推敲，我的本意比这个还要严一点，就是新项目一律不要上了。你可以搞点技术改造，我们现在也决定放宽设备进口，国有企业进口设备可以免关税、免增值税，让你引进新技术，进行技术改造，搞出新产品或者改进老产品，但不要再去扩大产品生产能力了。

第二个原因是上项目没有资本金。项目建设资金主要靠银行贷款，有的项目负债率高达 80%以上，你再好的效益也难以还得起银行利息。

第三个原因是吃“大锅饭”，人多。搞一个新项目就拉一大批人，七大姑八大姨都进来了。一个人的饭三个人吃，本来 100 人就够了，结果弄 300 人。这样，哪有不赔本的？

所以我觉得，要真正搞好国有企业，让亏损企业摆脱困境，最重要的，一是结构调整，不要再搞重复建设。二是没有资本金就不要上项目。我看这一条绝对不能放松，不管你是什么地方，没有资本金，银行绝对不给你贷款。三是减人，不减人办不好国有企业。减人的同时要做好再就业工作，保证职工最基本的生活水平，也要改变他们的择业观念。我们很重视这个问题，国务院准备明年召开一个全国再就业工程的大会，介绍各地的经验，把这个问题处理好。

关于增资减债问题，我们现在有几条思路。一是核销呆坏账。刚才讲企业负债率很高，经营不好。但是我们又不能把企业的债务都给免了，那是不行的。所以，我们只能够拿一点呆账、坏账的准备金，把一部分特别困难的企业，经过批准，纳入兼并、破产计划，免掉欠银行的债务。二是国家计委过去“拨改贷”〔1〕的资金，本来是财政拨款，后来改成贷款收利息，企业受不了，现在再改回去，还变成拨款，那不就减轻企业负担了嘛。去年已经改了240亿元，今年再改300亿元，差不多改完了。三是到股票市场去筹集资金。现在看，企业发债券的效

1997年7月21日，朱镕基在辽宁省考察抚顺矿务局西露天煤矿。右三为国家计委副主任曾培炎。

〔1〕 见本卷第54页注〔1〕。

果都不好，最后都还不了钱，这样解决不了问题。经营好的企业，经过严格审查后去上市，到股票市场能够筹集到相当多的资金。今年包括到香港去上市，总共从股票市场筹集到了1300亿元，这对国有企业发展是个很大的支持。但是我们要考虑到，不能够光是锦上添花，能上市筹集资金的都是好企业，亏损企业是没有资格上市的，而我们现在要解决的是亏损企业问题，因此，我们鼓励优势企业上市筹集资金去改造、兼并亏损企业，这样国有企业的整体效益会进一步提高。

当然还有一条很重要，就是加强企业领导班子建设。现在看起来，一个好企业，很重要的一条是有一个好的领导班子。很好的企业去了一个坏的领导，一下子就把企业拖垮了。所以在这个方面，各地负责同志确实是要认真考虑，下点狠心，连续亏损的企业必须换领导班子。事实证明，换了以后就有很大的起色。最近我们在考虑国有企业怎么监管的问题。本来在1991年、1992年，国务院就制定了一个关于国有企业监管的条例，但是没有贯彻好。现在许多国有大型企业和企业集团处于失控状态。《公司法》里面规定的企业内部监事会，起不了太大作用。就目前这个状况，不从外面成立监事会是不行的。所以我跟江泽民同志、李鹏同志都汇报了，好多同志也赞成，准备明年找100个退下来的副部长，把占利税85%的500个国有企业管起来。成立监事会，任命退下来的副部长当主席，然后由审计署、人民银行、财政部、会计公司的人员组成一个小组。监事会的任务就是查账，别的不用管。只要查出是假账，就向国务院汇报，撤掉这个总经理就完了，别的你不要干预。我看只要把这500个国有企业办好了，中国的国有企业就有救了。因此，我们对搞好国有企业是有充分的信心的。

关于企业改制问题，主要是不要刮股份制和股份合作制的风。江泽民同志在党的十五大报告里面讲，股份制这个形式，资本主义可以利用，我们也可以利用，不是搞私有化，这是理论上的突破。我也深刻地体会到，国有企业变成股份制，特别是上市以后有很大的好处，透明度提高了，更便于公众的监督，可以办得更好。但是从目前来讲，只靠股份制、股份合作制不能解决企业的问题。有些地方企业，工资都发不出去，还强迫职工拿钱搞股份合作制，简直是荒唐！江西省委书记舒惠国有一篇文章，我看了蛮欣赏的。我过去讲过“不是一股就灵啊”，舒惠国同志加以发展，他加了一句：“也不要一股就化，更不要一股就了。”股份制不可能适合各种情况，在外国，股份制也不是企业的普遍形式，上市公司更少，所以不是一股就灵。也不要一股就化，不要提出什么今年以内或者明年以内，全部实施改制，改成股份合作制，实现股份化。这都是“大跃进”那个时候的搞法，连工资都发不出去怎么“化”啊？也不要一股就了，以为把股份制、股份合作制一推广，事情就完了，那样国有企业就永远解不了困。所以我希望，这个问题要宣传得适度一点，还是多宣传领导班子如何振作精神，企业怎么通过“三改一加强”〔1〕提高效益。

我为什么这么强烈地讲企业改制的问题呢？因为现在到处都在强调改制在多长时间改完。根据银行给我写的调查报告，这种所谓“改制”，就是把银行的债权都改掉了。我现在举几个例子：山东省烟台市提出乡镇企业改制中可以把银行债务挂在乡镇政府名下，做到轻装上阵。那你乡镇企业轻装上阵了，我这个银行怎么办下去呢？青岛平度市政府本着“卖光、卖断、卖彻底”的指导思想，在全市召开广播动员大会，推进乡镇企业的改制工作。安徽省今年6月初召开经济改革工作会议，要求今年全省乡镇集体企业改制面必须达到70%；阜阳地区召开了百万人电话动员大会，广泛动员改制。湖南省邵阳市和安徽省定远县，擅自规定银行要比照国家对国有企业兼并破产试点城

〔1〕见本卷第243页注〔1〕。

市的政策，对银行贷款实行挂账停息。这怎么得了啊！工商银行安徽省定远县支行一直是个盈利行，今年二季度该县刮起小企业改制风，导致81%的贷款被悬空，没人还债，仅此一项，该行减少利息收入600万元，变成了亏损行。内蒙古乌兰察布盟行署领导在全盟的流通企业工作会议上提出，企业改制要解决好“四个不怕”，其中一个“不怕”就是银行不能怕资金流失。我都要向他“学习”了，我还没有这个不怕呢！我这里有一大本调查报告，都是讲这些问题的，我三个小时也念不完。我只想讲一个问题，就是我们地方的领导同志，特别是市县乡村领导干部，要学习一点金融知识，至少要知道银行的钱跟财政的拨款是两码事，你不要拿着银行的钱当财政拨款去用，银行的钱是老百姓的钱，每天都得付利息，把这个钱花掉了要发生经济危机啊。所以，我建议国家经贸委、人民银行会同有关部门去调查一下，然后搞一个文件，提出几条办法来防止这种情况蔓延。要告诉各省市领导，地方各级政府没有权力来宣布银行的债可以不还！

二、关于金融改革

中央的会议开过了，通知也已经发出了，与此同时，我们成立了十几个由有关部门负责同志和一部分地方同志参加的改革领导小组，研究制定落实通知精神的具体办法。这一次改革银行机构，成立金融系统党委，把金融系统党的关系收到中央，这个决定确实是历史上没有过的，这也是中国的特色。这样做，并不是对地方不信任，也不是说过去金融领域出现的问题责任都在地方。但是，地方党委和政府也确实有影响，特别是市县一级的政府和党委，对银行的贷款行为有很大的影响，造成了许多不良贷款。这次改革搞好了，可以保证金融工作的集中统一领导，也能够保证商业银行按商业原则来开展金融业务，同时并不影响地方党委和政府对银行的监督，可能监督得更好。

三、关于粮食流通体制改革

这个问题不想多讲了，从1993年加强宏观调控以来，应该说中央的粮食政策是完全正确的，因此才有今天粮食储备大大增加、粮食价格下降的局面。但另一方面，我们也付出了很大的代价，就是粮食企业的亏损，1991年前的亏损挂账加上这几年新增亏损，总共亏掉1100多亿元了。所以，这个体制再不改不行了。请各地的负责同志有个思想准备，要研究这方面的问题。这次粮食流通体制改革大体上要在明年秋收前完成。

四、进一步提高对外开放的水平

我只讲一个问题，就是进出口税收政策问题。今年的贸易顺差预计达到350亿美元，去年才100多亿美元，进口萎缩，这是历史上没有过的。你只出口，不进口人家的东西，怎么跟人家做生意啊？所以国务院经过多次讨论，现在基本上定下来，就是外商投资企业要进口设备，而这个设备是国内不能制造的，全部免除关税和增值税，明年1月1日开始实行这个政策。另外，为了鼓励出口，相应提高出口退税率。现在增值税税率是17%，我们出口退税退了9%。明年考虑从纺织工业开始试点，因为纺织工业萎缩得很厉害，急需鼓励它出口，把出口退税率从9%提高到10%或者11%，否则明年的日子恐怕很难过。

最后说一下，大家关心的政府机构改革工作。新的十五届中央政治局常委和政治局指定我来负责牵头研究中央政府的机构改革问题。我经过跟一些同志商量以后，向江泽民同志和李鹏同志汇报，这个工作不能够大张旗鼓地开展，那样做的话，就会影响队伍的稳定。另外，一些好的意见一提出来，由于各部门的利益不同，往往一吵一争就变成一个情绪化的问题，最后就改不下去了，根本就没法改了。因此，现在我采取的办法就是一个部门一个部门谈，请每个部门的负责同志发表你对机构改革的意见，我已谈了五十几个部门了，我的腰已经都快谈断了，还没有谈完。但是我想，还是必须采取这样的办法，既不影响干部队伍的稳定，问题又了解得深入。初步看起来，意见分歧不是太大。现行机制我们实行了几十年，大家都知道弊病在什么地方，共同语言还是比较多的。所以，我并不认为政府机构的精简是一个很大的问题。大家的意见差不多，而且很多同志都认为机构臃肿问题，现在已经像一个脓疮都熟透了，必须把它割掉，这方面大家还是有共识的，也都有改革的意愿。等这一轮谈完以后，我会提出一个意见来，向江泽民同志、李鹏同志汇报后，再来第二轮，还是一个一个谈。大体上明年 1 月份能够拿出一个方案，一定会有妥善的安排，尽量不造成队伍的不稳定。这个事情向同志们汇报一下，有个交代。我想地方政府的机构改革，也请同志们加以考虑。

明年改革和发展的任务十分繁重，特别是金融体制和粮食流通体制等几项重大改革措施陆续出台，国有企业改革和经济结构调整的力度进一步加大，还要进行政府机构改革，下岗职工增多，人员变动较大。这些都给各级领导同志提出了新的要求，一定要切实协调好各方面的工作，处理好改革、发展和稳定三者的关系，促进国民经济持续快速健康发展。

认真吸取亚洲金融危机的教训*

（1997年12月12日）

最近几个月，东南亚发生了严重的金融危机，我们要吸取教训。虽然我们有幸避免了这场风波，但不能掉以轻心，因为危机还没有过去。不过，我看问题不太大，想动摇我们这个金融体系也还不容易。我们能够幸免，主要是中国经济实力的强大。另外一条不能否认的就是，我们的资本市场还没有完全对外开放，或者基本没有对外开放。我们进来的外资都是设备投资、借的外债，而且基本上是中长期的外债，所以人家动不了。上次我跟外国客人讲，投机力量想进来动摇我们，但没有这个渠道，所以，我们基本上可以避免这次遍及亚洲国家的金融危机。

近来，很多外国的领导人，包括前些日子来访的李光耀〔1〕跟我谈话，都在问我们的人民币是不是要贬值。我曾在报上宣布，中国的人民币绝对不会贬值。如果要贬值，港币和美元的联系汇率制度会受到极大的压力，所以我反复地讲人民币不会贬值。当时，李光耀说他完全相信，中国采取人民币不贬值的政策是完全正确的，但是光说没有措施，还是不敢相信。我跟他讲了几条，他听起来好像并不是那么信服。当然，我们面临的形势是很严峻的。东南亚国家的许多

---

* 这是朱镕基同志在接见中国银行、中国人民保险（集团）公司海外机构总经理会议代表时讲话的主要部分。

〔1〕李光耀，当时任新加坡内阁资政。

货币贬值都在百分之三十、四十甚至五十以上，我们的人民币不但不动，还稳中有升，这样，吸引外资、出口商品的竞争力就大大削弱了。这个影响虽然目前还没有表现出来，但我想很快就要表现出来。比方说，吸引外资签的合同现在很少了。从实际的资金到达来看，现在还不会有影响。去年是417亿美元，今年可能达到430亿美元，但签的合同大大减少了。明年吸引的外资一定比今年减少，后年可能会减少得更多了。如果不采取有效措施，困难会越来越大。

据昨天得到的消息，韩国的韩元由原来1美元兑849韩元已经掉到1719韩元，今天上午又掉到1900韩元。与此同时，印度尼西亚、泰国都受到很大的影响。特别是韩国、日本最近暴露的问题，是我们原来没有想到的。过去对亚洲“四小龙”说得了不得，现在回过头来看他们的银行制度，确实存在很多问题。我们也不要沾沾自喜，我们的银行也存在一些问题。为什么韩国的货币掉得这么厉害？原来向国际货币基金组织报的外债是1100亿美元，最近一查还得加600亿美元，差不多1700亿美元，是韩国的企业从国外借的。企业从国外借了多少，韩国中央银行根本不知道，结果现在发生了偿付危机。昨天，韩国中央银行行长要辞职。目前，韩国人心动荡，大公司纷纷倒闭。要拿国际货币基金组织给的那一点援助，也不是那么好拿的。这等于把金融的调控权交给别人了，连财政赤字要打多少都要听它的指挥。

对这种情况，我们确实要提高警惕，认真吸取亚洲金融危机的教训。

第一，经济结构必须合理，不能搞泡沫经济。现在泰国和其他东南亚国家发生的问题，正是我们在1992年、1993年发生的问题。如果当时不是中央及时采取措施，那个时候的中国就是今日之泰国，不必等到今天了。泡沫经济在韩国的情况是这样，在日本也是这样的。

日本当时神气得把美国的洛克菲勒中心都买下来了，现在不都统统退出了吗？日本搞泡沫经济、搞房地产，大量借外债，并且借的大量又是短期外债，泡沫一破，银行就垮台了，整个金融、经济都面临困难的境地。这对我们是深刻的教训。现在，我们至少还有 3000 亿元压在房地产上面没有解决，成为各大银行的坏账。大家确实要警惕。江泽民同志在党的十五大报告里一再讲，我们现在处于并将长期处于社会主义初级阶段。我看，有些地方的消费可不是初级阶段，已经是高级阶段，或者是半高级阶段了，太不相称。经济力量是初级阶段，但是搞的那些大楼比外国的都豪华。这些都潜伏着危机。

第二，必须有一个健康的、完善的金融监管制度、金融体系，我

1997 年 12 月 12 日，朱镕基在北京人民大会堂接见中国银行、中国人民保险（集团）公司海外机构总经理会议代表。前排左一为中国银行原行长王德衍，右一为国务院副秘书长周正庆。

们现在还没有。现在看起来，亚洲国家所发生的这些问题，无一例外的都是由于中央银行根本不起作用，而银行又非常腐败，包括日本的一些银行。我们的国有银行则受地方行政干预，一些银行贷款是受地方政府指挥的，这怎么行呢？商业银行能办成这个样子吗？有人说，这是东方特色、东方的价值观，中国的、亚洲的银行讲关系、讲交情，不像西方的那样铁面无私。所以，这一次全国金融工作会议就是为大家创造条件，把金融系统党的领导关系收到中央，这样以后就没有借口了。现在我们银行内部还存在许多问题，不能完全怪地方政府和地方党政领导的干预。昨天在中央经济工作会议上做总结时，我念了一封广东省河源市中国银行龙川县支行行长的信。这个龙川县支行就是完全受县委和县政府的指挥，大量地搞账外账，高利吸储，高利放贷，以此表现县委书记、县长的“政绩”，目前投入基本建设的钱一个也收不回来。1993 年 7 月 7 日，我提出了金融工作者“约法三章”；去年和前年，我又强调“约法三章”，不能搞“两本账”。在发生广东恩平事件〔1〕以后，当时国务院已经作过决定，谁再搞“两本账”，一定要把这个行长撤职、开除行籍。什么叫开除行籍？就是永远不得在银行系统任职。这些我早就宣布过。龙川县这个事情是在“约法三章”以后发生的。我非常气愤，让国务院办公厅到龙川县去调查，回来交的材料里面有一封信，就是那个支行行长写的。他在 1996 年 11 月给龙川县委全体常委写了一封信，大意是：县委常委叫我贷出这么多钱搞“两本账”，一个钱也收不回来，现在我已经感到

〔1〕广东恩平事件，指 20 世纪 90 年代，广东省恩平市的主要领导为了筹集资金上项目，擅自制定引资奖励办法，鼓励单位和个人引资，从而引发大规模的引资活动。为了保证兑付，恩平市领导又出面干预，令银行高息吸存、高息放贷，造成恶性循环。1997 年年初，国务院派出工作组进驻恩平市调查处理此案，整顿金融秩序，事件的主要责任人均受到法律惩处。

没有出路了。这个事情应引起我们的警惕。不管这个行长是怎么受胁迫的，也必须撤销他的职务，开除他的行籍。人民银行总行要根据这件事情赶快给全国银行发个通知，谁再搞“两本账”，就以此为例。

我接到很多的反映，包括今天一位市长对我讲，银行系统的工资高，待遇、福利好，滥发奖金；人员随便提拔。我想，银行本身过去就是工资高一点的部门，高薪也是可以养廉嘛。现在的问题是，银行队伍里诈骗、贪污案件简直是骇人听闻。我跟人民银行和各国有银行的行长不知道提过多少次，要他们从严。现在对银行系统的问题处理得还是严的，你们不要骂行长，他们心软得不得了。都是我的主意，就是要严肃查处，再不查处，银行队伍就维持不了。我讲这个，目的就是要银行队伍自律。我们拿人民的血汗钱，享受了这么高的待遇，我们就要兢兢业业地工作。另一方面，每一位行长一定要从严要求自己的队伍，毫不客气，对贪污腐败分子，一定清出来，一定不能手软，而且一定要从严。这样才能使作案的人感到风险成本很高。所以，我再次对全体银行工作人员宣布，“约法三章”当中最重要的就是不能搞“两本账”，谁要违反，一律撤职，开除行籍。这一条哪个行长不执行，我就把他拉下来。

第三，我们国家还是要有储备。这次人家之所以动不了我们，是因为我们国内局势稳定，粮食储备是历史上最高的水平。即使有两年大灾，我们也不怕。我们的财政赤字正逐年减少。但是，最可怕的是银行的不良贷款不断增加，这一点使我很伤脑筋。近年来外汇储备不断增加，今年年底肯定达到1400亿美元。这几年，我是受到来自四面八方的“攻击”，说外汇储备太多了，今天恐怕没有人再说了。如果没有这么多外汇储备，不但中国内地危险，连香港地区也危险。当然，香港是靠自己成功地维持了联系汇率制度，但是没有中央政府这个强大的后盾，它要应对这个局面就困难得很。所以我一再讲，同志们不要批评香港的联系汇率制度，道理非常清楚，全香港有 3000 亿美元的港币存款，你说联系汇率制度不能保了，人们一听说港币要贬值，都取出港币换美元，香港的外汇储备经得起换吗？所以，我们只有支持香港特区政府所采取的一切措施，在这紧急的时候、大敌当前的时候，不能批评人家，只能支持，为他们鼓劲。香港地区与其他东南亚国家和地区相比有根本的区别，它的这一套金融制度是比较健全的，甚至比日本的要好。另外，香港地区的房地产不像泰国这些国家，不是供过于求的问题，而是地价过高，导致房地产价格过高。所以，香港经济中泡沫经济的成分还是少一点，我们对香港的前途还是充满信心的。而对于我们自己，如果不采取对策的话，我们明年的经济确实要碰到很大困难。但是，我现在还是有信心的，信心就来自于大家。只要大家团结起来，认真地把工作做好，眼前的这些困难都是可以克服的。

一个叫做所罗门的公司最近发表了一份世界经济报告，说中国明年的经济发展速度会大幅下降，人民币在明年下半年一定贬值。还有美林公司最近预言，中国的银行在技术上已经破产了。它对中国银行的情况并不太清楚，我们银行的不良贷款比例有 25%，这点没错。但这 25%的不良贷款里要分三块，这恐怕跟国际标准不太一样。人家分五种〔1〕，我们是分三种。第一种叫逾期贷款，就是超过合同规定的还款期的贷款；超过一天就算逾期，这个比例就比较大了，为 13%。第二种，逾期两年以上的贷款，那就是有两年都不还款了，比例为百分之九点几。第三种是坏账，比例为 1.7%，指完全收不回来

〔1〕 五种，指国际金融业实行的贷款五级分类制度，根据内在风险程度将银行商业贷款分为正常、关注、次级、可疑、损失五类；其中，后三类为不良贷款。2001 年 12 月 24 日，中国人民银行发布《贷款风险分类指导原则》，宣布自 2002 年 1 月 1 日起，全面推行五级分类制度。

的贷款。但是，实际上我们25%的不良贷款中有相当大部分都应视做坏账，收不回来。所以各个银行的收息率很低，只有62%，应收未收的利息比例达到38%，今年有1570亿元，加上历史上的4000亿元，就是5570亿元，贷款的质量是很差的，这样下去是很危险的。尽管如此，也还不至于像美林公司所说的那样要破产。为什么？共产党在中国人民中间还有信誉啊！不会发生银行挤兑。但是也有一点，我们一定要把不良贷款比例降下来。如果老这么搞，不降下来，我就不敢说这个话了。我现在创造一切条件，让你们商业银行自主经营、自负盈亏，排除一切外来的干涉，剩下就靠你们自己了。现在的问题大部分是历史遗留的，一个是1992年、1993年泡沫经济留下来的不良贷款，另一个是最近几年大上项目、搞重复建设、根本不能还钱所带来的后果。今后就看你们的了，再也不能怪别人。不能再搞不良贷款，现在要求各个商业银行要撤并机构，加快一点地方银行体系的建设步伐，让地方分担一些风险，不要全压在国家身上。另外，把决策权拿到总行来，贷款几个亿的项目，总行都不知道，这叫什么银行？现在搞政府机构精简，一定要把政府各部门的财会人员、技术人员以及懂宏观经济的、懂生产技术的人员吸收到银行里来。今后需要银行贷款的项目，一律由银行决策。一旦决策失误，行长就要走人。有这么一种制度，中国的银行才有希望。

总之，我希望金融系统能够根据当前的形势，吸取东南亚国家和地区的教训，奋发图强，把我们自己的银行办好，早日使我们的银行成为国际水平的、现代化的、一流的银行。

责任编辑：张秀平　杨美艳　姜　玮
责任校对：吴海平　赵立新　张　彦
装帧设计：曹　春

图书在版编目（CIP）数据

朱镕基讲话实录．第二卷 /《朱镕基讲话实录》编辑组 编．
－北京：人民出版社，2011.9
ISBN 978－7－01－010134－7

I. ①朱…　II. ①朱…　III. ①朱镕基－讲话　IV. ① D2－0

中国版本图书馆 CIP 数据核字（2011）第 158280 号

朱镕基讲话实录
ZHU RONGJI JIANGHUA SHILU
第 二 卷

《朱镕基讲话实录》编辑组 编

人民出版社 出版发行
（100706　北京朝阳门内大街 166 号）

中原出版传媒投资控股集团北京汇林印务有限公司印刷　新华书店经销

2011 年 9 月第 1 版　2011 年 9 月北京第 1 次印刷
开本：700 毫米 ×1000 毫米 1/16　印张：32.75
字数：394 千字　插页：2

ISBN 978－7－01－010134－7　定价：82.00 元

邮购地址 100706　北京朝阳门内大街 166 号
人民东方图书销售中心　电话（010）65250042　65289539

中国财政经济出版社参与发行